21世纪高等教育会计通用教材
省级优秀教材
省级“十二五”规划教材

税务会计（第八版）

Tax Accounting

王红云 赵永宁 主编

东北财经大学出版社 Dongbei University of Finance & Economics Press 大连

图书在版编目（CIP）数据

税务会计 / 王红云，赵永宁主编．—8版．—大连：东北财经大学出版社，2024.10．—（21世纪高等教育会计通用教材）．—ISBN 978-7-5654-5405-9

Ⅰ．F810.42

中国国家版本馆CIP数据核字第2024ME1887号

东北财经大学出版社出版

（大连市黑石礁尖山街217号　邮政编码　116025）

网　　址：http://www.dufep.cn

读者信箱：dufep@dufe.edu.cn

大连天骄彩色印刷有限公司印刷　　东北财经大学出版社发行

幅面尺寸：185mm×260mm　字数：502千字　印张：21.75　插页：1

2024年10月第8版　　2024年10月第1次印刷

责任编辑：高　铭　周　慧　　责任校对：那　欣

封面设计：原　皓　　版式设计：原　皓

定价：49.00元

教学支持　售后服务　　联系电话：（0411）84710309

如有印装质量问题，请联系营销部：（0411）84710711

第八版前言

随着市场经济体制的建立和完善，税务会计作为市场经济的产物，扮演着越来越重要的角色。税务会计的相关知识不仅是企业依法履行纳税义务的工具，也是企业维护自身合法权益的重要手段。

"税务会计"作为会计、财务管理和税收等专业的一门主干课程，旨在帮助学生全面理解和掌握税务会计的基本理论、核算方法和实务操作。本教材结合税收法规的最新变化，力求反映税法和会计核算的最新发展动态。本次修订贯彻党的二十大精神，在传授专业知识的同时，注重思政教育在税务会计学习中的融入，主要注重对学生这两方面的培养：第一，税收意识的培养。企业的纳税涉及企业的经济利益，更关乎国家的税收秩序和社会公平。本教材通过介绍税收政策和法规，引导学生树立正确的税收意识，认识到税收的重要性以及依法纳税是每个公民应尽的义务。第二，社会责任感的强化。企业在追求经济利益的同时，还应承担起相应的社会责任。本教材在阐述税务会计实务时，强调企业在税收管理、申报缴纳税款等方面应遵守的法律法规和道德规范，培养学生的社会责任感和职业道德。

本教材荣获云南省优秀教材奖（2010年）、云南省高校精品教材奖（2013年），并于2014年获评云南省"十二五"规划教材，也曾两次荣获东北财经大学出版社的优秀畅销书。我们诚恳希望这次修订的带有自己教学体会的教材仍然能得到广大读者的厚爱和支持，感谢您的选用！

本教材于2011年推出第一版，截至2024年6月，本教材已经再版七次，每版均重印多次，累计发行16余万册。2019年4月以来，我国出台一系列税收优惠政策。为此，本教材将涉及增值税、企业所得税以及增值税普通发票和增值税专用发票开具的章节等内容进行了大幅度的修改。

《税务会计》（第八版）主要修订之处为：

第一，融入思政元素：每一章增加引言，包括党的二十大报告的原文节选和本章概述。在阐述会计职业道德的内容中，注重融入思政元素，引导会计人员树立正确的价值观和职业观。

第二，修改和补充内容：增加了经济合同的涉税事项；增加了增值税、消费税和企业所得税等主要税种需要向主管税务局提供的相关资料以及在电子税务局上的操作路径等内容；在相应章节载入了思政案例或税务稽查案例的二维码，供学生扩展性阅读。

第三，修改习题和补充习题解析：在第七版习题的基础上做了修改和补充，同时增加了大部分习题的解析。

第四，提供教学资源：提供教学课件、教学大纲、教案和案例分析四大教学资源，以及增值税纳税申报表、企业所得税纳税申报表及近期减税降费优惠性政策等一系列电子文档等资料，并注重及时更新，教师可登录东北财经大学出版社网站（http://www.dufep.cn）下载使用。

第八版教材修订的具体内容如下：

1.政策依据：2024年，财政部和国家税务总局联合发布了一些延续至2027年的税收优惠性政策。修订内容：修改和完善近期税收优惠政策的相关内容。

2.政策依据：金税四期上线。修订内容：金税四期概述的相关内容。

3.政策依据：按税务局要求报送的财务会计报告、停业登记、税务注销等相关资料。修订内容：财务会计报告需要报送的相关资料等内容。

4.政策依据：纳税人跨省（市）迁移后应办理的事项等。修订内容：迁移后应办理事项的相关内容。

5.政策依据：经济合同中的涉税事项。修订内容：增加了经济合同中的涉税事项的相关内容。

6.政策依据：电子普通发票和专用发票的规范使用逐步普及。修订内容：电子发票的相关内容。

7.政策依据：增值税留抵退税优惠性政策的延续。修订内容：增值税留抵退税的相关内容。

8.政策依据：代开增值税发票的规定规范。修订内容：代开增值税发票的相关内容。

9.政策依据：2024年4月24日，反向开票的规定。修订内容：反向开票的相关内容。

10.政策依据：增值税进项税额加计抵减优惠性政策的延续。修订内容：增值税进项税额加计抵减的相关内容。

11.政策依据：出口退（免）税企业备案信息报告事项的新规定。修订内容：出口退（免）税企业备案的相关内容。

12.政策依据：企业所得税具体扣除项目和标准的表述。修订内容：企业所得税具体扣除项目和标准的相关内容。

13.政策依据：2022年3月28日，《国务院关于设立3岁以下婴幼儿照护个人所得税专项附加扣除的通知》发布，决定设立3岁以下婴幼儿照护个人所得税专项附加扣除，自2022年1月1日起实施。修订内容：七项个人所得税专项附加扣除的相关内容。

14.政策依据：2022年7月1日正式施行《中华人民共和国印花税法》。修订内容：印花税的相关内容。

15.政策依据：社会保险基金的表述。修订内容：社会保险基金的相关内容。

本教材按我国现行主要税种，分章叙述其基本内容、计算及相关注意事项。写作本教材的老师是长期担任注册会计师、税务师、会计技术职称等考试辅导的教师，所以我们尽可能将各种教学体会写在本教材中，例题选择了相关的注册会计师、注册税务师和会计专业技术资格考试的部分真题，列示了增值税和企业所得税主要税种的纳税申报表，突出了增值税、企业所得税和个人所得税的基本内容，对学习和考试中需要特别注意辨析的内容设置了醒目的“注意点”，将增值税普通发票和专用发票专门作为一章进行介绍。

本教材由王红云教授、赵永宁教授担任主编，黄洋老师担任副主编，徐文芸、罗畅、钟季宏、袁颜、赵禹洁、王晓东参编。具体分工如下：第三、四、五、八、十章由王红云执笔，第一、二章由赵永宁执笔，第七、九章由黄洋执笔，第六章由罗畅、赵禹洁执笔，第十一章由徐文芸、袁颜执笔；王红云负责修改和总纂，徐文芸和袁颜编写和修改章后练习题，赵珂然制作课件。

借此机会，感谢东北财经大学出版社给予的大力支持和帮助，还要感谢责任编辑陪伴我们多次反复修改和补充教材内容与习题……需要说明的是，我国税法政策如果有变化，教材将在重印时及时进行修订和补充——当然，这也是税务会计教材的特点。

由于编者学识水平有限，时间较紧，加之税制仍在不断改革，书中难免存在不足之处，恳请各位读者不吝赐教。

王红云
于云南财经大学
2024年6月

目　录

第一章　税务会计概述

引言

扩展学习资料

党的二十大报告强调加大税收的调节力度：

“四、加快构建新发展格局，着力推动高质量发展

……

（一）构建高水平社会主义市场经济体制。坚持和完善社会主义基本经济制度，毫不动摇巩固和发展公有制经济，毫不动摇鼓励、支持、引导非公有制经济发展，充分发挥市场在资源配置中的决定性作用，更好发挥政府作用。……深化简政放权、放管结合、优化服务改革。

……

九、增进民生福祉，提高人民生活品质

（一）完善分配制度。……加大税收、社会保障、转移支付等的调节力度。”

以创新为核心推动国家竞争力提升，企业通过实施有针对性的减税降费政策，增强企业自身的活力、优化产业结构并促进企业创新，比如研发费的加计扣除政策的选择。税务会计旨在改善企业的税收管理，使企业遵守税法规定，有效管理成本和税负，正确计算营业收入和营业成本及期间费用，尽可能规避税收风险，从而降低企业税负，做到降本增效，为企业的发展作出贡献。

作为会计、财务管理和财税专业的学生，需要了解和掌握这些政策，确保在未来的工作中能够遵循法律规定，避免因违法违规而给企业带来损失。

学习目标

重点掌握税务会计的概念，税务会计与财务会计的区别与联系，纳税人或扣缴义务人的权利和义务。

第一节　税务会计的概念

一、税务会计的产生和发展

税收是一个历史范畴，是随着国家的产生而产生的，是国家财政收入的支柱。为了计算和记录国家税负实物和货币的收入和支出情况，在奴隶制社会就产生了“官厅会计”，而早期的“官厅会计”主要指税收会计。随着政府职能的扩大，收支数额和事项的增大、增多，“官厅会计”逐步发展形成政府会计和税收会计。税收会计是税务机关核算和监督税款征收和解缴的会计，其主体是国家税务机关，核算的对象是应收、已收、已缴的税款，不涉及税款的形成过程，因而也不能全面反映税收分配过程。

税收与会计作为两个独立的经济领域，在很长的一个历史时期里，各自为政。随着社会生产力的发展，税制越来越健全、越来越复杂。国家为了加强税收征收管理，对税款形成和缴纳的监控越来越强，要求纳税人设立账簿和凭证，按税法的要求反映税款的形成和

缴纳，并以纳税申报形式接受税务机关的监督。纳税已成为影响企业经营决策的一个越来越重要的因素。

美国著名的会计学家E.S.亨德里克森在《会计理论的历史与发展》一书中写道："很多小企业的会计目的主要是编制所得税申报表，甚至不少企业若不是为了纳税根本不会记账，即使对于大公司来说，纳税亦是会计师们的一个主要工作。"这说明提供纳税信息是企业会计存在的目的。

伴随着经济的发展，税法逐渐脱离会计原则和理论框架，对税款的形成与缴纳的监督，财务会计越来越无能为力了。因为财务核算的原则与税收核算的原则经常冲突。税务会计作为一门独立的学科在这时凸显出来，不再隐藏于财务会计之下，而逐步成为财务会计的一个分支，成为一门边缘学科。

税务会计作为一种客观存在的历史是悠久的，但作为一门独立的学科，税务会计是年轻的。

二、税务会计的概念

税务会计既涉及会计中的税务问题，又涉及税务中的会计问题，还涉及国家税收和税法，研究领域包括经济学范畴、法学范畴、会计学范畴。

税务会计是现代会计体系的重要组成部分之一。税务会计的实质性工作并不是独立存在的，而是企业会计的一个特殊领域，是以财务会计为基础，仅对企业经济活动的涉税方面进行核算和监督的会计分支。

税务会计是以纳税人为会计主体，以货币为主要计量单位，依据国家现行的税收法规，运用会计基本理论和方法，对企业资金运动中的有关纳税的内容进行连续、系统、全面的核算与筹划，目的在于使纳税人在不违反税法的前提下，及时、准确地缴纳税金并向税务部门提供税务信息的会计学科；税务会计是为了专门适应纳税人的需要，将会计的基本理论、方法同纳税活动结合而形成的一门边缘学科。

三、税务会计与财务会计的联系与区别

（一）税务会计与财务会计的联系

1.核算原理相同

税务会计并不要求企业在财务会计的凭证、账簿、报表之外再设一套会计账表（纳税的相关报表除外），而且从企业会计机构的设置看，也没有必要专门设置税务会计机构。企业只需设置一套完整的会计账表，平时只依照一种衡量尺度，即依照会计处理规定进行会计处理，需要计算缴纳税负时再依照税法进行调整。所以，可以认为税务会计与财务会计的核算原理相同，即两者都使用会计的基本核算原理，包括会计的基本核算方法和处理数据等。

2.税务会计以财务会计为基础

从税务会计核算的内容来看，它反映和监督的不是全部资金运动，仅是企业资金运动中与计税有关的资金运动，这部分资金并未独立于企业全部资金运动之外，税务会计的核算以财务会计的核算为依据，并监督其是否符合税法的规定。

（二）税务会计与财务会计的区别

1.目的不同

企业财务核算的目的是编制会计报表，除为综合部门及外界有关经济利益相关者即政府、银行及投资人、债权人服务外，还为企业经营管理服务，为管理会计提供一系列十分重要的会计信息资料。而税务会计是按现行税法计算应纳税额，向税务、海关部门填制纳税申报单，正确履行纳税人的纳税义务，保证税款及时、足额地上缴，并充分享受纳税人的权利。

2.核算依据不同

税法规定与会计准则存在一些差别，尤其是在收益实现的时间和费用的可扣减规定上。税收依据权责发生制和收付实现制两种制度，这主要是由于国家征税要确定纳税人立即支付货币资金的能力，管理上方便。税务会计主要是严格依据税收法规，对企业的收入、费用及利益进行计量和确认，以调整企业与国家之间的经济关系；在方法的选择和确定上欠缺灵活性，带有较浓厚的强制性和统一性。而财务会计则主要遵循会计准则，依照会计规定处理各种经济业务。对于相同的经济内容，会计人员可以在会计规定允许的范围内选择不同的方法，从而使相同的经济业务有不同的表述，产生不同的会计结果。

3.对象不同

企业财务核算和监督的对象是可以用货币表现的全部资金运动过程，包括资金的投入、周转、消耗、退出等经济过程。而税务核算和监督的对象只是与企业税负有关的资金运动，即将原企业财务会计中有关税款的计算、核算、申报与解缴等内容让渡给税务会计，由税务会计作为中心内容分门别类地详细阐述，而企业财务会计只对这部分内容（全部资金运动内容之一进行一种揭示和交代。

4.目标不同

企业财务会计一般依据权责发生制处理会计事项，在收入、费用确认上，严格按照权责发生制进行，尤其重视资产负债表的资产真实性；而税务会计则由于其目标的制约，必须采用权责发生制和收付实现制处理会计事项。并且，税务会计在进行纳税业务核算时，不贯彻稳健性原则，对可供选择的会计处理方法有比较严格的约束和控制，对于超过税法扣减成本、费用范围的要依法纳税，重视利润表，更重视税法的有关规定，而财务会计在其整个核算过程中对稳健性原则贯彻得比较充分。

5.计算损益的程序不同

企业财务会计的核算应服从于税务会计的核算。在日常的核算中，严格按会计制度规定进行，但在计算税额时，则要按税法规定进行调整，依据税法的规定，企业财务核算要服从于税务核算。所以，从损益计算的程序看，先由收入、费用账户结转后计算出会计所得，根据税法的规定，对应计税的收入，超过税法扣减成本、费用范围的部分作相应调整。

6.计算的税金不同

企业在销售经营过程中，经常会制定一些促销措施，如买一赠一、实物销售折扣、有奖销售、无偿赠送等。对于企业来说，赠送不但没有增加收入，而且还多了一项费用支出。但从税收的角度看，赠送方式的不同，税务处理也不同。比如，无偿赠送需要纳税，而折扣销售不纳税。

第二节　纳税人或扣缴义务人的权利和义务

2009年11月6日，国家税务总局在其网站上发布了《关于纳税人权利与义务的公告》，采用了十分委婉的表达方式规定了纳税人或扣缴义务人的权利和义务，强调纳税人或扣缴义务人应及时、准确地完成纳税事宜，促进纳税人或扣缴义务人与税务机关或税务人员在税收征纳过程中的合作。公告将纳税人或扣缴义务人称为“您”，将税务机关或税务人员称为“我们”。以下转述纳税人或扣缴义务人的权利和义务。

一、纳税人或扣缴义务人的权利

（一）知情权

纳税人或扣缴义务人有权向税务机关或税务人员了解国家税收法律、行政法规的规定以及与纳税程序有关的情况，包括：现行税收法律、行政法规和税收政策规定；办理税收事项的时间、方式、步骤以及需要提交的资料；应纳税额核定及其他税务行政处理决定的法律依据、事实依据和计算方法；与税务机关或税务人员在纳税、处罚和采取强制执行措施时发生争议或纠纷时，纳税人或扣缴义务人可以采取的法律救济途径及需要满足的条件。

（二）保密权

纳税人或扣缴义务人有权要求税务机关或税务人员为纳税人或扣缴义务人的情况保密。税务机关或税务人员将依法为纳税人或扣缴义务人的商业秘密和个人隐私保密，主要包括纳税人或扣缴义务人的技术信息、经营信息和纳税人或扣缴义务人、主要投资人以及经营者不愿公开的个人事项。上述事项，如无法律、行政法规明确规定或者纳税人或扣缴义务人的许可，税务机关或税务人员将不会对外部门、社会公众和其他个人提供。但根据法律规定，税收违法行为信息不属于保密范围。

（三）税收监督权

纳税人或扣缴义务人对税务机关或税务人员违反税收法律、行政法规的行为，如税务人员索贿受贿、徇私舞弊、玩忽职守，不征或者少征应征税款，滥用职权多征税款或者故意刁难等，可以进行检举和控告。同时，纳税人或扣缴义务人对其他纳税人的税收违法行为也有权进行检举。

（四）纳税申报方式选择权

纳税人或扣缴义务人可以直接到办税服务厅办理纳税申报或者报送代扣代缴、代收代缴税款报告表，也可以按照规定采取邮寄、数据电文或者其他方式办理上述申报、报送事项。但采取邮寄或数据电文方式办理上述申报、报送事项的，需经纳税人或扣缴义务人的主管税务机关批准。

纳税人或扣缴义务人如采取邮寄方式办理纳税申报，应当使用统一的纳税申报专用信封，并以邮政部门收据作为申报凭据。邮寄申报以寄出的邮戳日期为实际申报日期。

数据电文方式是指税务机关批准使用的电话语音、电子数据交换和网络传输等电子方式。纳税人或扣缴义务人如采用电子方式办理纳税申报，应当按照税务机关或税务人员规定的期限和要求保存有关资料，并定期书面报送给税务机关或税务人员。

（五）申请延期申报权

纳税人或扣缴义务人如不能按期办理纳税申报或者报送代扣代缴、代收代缴税款报告表，应当在规定的期限内向税务机关或税务人员提出书面延期申请，经核准，可在核准的期限内办理。经核准延期办理申报、报送事项的，应当在税法规定的纳税期内按照上期实际缴纳的税额或者税务机关或税务人员核定的税额预缴税款，并在核准的延期内办理税款结算。

（六）申请延期缴纳税款权

如纳税人或扣缴义务人因有特殊困难，不能按期缴纳税款，经省、自治区、直辖市税务局批准，可以延期缴纳税款，但是最长不得超过三个月。计划单列市税务局可以参照省级税务机关的批准权限，审批纳税人或扣缴义务人的延期缴纳税款申请。

纳税人或扣缴义务人满足以下任何一个条件，均可以申请延期缴纳税款：一是因不可抗力，导致纳税人或扣缴义务人发生较大损失，正常生产经营活动受到较大影响的；二是当期货币资金在扣除应付职工工资、社会保险费后，不足以缴纳税款的。

（七）申请退还多缴税款权

对纳税人或扣缴义务人超过应纳税额缴纳的税款，税务机关或税务人员发现后，将自发现之日起10日内办理退还手续；如纳税人或扣缴义务人自结算缴纳税款之日起3年内发现的，可以向税务机关或税务人员要求退还多缴的税款并加算银行同期存款利息。税务机关或税务人员将自接到纳税人或扣缴义务人退还申请之日起30日内查实并办理退还手续，涉及从国库中退库的，依照法律、行政法规有关国库管理的规定退还。

（八）依法享受税收优惠权

纳税人或扣缴义务人可以依照法律、行政法规的规定书面申请减税、免税。减税、免税的申请须经法律、行政法规规定的减税、免税审查批准机关审批。减税、免税期满，应当自期满次日起恢复纳税。减税、免税条件发生变化的，应当自发生变化之日起15日内向税务机关或税务人员报告；不再符合减税、免税条件的，应当依法履行纳税义务。

如纳税人或扣缴义务人享受的税收优惠需要备案，应当按照税收法律、行政法规和有关政策的规定，及时办理事前或事后备案。

（九）委托税务代理权

纳税人或扣缴义务人有权就以下事项委托税务代理人代为办理：办理、变更或者注销税务登记、除增值税专用发票外的发票领购手续、纳税申报或扣缴税款报告、税款缴纳和申请退税、制作涉税文书、审查纳税情况、建账建制、办理财务、税务咨询、申请税务行政复议、提起税务行政诉讼以及国家税务总局规定的其他业务。

（十）陈述与申辩权

纳税人或扣缴义务人对税务机关或税务人员作出的决定，享有陈述权、申辩权。如果纳税人或扣缴义务人有充分的证据证明自己的行为合法，税务机关或税务人员不得对纳税人或扣缴义务人实施行政处罚；即使纳税人或扣缴义务人的陈述或申辩不充分合理，税务机关或税务人员也应向纳税人或扣缴义务人解释实施行政处罚的原因。税务机关或税务人员不得因纳税人或扣缴义务人的申辩而加重处罚。

（十一）对未出示税务检查证和税务检查通知书的拒绝检查权

税务机关派出的人员进行税务检查时，应当向纳税人或扣缴义务人出示税务检查证和税务检查通知书；对未出示税务检查证和税务检查通知书的，纳税人或扣缴义务人有权拒绝检查。

（十二）税收法律救济权

纳税人或扣缴义务人对税务机关或税务人员作出的决定，依法享有申请行政复议、提起行政诉讼、请求国家赔偿等权利。

纳税人或扣缴义务人、纳税担保人同税务机关或税务人员在纳税上发生争议时，必须先依照税务机关或税务人员的纳税决定缴纳或者解缴税款及滞纳金或者提供相应的担保，然后可以依法申请行政复议；对行政复议决定不服的，可以依法向人民法院起诉。如纳税人或扣缴义务人对税务机关或税务人员的处罚决定、强制执行措施或者税收保全措施不服，可以依法申请行政复议，也可以依法向人民法院起诉。

当税务机关或税务人员的职务违法行为对纳税人或扣缴义务人和其他税务当事人的合法权益造成侵害时，纳税人或扣缴义务人和其他税务当事人可以要求税务行政赔偿。主要包括：一是纳税人或扣缴义务人在限期内已缴纳税款，税务机关或税务人员未立即解除税收保全措施，使纳税人或扣缴义务人的合法权益遭受损失的；二是税务机关或税务人员滥用职权违法采取税收保全措施、强制执行措施或者采取税收保全措施、强制执行措施不当，使纳税人或扣缴义务人或者纳税担保人的合法权益遭受损失的。

（十三）依法要求听证的权利

对纳税人或扣缴义务人作出规定金额以上罚款的行政处罚之前，税务机关或税务人员应向纳税人或扣缴义务人送达“税务行政处罚事项告知书”，告知纳税人或扣缴义务人已经查明的违法事实、证据、行政处罚的法律依据和拟将给予的行政处罚。对此，纳税人或扣缴义务人有权要求举行听证。税务机关或税务人员将应纳税人或扣缴义务人的要求组织听证。如纳税人或扣缴义务人认为税务机关或税务人员指定的听证主持人与本案有直接利害关系，纳税人或扣缴义务人有权申请主持人回避。

对应当进行听证的案件，税务机关或税务人员不组织听证，行政处罚决定不能成立。但纳税人或扣缴义务人放弃听证权利或者被正当取消听证权利的除外。

（十四）索取有关税收凭证的权利

税务机关或税务人员征收税款时，必须给纳税人或扣缴义务人开具完税凭证。扣缴义务人代扣、代收税款时，纳税人要求扣缴义务人开具代扣、代收税款凭证时，扣缴义务人应当开具。

税务机关或税务人员扣押商品、货物或者其他财产时，必须开具收据；查封商品、货物或者其他财产时，必须开具清单。

二、纳税人或扣缴义务人的义务

（一）依法设置账簿、保管账簿和有关资料以及依法开具、使用、取得和保管发票的义务

纳税人或扣缴义务人应当按照有关法律、行政法规和国务院财政、税务主管部门的规

定设置账簿，根据合法、有效凭证记账，进行核算；从事生产、经营的，必须按照国务院财政、税务主管部门规定的保管期限保管账簿、记账凭证、完税凭证及其他有关资料；账簿、记账凭证、完税凭证及其他有关资料不得伪造、变造或者擅自损毁。

此外，纳税人或扣缴义务人在购销商品、提供或者接受经营服务以及从事其他经营活动中，应当依法开具、使用、取得和保管发票。

（二）财务会计制度和核算软件备案的义务

纳税人或扣缴义务人的财务、会计制度或者财务、会计处理办法和核算软件，应当报送税务机关或税务人员备案。纳税人或扣缴义务人的财务、会计制度或者财务、会计处理办法与国务院或者国务院财政、税务主管部门有关税收的规定抵触的，应依照国务院或者国务院财政、税务主管部门有关税收的规定计算应纳税款、代扣代缴和代收代缴税款。

（三）按照规定安装、使用税控装置的义务

国家根据税收征收管理的需要，积极推广使用税控装置。纳税人或扣缴义务人应当按照规定安装、使用税控装置，不得损毁或者擅自改动税控装置。如纳税人或扣缴义务人未按规定安装、使用税控装置，或者损毁、擅自改动税控装置，税务机关或税务人员将责令纳税人或扣缴义务人限期改正，并可根据情节轻重处以规定数额内的罚款。

（四）按时、如实申报的义务

纳税人或扣缴义务人必须依照法律、行政法规规定或者税务机关或税务人员依照法律、行政法规的规定确定的申报期限、申报内容如实办理纳税申报，报送纳税申报表、财务会计报表以及税务机关或税务人员根据实际需要要求纳税人或扣缴义务人报送的其他纳税资料。

作为扣缴义务人，必须依照法律、行政法规规定或者税务机关或税务人员依照法律、行政法规的规定确定的申报期限、申报内容如实报送代扣代缴、代收代缴税款报告表以及税务机关或税务人员根据实际需要要求纳税人或扣缴义务人报送的其他有关资料。

纳税人或扣缴义务人即使在纳税期内没有应纳税款，也应当按照规定办理纳税申报。享受减税、免税待遇的，在减税、免税期间应当按照规定办理纳税申报。

（五）按时缴纳税款的义务

纳税人或扣缴义务人应当按照法律、行政法规规定或者税务机关或税务人员依照法律、行政法规的规定确定的期限，缴纳或者解缴税款。

未按照规定期限缴纳税款或者未按照规定期限解缴税款的，税务机关或税务人员除责令限期缴纳外，从滞纳税款之日起，按日加收滞纳税款万分之五的滞纳金。

（六）代扣、代收税款的义务

如扣缴义务人按照法律、行政法规规定负有代扣代缴、代收代缴税款义务，必须依照法律、行政法规的规定履行代扣、代收税款的义务。扣缴义务人依法履行代扣、代收税款义务时，纳税人不得拒绝。纳税人拒绝的，扣缴义务人应当及时报告税务机关或税务人员处理。

（七）接受依法检查的义务

纳税人或扣缴义务人有接受税务机关或税务人员依法进行税务检查的义务，应主动配合税务机关或税务人员按法定程序进行的税务检查，如实地向税务机关或税务人员反映自己的生产经营情况和执行财务制度的情况，并按有关规定提供报表和资料，不得隐瞒和弄虚作假，不能阻挠、刁难税务机关或税务人员的检查和监督。

（八）及时提供信息的义务

纳税人或扣缴义务人除通过税务登记和纳税申报向税务机关或税务人员提供与纳税有关的信息外，还应及时提供其他信息。如纳税人或扣缴义务人有歇业、经营情况变化、遭受各种灾害等特殊情况的，应及时向税务机关或税务人员说明，以便税务机关或税务人员依法妥善处理。

（九）报告其他涉税信息的义务

为了保障国家税收能够及时、足额征收入库，税收法律还规定了纳税人或扣缴义务人有义务向税务机关或税务人员报告如下涉税信息：

1.企业有关的价格、费用标准的报告义务

纳税人或扣缴义务人有义务就纳税人或扣缴义务人与关联企业之间的业务往来，向当地税务机关提供有关的价格、费用标准等资料。

纳税人或扣缴义务人有欠税情形而以财产设定抵押、质押的，应当向抵押权人、质权人说明纳税人或扣缴义务人的欠税情况。

2.企业合并、分立的报告义务

纳税人或扣缴义务人有合并、分立情形的，应当向税务机关或税务人员报告，并依法缴清税款。合并时未缴清税款的，应当由合并后的纳税人继续履行未履行的纳税义务；分立时未缴清税款的，分立后的纳税人对未履行的纳税义务应当承担连带责任。

3.全部账号的报告义务

如纳税人或扣缴义务人从事生产、经营，应当按照国家有关规定，持相关证件，在银行或者其他金融机构开立基本存款账户和其他存款账户，并自开立基本存款账户或者其他存款账户之日起15日内，向纳税人或扣缴义务人的主管税务机关书面报告全部账号；发生变化的，应当自变化之日起15日内，向纳税人或扣缴义务人的主管税务机关书面报告。

4.处分大额财产的报告义务

如纳税人或扣缴义务人的欠缴税款数额在5万元以上，纳税人或扣缴义务人在处分不动产或者大额资产之前，应当向税务机关或税务人员报告。

三、“偷税”改为“逃避缴纳税款”刑法概念

从2009年2月28日起，“偷税”将不再作为一个刑法概念存在。第十一届全国人大常委会第七次会议表决通过了《中华人民共和国刑法修正案（七）》，修订后的《中华人民共和国刑法》对第201条关于不履行纳税义务的定罪量刑标准和法律规定中的相关表述方式进行了修改。用“逃避缴纳税款”取代了“偷税”。但是，目前《中华人民共和国税收征收管理法》中还没有作出相应修改。

修订后的《中华人民共和国刑法》规定：有逃避缴纳税款行为，经税务机关依法下达追缴通知后，补缴应纳税款，缴纳滞纳金，已受行政处罚的，不予追究刑事责任；但是，5年内因逃避缴纳税款受过刑事处罚或者被税务机关给予二次以上行政处罚的除外。

【注意点】

纳税人采取欺骗、隐瞒手段进行虚假纳税申报或者不申报，逃避缴纳税款数额较大（10%以上）或数额巨大（30%以上），需要承担刑事责任。但是，如果纳税人经税务机关依法下达追缴通知后，同时具备以下三个条件，可不承担刑事责任：其一，已补缴全部应纳税款；其二，已缴纳税收滞纳金；其三，已接受税务机关的行政处罚。

第二章　办理纳税人涉税事项操作指南

引言

扩展学习资料

党的二十大报告对优化营商环境作出了部署：

“四、加快构建新发展格局，着力推动高质量发展

……

（一）构建高水平社会主义市场经济体制。……深化简政放权、放管结合、优化服务改革。……构建全国统一大市场，深化要素市场化改革，建设高标准市场体系。完善产权保护、市场准入、公平竞争、社会信用等市场经济基础制度，优化营商环境。……健全现代预算制度，优化税制结构，完善财政转移支付体系。”

党的二十大报告强调要优化营商环境，提高政府服务效率。“一照一码”改革正是这一理念的具体实践。通过“一窗受理、互联互通、信息共享”，实现了由市场监管部门直接核发加载统一社会信用代码的营业执照，大大缩短了办理时限，提高了行政效率。通过“一照一码”改革，企业不再需要分别到工商、质检、税务等部门办理多个证照，降低了企业的制度性交易成本，减轻了企业的负担。

“一照一码”中的统一社会信用代码，相当于企业和其他组织的“身份证号”，实现了企业信息的统一归集和共享。统一社会信用代码的推行，有助于加强企业信用信息的监管和共享，推动企业诚信经营，提高市场信用水平，为构建社会信用体系提供了有力支撑。

学习目标

了解“一照一码”、纳税申报和税款征管等纳税人的涉税事项。

第一节　“一照一码”的基本内容

一、企业的一照一码户信息确认

（一）申请条件

已实行“多证合一、一照一码”登记模式的纳税人，首次办理涉税事宜时，对市场监督管理等部门共享信息进行确认。

（二）办理地点

登录各地主管税务机关办税服务厅（场所）或国家税务总局各省市税务局网站，点击进入“我要办税”。

【注意点】

一照一码户信息确认无须提供材料。纳税人可通过与税务机关、开户银行签订银税三方（委托）划缴协议，开通委托划缴税款业务，实现税款的快速划缴、高效对账和跟踪查询。

二、简化企业开办涉税事项办理内容

（一）新办企业的涉税事项办理内容

纳税人适用《国家税务总局关于进一步简化企业开办涉税事项办理程序压缩办理时间的通知》（税总发〔2019〕126号）的，实行一套资料、一窗受理、一次提交、一次办结。具体办理事项为：

（1）纳税人新办企业时根据自身不同情况应申请办理的涉税事项包括：信息确认、发票票种核定、增值税一般纳税人登记、增值税专用发票最高开票限额审批、增值税税控系统专用设备初始发行（含税务Ukey发放）、发票领用等六个事项。

（2）对开办首次申领发票涉及相关事项，纳税人可通过一次填报和确认《新办纳税人涉税事项综合申请表》办理。

（3）企业现场办理开办涉税事项，若暂时无法提供企业印章，符合以下条件的，税务机关予以容缺办理：由其法定代表人办理时，已实名采集认证并承诺后续补齐的；由办税人员办理时，办税人员已实名采集认证，经法定代表人线上实名采集认证、授予办税人员办税权限的，或者提供法定代表人授权委托书的。企业30日内未补充提供印章的，税务机关将其行为纳入信用记录，对其实施风险管理并严格办理发票领用。

（4）纳税人采用新办纳税人“套餐式”服务的，可在“套餐式”服务内一并办理财务会计制度及核算软件备案报告、存款账户账号报告、银税三方（委托）划缴协议等后续事项。

（二）税务部门与相关部门建立信息共享交换平台

税务部门与民政部门之间能够建立省级统一的信用信息共享交换平台、政务信息平台、部门间数据接口并实现登记信息实时传递的，已取得统一社会信用代码的社会组织纳税人（社会团体、基金会、民办非企业单位）完成一照一码户信息确认后，税务机关对标注统一社会信用代码的社会组织法人登记证赋予税务登记证的全部功能，不再另行发放税务登记证件。

【注意点】

新设立的企业、农民专业合作社完成一照一码户信息确认后，其加载统一社会信用代码的营业执照可代替税务登记证使用，不再另行发放税务登记证件。

（三）企业变更涉税事项

“一照一码”企业办理变更登记，除生产经营地、财务负责人、核算方式变更由企业向税务机关提出变更申请以外，其他变更信息由企业登记机关统一采集。

企业向税务机关提出变更所需资料如下：

（1）“变更税务登记表”一式两份（加盖单位公章）；

（2）纳税人信息变更的有关证明文件原件及复印件。

纳税人办理股东股权变更登记手续时，应向企业登记机关提供所得税完税凭证或者不征税证明；对不能提供的，企业登记机关暂缓办理变更登记，并将情况通报同级主管税务机关。

（四）企业注销涉税事项

自2017年3月1日起，在全国范围内全面实行企业简易注销登记改革。企业申请简易注销登记应当先通过国家企业信用信息公示系统“简易注销公告”专栏主动向社会公告拟申请简易注销登记及全体投资人承诺等信息（强制清算终结和破产程序终结的企业除外），公告期为45日。公告期满后，企业方可向企业登记机关提出简易注销登记申请。

企业在进行简易注销登记时只需要提交“申请书”“指定代表或者共同委托代理人授权委托书”“全体投资人承诺书”以及营业执照正、副本即可。强制清算终结的企业要提交人民法院终结强制清算程序的裁定，破产程序终结的企业要提交人民法院终结破产程序的裁定，不再提交清算报告、投资人决议、清税证明、清算组备案证明、刊登公告的报纸样张等材料。

（五）新办纳税人的“套餐式”服务

国家税务总局要求各省税务局在2018年9月底前，分批、有序推进集中处理涉税事项的“套餐式”服务模式，即新办纳税人法定义务事项和首次领用发票相关办税事项一并办理，建立集中处理涉税事项的“套餐式”服务模式。

新办纳税人“套餐式”服务一般应包括以下10个涉税事项：

（1）网上办税服务厅开户；

（2）登记信息确认；

（3）财务会计制度及核算软件备案；

（4）纳税人存款账户账号报告；

（5）增值税一般纳税人登记；

（6）发票票种核定；

（7）增值税专用发票最高开票限额审批；

（8）实名办税；

（9）增值税税控系统专用设备初始发行；

（10）发票领用。

【注意点】

自2019年1月1日起，对从事涉税服务人员实行个人信用记录。对从事涉税服务人员实行个人信用记录，是落实国务院关于加强重点人群职业信用记录有关要求的具体举措。《从事涉税服务人员个人信用积分指标体系及积分记录规则》（以下简称《个人信用指标》）的主要内容包括：《个人信用指标》的具体指标、个人信用积分的计分方式、纳入涉税服务失信名录的积分处理。

三、个体工商户的“两证整合”

（一）个体工商户“两证整合”的基本内容

通过个体工商户“两证整合”，实现公民只需填写“一张表”，向“一个窗口”提交“一套材料”即可办理个体工商户工商登记，由市场监管部门核发一个加载法人和其他组织统一社会信用代码的营业执照。

已领取加载统一社会信用代码营业执照且在税务机关办理涉税事项的个体工商户申请注销登记，应当向登记机关提交税务机关出具的“清税证明”。

个体工商户开业登记申请书见表2-1。

表2-1　　个体工商户开业登记申请书

<table>
<tr><td rowspan="7">经营者</td><td>姓　名</td><td></td><td>性　别</td><td></td><td rowspan="7">照片粘贴处</td></tr>
<tr><td>身份证号码</td><td colspan="3"></td></tr>
<tr><td>住　所</td><td colspan="3"></td></tr>
<tr><td>邮政编码</td><td></td><td>移动电话</td><td></td></tr>
<tr><td>固定电话</td><td></td><td>电子邮箱</td><td></td></tr>
<tr><td>政治面貌</td><td></td><td>民　族</td><td></td></tr>
<tr><td>文化程度</td><td></td><td>职业状况</td><td></td></tr>
<tr><td>名　称</td><td colspan="5"></td></tr>
<tr><td rowspan="2">备选字号
（请选用不同字号）</td><td colspan="5">1.</td></tr>
<tr><td colspan="5">2.</td></tr>
<tr><td rowspan="4">组成形式</td><td colspan="5">个人经营　□　　家庭经营　□</td></tr>
<tr><td rowspan="3">参加经营的家庭成员姓名</td><td></td><td rowspan="3">参加经营的家庭成员身份证号码</td><td colspan="2"></td></tr>
<tr><td></td><td colspan="2"></td></tr>
<tr><td></td><td colspan="2"></td></tr>
<tr><td>经营范围</td><td colspan="5"></td></tr>
<tr><td rowspan="2">经营场所</td><td>地址</td><td colspan="4">______省（市/自治区）______市（地区/盟/自治州）______县（自治县/旗/自治旗/市/区）______乡（民族乡/镇/街道）______村（路/社区）______号______</td></tr>
<tr><td>邮政编码</td><td></td><td>联系电话</td><td colspan="2"></td></tr>
<tr><td>从业人数</td><td colspan="2">（人）</td><td>资金数额</td><td colspan="2">（万元）</td></tr>
<tr><td colspan="6">本人依照《个体工商户条例》申请登记为个体工商户，提交文件材料真实有效。谨对真实性承担责任。
经营者签名：
年　月　日</td></tr>
</table>

（二）个体工商户定额信息的采集

自2016年10月1日起，税务机关对营业税改征增值税试点的个体工商户实行定期定额征收方式的，在采集纳税人信息时应使用“个体工商户定额信息采集表”（表格略）。

四、企业信息变更“一次办”

企业在市场监管部门依法办理变更登记后，市场监管部门依托“一网通办”等政务服务平台共享推送变更信息，公安、税务、人社、住建等部门接收信息后，对应完成公章刻制备案信息变更、税控设备变更发行、社会保险登记变更、住房公积金缴存登记变更等事项的信息变更。经企业授权同意后，银行接收信息提供基本账户变更预约或者变更办理服务。

五、纳税人跨区迁移办理

自2024年9月1日起，国家税务总局为了进一步优化纳税人跨区迁移办理服务，规定：

（一）主动推送指引，优化事前提醒

国家税务总局要求各地税务机关要加强与市场监管部门登记信息共享，根据市场监管部门共享的跨区住所变更登记信息，通过电子税务局等渠道主动向纳税人推送跨区迁移涉税事项办理指引，提醒纳税人查询办理未办结涉税事项。对纳税人存在未办结涉税事项的，同步向税务人员推送限时办理提示，督促限时办结。

（二）细分不同场景，提速事中办理

1.优化未结事项办理

申请跨区迁移的纳税人存在未办结涉税事项的，对依纳税人申请办理的事项，即时推送纳税人确认是否继续办理，纳税人选择继续办理的，税务机关应限时办结；纳税人选择不再办理的，税务机关应立即终结该涉税事项。对税务机关依职权发起的事项，按规定限时办结。

2.简化发票使用手续

对使用全面数字化的电子发票的纳税人，信息系统自动将其发票额度转至迁入地。纳税人使用税控设备的，在省内迁移时，可线上变更税控设备信息，无须在迁出地税务机关缴销税控设备；在跨省迁移时，可线上远程注销税控设备，直接向迁入地税务机关领用税控设备，或使用全面数字化的电子发票。

3.分类处理涉税风险

纳税人存在未完成风险任务的，税务机关对低风险的即时办理迁移手续，将风险任务推送至迁入地税务机关继续处理；税务机关对中、高风险的按规定限时完成风险应对，及时办理迁移手续。

4.优化退税办理环节

纳税人存在多缴税款的，信息系统自动提醒办理退税，对选择在迁移前办理退税的，税务机关应限时办理；对选择暂不退税的，税务机关辅导纳税人在迁移后办理退税。

（三）持续跟踪辅导，完善事后服务

迁入地税务机关要提供“一站式”迁入服务，保障纳税人纳税信用级别、发票额度、预缴税款、所得税亏损弥补、增值税一般纳税人资格、未抵扣增值税进项税额等权益和资质得以延续，并及时辅导纳税人办理迁移前未办结的涉税事项。

第二节 纳税申报和税款征管

一、纳税申报

纳税申报是纳税人履行纳税义务的法定程序。

（一）纳税申报的方式

1.线上纳税申报

（1）网上申报。纳税人可以登录国家税务总局官方网站或相关纳税服务平台，如各地税务机关网上的“网上办税系统”，进行在线纳税申报。填写相关信息并上传必要的申报材料，如纳税申报表、营业执照、税控盘等。申报信息经税务机关审核接收后，纳税人可以通过网上银行、支付宝等支付工具进行税款的缴纳。

（2）手机APP申报。税务机关提供手机APP申报服务，纳税人可以通过手机APP随时随地完成纳税申报和税款缴纳。

2.线下纳税申报

（1）直接申报（上门申报）。纳税人和扣缴义务人自行到税务机关的窗口或预约办税服务厅进行现场申报。需要携带相关纳税申报材料，如纳税申报表、营业执照、税控盘等。

（2）邮寄申报。对于一些偏远地区或不方便直接前往税务机关的纳税人，可以选择将纳税申报表等申报材料通过邮寄方式寄送到税务机关。

3.其他申报方式

（1）简易申报。适用于实行定期定额征收方式的纳税人，经税务机关批准，可以通过以缴纳税款凭证代替申报的方式。

（2）代理申报。生产、经营规模小又确无申报能力的纳税人，可以委托经批准的、具有税务代理资格的税务代理机构在规定的申报期限内办理纳税申报手续。

【注意点】

无论采用何种方式，纳税人都应确保申报的及时性和准确性，以符合《中华人民共和国税收征收管理法》的相关规定。纳税人应按时缴纳税款，避免逾期申报和欠税情况的发生，纳税人应根据自身实际情况选择合适的申报方式。

（二）纳税期限和延期缴纳

纳税人、扣缴义务人必须依法按照规定的期限，缴纳或者解缴税款。未按照规定期限缴纳或解缴税款的，税务机关除责令限期缴纳外，从滞纳税款之日起，按日加收滞纳税款万分之五的滞纳金。

对纳税人因不可抗力，导致发生较大损失、正常生产经营活动受到较大影响，或当期货币资金在扣除应付职工工资、社会保险费后，不足以缴纳税款的，经省、自治区、直辖市主管税务机关批准，可以延期缴纳税款，但最长不能超过3个月。经批准延期缴纳的税款不加收滞纳金。

（三）税款减免

税款减免是税务机关依据税收法律、行政法规和国家有关税收的规定，给予纳税人的减税或免税。

按法律、法规规定或者经法定的审批机关批准减税、免税的纳税人，要持有关文件到主管税务机关办理减税、免税手续。减税、免税期满，应当自期满之次日起恢复纳税。

享受减税、免税优惠的纳税人，如果减税、免税条件发生变化，要自发生变化之日起15日内向税务机关报告；不再符合减税、免税条件的，要依法履行纳税义务，否则税务机关予以追缴。

（四）税收保全措施和强制执行措施

税收保全措施和强制执行措施的主要内容见表2-2。

表2-2　**税收保全措施和强制执行措施的主要内容**

<table>
<tr><th>措施</th><th>实施条件</th><th>实施措施</th><th>注意事项</th></tr>
<tr><td>税收保全</td><td>（1）行为条件：纳税人有逃避纳税义务的行为。逃避纳税义务行为主要包括：转移、隐匿商品、货物或者其他财产等
（2）时间条件：纳税人在规定的纳税期届满之前和责令缴纳税款的期限之内
（3）担保条件：在上述两个条件具备的情况下，税务机关可以责成纳税人提供纳税担保，纳税人不提供纳税担保的，税务机关可以依照法定权限和程序采取税收保全措施</td><td>（1）书面通知纳税人的开户银行或者其他金融机构冻结纳税人的相当于应纳税款的存款
（2）扣押、查封纳税人的价值相当于应纳税款的商品、货物或者其他财产</td><td rowspan="2">（1）税务机关采取强制执行措施时，对纳税人、扣缴义务人、纳税担保人未缴纳的滞纳金同时强制执行
（2）税务机关对纳税人等采取保全措施或强制执行措施应经县以上税务局（分局）局长批准</td></tr>
<tr><td>强制执行</td><td>（1）超过纳税期限。未按照规定的期限纳税或者解缴税款
（2）告诫在先。税务机关必须责令限期缴纳税款
（3）超过告诫期。经税务机关责令限期缴纳，逾期仍未缴纳的</td><td>（1）书面通知纳税人的开户银行或者其他金融机构从其存款中扣缴税款
（2）扣押、查封、依法拍卖或者变卖其相当于应纳税款的商品、货物或者其他财产</td></tr>
</table>

【例2-1】（初级会计职称考试真题）根据税收征收管理制度，下列个人财产中，不适用税收保全措施的是（　　）。

A.机动车辆　　B.金银首饰

C.古玩字画　　D.维持生活必需的住房

【答案】D

【解析】个人及其所扶养家属维持生活必需的住房和用品，不在税收保全措施的范围之内。

（五）税款的退还和追征制度

纳税人超过应纳税额缴纳的税款，税务机关发现后应当立即退还；纳税人自结算缴纳税款之日起3年内发现的，可以向税务机关要求退还多缴的税款并加算银行同期存款利息，税务机关及时查实后应当立即退还。

因纳税人、扣缴义务人计算错误等失误，未缴或者少缴税款的，税务机关在3年内可以追征税款、滞纳金；有特殊情况的，追征期可以延长到5年。对逃税、抗税、骗税的，税务机关追征其未缴或者少缴的税款、滞纳金或者所骗取的税款，不受前款规定期限的限制。

【注意点】

2018年2月23日，国家税务总局发布《办税事项“最多跑一次”清单》（以下简称《清单》）公告，涉及报告类、发票类、申报类、备案类和证明类共5大类105个项目，规定自2018年4月1日起办税事项“最多跑一次”，即指纳税人办理《清单》范围内事项，在资料完整且符合法定受理条件的前提下，最多只需要到税务机关跑一次。

税款的退还和追征制度的主要内容见表2-3。

表2-3 **税款的退还和追征制度的主要内容**

制度	适用范围	相关规定
税款退还制度	退还多缴的税款主要包括两种情况： （1）因为技术上的原因或计算上的错误，造成纳税人多缴或税务机关多征税款 （2）正常的税收征管的情况下造成的多缴税款	（1）有欠税的，抵顶欠缴的税款和滞纳金 （2）无欠税的，可以按纳税人的要求留抵下期应纳税款
税款追征制度	是税务机关的责任造成的未缴或者少缴税款	税务机关可在3年内要求纳税人、扣缴义务人补缴税款，但是不得加收滞纳金
	是纳税人、扣缴义务人的责任造成的未缴或者少缴税款	（1）一般情况下，追征期为3年 （2）特殊情况下，追征期为5年 （3）追征税款的同时，还需追征滞纳金
		对逃避缴纳税款、抗税、骗税的，无限期地追征逃避缴纳、抗税的税款、滞纳金和纳税人、扣缴义务人所骗取的税款

【例2-2】纳税人如在一定期限内发现其缴纳的税款超过应纳税额，可以向税务机关要求退还多缴的税款并加算银行同期存款利息。这里的一定期限内是指（ ）。

A. 自结算缴纳税款之日起1年内　　B. 自结算缴纳税款之日起2年内

C. 自结算缴纳税款之日起3年内　　D. 自结算缴纳税款之日起4年内

【答案】C

【解析】纳税人自结算缴纳税款之日起3年内发现的，可以向税务机关要求退还多缴的税款并加算银行同期存款利息，税务机关及时查实后应当立即退还。

第三节　会计核算基本要求

一、财务会计报告报送

（一）要求报送的纳税人

实行不同会计准则或制度的纳税人，依照执行的企业会计准则或制度，事先向税务机关备案，并分中期财务报表和年度财务报表，定期向税务机关报送财务报告。（政策依据：《中华人民共和国税收征收管理法》第二十五条第一款）

（二）报送的材料

1.执行企业会计准则的纳税人

（1）执行企业会计准则的非金融企业中，尚未执行新金融准则、新收入准则和新租赁准则的纳税人需要报送的资料见表2-4。

表2-4　**执行企业会计准则的非金融企业中，尚未执行新金融准则、新收入准则和新租赁准则的纳税人需要报送的资料**

序号	材料名称	数量	备注
1	《资产负债表（适用于未执行新金融准则、新收入准则、新租赁准则的一般企业）》	1份	
2	《利润表（适用于未执行新金融准则、新收入准则、新租赁准则的一般企业）》	1份	
3	《现金流量表（适用于执行企业会计准则的一般企业）》	1份	除全国千户集团及其成员企业外，报送条件为税务机关要求报送时
4	《所有者权益变动表（适用于执行企业会计准则的一般企业）》	1份	除全国千户集团及其成员企业外，报送条件为税务机关要求报送时
5	《企业会计准则附注》	1份	全国千户集团总部及其成员企业

（2）执行企业会计准则的非金融企业中，已执行新金融准则、新收入准则和新租赁准则的纳税人需要报送的资料见表2-5。

表2-5　**执行企业会计准则的非金融企业中，已执行新金融准则、新收入准则和新租赁准则的纳税人需要报送的资料**

序号	材料名称	数量	备注
1	《资产负债表（适用于已执行新金融准则、新收入准则和新租赁准则的一般企业）》	1份	

序号	材料名称	数量	备注
2	《利润表（适用于已执行新金融准则、新收入准则和新租赁准则的一般企业）》	1份	
3	《现金流量表（适用于执行企业会计准则的一般企业）》	1份	除全国千户集团及其成员企业外，报送条件为税务机关要求报送时
4	《所有者权益变动表（适用于执行企业会计准则的一般企业）》	1份	除全国千户集团及其成员企业外，报送条件为税务机关要求报送时
5	《企业会计准则附注》	1份	全国千户集团总部及其成员企业

2.执行小企业会计准则的纳税人

执行小企业会计准则的纳税人报送的资料见表2-6。

表2-6　**执行小企业会计准则的纳税人报送的资料**

序号	材料名称	数量	备注
1	《资产负债表（适用于执行小企业会计准则的企业）》	1份	
2	《利润表——月报（适用于执行小企业会计准则的企业）》	1份	报送期限为月报或季报的纳税人
3	《利润表——年报（适用于执行小企业会计准则的企业）》	1份	报送期限为年报的纳税人
4	《现金流量表——月报（适用于执行小企业会计准则的企业）》	1份	报送条件为税务机关要求报送时
5	《现金流量表——年报（适用于执行小企业会计准则的企业）》	1份	报送条件为税务机关要求报送时

二、停业登记

（一）申请条件

实行定期定额征收的个体工商户或比照定期定额户进行管理的个人独资企业发生停业的，应当在停业前向主管税务机关书面提出停业报告；纳税人停业期满不能及时恢复生产经营的，在停业期满前到主管税务机关申报办理延长停业报告。

（二）注意事项

（1）纳税人在停业期间发生纳税义务的，应当按照税收法律、行政法规的规定申报缴纳税款。

（2）纳税人在申报办理停业登记时，应如实填写停业复业报告书，说明停业理由、停业期限、停业前的纳税情况和发票的领、用、存情况，并结清应纳税款、滞纳金、罚款。

（3）纳税人按申报停业登记时的停业期限准期复业的，应当在停业到期前向主管税务机关申报办理复业登记；纳税人提前复业的，应当在恢复生产经营之前向主管税务机关申报办理复业登记。

（4）纳税人停业期满不能及时恢复生产经营的，应当在停业期满前到税务机关办理延长停业登记；不申请延长停业的，视为已恢复生产经营，税务机关将纳入正常管理，并按核定税额按期征收税款。

【注意点】

（1）纳税人的停业期限不得超过一年。（2）市场主体因自然灾害、事故灾难、公共卫生事件、社会安全事件等原因造成经营困难，按照《中华人民共和国市场主体登记管理条例》的规定办理歇业的，不需要另行向税务机关报告。

（三）需提供的材料

纳税人停业登记需提供的材料见表2-7。

表2-7 **纳税人停业登记需提供的材料**

序号	材料名称	数量	备注
1	《停业复业报告书》	2份	
有以下情形的，还应提供相应材料			
适用情形	材料名称	数量	备注
纳税人存在未缴存税务登记证件	税务登记证正、副本，其他税务证件	1份	税务机关封存
纳税人存在未缴存情形	发票领购簿	1份	税务机关封存
纳税人存在未缴存情形	未使用完的发票		税务机关封存

三、我国18个税种的立法概况（见表2-8）

表2-8 **我国18个税种的立法概况（截至2024年6月）**

序号	税种	法律法规简称	制定机构	级次	法律施行时间
1	企业所得税	《企业所得税法》	全国人大常委会	法律	2008年1月1日
2	个人所得税	《个人所得税法》	全国人大常委会	法律	1980年9月10日
3	车船税	《车船税法》	全国人大常委会	法律	2012年1月1日
4	环境保护税	《环境保护税法》	全国人大常委会	法律	2018年1月1日
5	船舶吨税	《船舶吨税法》	全国人大常委会	法律	2018年7月1日
6	烟叶税	《烟叶税法》	全国人大常委会	法律	2018年7月1日
7	车辆购置税	《车辆购置税法》	全国人大常委会	法律	2019年7月1日
8	耕地占用税	《耕地占用税法》	全国人大常委会	法律	2019年9月1日
9	资源税	《资源税法》	全国人大常委会	法律	2020年9月1日
10	城市维护建设税	《城市维护建设税法》	全国人大常委会	法律	2021年9月1日
11	契税	《契税法》	全国人大常委会	法律	2021年9月1日

序号	税种	法律法规简称	制定机构	级次	法律施行时间
12	印花税	《印花税法》	全国人大常委会	法律	2022年7月1日
13	增值税	《增值税暂行条例》	国务院	行政法规	
14	消费税	《消费税暂行条例》	国务院	行政法规	
15	关税	《进出口关税条例》	国务院	行政法规	
16	土地增值税	《土地增值税暂行条例》	国务院	行政法规	
17	城镇土地使用税	《城镇土地使用税暂行条例》	国务院	行政法规	
18	房产税	《房产税暂行条例》	国务院	行政法规	

资料来源：根据国家税务总局网站资料整理。

【注意点】

2001年5月1日起施行的《中华人民共和国税收征收管理法》加上2022年7月1日起施行的《中华人民共和国印花税法》共13部有关税收法律。

四、税务注销

（一）申请条件

企业符合市场监管部门简易注销条件，未办理过涉税事宜，或者办理过涉税事宜但没领用过发票（含代开发票）、没有欠税（滞纳金）及罚款且没有其他未办结事项，可免予到税务机关办理清税证明，可直接向市场监管部门申请简易注销。

未办理过涉税事宜的纳税人，主动到税务机关办理清税的，税务机关可根据纳税人提供的营业执照即时出具清税文书。

经人民法院裁定强制清算或者宣告破产的纳税人，持人民法院终结强制清算程序的裁定或者终结破产程序裁定书向税务机关申请税务注销的，税务机关即时出具清税文书。

未处于税务检查状态、无欠税（滞纳金）及罚款、已缴销发票和税控专用设备的企业分支机构，若由总机构汇总缴纳增值税、企业所得税，并且不就地预缴或分配缴纳增值税、企业所得税的，税务机关即时出具清税文书。

（二）仅需要出具清税文书即时办理需具备的条件

符合下列条件的纳税人在办理税务注销时，税务机关提供即时办结服务，采取“承诺制”容缺办理，即时出具清税文书：

（1）办理过涉税事宜但未领用发票（含代开发票）、无欠税（滞纳金）及罚款的纳税人，主动到税务机关办理清税。

（2）对未处于税务检查状态、无欠税（滞纳金）及罚款、已缴销增值税专用发票及税控专用设备，且符合下列情形之一的纳税人。

①纳税信用级别为A级和B级的纳税人；

②控股母公司纳税信用级别为A级的M级纳税人；

③省级人民政府引进人才或经省级以上行业协会等机构认定的行业领军人才等创办的企业；

④未纳入纳税信用级别评价的定期定额个体工商户；

⑤未达到增值税纳税起征点的纳税人。

（三）办理税务注销前的注意事项

纳税人申报办理税务注销前，应结清应纳税款、多退（免）税款、滞纳金和罚款，缴销发票和其他税务证件，其中：

（1）企业所得税纳税人在办理税务注销前，就其清算所得向税务机关申报并依法缴纳企业所得税。

（2）纳税人未办理土地增值税清算手续的，应在申报办理税务注销前进行土地增值税清算。

（3）出口企业应在结清出口退（免）税款后，申报办理税务注销。

（四）需提供的材料

税务注销需提供的材料见表2-9。

表2-9 **税务注销需提供的材料**

序号	材料名称	数量	备注
1	《清税申报表》或《注销税务登记申请审批表》	2份	已实行“一照一码”“两证整合”登记模式的纳税人提交《清税申报表》；未实行“一照一码”“两证整合”登记模式的纳税人提交《注销税务登记申请审批表》
2	经办人身份证件原件	1份	查验后退回
有以下情形的，还应提供相应材料			
适用情形	材料名称	数量	备注
上级主管、董事会决议注销	上级主管部门批复文件或董事会决议复印件	1份	能够通过政府信息共享获取相关信息的可取消复印件的报送；已实行实名办税的纳税人，可取消报送
境外企业在中国境内承包建筑、安装、装配、勘探工程和提供劳务	项目完工证明、验收证明等相关文件复印件	1份	能够通过政府信息共享获取相关信息的可取消复印件的报送；已实行实名办税的纳税人，可取消报送
被市场监督管理机关吊销营业执照	市场监督管理机关发出的吊销营业执照决定复印件	1份	能够通过政府信息共享获取相关信息的可取消复印件的报送；已实行实名办税的纳税人，可取消报送
适用于“一照一码”“两证整合”以外的纳税人	税务登记证件	1份	已实行实名办税的纳税人，可取消报送
已领取发票领用簿的纳税人	《发票领用簿》	1份	已实行实名办税的纳税人，可取消报送

适用情形	材料名称	数量	备注
未办理过涉税事宜的纳税人	加载统一社会信用代码的营业执照原件	1份	查验后退回
经人民法院裁定强制清算或者宣告破产的还应报送	人民法院终结强制清算程序或者终结破产程序裁定书	1份	

【注意点】

（1）经过实名信息验证的办税人员，不再提供登记证件、身份证件复印件、上级主管部门批复文件或董事会决议复印件、《项目完工证明》《验收证明》等相关文件复印件、《发票领用簿》等资料。

（2）对适用税务注销即办流程的纳税人，资料不齐的，税务机关可在纳税人作出承诺后，采取“承诺制”容缺办理，即时出具清税文书。纳税人应按承诺的时限补齐资料，并办结相关事项。

第四节　应交税费的会计核算特点

一、纳税的会计处理

企业按照税法的规定计算出的应纳税额，必须在规定的期限内进行税款结算和缴纳的会计处理，并在凭证和账簿上作出记录和反映。由于税种不同，企业纳税的会计处理方法也不尽相同。

（1）减少企业的本年利润，也计入利润表的“税金及附加”的税金：消费税、资源税、出口关税、城市维护建设税、教育费附加、房产税、印花税、车船税、城镇土地使用税等。

（2）不减少企业的本年利润、不计入利润表、仅通过“应交税费”核算的税金：增值税。

（3）减少企业的本年利润、计入利润表，但计算应纳税所得额时需要根据《企业所得税法》调整的“所得税费用”。

目前，税务会计中计算应纳税额的规定分散在各种具体的税收法规之中，如增值税、消费税核算在2008年11月修订的《增值税暂行条例》《消费税暂行条例》等中分别有详细规定，所得税核算在2007年3月颁布的《企业所得税法》和2007年12月颁布的《企业所得税法实施条例》等中有详细规定。

二、“应交税费”会计科目核算规定（企业会计准则规定）

（一）“应交税费”会计科目核算的内容

核算企业按照税法规定计算应缴纳的各种税费，包括增值税、消费税、所得税、资源税、土地增值税、城市维护建设税、房产税、城镇土地使用税、车船税、教育费附加等。企业按规定应交纳的保险保障基金，也通过“应交税费”科目核算。企业代扣代交的个人所得税，也通过“应交税费”科目核算。企业不需要预计应交数而缴纳的税金，如印花税、耕地占用税等，不在“应交税费”科目核算。

应交税费可按应交的税费项目进行明细核算。

（二）应交增值税价外税的主要账务处理

应交增值税还应分别“进项税额”“销项税额”“出口退税”“进项税额转出”“已交税金”等设置专栏。

1.企业采购物资

借：在途物资（材料采购、原材料、库存商品）等

　　应交税费——应交增值税（进项税额）（扣税凭证上注明或计算的增值税税额）

　贷：应付账款（应付票据、银行存款）等

购入物资发生退货作相反的会计分录。

2.销售物资或提供应税劳务

借：银行存款（应收账款、应收票据）等

　贷：主营业务收入（其他业务收入）等

　　　应交税费——应交增值税（销项税额）（根据销售额计算的增值税税额）

发生销售退回作相反的会计分录。

3.实行“免、抵、退”的企业，按应收的出口退税额

借：应收出口退税款

　贷：应交税费——应交增值税（出口退税）

4.小规模纳税人和一般纳税人购入材料不能抵扣增值税的

借：在途物资（材料采购、原材料、库存商品）等（买价+采购费+增值税）

　贷：应交税费——应交增值税

（三）应交消费税、资源税、城市维护建设税、教育费附加等价内税的主要账务处理

借：税金及附加

　贷：应交税费——应交消费税等

（四）应交土地增值税的主要账务处理

1.土地使用权与地上建筑物及其附着物一并在“固定资产清理”等科目核算的

借：固定资产清理

　贷：应交税费——应交土地增值税

2.土地使用权在“无形资产”科目核算的

借：银行存款

　　营业外支出（净损失）

　贷：应交税费——应交土地增值税

　　　无形资产（冲销土地使用权的账面价值）

或　借：银行存款

　贷：应交税费——应交土地增值税

　　　无形资产（冲销土地使用权的账面价值）

　　　营业外收入（净收益）

（五）应交的房产税、城镇土地使用税、车船税、印花税的主要账务处理

借：税金及附加

　贷：银行存款

（六）应交企业所得税的主要账务处理

借：所得税费用

　贷：应交税费——应交企业所得税

（七）应交的养老保险、医疗保险、失业保险、工伤保险、生育保险和住房公积金（五险一金）的主要账务处理

借：管理费用

　贷：应付职工薪酬——养老保险

　　　　　　　　——医疗保险

　　　　　　　　——失业保险

（八）应交个人所得税的主要账务处理

计算应代扣代缴的职工个人所得税。

借：应付职工薪酬

　贷：应交税费——应交个人所得税

（九）缴纳税金

1.本月缴纳增值税

借：应交税费——应交增值税（已交税金）

　贷：银行存款

2.实际缴纳消费税、企业所得税、各项保险金等

借：应交税费——应交消费税等

　贷：银行存款

3.代扣代缴个人所得税

借：应交税费——应交个人所得税

　贷：银行存款

　　　其他收益——手续费收入

（十）应交税费期末余额

应交税费期末贷方余额，反映企业尚未缴纳的税费；期末如为借方余额，反映企业多交或尚未抵扣的税费。

有关各税种"应交税费"账户的具体核算办法详见以后各章，这部分是本书的重点内容。

第三章　经济合同和增值税发票的涉税事项

引言

党的二十大报告对建设社会主义法治国家作出了部署：

“七、坚持全面依法治国，推进法治中国建设

……

扩展学习资料

我们要坚持走中国特色社会主义法治道路，建设中国特色社会主义法治体系、建设社会主义法治国家，围绕保障和促进社会公平正义，坚持依法治国、依法执政、依法行政共同推进，坚持法治国家、法治政府、法治社会一体建设，全面推进科学立法、严格执法、公正司法、全民守法，全面推进国家各方面工作法治化。”

党的二十大报告强调建设社会主义法治国家，经济合同作为经济活动中不可或缺的一部分，为经济合作提供了明确的权利和义务，有助于减少交易风险、防止纠纷，从而优化营商环境，促进经济活动的顺利进行。例如，经济合同作为法律文件，具有法律效力，在经济合同中明确规定交易的内容、价格、交付方式、履行期限等，可以让参与方清晰了解各自的权利和义务，提高经济合作的效率和效益。一旦发生纠纷，可依据合同内容进行维权和解决争端，有助于维护市场秩序，促进诚信经营。

增值税发票是增值税一般纳税人销售货物或者提供应税劳务开具的发票，它不仅是商事凭证，还是完税凭证，一般纳税人如果取得增值税专用发票可以抵扣进项税额，降低应纳税额，从而降低经营成本。这有助于支持企业发展，提高市场竞争力。

根据2021年1月1日起施行的《中华人民共和国民法典》（第三编　合同），2020年3月国家税务总局公布的《增值税发票开具指南》，2024年3月1日起施行修订后的《中华人民共和国发票管理办法实施细则》中涉及经济合同和增值税发票的相关规定进行本章内容的编写。

学习目标

了解发票的基本内容、开具发票的基本要求，尤其是增值税专用发票的开具和取得。

第一节　经济合同及其涉税事项

一、经济合同的概念

经济合同是指合同一方是政府或者由政府或法律授权的机构，或者一方或双方就合同的订立、合同的条件及其实现对政府负有义务，直接体现以政府意志表达出来的公共政策要求或其他公共利益要求，具有经济目的或经济内容的合同。

《中华人民共和国民法典》第四百七十条规定：“合同的内容由当事人约定，一般包括

下列条款：（1）当事人的姓名或者名称和住所；（2）标的；（3）数量；（4）质量；（5）价款或者报酬；（6）履行期限、地点和方式；（7）违约责任；（8）解决争议的方法。当事人可以参照各类合同的示范文本订立合同。”

【注意点】

签订合同时的注意事项：

（1）核实对方当事人的主体资格，对方为法人的，要到市场监督管理部门查询工商资料，或实地考察，要核实订约人是否经其所在公司授权委托；

（2）尽量采用书面形式订立合同；

（3）核实合同条款，确保合同条款与协商内容一致。

二、经济合同中的涉税事项

（一）企业投资和设立时的合同涉税事项

1.投资者投资资金未到位的涉税事项

投资者投资资金未到位的涉税事项涉及《国家税务总局关于企业投资者投资未到位而发生的利息支出企业所得税前扣除问题的批复》（国税函〔2009〕312号）、《中华人民共和国企业所得税法实施条例》第二十七条的相关规定。

企业投资者在规定期限内未缴足其应缴资本额（即投资者投资未到位），则该企业对外借款所发生的利息，相当于投资者实缴资本额与在规定期限内应缴资本额的差额应计付的利息，不属于企业合理的支出，应由企业投资者负担，不得在计算企业应纳税所得额时扣除，即不得作为利息费用在企业所得税计算基数中扣除。

2.设备和存货投资合同的涉税事项

设备和存货投资合同的涉税事项涉及《中华人民共和国增值税暂行条例实施细则》（中华人民共和国财政部国家税务总局令第50号）第四条第六款的相关规定。

企业将自产、委托加工或购进的货物作为投资，提供给其他单位或者个体工商户的需视同销售计算缴纳增值税，即根据投资合同，投资方应开具增值税专用发票给吸资方，投资方视同销售计算增值税的销项税额，吸资方接受投资时，计算增值税的进项税额。

3.无形资产和不动产投资入股合同中的涉税事项

（1）增值税

无形资产和不动产投资入股合同中的涉及增值税的事项涉及《财政部　国家税务总局关于全面推开营业税改征增值税试点的通知》（财税〔2016〕36号）中的相关规定。

企业以固定资产和无形资产投资入股的，应按有偿销售固定资产和无形资产的转让行为征收增值税。

（2）企业所得税

无形资产公允价值高于账面价值的差额被视为投资方的投资收益，需缴纳企业所得税。从2016年9月1日开始，企业或个人以技术成果投资入股到境内居民企业，被投资企业支付的对价全部为股票（权）的，投资入股当期可暂不纳税，允许递延至转让股权时，按股权转让收入减去技术成果原值和合理税费后的差额计算缴纳所得税。

（3）个人所得税

无形资产和不动产投资入股合同中的涉及个人所得税的事项参照《财政部 国家税务总局关于个人非货币性资产投资有关个人所得税政策的通知》（财税〔2015〕41号）的相关规定。

个人以非货币性资产投资，属于个人转让非货币性资产和投资同时发生，应按照“财产转让所得”项目，计算缴纳个人所得税。个人也可选择适用递延纳税政策，即投资入股当期可暂不纳税，允许递延至转让股权时，按股权转让收入减去技术成果原值和合理税费后的差额计算缴纳所得税。

（二）购销合同的涉税事项

1.采购未取得发票涉税事项

发票不是证明经济业务发生的唯一合法有效凭据，但是发票是企业在经济业务中如果未签订购销合同等时，唯一有效的证明文件。一般情况下，企业的购销为了保证双方的合法权益，均需要根据双方签订的购销合同，才能进一步实施双方的收付款和取得或开具增值税发票的权益。

购货方不仅在计算抵扣增值税的进项税额时需取得增值税专用发票（免税农产品取得增值税普通发票），而且在计算企业所得税税前扣除时也需要取得增值税专用发票或增值税普通发票。

2.发票是否含税涉税事项

合同价款是不是含增值税价款，将直接影响企业缴纳税额和抵扣税额的大小，签订经济合同时，对合同价款是否为含税价格应予以注明。

3.结算方式与增值税延期涉税事项

结算方式与增值税延期涉税事项参照《国家税务总局关于增值税纳税义务发生时间有关问题的公告》（国家税务总局公告2011年第40号）的相关规定。

纳税人生产经营活动中采取直接收款方式销售货物，已将货物移送对方并暂估销售收入入账，但既未取得销售款或取得索取销售款凭据也未开具销售发票的，其增值税纳税义务发生时间为取得销售款或取得索取销售款凭据的当天；先开具发票的，为开具发票的当天。

企业在合同中应当明确付款方式、时间、交货地点等信息，以便确定增值税纳税义务发生时间。

【注意点】

按照企业会计准则的相关规定，企业预收账款时，可不作销售确认，一般判断标准为购销双方的合同约定发出产品或提供劳务的时间。

第二节　增值税发票的基本内容

一、增值税发票的种类

增值税发票是单位和个人在购销商品、提供或者接受服务以及其他经营活动中，开具、取得的收付款凭证。

增值税发票分为增值税专用发票与增值税普通发票。增值税专用发票是购销双方收付款的凭证，同时是购买方（增值税一般纳税人）扣除增值税的凭证，不仅具有商事凭证的作用，而且具备完税凭证的作用。而增值税普通发票除税法规定的经营项目外都不能抵扣进项税额。

目前，增值税发票主要有五种发票版式。

（一）增值税专用发票（含增值税电子专用发票）

增值税专用发票包含增值税电子专用发票，是增值税纳税人销售货物或者提供应税劳务开具的发票，是购买方支付增值税额并可按照增值税有关规定据以抵扣增值税进项税额的凭证。

1.增值税专用发票

增值税专用发票由基本联次或者基本联次附加其他联次构成，分为三联版和六联版两种，基本联次为三联：记账联、抵扣联和发票联。

①第一联，记账联，作为销售方核算销售收入和增值税销项税额的记账凭证；

②第二联，抵扣联，作为购买方报送主管税务机关认证和留存备查的凭证；

③第三联，发票联，作为购买方核算采购成本和增值税进项税额的记账凭证。

增值税专用发票票样如图3-1所示。

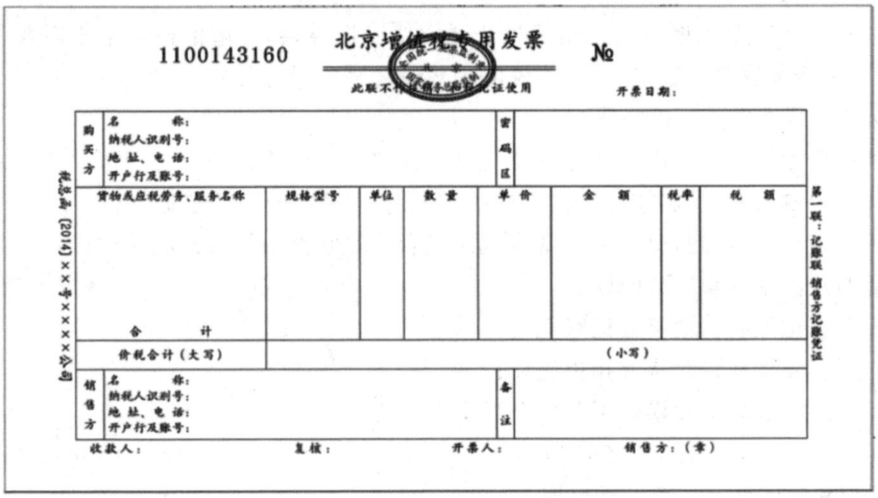
1100143160　北京增值税专用发票　№

此联不作报销、扣税凭证使用　开票日期：

购买方	名称： 纳税人识别号： 地址、电话： 开户行及账号：					密码区	
货物或应税劳务、服务名称	规格型号	单位	数量	单价	金额	税率	税额
合计							
价税合计（大写）				（小写）			
销售方	名称： 纳税人识别号： 地址、电话： 开户行及账号：					备注	

收款人：　复核：　开票人：　销售方：（章）

税总函[2014]××号××××公司

第一联：记账联　销售方记账凭证

图3-1　增值税专用发票票样

2.增值税电子专用发票

电子专票纵向分为票头、购买方、应税明细和合计、销售方和票尾五个部分。增值税电子专用发票票样如图3-2所示。

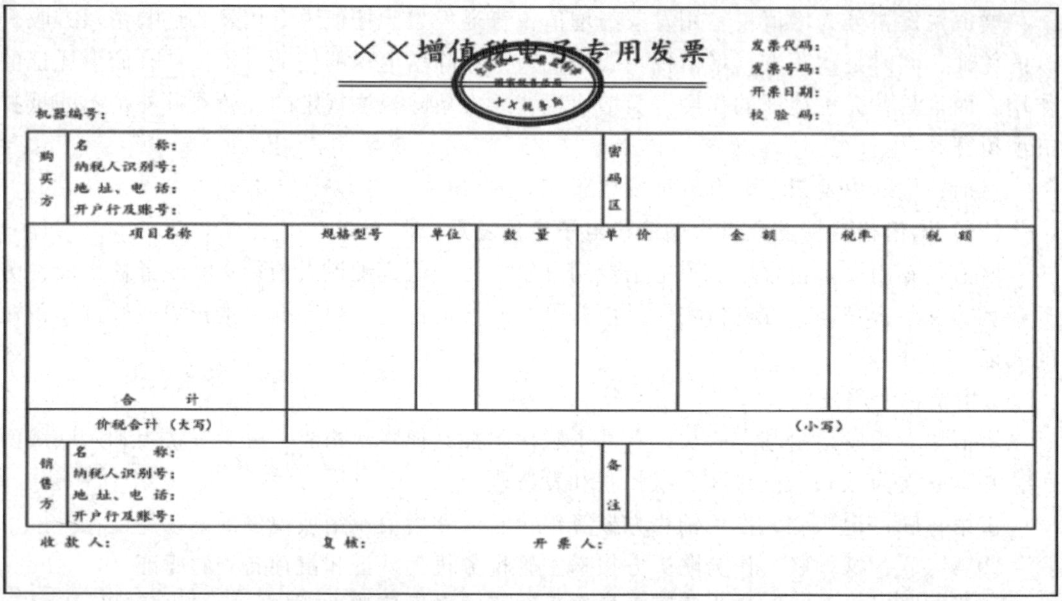

图3-2　增值税电子专用发票票样

（二）增值税普通发票

增值税普通发票主要分为：增值税普通发票（折叠票）、增值税电子普通发票（折叠票）、增值税普通发票（卷票）、增值税电子普通发票（通行费）。

1.增值税普通发票（折叠票）

增值税普通发票包含电子普通发票、卷式发票、通行费发票，是增值税纳税人销售货物或者提供应税劳务、服务时，通过增值税发票管理系统开具的普通发票。

增值税普通发票（折叠票）由基本联次或者基本联次附加其他联次构成，分为两联版和五联版两种。基本联次为两联：

第一联：记账联，销货方记账凭证；

第二联：发票联，购货方扣税凭证；

第三联至第五联由发票使用单位自行安排使用。

增值税普通发票票样如图3-3所示。

2.增值税电子普通发票（折叠票）

增值税电子普通发票（折叠票）由基本联次或者基本联次附加其他联次构成，分为两联版和五联版两种。基本联次为两联：

第一联为记账联，是销售方记账凭证；

第二联为发票联，是购买方记账凭证。

增值税电子普通发票票样如图3-4所示。

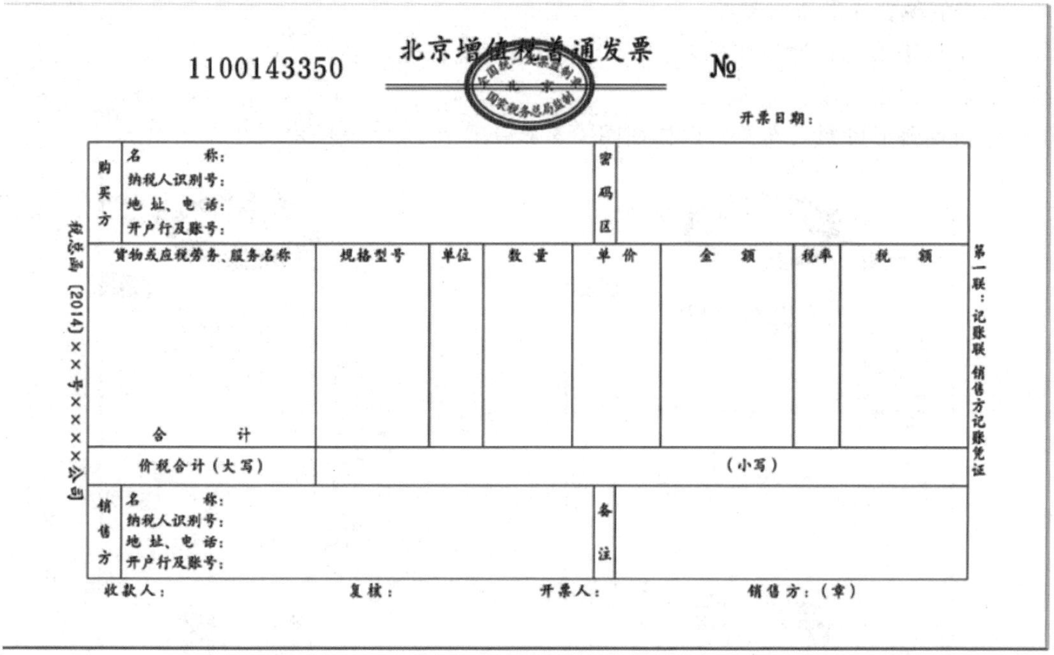
1100143350　北京增值税普通发票　№

全国统一发票监制章　北京　国家税务总局监制

开票日期：

购买方	名　　称： 纳税人识别号： 地　址、电　话： 开户行及账号：				密码区			
货物或应税劳务、服务名称	规格型号	单位	数　量	单　价	金　额	税率	税　额	
合　　计								
价税合计（大写）					（小写）			
销售方	名　　称： 纳税人识别号： 地　址、电　话： 开户行及账号：				备注			

收款人：　复核：　开票人：　销售方：（章）

税总函〔2014〕××号××××公司

第一联：记账联　销售方记账凭证

图3-3　增值税普通发票票样

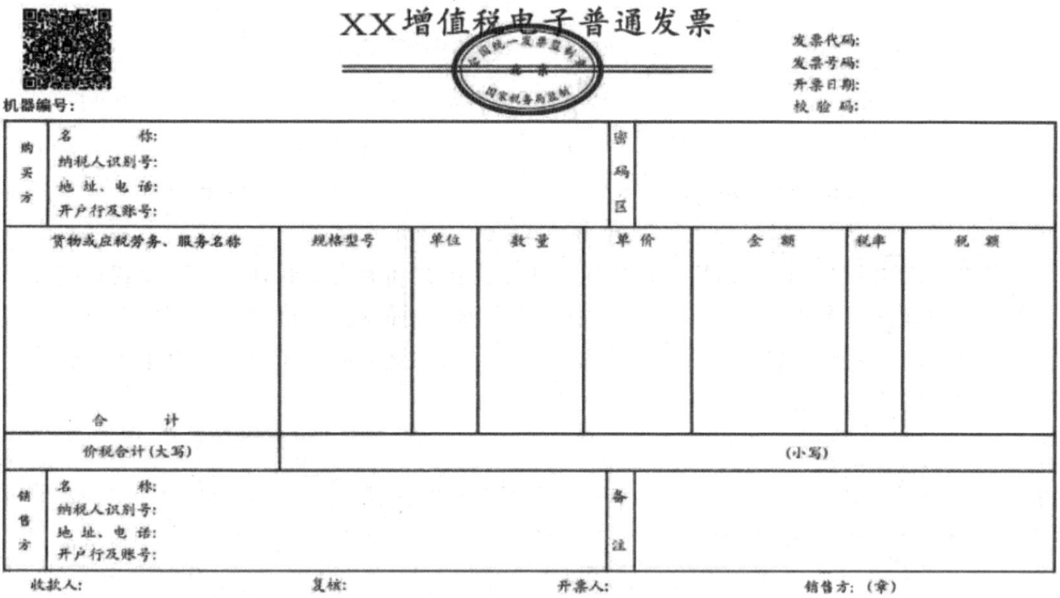
XX增值税电子普通发票

全国统一发票监制章　北京　国家税务局监制

机器编号：

发票代码：
发票号码：
开票日期：
校 验 码：

购买方	名　　称： 纳税人识别号： 地　址、电　话： 开户行及账号：				密码区			
货物或应税劳务、服务名称	规格型号	单位	数　量	单　价	金　额	税率	税　额	
合　　计								
价税合计（大写）					（小写）			
销售方	名　　称： 纳税人识别号： 地　址、电　话： 开户行及账号：				备注			

收款人：　复核：　开票人：　销售方：（章）

图3-4　增值税电子普通发票票样

【注意点】

全电发票的法律效力、基本用途等与现有纸质发票相同。其中，带有“增值税专用发票”字样的全电发票，其法律效力、基本用途等与现有增值税专用发票相同；带有“普通发票”字样的全电发票，其法律效力、基本用途等与现有普通发票相同。

3.增值税普通发票（卷票）

卷票是增值税普通发票的一种，全称为增值税普通发票（卷式）。它上面没有税率税额，金额是含税金额。

增值税普通发票（卷票）票样如图3-5所示。

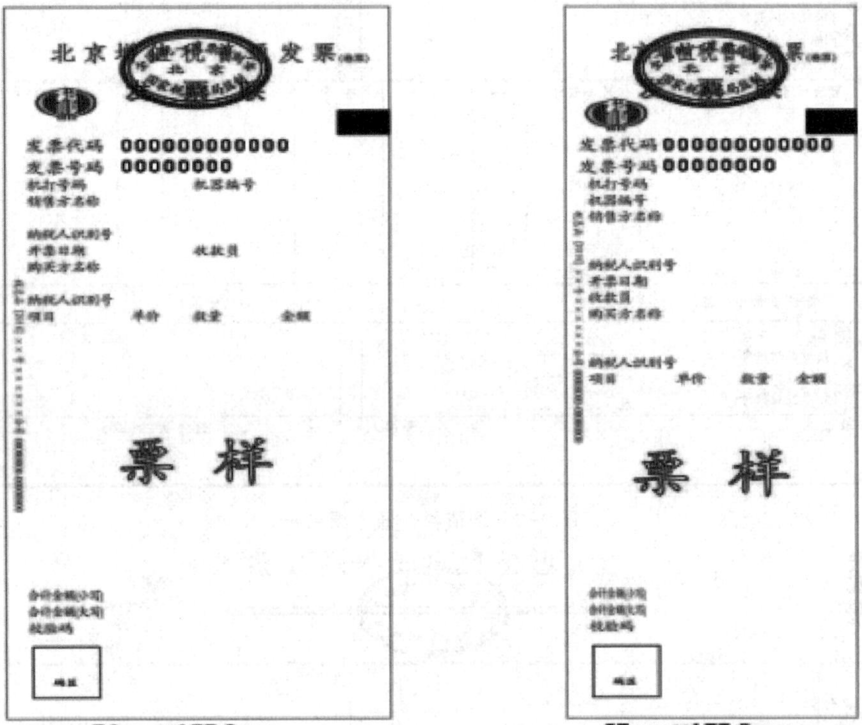

76mm×177.8mm　　57mm×177.8mm

图3-5　增值税普通发票（卷票）票样

自2017年7月1日起，纳税人可按照《中华人民共和国发票管理办法》及其实施细则的要求，书面向税务机关要求使用印有本单位名称的增值税普通发票（卷票），税务机关按规定确认印有该单位名称发票的种类和数量。纳税人通过新系统开具印有本单位名称的增值税普通发票（卷票）。

【注意点】

卷式发票与普通发票的区别：(1) 发票开具的系统不同：卷票发票使用网络系统开具，又称网络发票。普通增值税发票即增值税普通发票使用防伪税控系统开具。(2) 发票内容不同：卷式发票没有密码区、不显示税率和税额。普通增值税发票有密码区，票面显示税率和税额。

4.增值税电子普通发票（通行费）

增值税电子普通发票（通行费）是收费公路经营企业通过增值税电子发票系统开具的通行费电子发票。该发票的发行方为办理ETC卡的客户，开具对象为办理ETC卡的客户。

增值税电子普通发票（通行费）票样如图3-6所示。

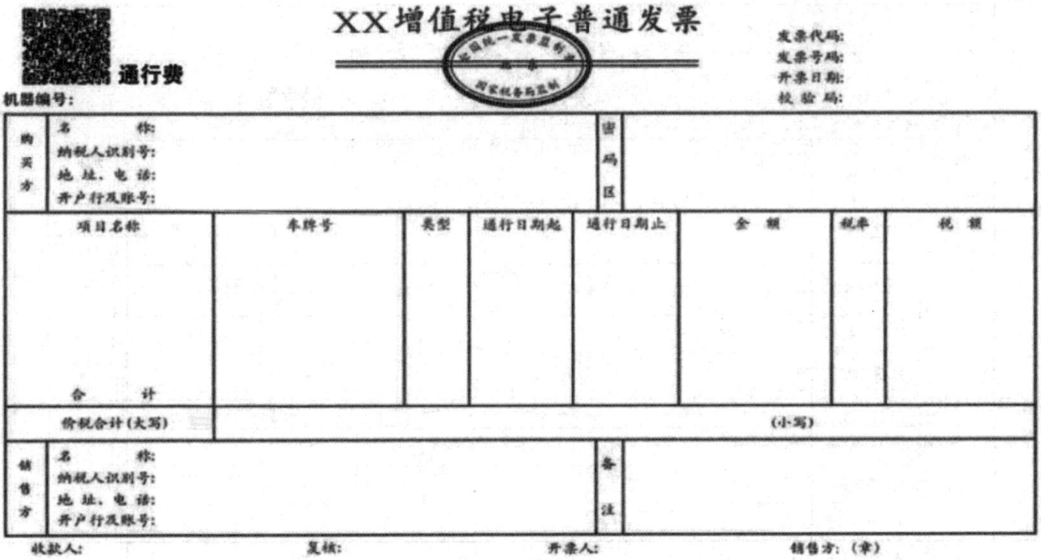

通行费　XX增值税电子普通发票

机器编号：

发票代码：
发票号码：
开票日期：
校验码：

购买方	名称： 纳税人识别号： 地址、电话： 开户行及账号：	密码区					
项目名称	车牌号	类型	通行日期起	通行日期止	金额	税率	税额
合计							
价税合计（大写）					（小写）		
销售方	名称： 纳税人识别号： 地址、电话： 开户行及账号：	备注					

收款人：　　复核：　　开票人：　　销售方：（章）

图3-6　增值税电子普通发票（通行费）票样

（三）机动车销售统一发票

机动车销售统一发票，是从事机动车零售业务的单位和个人，从2006年8月1日起，在销售机动车（不包括销售旧机动车）收取款项时开具的发票。

机动车销售统一发票为电脑六联式发票。

第一联发票联，棕色，购买单位付款凭证；

第二联抵扣联，绿色，购买单位扣税凭证；

第三联报税联，紫色，车辆购置税征收单位留存；

第四联注册登记联，蓝色，车辆登记单位留存；

第五联记账联，红色，销售单位记账凭证；

第六联存根联，黑色，销售单位留存。

机动车销售统一发票票样如图3-7所示。

（四）二手车销售统一发票

二手车销售统一发票是二手车经销企业、经纪机构和拍卖企业，在销售、中介和拍卖二手车收取款项时，通过开票软件开具的发票。二手车销售统一发票为一式五联计算机票。

（1）第一联，棕色，发票联；

（2）第二联，蓝色，转移登记联（公安车辆管理部门留存）；

（3）第三联，紫色，出入库联；

（4）第四联，红色，记账联；

（5）第五联，黑色，存根联。

二手车销售统一发票票样如图3-8所示。

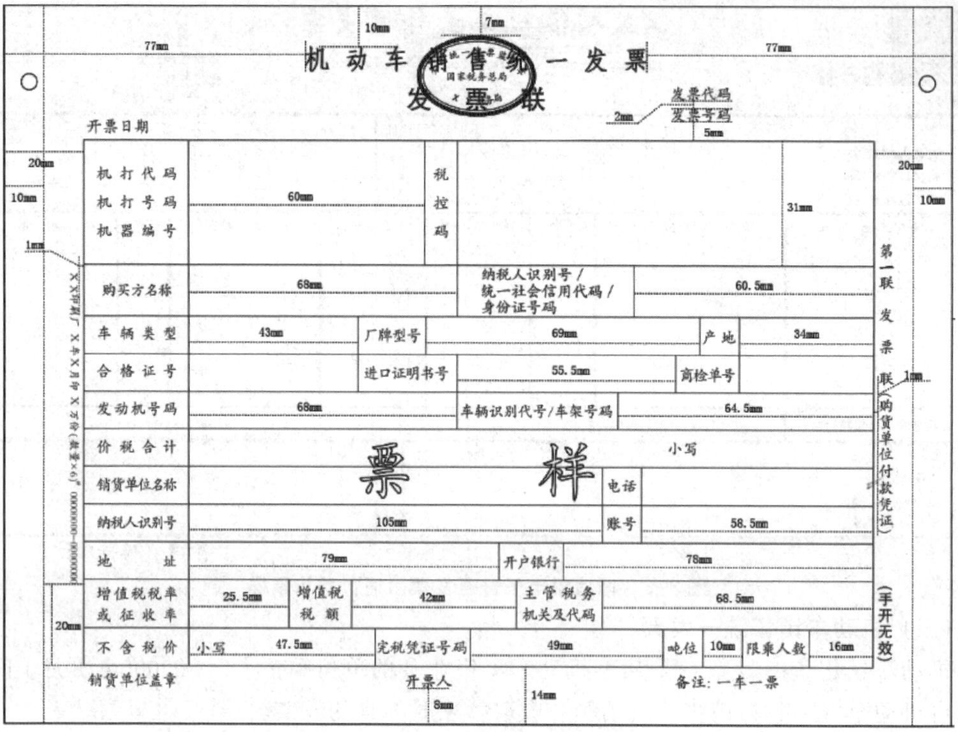
机动车销售统一发票
发票联
发票代码
发票号码
开票日期
机打代码
机打号码
机器编号
税控码
购买方名称
纳税人识别号/统一社会信用代码/身份证号码
车辆类型
厂牌型号
产地
合格证号
进口证明书号
商检单号
发动机号码
车辆识别代号/车架号码
价税合计
小写
销货单位名称
电话
纳税人识别号
账号
地址
开户银行
增值税税率或征收率
增值税税额
主管税务机关及代码
不含税价
小写
完税凭证号码
吨位
限乘人数
销货单位盖章
开票人
备注：一车一票
第一联 发票联 购货单位付款凭证
（手开无效）

图3-7　机动车销售统一发票票样

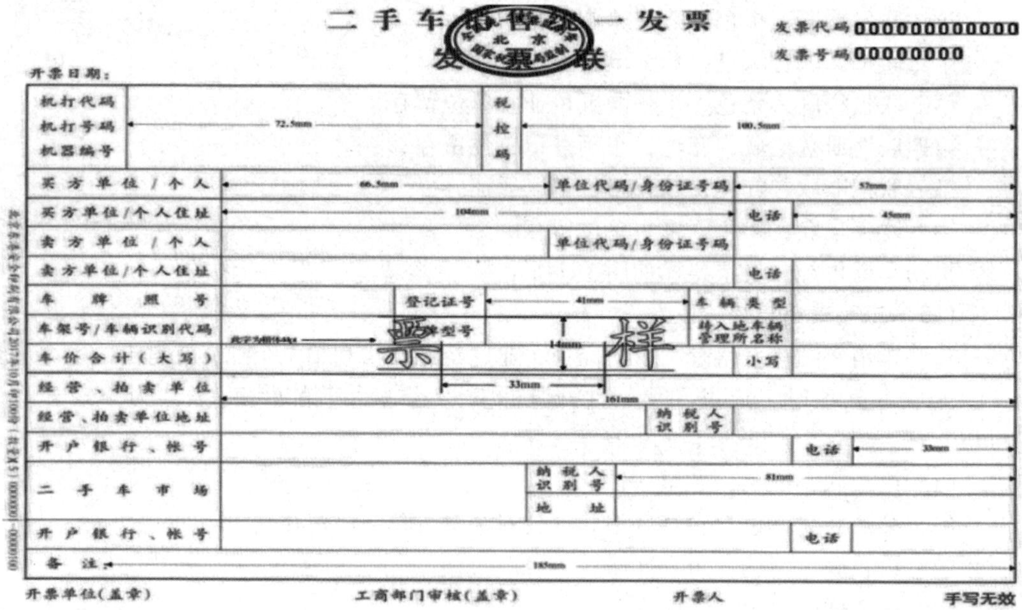
二手车销售统一发票
发票联
发票代码 000000000000
发票号码 00000000
开票日期：
机打代码
机打号码
机器编号
税控码
买方单位/个人
单位代码/身份证号码
买方单位/个人住址
电话
卖方单位/个人
单位代码/身份证号码
卖方单位/个人住址
电话
车牌照号
登记证号
车辆类型
车架号/车辆识别代码
厂牌型号
转入地车辆管理所名称
车价合计（大写）
小写
经营、拍卖单位
经营、拍卖单位地址
纳税人识别号
开户银行、帐号
电话
二手车市场
纳税人识别号
地址
开户银行、帐号
电话
备注
开票单位（盖章）
工商部门审核（盖章）
开票人
手写无效
第一联 发票联

图3-8　二手车销售统一发票票样

二、增值税专用发票与普通发票的主要区别

增值税专用发票与普通发票的主要区别有：

（1）使用的主体不同。通常情况下，增值税专用发票只能由增值税一般纳税人在增值税发票管理新系统中开具，而小规模纳税人除了规定可以自开增值税专用发票的部分行业以外，其余只能开具增值税普通发票。其他小规模纳税人只能由当地的税务机关代开增值税专用发票。

（2）税款是否允许抵扣。增值税专用发票既是购销双方收付款的凭证，还可用作购买方（增值税一般纳税人）扣除增值税的凭证，不仅具有商事凭证的作用，而且具备完税凭证的作用；增值税普通发票除税法规定的免税农产品收购发票或者免税农产品销售发票可以计算抵扣进项税额外，其他不能抵扣进项税额。

第三节 纳税人开具发票基本规定

一、使用增值税发票管理新系统开具增值税发票

（一）使用增值税发票管理新系统开具增值税发票的基本规定

增值税一般纳税人销售货物、提供加工修理修配劳务和发生应税行为，使用增值税发票管理新系统（以下简称“新系统”）开具增值税专用发票、增值税普通发票、增值税电子普通发票和机动车销售统一发票。

增值税小规模纳税人销售货物、提供加工修理修配劳务月销售额超过10万元（按季纳税30万元），或者销售服务、无形资产月销售额超过10万元（按季纳税30万元），使用新系统开具增值税专用发票、增值税普通发票、机动车销售统一发票、增值税电子普通发票。

纳税人应在互联网连接状态下在线使用新系统开具增值税发票，新系统可自动上传已开具的发票明细数据。

【注意点】

从2020年2月1日起，增值税小规模纳税人（其他个人除外）发生增值税应税行为，需要开具增值税专用发票的，可以自愿使用增值税发票管理系统自行开具。选择自行开具增值税专用发票的小规模纳税人，税务机关不再为其代开增值税专用发票。自愿选择自行开具增值税专用发票的小规模纳税人销售其取得的不动产，需要开具增值税专用发票的，税务机关不再为其代开。

增值税小规模纳税人应当就开具增值税专用发票的销售额计算增值税应纳税额，并在规定的纳税申报期内向主管税务机关申报缴纳。

（二）因网络故障等原因可以开具离线发票

纳税人因网络故障等原因无法在线开票的，在税务机关设定的离线开票时限和离线开具发票总金额范围内仍可开票，超限将无法开具发票。

纳税人已开具未上传的增值税发票为离线发票。离线开票时限是指自第一份离线发票开具时间起开始计算可离线开具的最长时限。离线开票总金额是指可开具离线发票的累计不含税总金额，离线开票总金额按不同票种分别计算。

纳税人离线开票时限和离线开票总金额的设定标准及方法由各省、自治区、直辖市和计划单列市税务局确定。不使用网络办税或不具备网络条件的特定纳税人，以离线方式开具发票，不受离线开票时限和离线开票总金额的限制。

二、一般情况下销售方开具发票

一般情况下，销售方开具发票的规定为：

（1）销售商品、提供服务以及从事其他经营活动的单位和个人，对外发生经营业务收取款项，收款方应当向付款方开具发票。

（2）特殊情况下，由付款方向收款方开具发票。比如，企业向金融机构支付借款利息和手续费支出时，企业应当向金融机构取得发票。

（3）所有单位和从事生产、经营活动的个人在购买商品、接受服务以及从事其他经营活动支付款项时，都应当向收款方取得发票。取得发票时，不得要求变更品名和金额。

【注意点】

没有财务隶属关系的事业单位等之间发生的往来资金，如科研院所之间、高校之间、科研院所与高校之间发生的科研课题经费等，涉及应税的资金，应使用税务发票；不涉及应税的资金，应凭银行结算凭证入账。如果企业收到政府补贴，相关政府部门应该以银行单据入账。企业收到政府发给的补贴，不属于销售商品、提供服务以及从事其他经营活动取得的增值税应税收入，所以不需要开具发票，只要出具加盖本单位公章的收款收据即可。

三、购买方索取发票需要提供的信息

1.购买方索取增值税专用发票需要提供的信息

增值税纳税人购买货物、劳务、服务、无形资产或不动产，索取增值税专用发票时，须向销售方提供购买方名称（不得为自然人）、纳税人识别号或统一社会信用代码、地址、电话、开户行及账号信息，不需要提供营业执照、税务登记证、组织机构代码证、开户许可证、增值税一般纳税人资格登记表等相关证件或其他证明材料。

作为一般纳税人的公司，在取得增值税专用发票时，需要提供增值税专用发票上购买方的相关信息，增值税专用发票上购买方的相关信息示例见表3-1，各公司的相关信息单独提供。

表3-1　　增值税专用发票上购买方的相关信息示例

1	客户名称	昆明市龙泉路道路建设工程有限公司
2	纳税人识别号	53120000615573462P
3	地址	云南省昆明市龙泉路111号
4	纳税人账户开户银行	建行昆明市龙泉路支行
5	纳税人账户银行账号	53121331114052093291
6	联系电话	0871-65651111

2.购买方索取增值税普通发票需要提供的信息

销售方为企业（公司、非公司制企业法人、企业分支机构、个人独资企业、合伙企业和其他企业）开具增值税普通发票时，应在购买方“纳税人识别号”栏填写购买方的纳税人识别号，自2017年7月1日起，除增值税专用发票以外的增值税普通发票，只要票面有购买方的“纳税人识别号”栏的都需要填写：

（1）增值税普通发票（大票）有“纳税人识别号”栏，需要填写。

（2）电子发票属于增值税普通发票，有“纳税人识别号”栏，需要填写。

（3）农产品收购发票有“纳税人识别号”栏，需要填写。

（4）卷式发票（通用机打发票），有的有“纳税人识别号”栏，有的没有。如有，需要填写。

（5）定额发票、过路过桥费、出租车发票、火车票、飞机票（航空运输电子客票行程单）等发票票面上没有“纳税人识别号”栏，不需要填写。

（6）取得“二手车销售发票”在买方栏中“单位代码/身份证号码”栏填写纳税人识别号。

增值税普通发票上购买方的相关信息示例见表3-2。

表3-2 **增值税普通发票上购买方的相关信息示例**

1	客户名称	昆明市龙泉路道路建设工程有限公司
2	纳税人识别号	53120000615573462P
3	地址	
4	纳税人账户开户银行	
5	纳税人账户银行账号	
6	联系电话	

【注意点】

（1）个人消费者购买货物、劳务、服务、无形资产或不动产，索取增值税普通发票时，不需要向销售方提供纳税人识别号、地址、电话、开户行及账号信息，也不需要提供相关证件或其他证明材料。

（2）企业内部的工会组织，因没有发生应税行为，不需要办理税务登记。

四、增值税专用发票取消勾选

增值税一般纳税人取得2017年1月1日及以后开具的增值税专用发票、海关进口增值税专用缴款书、机动车销售统一发票、收费公路通行费增值税电子普通发票，取消认证确认、稽核比对、申报抵扣的期限。纳税人在进行增值税纳税申报时，应当通过本省（自治区、直辖市和计划单列市）增值税发票综合服务平台对上述扣税凭证信息进行用途确认。

五、开具增值税专用发票的小规模纳税人

从2020年2月1日起，所有小规模纳税人均可申请增值税专用发票自行开具，选择自行开具增值税专用发票的小规模纳税人，税务机关不再为其代开增值税专用发票。

小规模纳税人代开申请路径为：国家税务总局各省市税务局—电子税务局—【我要办税】—【发票使用】—【发票票种核定】，等待2～3个工作日，专用发票申请审批通过后，实名办税员即可携带身份证、营业执照前往办税服务厅领取免费的税务Ukey。届时购买发票并在全国增值税发票查验平台下载增值税发票开票软件（税务UKey版）和证书驱动后就可以自开增值税专用发票。

【注意点】

一般纳税人均是自开增值税专用发票。

六、开具发票的注意事项

自2017年7月1日起，销售方开具增值税发票时，发票内容应按照实际销售情况如实开具，不得根据购买方要求填开与实际交易不符的内容。销售方开具发票时，通过销售平台系统与增值税发票管理系统后台对接，导入相关信息开票的，系统导入的开票数据内容应与实际交易相符，如不相符应及时修改完善销售平台系统的数据。

七、取得增值税发票的单位和个人可登录全国增值税发票查验平台

自2017年1月1日起，取得增值税发票的单位和个人可登录全国增值税发票查验平台（https://inv-veri.chinatax.gov.cn），对新系统开具的发票信息进行查验。

1.可查验的增值税发票种类

在全国增值税发票查验平台中，可查验的增值税发票包括：

（1）增值税专用发票；

（2）机动车销售统一发票；

（3）增值税普通发票（含电子发票、卷式发票）。

单位和个人通过网页浏览器首次登录平台，可以下载安装根证书文件，查看平台提供的发票查验操作说明。

【注意点】

自2017年7月1日起，属于企业的纳税人取得增值税普通发票未填写“纳税人识别号”的不得作为扣税凭证。

2.发票查验的说明

（1）可以查验的时间范围：可查验最近1年内增值税发票管理新系统开具的发票，当日开具的发票最快可以在次日进行查验。

（2）每天每张发票可在线查询的次数为5次，超过次数后请于次日再进行查验操作。

国家税务总局全国增值税发票查验平台如图3-9所示。

图3-9　国家税务总局全国增值税发票查验平台

八、不得使用增值税专用发票的情形

一般纳税人有下列情形之一的，不得使用增值税专用发票：

（1）会计核算不健全，不能向税务机关准确提供增值税销项税额、进项税额、应纳税额数据以及其他有关增值税税务资料的。上列其他有关增值税税务资料的内容，由省、自治区、直辖市和计划单列市税务局确定。

（2）应当办理一般纳税人资格登记而未办理的。

（3）有《中华人民共和国税收征收管理法》规定的税收违法行为，拒不接受税务机关处理的。

（4）有下列行为之一，不得使用增值税专用发票，不得抵扣增值税进项税额：

①虚开增值税专用发票。

②不符合进项税额抵扣规定的异常专用发票。

③善意取得虚开专用发票但不能重新取得合法、有效的专用发票。

④借用他人增值税专用发票。

⑤非客观原因造成的逾期专用发票。

⑥购进货物或应税劳务，票款不一致的增值税专用发票。

⑦没有提供销售货物或应税劳务清单的汇总专用发票。

【注意点】

纳税人凭完税凭证抵扣进项税额的，应当具备书面合同、付款证明和境外单位的对账单或发票。资料不全的，其进项税额不得从销项税额中抵扣。

九、不得开具增值税专用发票的情形

不得开具增值税专用发票的情形主要包括以下几个内容：

1.购买方身份限制

如果应税销售行为的购买方为消费者个人，纳税人不得开具增值税专用发票。

2.与免税、不征税相关的情形

（1）销售货物或者应税劳务适用免税规定的，不得开具增值税专用发票（但国有粮食购销企业销售免税农产品除外）。

（2）实行增值税退（免）税办法的增值税税率为零的应税服务，不得开具增值税专用发票。

（3）不征收增值税项目不得开具增值税专用发票。

3.与出口相关的情形

出口货物劳务除输入特殊区域的水电气外，出口企业和其他单位不得开具增值税专用发票。

4.与销售方身份或行为相关的情形

（1）一般纳税人会计核算不健全，或者不能够提供准确税务资料的，不得使用增值税专用发票。

（2）应当办理一般纳税人资格登记而未办理的，不得抵扣进项税额，也不得开具增值税专用发票。

（3）其他个人（即自然人）销售货物、劳务、服务、无形资产不得代开增值税专用发票，但其他个人出租或者销售不动产除外。

5.适用增值税简易征收政策的特殊销售行为

（1）增值税一般纳税人的单采血浆站销售非临床用人体血液选择简易计税的，不得开具增值税专用发票。

（2）当纳税人销售旧货选择按照简易办法计税，并依照3%的征收率减按2%征收增值税时，其销售行为不得开具增值税专用发票。

（3）当纳税人销售自己使用过的固定资产选择按照简易办法计税，并依照3%的征收率减按2%征收增值税时，其销售行为不得开具增值税专用发票。但是，纳税人如果选择放弃减税，按照简易办法依照3%征收率缴纳增值税，则可开具增值税专用发票。

6.其他限制

（1）商业企业一般纳税人零售的特定消费品，如烟、酒、食品、服装、鞋帽（不包括劳保专用部分）、化妆品等消费品，不得开具增值税专用发票。

（2）选择差额计税方法计算销售额的纳税人，提供旅游服务向旅游服务购买方收取并支付给其他单位或个人的可以从全部价款和价外费用中扣除的费用，不得开具增值税专用发票。

（3）从事经纪代理服务，向委托方收取的政府性基金或者行政事业性收费，不得开具增值税专用发票。

十、增值税发票备注栏的填写

（一）增值税发票备注栏的填写基本要求

（1）应注明与商品或服务相关的信息，不能填写与商品或服务无关的内容，如广告宣传语、祝福语等。

（2）填写的备注内容必须真实、准确，不能虚构或随意填写。

（3）备注内容应遵循国家法律法规的相关规定，不能与税务或财务相关的法规相违背。

（二）增值税发票备注栏特定情形的填写要求

备注栏特定情形的填写要求见表3-3。

表3-3　增值税发票备注栏特定情形的填写要求

序号	企业类型	填写要求	填写示例
1	建筑服务发票	纳税人自行开具或税务机关代开时，注明建筑服务发生地县（市、区）名称及项目名称	××市××区××项目建筑服务
2	销售不动产发票	纳税人自行开具或税务机关代开时，在“货物或应税劳务、服务名称”栏填写不动产名称及房屋产权证书号码（无房屋产权证书的可不填写），“单位”栏填写面积单位，“备注”栏注明不动产的详细地址	位于××市××区××街道××号的不动产销售
3	出租不动产发票	纳税人自行开具或税务机关代开时，在“备注”栏注明不动产的详细地址	位于××市××区××街道××号的不动产出租
4	货运发票	将起运地、到达地、车种车号以及运输货物信息等内容填写在发票“备注”栏中，如内容较多可另附清单	起运地××至到达地××，车号×××××，运输货物为××
5	保险机构代收车船税发票	注明代收车船税税款信息，包括保险单号、税款所属期（详细至月）、代收车船税金额、滞纳金金额、金额合计等	保险单号××××××，税款所属期××××年××月，代收车船税金额×××元，滞纳金金额×××元，金额合计×××元
6	预付卡发票	销售方与售卡方不是同一个纳税人的，销售方在收到售卡方结算的销售款时，应向售卡方开具增值税普通发票，并在备注栏注明“收到预付卡结算款”，不得开具增值税专用发票	收到预付卡结算款，结算金额为×××元

十一、纳税人遗失和损毁增值税发票的处理

（一）增值税发票遗失和损毁的报告

1.申请条件

根据《中华人民共和国发票管理办法》第二十九条、《中华人民共和国发票管理办法实施细则》（国家税务总局令第25号公布，国家税务总局令第37号、第44号、第48号修改）第三十一条的相关规定。

使用发票的单位和个人发生发票丢失情形时，应当于发现丢失当日书面报告税务机关。

2.需提供的材料

增值税纳税人使用的税控盘、金税盘、报税盘、税务UKey等税控专用设备丢失、被盗，应及时向主管税务机关报告。

增值税发票遗失和损毁需提供的材料见表3-4。发票挂失/损毁报告表见表3-5。

表 3-4　**增值税发票遗失和损毁需提供的材料**

<table>
<tr><td>序号</td><td colspan="2">材料名称</td><td>数量</td><td>备注</td></tr>
<tr><td>1</td><td colspan="2">《发票挂失/损毁报告表》</td><td>1份</td><td></td></tr>
<tr><td colspan="5">有以下情形的，还应提供相应材料</td></tr>
<tr><td colspan="2">适用情形</td><td>材料名称</td><td>数量</td><td>备注</td></tr>
<tr><td colspan="2">发票遗失、损毁且发票数量较大在报告表中无法全部反映</td><td>《挂失/损毁发票清单》</td><td>1份</td><td></td></tr>
</table>

【注意点】

增值税电子专用发票受票方如丢失或损毁已开具的电子专票，可以根据发票代码、发票号码、开票日期、开具金额（不含税）等信息，在全国增值税发票查验平台查验通过后，下载电子专票。如不掌握相关信息，也可以向开票方重新索取原电子专票。

表 3-5　**发票挂失/损毁报告表**

纳税人识别号：

纳税人名称：

<table>
<tr><td rowspan="4">挂失损毁发票</td><td rowspan="2">发票名称</td><td rowspan="2">发票代码</td><td rowspan="2">份数</td><td colspan="2">发票号码</td><td colspan="3">其中：空白发票</td></tr>
<tr><td>起始号码</td><td>终止号码</td><td>份数</td><td>起始号码</td><td>终止号码</td></tr>
<tr><td></td><td></td><td></td><td></td><td></td><td></td><td></td><td></td></tr>
<tr><td></td><td></td><td></td><td></td><td></td><td></td><td></td><td></td></tr>
<tr><td>挂失损毁情况说明</td><td colspan="8">经办人：
年　月　日
法定代表人（负责人）：
年　月　日
纳税人（签章）：
年　月　日</td></tr>
<tr><td>挂失声明</td><td colspan="8"></td></tr>
<tr><td rowspan="2">纳税人提供资料</td><td colspan="4">1.</td><td colspan="4">2.</td></tr>
<tr><td colspan="4">3.</td><td colspan="4">4.</td></tr>
<tr><td colspan="9">主管税务机关发票管理环节意见：
经办人：　负责人：　税务机关（签章）：
年　月　日　年　月　日　年　月　日</td></tr>
<tr><td colspan="9">上级税务机关发票管理环节意见：
经办人：　负责人：　税务机关（签章）：
年　月　日　年　月　日　年　月　日</td></tr>
</table>

（二）购买方取得增值税专用发票丢失的处理

1.一般纳税人丢失已开具增值税专用发票的抵扣联

一般纳税人丢失已开具增值税专用发票的抵扣联，如果丢失前已认证相符，可使用增值税专用发票的发票联复印件留存备查；如果丢失前未认证，可使用增值税专用发票的发票联认证，增值税专用发票的发票联复印件留存备查。

2.一般纳税人丢失已开具增值税专用发票的发票联

一般纳税人丢失已开具增值税专用发票的发票联，可将增值税专用发票的抵扣联作为记账凭证，增值税专用发票的抵扣联复印件留存备查。

3.一般纳税人丢失已开具增值税专用发票的发票联和抵扣联

一般纳税人丢失已开具增值税专用发票的发票联和抵扣联，分别有两种处理方法：

（1）如果丢失前已认证相符，购买方可凭销售方提供的相应增值税专用发票记账联复印件及销售方主管税务机关出具的“丢失增值税专用发票已报税证明单”或“丢失货物运输业增值税专用发票已报税证明单”（以下统称“证明单”），作为增值税进项税额的抵扣凭证。

（2）如果丢失前未认证，购买方凭销售方提供的相应增值税专用发票记账联复印件进行认证，认证相符的可凭增值税专用发票记账联复印件及销售方主管税务机关出具的“证明单”，作为增值税进项税额的抵扣凭证。

【注意点】

增值税专用发票记账联复印件和“证明单”留存备查。

（三）纳税人开具增值税专用发票当月作废的处理

纳税人在开具增值税专用发票当月，发生销货退回、开票有误等情形，收到退回的发票联、抵扣联符合作废条件的，按作废处理；开具时发现有误的，可即时作废。

作废的增值税专用发票须在新系统中将相应的数据电文按“作废”处理，在纸质增值税专用发票（含未打印的增值税专用发票）各联次上注明“作废”字样，全联次留存。

同时具有下列情形的，才满足增值税专用发票的作废条件：

（1）收到退回的发票联、抵扣联，且时间未超过销售方开票当月；

（2）销售方未抄税且未记账；

（3）购买方未认证，或者认证结果为“纳税人识别号认证不符”“增值税专用发票代码、号码认证不符”。

十二、红字增值税发票的开具

（一）开具红字增值税专用发票

根据《中华人民共和国发票管理办法实施细则》（国家税务总局令第25号公布，国家税务总局令第37号、第44号、第48号修改）、《国家税务总局关于红字增值税发票开具有关问题的公告》（国家税务总局公告2016年第47号），以及《国家税务总局关于在新办纳税人中实行增值税专用发票电子化有关事项的公告》（国家税务总局公告2020年第22号）

的相关规定。

1.需开具红字增值税专用发票申请的情形

纳税人开具增值税专用发票后，发生销货退回、开票有误、应税服务中止、销售折让等情形，或者开具增值税纸质专用发票后发生发票抵扣联、发票联均无法认证的情形，需要开具红字专用发票的，需取得税务机关系统校验通过的《开具红字增值税专用发票信息表》。

2.申请开具红字发票需提供的资料

《开具红字增值税专用发票信息表》填开错误且尚未使用的，纳税人可申请作废。申请开具红字发票需提供的资料见表3-6。

表3-6　**申请开具红字发票需提供的资料**

<table>
<tr><th>适用情形</th><th>材料名称</th><th>数量</th><th>备注</th></tr>
<tr><td>申请开具红字发票信息表</td><td>《开具红字增值税专用发票信息表》</td><td>1份</td><td>可通过互联网上传电子信息</td></tr>
<tr><td rowspan="2">作废开具红字发票信息表</td><td>已开具《开具红字增值税专用发票信息表》</td><td>1份</td><td></td></tr>
<tr><td>《作废红字发票信息表申请表》</td><td>1份</td><td></td></tr>
</table>

3.开具红字增值税专用发票的处理办法

（1）开具纸质红字专用发票的处理办法

纳税人开具增值税纸质专用发票后，需要开具红字纸质专用发票的，按以下方法处理：

①购买方取得专用发票已用于申报抵扣的，购买方可在增值税发票管理系统中填开并上传《开具红字增值税专用发票信息表》，填开《开具红字增值税专用发票信息表》时不填写相对应的蓝字专用发票信息，应暂依《开具红字增值税专用发票信息表》所列增值税税额从当期进项税额中转出，待取得销售方开具的红字专用发票后，与《开具红字增值税专用发票信息表》一并作为记账凭证。

②购买方取得专用发票未用于申报抵扣、但发票联或抵扣联无法退回的，购买方填开《开具红字增值税专用发票信息表》时应填写相对应的蓝字专用发票信息。

③销售方开具专用发票尚未交付购买方，以及购买方未用于申报抵扣并将发票联及抵扣联退回的，销售方可在增值税发票管理系统中填开并上传《开具红字增值税专用发票信息表》。销售方填开《开具红字增值税专用发票信息表》时应填写相对应的蓝字专用发票信息。

（2）开具红字电子专用发票的处理办法

纳税人开具增值税电子专用发票后，需要开具红字电子专用发票的，按以下方法处理：

①购买方已将电子专票用于申报抵扣的，由购买方在增值税发票管理系统中填开并上传《开具红字增值税专用发票信息表》，填开《开具红字增值税专用发票信息表》时不填

写相对应的蓝字电子专票信息，应暂依《开具红字增值税专用发票信息表》所列增值税税额从当期进项税额中转出，待取得销售方开具的红字电子专用发票后，与《开具红字增值税专用发票信息表》一并作为记账凭证。

②购买方未将电子专票用于申报抵扣的，由销售方在增值税发票管理系统中填开并上传《开具红字增值税专用发票信息表》，填开《开具红字增值税专用发票信息表》时应填写相对应的蓝字电子专票信息。

【注意点】

（1）纳税人已使用增值税发票管理系统的，可在开票系统中申请并获取校验结果，即在开票系统中通过上传《开具红字增值税专用发票信息表》，系统自动校验通过后，生成带有“红字发票信息表编号”的《开具红字增值税专用发票信息表》，并将信息同步至纳税人端系统中。

（2）销售方凭税务机关系统校验通过的《开具红字增值税专用发票信息表》开具红字专用发票，在增值税发票管理系统中以销项负数开具。红字专用发票应与《开具红字增值税专用发票信息表》一一对应。

（二）开具红字增值税普通发票

纳税人取得开票方通过电子发票服务平台开具的发票，发生开票有误、销货退回、服务中止、销售折让等情形，需开票方通过电子发票服务平台开具红字全电发票或红字纸质发票，按以下规定执行：

（1）受票方未做用途确认及入账确认的，开票方填开《红字发票信息确认单》（以下简称《确认单》）后全额开具红字全电发票或红字纸质发票，无须受票方确认。

（2）受票方已进行用途确认或入账确认的，由开票方或受票方填开《确认单》，经对方确认后，开票方依据《确认单》开具红字发票。

受票方已将发票用于增值税申报抵扣的，应暂依《确认单》所列增值税税额从当期进项税额中转出，待取得开票方开具的红字发票后，与《确认单》一并作为记账凭证。

（三）一般纳税人转登记为小规模纳税人需开具红字增值税专用发票

一般纳税人转登记为小规模纳税人，在一般纳税人期间发生的增值税应税销售行为，发生销售折让、中止或者退回等情形，需要开具红字发票的，按照原蓝字发票记载的内容开具红字发票；开票有误需要重新开具的，先按照原蓝字发票记载的内容开具红字发票后，再重新开具正确的蓝字发票。

【注意点】

自行开具增值税专用发票的小规模纳税人以及税务机关为小规模纳税人代开增值税专用发票，需要开具红字专用发票的，按照一般纳税人开具红字专用发票的方法处理。

十三、增值税发票的违章处理

（一）《中华人民共和国发票管理办法》相关规定

1.发票的开具、使用、缴销、存放、保管的违章处理

违反《中华人民共和国发票管理办法》的规定，有下列情形之一的，由税务机关责令改正，可以处1万元以下的罚款；有违法所得的予以没收。

（1）应当开具而未开具发票，或者未按照规定的时限、顺序、栏目，全部联次一次性开具发票，或者未加盖发票专用章的；

（2）使用税控装置开具发票，未按期向主管税务机关报送开具发票的数据的；

（3）扩大发票使用范围的；

（4）以其他凭证代替发票使用的；

（5）跨规定区域开具发票的；

（6）未按照规定缴销发票的；

（7）未按照规定存放和保管发票的。

2.发票携带、邮寄、运输方法的违章处理

跨规定的使用区域携带、邮寄、运输空白发票，以及携带、邮寄或者运输空白发票出入境的，由税务机关责令改正，可以处1万元以下的罚款；情节严重的，处1万元以上3万元以下的罚款；有违法所得的予以没收。丢失发票或者擅自损毁发票的，依照前款规定处罚。

3.虚开和非法代开发票的违章处理

违反《中华人民共和国发票管理办法》第二十二条第二款的规定虚开发票的，由税务机关没收违法所得；虚开金额在1万元以下的，可以并处5万元以下的罚款；虚开金额超过1万元的，并处5万元以上50万元以下的罚款；构成犯罪的，依法追究刑事责任。非法代开发票的，依照前款规定处罚。

4.转让发票、发票监制章等的违章处理

有下列情形之一的，由税务机关处1万元以上5万元以下的罚款；情节严重的，处5万元以上50万元以下的罚款；有违法所得的予以没收：

（1）转借、转让、介绍他人转让发票、发票监制章和发票防伪专用品的；

（2）知道或者应当知道是私自印制、伪造、变造、非法取得或者废止的发票而受让、开具、存放、携带、邮寄、运输的。

【注意点】

对违反发票管理法规情节严重构成犯罪的，税务机关应当依法移送司法机关处理。

（二）《中华人民共和国发票管理办法实施细则》的相关规定

（1）税务机关对违反发票管理法规的行为进行处罚，应当将行政处罚决定书面通知当事人；对违反发票管理法规的案件，应当立案查处。

（2）对违反发票管理法规的行政处罚，由县以上税务机关决定；罚款额在2 000元以下的，可由税务所决定。

（3）税务机关应当在办税场所或者广播、电视、报纸、期刊、网络等新闻媒体上公告纳税人发票违法的情况。公告内容包括：纳税人名称、纳税人识别号、经营地点、违反发票管理法规的具体情况。

（4）对违反发票管理法规情节严重构成犯罪的，税务机关应当依法移送司法机关处理。

第四节　税务机关代开发票基本规定

一、代开增值税发票的申请条件

（一）小规模纳税人代开增值税发票

目前，小规模纳税人的常用代开服务类型有：货物、服务，出租不动产，建筑服务，货物运输服务，旅客运输服务等一般代开。有的小规模纳税人代开增值税发票有特殊要求：

（1）我国境内提供公路货物运输和内河货物运输且具备相关运输资格并已纳入税收管理的小规模纳税人，将营运资质和营运机动车、船舶信息向主管税务机关进行备案后，可在税务登记地、货物起运地、货物到达地或运输业务承揽地（含互联网物流平台所在地）中任何一地，就近向税务机关申请代开增值税发票。

（2）小规模纳税人转让其取得的不动产，不能自行开具增值税发票的，可向不动产所在地主管税务机关申请代开。

（3）小规模纳税人中的单位和个体工商户出租不动产，不能自行开具增值税发票的，可向不动产所在地主管税务机关申请代开增值税发票。

（3）不能自行开具增值税发票的，可向建筑服务发生地主管税务机关按照其取得的全部价款和价外费用申请代开增值税发票。货物运输业小规模纳税人申请代开增值税专用发票，需要适用“货物运输业小规模纳税人异地代开增值税专用发票备案”的“申请条件”。

【注意点】

纳税人向其他个人出租不动产，不得开具或申请代开增值税专用发票。

（二）小规模纳税人代开增值税发票的路径

1.在税务局电子税务局办理代开

小规模纳税人或自然人线上办理路径为：登录国家税务总局各省市税务局电子税务局，进入【我要办税】—【发票使用】—【代开发票】模块。扫码验证后，需要代开增值税专用发票的，点击“自助代开增值税专用发票申请”。按照相关要求进行填写，填写完成并检查无误后，点击“保存”，再点击“提交”按钮即可完成申请。申请通过后，到当地税务局办税服务厅的办税自助机打印发票，并缴纳税款。

【注意点】

（1）电子税务局提示需要缴纳的税款仅为增值税税款，代开发票终端上会显示包括附加税费等在内的全部税额。（2）小规模纳税人单张发票代开最高限额为10万元，每月代开发票累计不得超过30万元。（3）已提交但未打印的发票隔月自动作废，需重新申请。

2.在线下税务机关的办税服务厅办理

小规模纳税人或其他个人线下办理代开增值税专用发票需提供相关材料。

（1）代开增值税专用发票的货物运输业小规模纳税人需提供的材料（见表3-7）。

表3-7　　代开增值税专用发票的货物运输业小规模纳税人需提供的材料

序号	材料名称	数量	备注
1	《货物运输业代开增值税专用发票缴纳税款申报单》	3份	
2	加载统一社会信用代码的营业执照复印件	1份	符合条件调阅复用，免于重复提供
3	经办人身份证件原件及复印件	1份	原件查验后退回

（2）申请代开增值税专用发票的其他纳税人需提供的材料（见表3-8）。

表3-8　　申请代开增值税专用发票的其他纳税人需提供的材料

序号	材料名称	数量	备注
1	《代开增值税发票缴纳税款申报单》	3份	
有以下情形的，还应提供相应材料			
			备注
自然人	身份证件原件及复印件	1份	原件查验后退回
已办理税务登记的纳税人	加载统一社会信用代码的营业执照原件	1份	查验后退回 符合条件调阅复用，免于重复提供
	经办人身份证件原件及复印件	1份	原件查验后退回
出租不动产的小规模纳税人	不动产的详细地址		

3.小规模纳税人代开增值税专用发票的备注栏

代开增值税专用发票的备注栏需注明下列内容：

（1）提供建筑服务，纳税人代开增值税发票时，应提供建筑服务发生地县（市、区）名称及项目名称。

（2）销售不动产，纳税人代开增值税发票时，应在“货物或应税劳务、服务名称”栏填写不动产名称及房屋产权证书号码（无房屋产权证书的可不填写），“单位”栏填写面积单位，应提供不动产的详细地址。

（3）增值税小规模纳税人应在代开增值税专用发票的备注栏上，加盖本单位的发票专用章。

【注意点】

总销售额按季不超过30万元或按月不超过10万元，但开具增值税专用发票的小规模纳税人，其自开或代开的增值税专用发票不可享受免税，应按小规模纳税人的征收率申报纳税。

二、自然人代开增值税发票

（一）自然人代开增值税发票的情形

一般纳税人需要取得增值税专用发票时，如对方是自然人，属于下列情况的可要求对方开具增值税专用发票。

（1）其他个人出租不动产，购买方或承租方不属于其他个人的，纳税人缴纳增值税后可以向税务机关申请代开增值税专用发票。

（2）接受税务机关委托代征税款的保险企业，向个人保险代理人支付佣金费用后，可代个人保险代理人统一向主管税务机关申请汇总代开增值税普通发票或增值税专用发票。保险企业代个人保险代理人申请汇总代开增值税发票时，应向主管税务机关出具个人保险代理人的姓名、身份证号码、联系方式、付款时间、付款金额、代征税款的详细清单。保险企业应将个人保险代理人的详细信息，作为代开增值税发票的清单，随发票入账。

（3）其他自然人委托房屋中介、住房租赁企业等单位出租不动产，需要向承租方开具增值税发票的，可以由受托单位代其向主管税务机关按规定申请代开增值税发票。

（二）自然人代开增值税发票的路径

（1）自然人在电子税务局办理代开（同小规模纳税人的办理路径）。

（2）自然人在微信公众号办理代开。关注各省市税务局微信公众号，进入公众号主界面，点击“微办税”，实名认证并注册绑定，进入“事项办理”。

【注意点】

（1）个人发生应税行为的销售额未达到增值税起征点500元的，免征增值税；达到起征点的，全额计算缴纳增值税，即自然人不能享受小规模纳税人月销售额10万元开具增值税普通发票免税的优惠。

（2）出租不动产的自然人可享受免税的特殊规定，自2021年4月1日起，自然人采取一次性收取租金形式出租不动产取得的租金收入，可在对应的租赁期内平均分摊，分摊后的月租金收入未超过10万元的，免征增值税。

（3）出租不动产的自然人，如租入方为一般纳税人，可代开增值税专用发票给租入方，其开票金额须按小规模纳税人的征收率计算增值税及附加税。

第五节　增值税发票开具特殊规定

一、建筑服务业发票开具的规定

（一）建筑服务发票开具的基本规定

提供建筑服务，纳税人自行开具或者税务机关代开增值税发票时，应在发票的“备注”栏注明建筑服务发生地县（市、区）名称及项目名称。

【例3-1】一般纳税人以清包工方式或者甲供工程方式提供建筑服务，适用简易计税方法，文件规定以收到的金额减去分包款为销售额。例如，总包收到100万元，分包款为50万元，购货方要求开具100万元的发票，纳税人按50万元的标准实际缴纳税款，如何开票？实际缴纳的增值税税额为多少？

【解析】

可以全额开票，总包开具100万元增值税专用发票，发票上注明的金额为：

不含税价=100÷（1+3%）=97.0874（万元）

增值税税额=100÷（1+3%）×3%=2.9126（万元）

下游企业取得增值税专用发票可以全额抵扣增值税。

纳税人申报时，进行差额扣除。

实际缴纳的增值税税额=（100-50）÷（1+3%）×3%=1.4563（万元）

（二）小规模纳税人提供建筑服务发票开具规定

建筑业的一般纳税人是自行开具增值税发票的。建筑业的小规模纳税人的发票开具规定如下：

（1）小规模纳税人提供建筑服务，应以取得的全部价款和价外费用扣除支付的分包款后的余额为销售额，按照3%的征收率计算应纳税额。

月销售额超过10万元（或季销售额超过30万元）的建筑业增值税小规模纳税人提供建筑服务、销售货物或发生其他增值税应税行为，需要开具增值税专用发票的，通过增值税发票管理新系统自行开具。

（2）小规模纳税人跨县（市、区）提供建筑服务，不能自行开具增值税发票的，可向建筑服务发生地主管税务机关按照其取得的全部价款和价外费用申请代开增值税发票。

（3）小规模纳税人在同一地级市跨县（市、区）提供建筑服务，无须再办理外出经营活动税收管理证明（以下简称“外经证”），预缴增值税。譬如昆明市的企业在昆明市高新区施工，无须再办理外经证，预缴增值税，而是在主管税务机关处统一申报。

【注意点】

（1）国家税务总局公告2016年第69号规定，纳税人提供建筑服务，被工程发包方从应支付的工程款中扣押的质押金、保证金，未开具发票的，以纳税人实际收到质押金、保证金的当天为纳税义务发生时间。

（2）国家税务总局公告2017年第11号规定，建筑企业与发包方签订建筑合同后，以内部授权或者三方协议等方式，授权集团内其他纳税人（以下简称“第三方”）为发包方提供建筑服务，并由第三方直接与发包方结算工程款的，由第三方缴纳增值税并向发包方开具增值税发票，与发包方签订建筑合同的建筑企业不缴纳增值税。发包方可凭实际提供建筑服务的纳税人开具的增值税专用发票抵扣进项税额。

二、销售不动产发票开具的规定

（一）企业销售不动产发票开具的基本规定

销售不动产，纳税人自行开具或者税务机关代开增值税发票时，应在发票“货物或应税劳务、服务名称”栏填写不动产名称及房屋产权证书号码（无房屋产权证书的可不填写），“单位”栏填写面积单位，“备注”栏注明不动产的详细地址。

（二）房地产开发企业销售自行开发的房地产项目发票开具的规定

（1）一般纳税人销售其自行开发的房地产项目发票开具的规定。房地产开发企业中的一般纳税人销售其自行开发的房地产项目（选择简易计税方法的房地产老项目除外），以取得的全部价款和价外费用，扣除受让土地时向政府部门支付的土地价款、在取得土地时向其他单位或个人支付的拆迁补偿费用后的余额为销售额。

一般纳税人销售自行开发的房地产项目，自行开具增值税发票。一般纳税人销售自行开发的房地产项目，其2016年4月30日前收取并已向主管税务机关申报缴纳营业税的预收款，未开具营业税发票的，可以开具增值税普通发票，不得开具增值税专用发票，本规定并无开具增值税普通发票的时间限制。一般纳税人向其他个人销售自行开发的房地产项目，不得开具增值税专用发票。

【注意点】

房地产开发企业中的一般纳税人销售自行开发的房地产老项目，可以选择适用简易计税方法，以取得的全部价款和价外费用为销售额，不得扣除对应的土地价款。

（2）小规模纳税人销售其自行开发的房地产项目发票开具的规定。房地产开发企业中的小规模纳税人，销售自行开发的房地产项目，按照5%的征收率计税。

①小规模纳税人销售自行开发的房地产项目，自行开具增值税普通发票。②购买方需要增值税专用发票的，小规模纳税人自愿选择自开。小规模纳税人向其他个人销售自行开发的房地产项目，不得申请代开增值税专用发票。③小规模纳税人销售自行开发的房地产项目，其2016年4月30日前收取并已向主管税务机关申报缴纳营业税的预收款，未开具营业税发票的，可以开具增值税普通发票，不得开具增值税专用发票。

三、金融服务业发票开具的规定

（一）金融商品转让业务发票开具的规定

金融商品转让，按照卖出价扣除买入价后的余额为销售额。金融商品转让，不得开具增值税专用发票。

（二）汇总纳税的金融机构发票开具的规定

采取汇总纳税的金融机构，省、自治区所辖地市以下分支机构可以使用地市级机构统一领取的增值税专用发票、增值税普通发票、增值税电子普通发票；直辖市、计划单列市所辖区县及以下分支机构可以使用直辖市、计划单列市机构统一领取的增值税专用发票、增值税普通发票、增值税电子普通发票。

（三）保险服务发票开具的规定

（1）保险机构作为车船税扣缴义务人，在代收车船税并开具增值税发票时，应在增值税发票“备注”栏中注明代收车船税税款信息，具体包括：保险单号、税款所属期（详细至月）、代收车船税金额、滞纳金金额、金额合计等。该增值税发票可作为纳税人缴纳车船税及滞纳金的会计核算原始凭证。

（2）为自然人提供的保险服务不得开具增值税专用发票，可以开具增值税普通发票。

四、生活服务业发票开具的规定

（一）住宿业发票开具的规定

月销售额超过10万元（或季销售额超过30万元）的住宿业增值税小规模纳税人，提供住宿服务、销售货物或发生其他应税行为，需要开具增值税专用发票的，通过新系统自行开具，主管税务机关不再为其代开。

月销售额超过10万元（或季销售额超过30万元）的住宿业增值税小规模纳税人销售其取得的不动产，需要开具增值税专用发票的，也是自愿选择自开。

（二）旅游服务业发票开具的规定

纳税人提供旅游服务，可以选择以取得的全部价款和价外费用，扣除向旅游服务购买方收取并支付给其他单位或者个人的住宿费、餐饮费、交通费、签证费、门票费和支付给其他接团旅游企业的旅游费用后的余额为销售额。

选择该办法计算销售额的试点纳税人，向旅游服务购买方收取并支付的相关费用，不得开具增值税专用发票，可以开具增值税普通发票。

（三）教育辅助服务发票开具的规定

境外单位通过教育部考试中心及其直属单位在境内开展考试，教育部考试中心及其直属单位应以取得的考试费收入扣除支付给境外单位考试费后的余额为销售额，按提供“教育辅助服务”缴纳增值税；就代为收取并支付给境外单位的考试费统一扣缴增值税。

教育部考试中心及其直属单位代为收取并支付给境外单位的考试费，不得开具增值税专用发票，可以开具增值税普通发票。

（四）餐饮行业发票开具的规定

餐饮行业增值税一般纳税人购进农业生产者自产的农产品，可以使用税务机关监制的农产品收购发票，按照现行规定计算抵扣进项税额。

餐饮行业只能给企业或者个人开具增值税普通发票。

五、部分现代服务发票开具的规定

（一）不动产租赁业务发票开具的规定

个人出租住房，应按照5%的征收率减按1.5%计算应纳税额。

发票开具的规定：纳税人自行开具或者税务机关代开增值税发票时，通过新系统中征收率减按1.5%征收开票功能，录入含税销售额，系统自动计算税额和不含税金额。

（二）物业管理服务发票开具的规定

提供物业管理服务的纳税人，向服务接受方收取的自来水水费，以扣除其对外支付的自来水水费后的余额为销售额，按照简易计税办法依3%的征收率计算缴纳增值税。

发票开具的规定：纳税人可以按3%向服务接受方开具增值税专用发票或增值税普通发票。

（三）劳务派遣服务发票开具的规定

（1）一般纳税人提供劳务派遣服务，可以选择差额纳税，以取得的全部价款和价外费用，扣除代用工单位支付给劳务派遣员工的工资、福利费和为其办理社会保险及住房公积金后的余额为销售额，按照简易计税方法依5%的征收率计算缴纳增值税。

（2）小规模纳税人提供劳务派遣服务，可以选择差额纳税，以取得的全部价款和价外费用，扣除代用工单位支付给劳务派遣员工的工资、福利费和为其办理社会保险及住房公积金后的余额为销售额，按照简易计税方法依5%的征收率计算缴纳增值税。

发票开具的规定：纳税人提供劳务派遣服务，选择差额纳税的，向用工单位收取用于支付给劳务派遣员工工资、福利费和为其办理社会保险及住房公积金的费用，不得开具增值税专用发票，可以开具增值税普通发票。

【注意点】

纳税人提供安全保护服务，比照劳务派遣服务政策执行。

（四）人力资源外包服务发票开具的规定

纳税人提供人力资源外包服务，按照经纪代理服务缴纳增值税，其销售额不包括受客户单位委托代为向客户单位员工发放的工资和代理缴纳的社会保险、住房公积金。

发票开具的规定：纳税人提供人力资源外包服务，向委托方收取并代为发放的工资和代理缴纳的社会保险、住房公积金，不得开具增值税专用发票，可以开具增值税普通发票。

（五）经纪代理服务发票开具的规定

（1）经纪代理服务，以取得的全部价款和价外费用，扣除向委托方收取并代为支付的政府性基金或者行政事业性收费后的余额为销售额。

发票开具的规定：向委托方收取并代为支付的政府性基金或者行政事业性收费不得开具增值税专用发票，但可以开具增值税普通发票。

（2）纳税人提供签证代理服务，以取得的全部价款和价外费用，扣除向服务接受方收取并代为支付给外交部和外国驻华使（领）馆的签证费、认证费后的余额为销售额。

发票开具的规定：纳税人向服务接受方收取并代为支付的签证费、认证费，不得开具增值税专用发票，可以开具增值税普通发票。

（3）纳税人代理进口按规定免征进口增值税的货物，其销售额不包括向委托方收取并代为支付的货款。

发票开具的规定：向委托方收取并代为支付的款项，不得开具增值税专用发票，可以开具增值税普通发票。

（六）鉴证咨询业发票开具的规定

月销售额超过10万元（或季销售额超过30万元）的鉴证咨询业增值税小规模纳税人提供认证服务、鉴证服务、咨询服务、销售货物或发生其他增值税应税行为，需要开具增值税专用发票的，可以通过新系统自行开具，主管税务机关不再为其代开。

月销售额超过10万元（或季销售额超过30万元）的鉴证咨询业增值税小规模纳税人销售其取得的不动产，需要开具增值税专用发票的，也是自愿选择自开。

六、交通运输服务发票开具的规定

（一）货物运输服务发票开具的规定

自2018年1月1日起，纳税人在境内提供公路或内河货物运输服务，未自愿选择自开增值税专用发票的，但需要开具增值税专用发票，可在税务登记地、货物起运地、货物到达地或运输业务承揽地（含互联网物流平台所在地）中任何一地，就近向税务机关申请代开增值税专用发票。

（二）铁路运输企业发票开具的规定

铁路运输企业受托代征的印花税款信息，可填写在发票“备注”栏中。中国铁路总公司及其所属运输企业（含分支机构）提供货物运输服务，可自2015年11月1日起使用增值税专用发票和增值税普通发票，所开具的铁路货票、运杂费收据可作为发票清单使用。

七、其他开具规定

（一）收购业务发票开具规定

纳税人通过新系统使用增值税普通发票开具收购发票，系统在发票左上角自动打印“收购”字样。

（二）不征收增值税项目发票开具规定

未发生销售行为的不征税项目，是指用于纳税人收取款项但未发生销售货物、应税劳务、服务、无形资产或不动产的情形。主要是预付卡销售和充值、销售自行开发的房地产项目预收款、已申报缴纳营业税未开票补开票等内容，在新系统上，使用“未发生销售行为的不征税项目”编码，“发票税率”栏应填写“不征税”，不得开具增值税专用发票。

（三）反向开票

《中华人民共和国发票管理办法》规定，销售商品、提供服务以及从事其他经营活动的单位和个人，对外发生经营业务收取款项，收款方应当向付款方开具发票，也就是常见的“正向开票”，在特殊情况下，由付款方向收款方开具发票，即“反向开票”。

2024年4月24日，国家税务总局发布《关于资源回收企业向自然人报废产品出售者“反向开票”有关事项的公告》（2024年第5号），相关规定如下：

如资源回收企业属于适用增值税一般计税方法的增值税一般纳税人，可反向开具增值税专用发票和普通发票；如属于增值税小规模纳税人，或者选择适用增值税简易计税方法的增值税一般纳税人，可反向开具普通发票，不得反向开具增值税专用发票。

资源回收企业向出售者“反向开票”时，应按规定为出售者代办增值税及附加税费、个人所得税的申报事项，并按规定缴纳代办税费。资源回收企业“反向开票”的，应当向主管税务机关提交《资源回收企业“反向开票”申请表》，并提供危险废物经营许可证或报废机动车回收拆解企业资质认定证书或商务部门再生资源回收经营者备案登记证明。

第四章　增值税的会计核算

引言

扩展学习资料

党的二十大报告对完善分配制度作出了部署：

“九、增进民生福祉，提高人民生活品质

……

（一）完善分配制度。分配制度是促进共同富裕的基础性制度。坚持按劳分配为主体、多种分配方式并存，构建初次分配、再分配、第三次分配协调配套的制度体系。努力提高居民收入在国民收入分配中的比重，提高劳动报酬在初次分配中的比重。坚持多劳多得，鼓励勤劳致富，促进机会公平，增加低收入者收入，扩大中等收入群体。完善按要素分配政策制度，探索多种渠道增加中低收入群众要素收入，多渠道增加城乡居民财产性收入。加大税收、社会保障、转移支付等的调节力度。”

在党的二十大报告中，虽然没有直接提及“增值税”这一具体税种，但报告强调了要深化财税体制改革，完善税制结构，优化税收政策，以更好地发挥税收在经济社会发展中的调节作用。因此，从这一角度来看，作为第一税种增值税，其在未来财税体制改革和税收政策优化中仍将发挥重要作用。

增值税是对商品生产、流通、劳务服务中多个环节的新增价值或商品的附加值征收的一种流转税，有助于保证税收的公平性和避免重复征税，是我国第一大税种，约占全国税收收入的30%，对于提高国家财政收入具有重要意义。

学习目标

本章为税务会计课程的重点内容，也是难点内容。掌握一般纳税人和小规模纳税人的应纳税额计算，进口货物增值税的计算，“营改增”的核算。

第一节　增值税的基本内容

增值税是以商品（含应税劳务）在流转过程中产生的增值额作为计税依据而征收的一种流转税，增值额相当于商品价值C+V+M中的V+M部分。增值税是价外税，以不含增值税税额的价格为计税依据。

2008年11月10日国务院公布修订的《中华人民共和国增值税暂行条例》，2008年12月15日财政部、国家税务总局颁布《中华人民共和国增值税暂行条例实施细则》，规定从2009年1月1日起，在我国实行消费型增值税。

自2016年5月1日起，全国“营改增”后，所有营业税业务全部改为征收增值税。

一、纳税人和扣缴义务人

（一）纳税人

在中华人民共和国境内（以下简称境内）销售货物、服务、无形资产、不动产（以下简称应税交易），以及进口货物的单位和个人，为增值税的纳税人。

（1）销售服务、无形资产或者不动产，具体包括：销售交通运输服务、邮政服务、电信服务、建筑服务、金融服务、现代服务、生活服务、无形资产或者不动产。

（2）单位包括：企业、行政单位、事业单位、军事单位、社会团体及其他单位。

（3）个人包括：个体工商户和其他个人。其他个人是指除了个体工商户外的自然人。

进口货物的收货人或办理报关手续的单位和个人为进口增值税的纳税人。单位以承包、承租、挂靠方式经营的，承包人、承租人、挂靠人（统称承包人）以发包人、出租人、被挂靠人（统称发包人）名义对外经营并由发包人承担相关法律责任的，以该发包人为增值税的纳税人。否则，以承包人为增值税的纳税人。

【注意点】

在承包、承租、挂靠经营方式下，纳税人的界定分为两种情况，同时满足以下两个条件的，以发包人为纳税人：（1）以发包人的名义对外经营。（2）由发包人承担相关法律责任。不同时满足上述两个条件的，以承包人为纳税人。

（二）扣缴义务人

在我国境内发生应税行为，是指应税行为销售方或者购买方在我国境内，而且因现行海关管理对象的限制，即仅对进、出口货物进行管理，各类劳务尚未纳入海关管理范畴，对涉及跨境提供劳务的行为，将仍由税务机关进行管理。

我国境外（简称“境外”）单位或者个人在境内发生应税行为，在境内未设有经营机构的，以购买方为增值税扣缴义务人。

【注意点】

境外单位或者个人在境内如果设立了经营机构，应以其经营机构为增值税纳税人。

二、增值税一般纳税人和小规模纳税人的登记

国家税务总局发布的《增值税一般纳税人登记管理办法》，自2018年2月1日起施行。年应税销售额超过财政部、国家税务总局规定的小规模纳税人标准的，应当向主管税务机关办理一般纳税人登记。

（一）增值税一般纳税人的登记

1.应该作为一般纳税人资格登记的纳税人

年应税销售额超过财政部、国家税务总局规定的小规模纳税人标准的纳税人，不论其是否愿意，都必须向其企业所在地（县、市、区）税务局或同级别的税务分局（以下简称“主管税务机关”），办理一般纳税人登记手续，否则，按照一般纳税人的应纳税额计算，不得抵扣进项税额，也不得使用增值税专用发票。

2.可以作为一般纳税人资格登记的纳税人

年应税销售额未超过规定标准的纳税人，会计核算健全，能够提供准确税务资料的，可以向其企业所在地（县、市、区）主管税务机关办理一般纳税人登记手续。

3.增值税一般纳税人登记需要提供的材料（见表4-1）

表4-1　　**增值税一般纳税人登记需要提供的材料**

序号	材料名称	数量	备注
1	《增值税一般纳税人登记表》	2份	
2	加载统一社会信用代码的营业执照原件	1份	查验后退回

【注意点】

税务机关提供“最多跑一次”服务。纳税人在资料完整且符合法定受理条件的前提下，最多只需要到税务机关跑一次。

【注意点】

由纳税人在办理登记手续时自行选择生效之日（纳税人办理登记的当月1日或者次月1日），纳税人自一般纳税人生效之日起，按照增值税一般计税方法计算应纳税额，并可以按照规定领用增值税专用发票，财政部、国家税务总局另有规定的除外。

4.不是一般纳税人但按照一般纳税人进行征税的情形

从2009年开始，如果应税销售额超过新标准，有下列情形之一的，按照一般纳税人的应纳税额计算，不得抵扣进项税额，也不得使用增值税专用发票：

（1）一般纳税人会计核算不健全，或者不能够提供准确税务资料的；

（2）纳税人销售额超过小规模纳税人标准，未申请办理一般纳税人登记手续的。

增值税一般纳税人登记表见表4-2。

表4-2　　**增值税一般纳税人登记表**

<table>
<tr><td>纳税人名称</td><td colspan="2"></td><td>统一社会信用代码（纳税人识别号）</td><td colspan="2"></td></tr>
<tr><td>法定代表人（负责人、业主）</td><td></td><td>证件名称及号码</td><td></td><td>联系电话</td><td></td></tr>
<tr><td>财务负责人</td><td></td><td>证件名称及号码</td><td></td><td>联系电话</td><td></td></tr>
<tr><td>办税人员</td><td></td><td>证件名称及号码</td><td></td><td>联系电话</td><td></td></tr>
<tr><td>税务登记日期</td><td colspan="5"></td></tr>
<tr><td>生产经营地址</td><td colspan="5"></td></tr>
<tr><td>注册地址</td><td colspan="5"></td></tr>
<tr><td colspan="6">纳税人类别：企业□　非企业性单位□　个体工商户□　其他□</td></tr>
<tr><td colspan="6">主营业务类别：工业□　商业□　服务业□　其他□</td></tr>
<tr><td colspan="6">会计核算健全：是□　否□</td></tr>
<tr><td colspan="6">一般纳税人生效之日：当月1日□　次月1日□</td></tr>
</table>

续表

<table>
<tr><td colspan="2">纳税人（代理人）承诺：
会计核算健全，能够提供准确税务资料，上述各项内容真实、可靠、完整。如有虚假，愿意承担相关法律责任。
经办人：　　法定代表人：　　代理人：　　（签章）
年　月　日</td></tr>
<tr><td colspan="2">以下由税务机关填写</td></tr>
<tr><td>税务机关受理情况</td><td>受理人：　　受理税务机关（章）
年　月　日</td></tr>
</table>

（二）增值税小规模纳税人的情况说明

纳税人新办理一般纳税人资格登记的程序中，纳税人年应税销售额超过财政部、国家税务总局规定标准，可以选择按小规模纳税人纳税，但应当向主管税务机关提交书面说明。选择按小规模纳税人纳税的情况说明见表4-3。

表4-3　**选择按小规模纳税人纳税的情况说明**

<table>
<tr><td>纳税人名称</td><td></td><td>统一社会信用代码
（纳税人识别号）</td><td></td></tr>
<tr><td rowspan="2" colspan="2">连续不超过12个月或四个季度的经营期内累计应税销售额</td><td colspan="2">货物劳务：　年　月至　年　月共　元。</td></tr>
<tr><td colspan="2">货物劳务：　年　月至　年　月共　元。</td></tr>
<tr><td>情况说明</td><td colspan="3"></td></tr>
<tr><td colspan="4">纳税人(代理人)承诺：
上述各项内容真实、可靠、完整。如有虚假，愿意承担相关法律责任。
经办人：　　法定代表人：　　代理人：　　（签章）
年　月　日</td></tr>
<tr><td colspan="4">以下由税务机关填写</td></tr>
<tr><td>税务机关受理情况</td><td colspan="3">受理人：　　受理税务机关（章）
年　月　日</td></tr>
</table>

选择按照小规模纳税人纳税的情形包括：

下列纳税人不办理一般纳税人登记：（1）按照政策规定，选择按照小规模纳税人纳税的；（2）年应税销售额超过规定标准的其他个人。

【注意点】

个体工商户以外的其他个人年应税销售额超过规定标准的，不需要向主管税务机关提交书面说明。

三、纳税人的分类

纳税人分为一般纳税人和小规模纳税人。

增值税一般纳税人和小规模纳税人的具体划分标准见表4-4。

表4-4　　增值税一般纳税人与小规模纳税人的具体划分标准

标准	一般纳税人	小规模纳税人
年应税销售额	≥500万元	<500万元

【注意点】

增值税纳税人年应税销售额超过财政部、国家税务总局规定的小规模纳税人标准的，应当向主管税务机关办理一般纳税人登记。其中，年应税销售额，是指纳税人在连续不超过12个月或四个季度的经营期内累计应征增值税销售额，包括纳税申报销售额、稽查查补销售额、纳税评估调整销售额等。可进入各省市电子税务局的首页—公众查询——一般纳税人查询，对纳税人的身份进行查询。

如果纳税人应税行为年销售额超过相应的规定标准，且未登记为一般纳税人，符合一般纳税人条件的纳税人应当向主管税务机关申请资格登记，未申请办理一般纳税人资格登记手续的，应按销售额依照增值税税率计算应纳税额，不得抵扣进项税额，也不得使用增值税专用发票（含机动车销售统一发票）。

原增值税一般纳税人兼有应税行为，按照规定应当申请登记一般纳税人的，不需要重新登记一般纳税人，由主管税务机关制作、送达“税务事项通知书”，告知纳税人。

四、征税范围

增值税的征税范围包括工业和商业销售的商品，加工、修理修配生产性劳务，进口货物，销售交通运输服务、邮政服务、电信服务、建筑服务、金融服务、现代服务、生活服务，转让无形资产或者销售不动产，即全行业。

（一）特殊征税范围

1.折扣销售

（1）商业折扣

商业折扣，是企业为了促销而在标价上给予的价格扣除。企业销售商品涉及商业折扣的，应当按照扣除商业折扣后的金额（即净额）确定收入，会计处理上要求按照净额法核算。

（2）现金折扣

现金折扣，是为了鼓励购货方尽快付款而提供的债务扣除。一般现金折扣的表示方法为“2/10，1/20，N/30”（10天内付款给予2%的折扣，20天内付款给予1%的折扣，20天以后付款没有现金折扣，最迟的付款期为30天），应当按照《企业会计准则第14号——收入》（财会〔2017〕22号）中关于可变对价的相关规定进行会计处理。

【注意点】

销售额和折扣额必须在同一张发票上的“金额”栏分别注明。未在同一张发票“金额”栏注明折扣额，而仅在发票的“备注”栏注明折扣额或另外开具一张发票注明折扣额的，折扣额不得从销售额中减除。

2.以物易物销售

双方都做购销处理，以各自发出的货物核算销售额，计算销项税额，以各自收到的货物金额作为购货额，计算进项税额。

3.包装物押金与包装物租金

（1）包装物的租金属于价外费用，应并入销售额计算销项税额；

（2）包装物的押金不并入销售额征税；

（3）因逾期未收回包装物不再退还的押金，将作为销售额计算销项税额。

4.视同销售

（1）单位和个体工商户将自产或者委托加工的货物用于集体福利或者个人消费；

（2）单位和个体工商户赠与货物；

（3）单位和个人赠与无形资产、不动产或者金融产品；

（4）国务院财政、主管税务机关规定的其他情形。

【注意点】

（1）只要是经过加工的产品（如自产、委托加工的产品）无论用于企业内部（如用于集体福利）还是用于企业外部（如捐赠），都视同销售计入销售额计算销项税额；

（2）未经加工的货物（如购买的货物）如果用于企业外部需视同销售（如捐赠或金融产品等），这里包括个人赠与无形资产、不动产或者金融产品，也作为视同销售。用于企业内部（用于集体福利或个人消费等）计入“进项税额转出”。

（3）酒店业在提供酒店住宿的同时，免费提供餐饮服务（以早餐居多），是酒店的一种营销模式，消费者也已统一支付费用，且适用税率相同，不作为视同销售。

【例4-1】（1）某酒店提供住宿餐饮服务，适用6%的税率，内设商店销售货物，适用13%的税率，同时还经营停车场收费业务，适用不动产经营租赁9%的税率，应分别核算销售额，未分别核算的，从高适用13%的税率。

（2）汽车美容店提供汽车打蜡服务（适用生活服务6%的税率），车蜡的销售（适用13%的税率），属于同一项销售行为，主体不属于生产批零企业，按生活服务6%的税率核算。

（3）某旅行社举行抽奖活动，为中奖者提供免费的新马泰旅游服务，对提供免费旅行应确认收入，按照视同销售的相关规定确定计税价格，计算缴纳增值税。

【解析】

（1）属于兼营。适用不同税率或者征收率的，应当分别核算适用不同税率或者征收率的销售额；未分别核算的，从高适用税率。

（2）属于混合销售，按照销售货物和销售服务分别缴纳增值税。

(3) 属于视同销售，按照顺序确定组成计税价格。

【例4-2】根据“营改增”的相关规定，下列情形属于视同提供应税服务的有（　　）。

A.某运输企业为地震灾区无偿提供公路运输服务

B.某咨询公司为个人无偿提供技术咨询服务

C.某动画公司聘用动画人才为本公司设计动画

D.某单位为希望小学无偿提供《暖春》电影放映服务

E.某运输公司为其他单位无偿提供交通运输服务

【答案】BE

【解析】

选项A、D属于以公益活动为目的或者以社会公众为对象提供的应税服务，不属于视同提供应税服务；选项C，根据规定，单位或者个体工商户聘用的员工为本单位或者雇主提供交通运输业和部分现代服务业服务，属于非营业活动，不属于应税服务，因此选项C错误。

（二）混合销售行为和兼营业务

1.混合销售行为

一项销售行为如果既涉及服务又涉及货物，则该行为统称混合销售行为。从事货物的生产、批发或者零售的单位和个体工商户的混合销售行为，按照销售货物缴纳增值税；其他单位和个体工商户的混合销售行为，按照销售服务缴纳增值税。

判断混合销售行为的标准是：①其销售行为必须是一项。②该项行为必须既涉及服务又涉及货物，其中货物是指增值税税法中规定的有形动产，包括电力、热力和气体；服务是指属于“营改增”范围内的交通运输服务、建筑服务、金融保险服务、邮政服务、电信服务、现代服务、生活服务等。

从事货物的生产、批发或者零售的单位和个体工商户的混合销售行为，按照销售货物（税率为13%、3%或0）缴纳增值税；其他单位和个体工商户的混合销售行为，按照销售服务（税率为9%、6%、5%或3%）缴纳增值税。

例如，某整体橱柜厂销售橱柜给客户的同时，为客户提供设计、安装服务，该业务按照13%的增值税税率计算。

【注意点】

混合销售行为是一项业务，要求按照主要行为的增值税税率缴纳销售货物的增值税。

2.兼营业务

（1）纳税人兼营销售货物、劳务、服务、无形资产或者不动产，适用不同税率或者征收率的，应当分别核算适用不同税率或者征收率的销售额；

（2）未分别核算的，从高适用税率。纳税人兼营免税、减税项目的，应当分别核算免税、减税项目的销售额；未分别核算的，不得免税、减税。

例如，既有设计资质又有建筑资质的企业与发包方签订的总承包合同中，有设计服务（增值税税率为6%）和建筑服务（增值税税率为9%），为兼营行为，可以分别按照不同税率计算增值税。

【注意点】

兼营是指两项或两项以上的交易，适用不同税率的项目应分别开具发票，但可以在同一张发票上开具。

五、增值税的税目税率和预征率

（一）增值税的税目税率（见表4-5）

表4-5　增值税税目税率表

<table>
<tr><td colspan="6">一、一般纳税人的税目税率</td></tr>
<tr><td colspan="6">（一）一般纳税人一般计征的税目税率</td></tr>
<tr><td></td><td colspan="4">具体范围</td><td>增值税税率</td></tr>
<tr><td rowspan="8">原增值税纳税人</td><td colspan="4">销售或者进口货物（另有列举的货物除外）；提供加工、修理修配劳务</td><td>13%</td></tr>
<tr><td colspan="4">1.粮食、食用植物油、鲜奶、食用盐</td><td rowspan="6">9%</td></tr>
<tr><td colspan="4">2.自来水、暖气、冷气、热气、煤气、石油液化气、天然气、沼气、居民用煤炭制品</td></tr>
<tr><td colspan="4">3.图书、报纸、杂志、音像制品、电子出版物</td></tr>
<tr><td colspan="4">4.饲料、化肥、农药、农机（整机）、农膜、农产品（指各种动、植物初级产品）</td></tr>
<tr><td colspan="4">5.二甲醚</td></tr>
<tr><td colspan="4">6.国务院规定的其他货物</td></tr>
<tr><td colspan="4">7.出口货物</td><td>0</td></tr>
<tr><td rowspan="9">销售服务</td><td rowspan="6">交通运输服务</td><td rowspan="2">陆路运输服务</td><td>铁路运输服务</td><td></td><td rowspan="6">9%</td></tr>
<tr><td>其他陆路运输服务</td><td></td></tr>
<tr><td rowspan="2">水路运输服务</td><td>程租业务</td><td></td></tr>
<tr><td>期租业务</td><td></td></tr>
<tr><td>航空运输服务</td><td>航空运输的湿租业务</td><td></td></tr>
<tr><td>管道运输服务</td><td>无运输工具承运业务</td><td></td></tr>
<tr><td rowspan="3">邮政服务</td><td rowspan="2">邮政普遍服务</td><td>函件</td><td></td><td rowspan="3">9%</td></tr>
<tr><td>包裹</td><td></td></tr>
<tr><td>邮政特殊服务</td><td>邮政特殊服务</td><td></td></tr>
</table>

续表

		其他邮政服务	其他邮政服务，是指邮册等邮品销售、邮政代理等业务活动		
	电信服务	基础电信服务	基础电信服务		9%
		增值电信服务	增值电信服务		6%
	建筑服务	工程服务	工程服务		9%
		安装服务	安装服务		
		修缮服务	修缮服务		
		装饰服务	装饰服务		
		其他建筑服务	其他建筑服务		
	金融服务	贷款服务	贷款		6%
			融资性售后回租		
		直接收费金融服务	直接收费金融服务		
		保险服务	人身保险服务		
			财产保险服务		
		金融商品转让	金融商品转让		
			其他金融商品转让		
销售服务	现代服务	研发和技术服务	研发服务		6%
			合同能源管理服务		
			工程勘察勘探服务		
			专业技术服务		
		信息技术服务	软件服务		6%
			电路设计及测试服务		
			信息系统服务		
			业务流程管理服务		
			信息系统增值服务		
		文化创意服务	设计服务		6%
			知识产权服务		
			广告服务		
			会议展览服务		

续表

		物流辅助服务	航空服务	航空地面服务	6%
				通用航空服务	
			港口码头服务		
			货运客运场站服务		
			打捞救助服务		
			装卸搬运服务		
			仓储服务		
			收派服务	收件服务	
				分拣服务	
				派送服务	
		租赁服务	融资租赁服务	有形动产融资租赁服务	13%
				不动产融资租赁服务	9%
			经营租赁服务	有形动产经营租赁服务	13%
				不动产经营租赁服务	9%
销售服务	现代服务	鉴证咨询服务	认证服务		6%
			鉴证服务		
			咨询服务		
		广播影视服务	广播影视节目（作品）制作服务		6%
			广播影视节目（作品）发行服务		
			广播影视节目（作品）播映服务		
		商务辅助服务	企业管理服务		6%
			经济代理服务	货物运输代理服务	
				代理报关服务	
			人力资源服务		
			安全保护服务		
		其他现代服务	其他现代服务		6%
	生活服务	文化体育服务	文化服务		6%
			体育服务		
		教育医疗服务	教育服务		

续表

			医疗服务		
		旅游娱乐服务	旅游服务		
			娱乐服务		
		餐饮住宿服务	餐饮服务		
			住宿服务		
		居民日常服务			
		其他生活服务			
销售无形资产	技术	专利技术			6%
		非专利技术			
	商标				
	著作权				
	商誉				
	其他权益性无形资产				
	自然资源使用权	海域使用权、探矿权、采矿权、取水权、其他自然资源使用权			
		土地使用权			9%
销售不动产	建筑物				9%
	构建物				
（二）一般纳税人简易计征的税目税率					
建筑业的清包工、甲供工程、老项目					3%
生活服务业中旅游服务业					3%
销售试点前取得的不动产					5%
房地产企业销售自行开发的房地产老项目					5%
二、“营改增”小规模纳税人税目税率					
应税行为					3%
不动产销售和租赁行为					5%

（二）增值税预征率（见表4-6）

表4-6 增值税预征率表

一般纳税人的预征率	
建筑业跨县（市、区）提供建筑服务，适用一般计税方法计税的，以取得的全部价款和价外费用扣除支付的分包款后的余额作为计税依据	2%
建筑业跨县（市、区）提供建筑服务，并选择适用简易计税方法计税的	3%
房地产开发企业一般计税方法计税或简易计税方法，收到预收款的	
转让取得（包括自建）的不动产	5%
出租其取得的、选择或者适用简易计税方法的不动产	
小规模纳税人的预征率	
建筑业跨县（市、区）提供建筑服务	3%
房地产开发企业收到预收款的	
个体工商户出租住房，按照5%的征收率减按1.5%计算应纳税额	1.5%
其他个人出租住房，按照5%的征收率减按1.5%计算应纳税额	

【注意点】

一般纳税人一旦选择适用简易计税方法，纳税人在36个月内不得变更。这一规定旨在保持计税方法的稳定性和可预测性，避免频繁变更给税收征管带来不便。

六、增值税纳税义务和扣缴义务发生时间

（一）纳税义务发生时间的确认

增值税的纳税义务发生时间主要包括：

（1）纳税人采取直接收款方式销售货物，不论货物是否发出，均为收到销售款或者取得索取销售款凭据的当天。

（2）纳税人采取赊销方式销售货物，签订了书面合同的，为书面合同约定的收款日期的当天。

（3）纳税人采取赊销方式销售货物，无书面合同的或者书面合同没有约定收款日期的，为货物发出的当天。

（4）纳税人采取分期收款方式销售货物，签订了书面合同的，为书面合同约定的收款日期的当天。

（5）纳税人采取分期收款方式销售货物，无书面合同的或者书面合同没有约定收款日期的，为货物发出的当天。

（6）纳税人采取预收货款方式销售货物（特定货物除外），为货物发出的当天。

（7）纳税人采取预收货款方式，生产销售生产工期超过12个月的大型机械设备、船舶、飞机等特定货物，为收到预收款或者书面合同约定的收款日期的当天。

（8）纳税人委托其他纳税人代销货物，为收到代销单位的代销清单或者收到全部或者部分货款的当天。未收到代销清单及货款的，为发出代销货物满180天的当天。

（9）纳税人销售加工、修理修配劳务，为提供劳务同时收讫销售款或者取得索取销售款的凭据的当天。

（10）纳税人进口货物，为报关进口的当天。

（11）纳税人发生销售服务、无形资产或者不动产的应税行为，并在其应税行为发生过程中或者完成后收到销售款项的当天。

（12）纳税人销售服务、无形资产或者不动产，签订了书面合同并确定了付款日期的，为书面合同确定的付款日期的当天。

（13）纳税人销售服务、无形资产或者不动产，签订了书面合同但未确定付款日期的，为服务、无形资产转让完成的当天或者不动产权属变更的当天。

（14）纳税人销售服务、无形资产或者不动产，未签订书面合同的，为服务、无形资产转让完成的当天或者不动产权属变更的当天。

（15）纳税人提供（有形动产和不动产）租赁服务采取预收款方式的，为收到预收款的当天。

（16）纳税人提供建筑服务，被工程发包方从应支付的工程款中扣押的质押金、保证金，未开具发票的，以纳税人实际收到质押金、保证金的当天为纳税义务发生时间。

（二）扣缴义务发生时间的确认

增值税扣缴义务发生时间为纳税人增值税纳税义务发生的当天。

【注意点】

增值税纳税义务发生时间的界定，即“发生应税销售行为的，为收讫销售款项或者取得索取销售款项凭据的当天；先开具发票的，为开具发票的当天。进口货物，为报关进口的当天”。就发生应税销售行为而言，确定其增值税纳税义务发生时间的总原则是以“收讫销售款项、取得索取销售款项凭据或者发票开具时间”三者孰先（谁在前）的原则确定。

七、增值税纳税地点

（一）纳税地点的基本规定

（1）固定业户应当向其机构所在地或者居住地的主管税务机关申报纳税。如果固定业户设有分支机构，且不在同一县（市）的，应当分别向各自所在地的主管税务机关申报纳税。经财政部和国家税务总局或者其授权的财政和税务机关批准，可以由总机构汇总向总机构所在地的主管税务机关申报纳税。

具体审批权限为：①总机构和分支机构不在同一省、自治区、直辖市的，经财政部和国家税务总局批准，可以由总机构汇总向总机构所在地的主管税务机关申报纳税。②总机构和分支机构不在同一县（市），但在同一省、自治区、直辖市范围内的，经省、自治区、直辖市财政厅（局）、税务局审批同意，可以由总机构汇总向总机构所在地的主管税务机关申报纳税。

（2）非固定业户应当向应税行为发生地主管税务机关申报纳税；未申报纳税的，由其机构所在地或者居住地主管税务机关补征税款。

（3）其他个人提供建筑服务，销售或者租赁不动产，转让自然资源使用权，应向建筑服务发生地、不动产所在地、自然资源所在地主管税务机关申报纳税。

（4）扣缴义务人向其机构所在地或者居住地主管税务机关申报缴纳扣缴的税款。

（二）建筑业异地预缴纳税地点的规定

（1）一般纳税人跨县（市）提供建筑服务，适用一般计税方法计税的，应以取得的全部价款和价外费用为销售额计算应纳税额。纳税人应以取得的全部价款和价外费用扣除支付的分包款后的余额，按照2%的预征率在建筑服务发生地预缴税款后，向机构所在地主管税务机关进行纳税申报。

（2）一般纳税人跨县（市）提供建筑服务，选择适用简易计税方法计税的，应以取得的全部价款和价外费用扣除支付的分包款后的余额为销售额，按照3%的征收率计算应纳税额。纳税人应按照上述计税方法在建筑服务发生地预缴税款后，向机构所在地主管税务机关进行纳税申报。

（3）一般纳税人跨省（自治区、直辖市或者计划单列市）提供建筑服务或者销售、出租取得的与机构所在地不在同一省（自治区、直辖市或者计划单列市）的不动产，在机构所在地申报纳税时，计算的应纳税额小于已预缴税额，且差额较大的，由国家税务总局通知建筑服务发生地或者不动产所在地省级税务机关，在一定时期内暂停预缴增值税。

八、增值税的纳税期限

增值税的纳税期限分别为1日、3日、5日、10日、15日、1个月或者1个季度。纳税人的具体纳税期限，由主管税务机关根据纳税人应纳税额的大小分别核定。以1个季度为纳税期限的规定适用于小规模纳税人、银行、财务公司、信托投资公司、信用社，以及财政部和国家税务总局规定的其他纳税人。不能按照固定期限纳税的，可以按次纳税。

纳税人以1个月或者1个季度为1个纳税期的，自期满之日起15日内申报纳税；以1日、3日、5日、10日或者15日为1个纳税期的，自期满之日起5日内预缴税款，于次月1日起15日内申报纳税并结清上月应纳税款。

【注意点】

一般情况下，增值税一般纳税人提供应税服务的（除另有规定以外），以1个月为1个纳税期，并自期满之日起15日内申报纳税。增值税小规模纳税人，其他个人除外，提供应税服务的，原则上以1个季度为1个纳税期，并自期满之日起15日内申报纳税。其他个人提供应税服务的，实行按次纳税。

九、增值税起征点

增值税起征点幅度为：

（1）按期纳税的，为月销售额5 000~20 000元（含本数）。

（2）按次纳税的，为每次（日）销售额300~500元（含本数）。

2023年8月1日，财政部和税务总局发布《财政部 税务总局关于增值税小规模纳税人减免增值税政策的公告》(财政部 税务总局公告2023年第19号):①至2027年12月31日,对月销售额10万元以下(含本数)的增值税小规模纳税人,免征增值税。②增值税小规模纳税人适用3%征收率的应税销售收入,减按1%征收率征收增值税;适用3%预征率的预缴增值税项目,减按1%预征率预缴增值税。

十、免征增值税项目

(1)农业生产者销售的自产农产品。

(2)避孕药品和用具。

(3)古旧图书。

(4)直接用于科学研究、科学试验和教学的进口仪器、设备。

(5)外国政府、国际组织无偿援助的进口物资和设备。

(6)由残疾人的组织直接进口供残疾人专用的物品。

(7)销售的自己使用过的物品。

(8)个人转让著作权。

(9)残疾人个人提供应税服务。

(10)航空公司提供飞机播洒农药服务。

(11)试点纳税人提供技术转让、技术开发和与之相关的技术咨询、技术服务。

(12)符合条件的节能服务公司实施合同能源管理项目中提供的应税服务。

(13)境内单位和个人向境外单位提供电信业服务。

2021年3月29日,国家税务总局发布《关于进一步优化增值税优惠政策办理程序及服务有关事项的公告》(国家税务总局公告2021年第4号)。对纳税人享受增值税优惠的政策规定为:

(1)单位和个体工商户(以下统称纳税人)适用增值税减征、免征政策的,在增值税纳税申报时按规定填写申报表相应减免税栏次即可享受,相关政策规定的证明材料留存备查。

(2)纳税人适用增值税即征即退政策的,应当在首次申请增值税退税时,按规定向主管税务机关提供退税申请材料和相关政策规定的证明材料。

(3)纳税人后续申请增值税退税时,相关证明材料未发生变化的,无须重复提供,仅需提供退税申请材料并在退税申请中说明有关情况。纳税人享受增值税即征即退条件发生变化的,应当在发生变化后首次纳税申报时向主管税务机关书面报告。

【注意点】

小规模纳税人在增值税申报的过程中,申报系统将增加一些申报提示信息,帮助纳税人判断是否可以享受免征增值税政策,以确保优惠政策应享尽享。小规模纳税人当期发生销售不动产行为的,在申报时申报系统会提示纳税人录入本期销售不动产的销售额,并根据纳税人录入的数据,帮助其判断是否可以享受免征增值税政策。

十一、增值税纳税申报的比对管理

自2018年5月1日起，国家税务总局税务机关以信息化为依托，通过优化整合现有征管信息资源，对增值税纳税申报信息进行票表税比对，并对比对结果进行相应处理。

（一）申报比对范围

（1）增值税纳税申报表及其附列资料（以下简称“申报表”）信息。

（2）增值税一般纳税人和小规模纳税人开具的增值税发票信息。

（3）增值税一般纳税人取得的进项抵扣凭证信息。

（4）纳税人税款入库信息。

（5）增值税优惠备案信息。

（6）申报比对所需的其他信息。

（二）比对内容

比对内容主要包括：

（1）表表比对，是指申报表表内、表间逻辑关系比对。

（2）票表比对，是指各类发票、凭证、备案资格等信息与申报表进行比对。

（3）表税比对，是指纳税人当期申报的应纳税款与当期的实际入库税款进行比对。

第二节　增值税的计算

增值税的计税方法，包括一般计税方法和简易计税方法。

一、一般纳税人的增值税一般计税方法

一般纳税人在大多数情况下采用一般计税方法。一般计税方法是按照销项税额减去进项税额的余额来计算应纳税额的，这是增值税税制下的基本计税方式。在特定情况下，一般纳税人也可以选择简易计税方法。比如建筑业、房地产业等可以采用简易计税方法。

计算公式为：

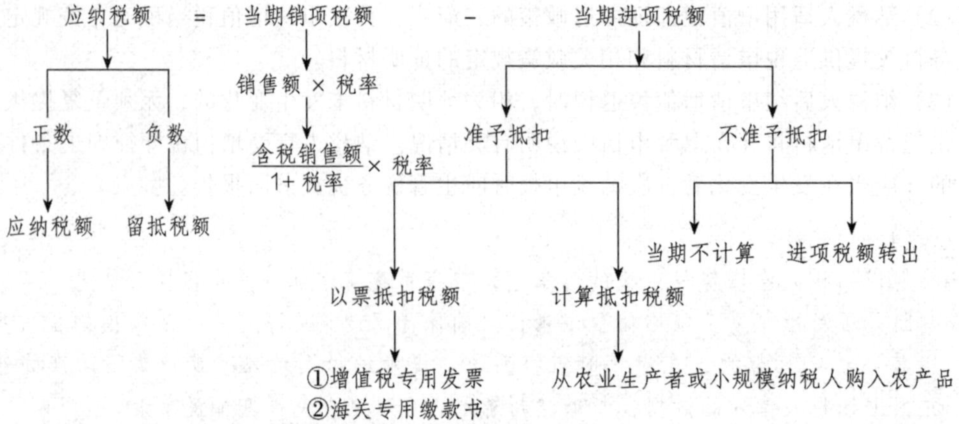

当期销项税额<当期进项税额，不足抵扣时，其不足部分可以结转下期继续抵扣。

（一）销项税额的计算

当期销项税额=销售额×适用税率（13%、9%或6%）

1.一般销售方式下的销售额

销售额是指纳税人发生应税行为向购买方收取的全部价款和价外费用。

一般纳税人发生应税行为开具普通发票或没有开具发票的，按下列公式换算销售额：

$$销售额=\frac{含税销售额}{1+增值税税率}$$

所谓价外费用，是指价外向购买方收取的手续费、补贴、基金、集资费、返还利润、奖励费、违约金（延期付款利息）、包装费、包装物租金、储备费、优质费、运输装卸费、代收款项、代垫款项及其他各种性质的收费。下列项目不包括在内：①向购买方收取的销项税额。②受托加工应征消费税的消费品代收代缴的消费税。③代为收取并符合《营业税改征增值税试点实施办法》第十条规定的政府性基金或者行政事业性收费。④同时符合以下两个条件的代垫运费：一是承运部门的运费发票是开具给购货方的；二是纳税人将该项发票转交给购货方的。

凡价外费用，无论其会计制度如何核算，均应并入销售额计算应纳税额。价外费用及包装物押金，应视为含税收入，计税时应换算成不含税收入。换算公式为：

$$不含税销售额=\frac{含税销售额}{1+增值税税率}$$

【注意点】

含税价格的判断主要通过：

（1）看发票，普通发票要换算；

（2）分析行业，零售行业要换算；

（3）分析业务，价外费用、建筑业总承包额中的自产货物要换算。

2.特殊销售方式下的销售额

（1）包装物押金。①销售货物收取的包装物押金，如果单独记账核算，时间在1年以内，又未过期的，不并入销售额征税；②因逾期（1年为限）未收回包装物不再退还的押金，应并入销售额征税。

【注意点】

逾期包装物押金为含税收入，需换算成不含税收入后再并入销售额。征税率为所包装货物适用税率。

（2）酒类产品。①啤酒、黄酒：按是否逾期处理。②啤酒、黄酒以外的其他酒类产品：收取的押金，无论是否逾期一律并入销售额征税。

（3）视同销售的货物，销售额按下列顺序确定：①按纳税人最近时期同类货物的平均销售价格确定。②按其他纳税人最近时期同类货物的平均销售价格确定。③近期没有同类货物时，按组成计税价格确定。其计算公式为：

组成计税价格=成本×（1+成本利润率）

或　　=成本×（1+成本利润率）+消费税

通常成本利润率为10%。

3.房地产企业销项税额的计算

房地产企业中的一般纳税人销售其开发的房地产项目（选择简易计税方法的房地产老项目除外），以取得的全部价款和价外费用扣除当期销售房地产项目对应的土地价款后的余额计算销售额。

计算公式为：

$$销售额=\frac{全部价款+价外费用-当期允许扣除的土地价款}{1+增值税税率(9\%)}$$

（二）进项税额的计算

1.准予从销项税额中抵扣的进项税额的范围

准予从销项税额中抵扣的进项税额的具体范围为：

（1）从销货方取得的增值税专用发票（含机动车销售统一发票）上注明的增值税税额。

自2019年3月1日起，在增值税发票管理系统2.0版下，一般纳税人取得增值税发票，包括增值税专用发票、机动车销售统一发票、收费公路通行费增值税电子普通发票，可以自愿使用增值税发票选择确认平台查询、选择用于申报抵扣、出口退税或者代办退税的增值税发票信息。

（2）二手车销售增值税专用发票上注明的增值税税额。

（3）从海关取得的海关进口增值税专用缴款书上注明的增值税税额。

增值税一般纳税人取得的2017年7月1日及以后开具的海关进口增值税专用缴款书，应自开具之日起360日内向主管税务机关报送“海关完税凭证抵扣清单”，申请稽核比对。

（4）农产品收购发票或者销售发票的进项税额。

自2017年7月1日起，纳税人购进农产品，按下列规定抵扣进项税额：

①纳税人购进农产品，取得一般纳税人开具的增值税专用发票或海关进口增值税专用缴款书的，以增值税专用发票或海关进口增值税专用缴款书上注明的增值税税额为进项税额。

②从按照简易计税方法依照3%征收率计算缴纳增值税的小规模纳税人取得增值税专用发票的，以增值税专用发票上注明的金额和9%的扣除率计算进项税额。计算公式为：

进项税额=增值税专用发票上注明的金额×扣除率9%

③取得（开具）农产品销售发票或收购发票的，以农产品销售发票或收购发票上注明的农产品买价和9%的扣除率计算进项税额。计算公式为：

进项税额=买价×扣除率9%

纳税人从批发、零售环节购进适用免征增值税政策的蔬菜、部分鲜活肉蛋而取得的普通发票，不得作为计算抵扣进项税额的凭证。其中，销售发票是指农业生产者销售自产农产品适用免征增值税政策而开具的普通发票。

④取得（开具）农产品销售发票或收购发票的，以农产品销售发票或收购发票上注明的农产品买价和9%的扣除率计算进项税额，纳税人购进用于生产销售或委托加工13%税率货物的农产品，按照10%的扣除率计算进项税额。

在生产领用当期，按10%与9%之间的差额，计算当期可加计扣除的农产品进项税额，其计算公式为：

$$\text{加计扣除农产品进项税额}=\text{当期生产领用农产品已按9\%税率（扣除率）抵扣税额}\div 9\%\times(10\%-9\%)$$

【注意点】

农产品收购发票是计算抵扣，不是认证或者勾选抵扣。收购发票样式即增值税普通发票，特点是发票左上角会打上“收购”两个字。

自2019年4月1日起，纳税人购进国内旅客运输服务，其进项税额允许从销项税额中抵扣，见表4-7。

表4-7　**纳税人购进国内旅客运输服务的进项税额抵扣**

抵扣凭证	凭证要求	进项税额
增值税专用发票、增值税电子普通发票	符合规定	发票上注明的税额
航空运输电子客票行程单	注明旅客身份信息	(票价+燃油附加费)÷(1+9%)×9%
铁路车票		票面金额÷(1+9%)×9%
公路、水路等其他客票		票面金额÷(1+3%)×3%

【例4-3】某汽车修理厂为增值税一般纳税人，5月购进汽车零配件212 500元，取得的增值税专用发票上注明的税金为27 625元。当月取得汽车修理费收入450 000元，开具增值税专用发票。另收取装卸费17 000元，开具普通发票。计算该企业当月应纳的增值税税额。

【解析】

$$\text{销项税额}=450\,000\times 13\%+\frac{17\,000}{1+13\%}\times 13\%=60\,455.75\text{（元）}$$

进项税额=27 625元

应纳税额=60 455.75−27 625=32 830.75（元）

【例4-4】某一般纳税人购进某农场自产玉米，收购凭证注明价款为65 830元。计算采购成本。

【解析】

进项税额=65 830×9%=5 924.70（元）

采购成本=65 830×（1−9%）=59 905.30（元）

特殊情况：烟叶收购金额=收购价款×（1+10%）；应纳烟叶税税额=收购金额×20%；烟叶进项税额=（烟叶收购金额+应纳烟叶税税额）×9%。

【注意点】

一般纳税人发生财政部和国家税务总局规定的特定应税行为，可以选择适用简易计税方法计税，也可以选择适用一般计税方法计税。但对一项特定应税行为，一般纳税人一经选择适用简易计税方法计税的，在选定后的36个月内不得再变更计税方法。

（5）2019年4月1日后，取得不动产或者不动产在建工程的进项税额不再分两年抵扣，可以一次性在购入当期抵扣。

已抵扣进项税额的不动产，发生非正常损失，或者改变用途，专用于简易计税方法计税项目、免征增值税项目、集体福利或者个人消费的，按照下列公式计算不得抵扣的进项税额，并从当期进项税额中扣减：

不得抵扣的进项税额=已抵扣进项税额×不动产净值率

$$不动产净值率=\frac{不动产净值}{不动产原值}\times 100\%$$

按照规定不得抵扣进项税额的不动产，发生用途改变，用于允许抵扣进项税额项目的，按照下列公式在改变用途的次月计算可抵扣进项税额。

可抵扣进项税额=增值税扣税凭证注明或计算的进项税额×不动产净值率

（6）进项税额加计抵减。

财政部和税务总局发布的《关于先进制造业企业增值税加计抵减政策的公告》《关于集成电路企业增值税加计抵减政策的通知》《关于工业母机企业增值税加计抵减政策的通知》对增值税进项税额加计抵减进行了相关规定。这三个文件自2023年1月1日至2027年12月31日期间有效。

①先进制造业企业可按照当期可抵扣进项税额加计5%抵减应纳增值税税额；

②集成电路设计、生产、封测、装备、材料企业则可按照当期可抵扣进项税额加计15%抵减应纳增值税税额；

③生产销售先进工业母机主机、关键功能部件、数控系统的增值税一般纳税人，则可按当期可抵扣进项税额加计15%抵减企业应纳增值税税额。

加计抵减额计算公式为：

当期计提加计抵减额=当期可抵扣进项税额×5%（或15%）

当期可抵减加计抵减额=上期末加计抵减额余额+当期计提加计抵减额-当期调减加计抵减额

【注意点】

加计抵减额只能用于抵减一般计税方法计算的应纳税额，加计抵减额不是进项税额。加计抵减额必须与进项税额分开核算。

【例4-5】某现代服务业一般纳税人，符合加计抵减政策。2023年6月，一般计税项目销项税额为120万元，进项税额为100万元（均为可抵扣进项税额），上期留抵税额为10万元，上期结转的加计抵减额余额为5万元；简易计税项目销售额为120万元（不含税价），征收率为3%。此外无其他涉税事项。该纳税人当期应如何计算缴纳增值税？

【解析】

一般计税项目：

抵减前的应纳税额=120-100-10=10（万元）

当期可抵减加计抵减额=100×10%+5=15（万元）

抵减后的应纳税额=10-10=0

加计抵减额余额=15-10=5（万元）

简易计税项目：

应纳税额=120×3%=3.6（万元）

应纳税额合计：

一般计税项目应纳税额+简易计税项目应纳税额=0+3.6=3.6（万元）

（7）留抵退税。

留抵退税是退还一般纳税人的进项税额大于销项税额所形成的期末留抵税额，属于税收扶持政策。根据《关于进一步加大增值税期末留抵退税政策实施力度的公告》（财政部税务总局公告2022年第14号）、《关于进一步加大增值税期末留抵退税政策实施力度有关征管事项的公告》（税务总局公告2022年第4号）的相关规定。

①申请留抵退税的条件。办理存量留抵退税的小微企业、制造业等行业纳税人，需同时符合以下条件：A.纳税信用等级为A级或者B级；B.申请退税前36个月未发生骗取留抵退税、骗取出口退税或虚开增值税专用发票情形；C.申请退税前36个月未因偷税被税务机关处罚两次及以上；D.2019年4月1日起未享受即征即退、先征后返（退）政策。

②申请留抵退税的对象。

A.增量留抵退税，适用于所有一般纳税人单位，为一项长期税收扶持政策。

B.存量留抵退税，仅适用于符合规定的小型企业、微型企业和制造业等六行业（即制造业、科学研究和技术服务业、电力、热力、燃气及水生产和供应业、软件和信息技术服务业、生态保护和环境治理业和交通运输、仓储和邮政业业务相应发生的增值税销售额占全部增值税销售额的比重超过50%的纳税人）。

【注意点】

（1）适用“简易退税流程”的，全部由各省市电子税务局系统根据企业划型标准按照销售收入、资产总额等系统指标，由系统自动进行判定。税务总局在系统中设定了适用“简易退税流程”同时应具备的三个条件，并由系统自动进行判定。这三个条件：一是属于小微企业；二是留抵退税额不超过10万元；三是风险等级较低。其中“留抵退税额不超过10万元”，是指单次申请留抵退税额。

（2）适用“一般退税流程”的，由企业填报、“系统+人工”审核判定。

（3）采用简易计税方法的企业，进项税额不得抵扣，因此也不会有留抵税额，故不能申请留抵退税。

③申请留抵退税的情形。

A.办理留抵退税的小微企业、制造业等行业纳税人，按本企业所属类型和规定的申请起始时间（不同类型企业申请时间不同，最早为2022年4月1日），按月申请增量和存量留抵退税，即每年可申请12次。

B.如不属于“小微企业”或“制造业等六行业”，则按规定办理增量留抵退税，不能办理存量留抵退税，即每年只可申请1次。

④增量留抵税额和存量留抵税额的区别。

A.增量留抵税额是指当期期末留抵税额大于2019年3月底的期末留抵税额的差额。计算公式为：增量留抵税额=当期留抵税额-2019年3月底的期末留抵税额。

B.存量留抵税额，是指根据“当期期末留抵税额”与“2019年3月底的期末留抵税额”相比较的差额，按“孰小”原则判定存量留抵税额，前者小于后者，则前者为存量留抵税额；后者小于前者，则后者为存量留抵税额。

【注意点】

增值税留抵退税中的小型或微型企业的判断标准，是按工信部联企业〔2011〕300号或银发〔2015〕309号文件附件中的营业收入、资产总额两项指标，衡量确定企业的划型标准，与职工人数和应纳税所得额无关，即微型企业标准为增值税销售额（年）100万元以下（不含100万元）；小型企业标准为增值税销售额（年）2 000万元以下（不含2 000万元）。

⑤申请留抵税额的确定。

A.申请退还的存量留抵税额的确定。

存量留抵税额，区分以下情形确定：

纳税人获得一次性存量留抵退税前，当期期末留抵税额大于或等于2019年3月31日期末留抵税额的，存量留抵税额为2019年3月31日期末留抵税额；当期期末留抵税额小于2019年3月31日期末留抵税额的，存量留抵税额为当期期末留抵税额。纳税人获得一次性存量留抵退税后，存量留抵税额为零。

允许退还的存量留抵税额=存量留抵税额×进项构成比例×100%

【例4-6】某微型企业的增值税留抵情况为：

（1）2019年3月31日的期末留抵税额为100万元，2023年4月申请一次性存量留抵退税时，如果当期期末留抵税额为120万元。

【解析】纳税人的存量留抵税额为100万元。纳税人获得一次性存量留抵退税前，当期期末留抵税额大于或等于2019年3月31日期末留抵税额的，存量留抵税额为2019年3月31日期末留抵税额。

（2）2019年3月31日的期末留抵税额为100万元，2023年4月申请一次性存量留抵退税时，如果当期期末留抵税额为80万元。

【解析】纳税人的存量留抵税额为80万元。该纳税人在4月份获得存量留抵退税后，则无存量留抵税额。

B.申请退还的增量留抵税额的确定。

允许退还的增量留抵税额=增量留抵税额×进项构成比例×100%

纳税人获得一次性存量留抵退税前，增量留抵税额为当期期末留抵税额与2019年3月31日相比新增加的留抵税额。纳税人获得一次性存量留抵退税后，增量留抵税额为当期期末留抵税额。

【注意点】

（1）申请留抵退税比较直接和方便，《退（抵）税申请表》中的大部分数据，都取自各省市电子税务局系统的数据，自动计算，尤其是适用简易流程退税的企业。纳税人操作路径：各省市电子税务局首页—【我要办税】—【一般退（抵）税管理】—【增值税期末留抵税额退税】。（2）纳税人可以选择向主管税务机关申请留抵退税，也可以选择结转下期继续抵扣。纳税人应在纳税申报期内，完成当期增值税纳税申报后申请留抵退税。（3）符合留抵退税政策的行业纳税人可按规定享受按月全额退还增量留抵税额，一次性全额退还存量留抵税额。

【例4-7】某一般纳税人2022年3月31日的期末留抵税额为100万元，2023年7月31日的期末留抵税额为120万元，在8月纳税申报期申请增量留抵退税。

【解析】如果此前未获得一次性存量留抵退税，则该纳税人的增量留抵税额为20万元（120-100）。

如果此前已获得一次性存量留抵退税，则该纳税人的增量留抵税额为120万元。

2.不得从销项税额中抵扣的进项税额

下列进项税额不得从销项税额中抵扣：

（1）纳税人取得的增值税扣税凭证不符合法律、行政法规或者国家税务总局有关规定的，其进项税额不得从销项税额中抵扣。

纳税人凭完税凭证抵扣进项税额的，应当具备书面合同、付款证明和境外单位的对账单或者发票。资料不全的，其进项税额不得从销项税额中抵扣。

例如，A企业为增值税一般纳税人，某年6月境外B企业向其提供咨询服务，A企业在主管税务机关为B企业代扣代缴增值税6 000元，但A企业不能够提供与该业务相关的境外单位的对账单或者发票，所以该项进项税额不得抵扣。

（2）用于简易计税方法计税项目的购进货物、加工修理修配劳务、服务、无形资产和不动产。

一般纳税人发生财政部和国家税务总局规定的特定应税行为，可以选择适用简易计税方法计税。适用简易计税方法计税的一般纳税人，其取得的用于简易计税方法计税项目的进项税额不得抵扣，如房地产开发企业一般纳税人销售自行开发的房地产老项目、一般纳税人为建筑工程老项目提供的建筑服务等。

适用一般计税方法的纳税人，兼营简易计税项目、免税项目而无法划分不得抵扣的进项税额，应按照下列公式计算不得抵扣的进项税额：

$$\text{不得抵扣的进项税额}=\text{当期无法划分的全部进项税额}\times\frac{\text{当期简易计税方法计税项目销售额}+\text{当期免征增值税项目销售额}}{\text{当期全部销售额}}$$

自2018年1月1日起，纳税人租入固定资产、不动产，既用于一般计税方法计税项目，又用于简易计税方法计税项目、免征增值税项目、集体福利或者个人消费的，其进项税额准予从销项税额中全额抵扣。

【注意点】

特殊情况：房地产开发企业一般纳税人销售自行开发的房地产项目，兼有一般计税方法计税、简易计税方法计税、免征增值税的房地产项目而无法划分不得抵扣的进项税额的，应以“建筑工程施工许可证”注明的“建设规模”为依据进行划分。

$$\text{不得抵扣的进项税额}=\text{当期无法划分的全部进项税额}\times\frac{\text{简易计税、免税房地产项目建设规模}}{\text{房地产项目总建设规模}}$$

【例4-8】某企业为一般纳税人，提供货物运输服务和装卸搬运服务，其中货物运输服务适用一般计税方法，装卸搬运服务选择适用简易计税方法。该纳税人11月缴纳当月电费11.3万元，取得增值税专用发票并于当月认证抵扣，且该进项税额无法在货物运输服务和装卸搬运服务间划分。该纳税人当月取得货物运输收入6万元，装卸搬运服务收入4万元。

纳税人因兼营简易计税项目而无法划分所取得进项税额的，应作进项税额转出。

$$进项税额转出=\frac{113\,000}{1+13\%}\times\frac{40\,000}{40\,000+60\,000}=40\,000（元）$$

（3）用于免征增值税项目的购进货物、加工修理修配劳务、服务、无形资产和不动产。

免征增值税项目是指财政部及国家税务总局规定的免征增值税的项目，如养老机构提供的养老服务、婚姻介绍服务、从事学历教育的学校提供的教育服务、农业生产者销售的自产农产品等。

（4）用于集体福利的购进货物、加工修理修配劳务、服务、无形资产和不动产。

集体福利是指纳税人为内部职工提供的各种内设福利部门所发生的设备、设施等费用，包括职工食堂、职工浴室、理发室、医务所、托儿所、疗养院等集体福利部门的设备、设施及维修保养费用。

（5）用于个人消费的购进货物、加工修理修配劳务、服务、无形资产和不动产。

个人消费是指纳税人内部职工个人消费的货物、劳务及服务等所发生的费用，如交际应酬消费、职工个人的车辆加油费等。纳税人的交际应酬消费属于个人消费。

（6）非正常损失的购进货物，以及相关的加工修理修配劳务和交通运输服务。

非正常损失的购进货物是指因管理不善造成货物被盗、丢失、霉烂变质，以及因违反法律法规造成货物被依法没收、销毁、拆除的。该货物及相关的销售服务所对应的进项税额不得抵扣。

（7）非正常损失的在产品、产成品所耗用的购进货物（不包括固定资产）、加工修理修配劳务和交通运输服务。

非正常损失的在产品、产成品所耗用的购进货物、加工修理修配劳务和交通运输服务是指因管理不善造成在产品、产成品被盗、丢失、霉烂变质，以及因违反法律法规造成在产品、产成品被依法没收、销毁、拆除的。该在产品、产成品所耗用的购进货物、销售服务所对应的进项税额不得抵扣。

（8）非正常损失的不动产，以及该不动产所耗用的购进货物、设计服务和建筑服务。

非正常损失的不动产是指因管理不善造成不动产被盗、丢失、霉烂变质，以及因违反法律法规造成不动产被依法没收、销毁、拆除的，该不动产以及该不动产所耗用的购进货物、设计服务和建筑服务所对应的进项税额不得抵扣。

（9）非正常损失的不动产在建工程所耗用的购进货物、设计服务和建筑服务。

纳税人新建、改建、扩建、修缮、装饰不动产，均属于不动产在建工程。非正常损失的不动产在建工程所耗用的购进货物、设计服务和建筑服务是指因管理不善造成不动产在建工程被盗、丢失、霉烂变质，以及因违反法律法规造成不动产在建工程被依法没收、销毁、拆除的，该不动产在建工程所耗用的购进货物、设计服务和建筑服务所对应的进项税额不得抵扣。

（10）购进的贷款服务。

纳税人接受贷款服务向贷款方支付的与该笔贷款直接相关的投融资顾问费、手续费、咨询费等费用，其进项税额不得从销项税额中抵扣。

【注意点】

纳税人接受贷款服务向第三方支付担保费、审计费，向贷款方之外的第三方支付与该笔贷款直接相关的费用，取得相关抵扣凭证，可以按规定从销项税额中抵扣。

（11）购进的餐饮服务。

餐饮服务是指通过同时提供饮食和饮食场所的方式为消费者提供饮食消费服务的业务活动，纳税人取得的餐饮服务的进项税额不得抵扣。

（12）购进的居民日常服务。

居民日常服务是指主要为满足居民个人及其家庭日常生活需求提供的服务，包括市容市政管理、家政、婚庆、养老、殡葬、照料和护理、救助救济、美容美发、按摩、桑拿、氧吧、足疗、沐浴、洗染、摄影扩印等服务。纳税人取得的居民日常服务的进项税额不得抵扣。

（13）购进的娱乐服务。

娱乐服务是指为娱乐活动同时提供场所和服务的业务，具体包括：歌厅、舞厅、夜总会、酒吧、台球、高尔夫球、保龄球、游艺（包括射击、狩猎、跑马、游戏机、蹦极、卡丁车、热气球、动力伞、射箭、飞镖）。纳税人取得的娱乐服务的进项税额不得抵扣。

二、进口增值税的计算

凡是申报进入我国海关境内的货物，均应缴纳进口环节增值税，由我国海关代征。

纳税人进口货物，按照组成计税价格和与国内货物一样的税率计算应纳税额，其计算公式如下：

应纳进口增值税=组成计税价格×税率

组成计税价格=关税完税价格+关税

或　　=关税完税价格+关税+消费税

其中：$消费税=\frac{关税完税价格+关税}{1-消费税税率}\times 消费税税率$

关税=关税完税价格×关税税率

进口货物的关税完税价格是以该货物运抵我国的到岸价格为依据的，包括买价、货物运抵我国关境内输入地点起卸前的包装费、运费、保险费和其他劳务费等费用构成的价格。

【例4-9】某商场10月进口货物一批。该批货物在国外的买价为40万元，运抵我国海关前发生的包装费、运输费、保险费等共计20万元。货物报关后，商场按规定缴纳了进口环节的增值税。该批进口货物在国内全部销售，取得不含税销售额100万元。货物进口关税税率为15%，增值税税率为13%。

【解析】

关税的组成计税价格=40+20=60（万元）

进口关税=60×15%=9（万元）

增值税的组成计税价格=60+9=69（万元）

进口增值税=69×13%=8.97（万元）

销项税额=100×13%=13（万元）

应交增值税=13−8.97=4.03（万元）

三、简易计税方法

（一）一般纳税人选择简易计税方法需要报送的资料

一般纳税人选择简易计税方法需要报送的资料主要有：

（1）“增值税一般纳税人简易征收备案表”两份。

（2）一般纳税人选择简易计税方法备案事项说明。

（3）选择简易征收的产品、服务符合条件的证明材料，或者企业符合条件的证明材料。上述复印件应注明“与原件相符”字样并由纳税人签章。

报送资料齐全、符合法定形式、填写内容完整的，主管税务机关受理后即时办结。

（二）一般情况下简易计税方法的应纳税额的计算

简易计税方法的应纳税额，是指按照销售额和增值税征收率计算的增值税税额，不得抵扣进项税额。

计算公式为：

应纳税额=销售额×征收率

由于增值税是价外税，如果纳税人采用销售额和应纳税额合并定价方法（即含税价），需要将含税价换算为不含税价。

计算公式为：

$$销售额=\frac{含税销售额}{1+征收率}$$

【注意点】

纳税人适用简易计税方法计税的，因销售折让、中止或者退回而退还给购买方的销售额，应当从当期销售额中扣减。扣减当期销售额后仍有余额造成多缴的税款，可以从以后的应纳税额中扣减。

【例4-10】A演艺公司为增值税一般纳税人，5月举办文艺表演5场，取得门票收入106万元，A演艺公司5月购买背景布、音响道具、钢构舞台等，取得的增值税专用发票上注明的增值税合计3万元。

【解析】

一般纳税人提供文化体育服务可以选择适用简易计税方法计税。但一经选择，36个月内不得变更。

（1）按一般计税方法：

$$销项税额=\frac{106}{1+6\%}\times 6\%=6（万元）$$

应纳税额=6-3=3（万元）

（2）按简易计税方法：

$$应纳税额=\frac{106}{1+3\%}\times 3\%=3.09（万元）$$

（三）建筑服务业选择简易计税方法应纳税额的计算

1.建筑服务业选择简易计税方式

（1）一般纳税人以清包工方式提供的建筑服务，可以选择适用简易计税方法计税。以清包工方式提供建筑服务，是指施工方不采购建筑工程所需的材料或只采购辅助材料，并收取人工费、管理费或者其他费用的建筑服务。

（2）一般纳税人为甲供工程提供的建筑服务，可以选择适用简易计税方法计税。甲供工程，是指全部或部分设备、材料、动力由工程发包方自行采购的建筑工程。

（3）一般纳税人为建筑工程老项目提供的建筑服务，可以选择适用简易计税方法计税。建筑工程老项目，是指：①“建筑工程施工许可证”注明的合同开工日期在2016年4月30日前的建筑工程项目；②未取得“建筑工程施工许可证”的，建筑工程承包合同注明的开工日期在2016年4月30日前的建筑工程项目。

2.建筑服务业简易计税办理备案手续应提交的资料

自2018年1月1日起，增值税一般纳税人提供建筑服务，按规定适用或选择适用简易计税方法计税的，实行一次备案制。

纳税人应在按简易计税方法首次办理纳税申报前，向机构所在地主管税务机关办理备案手续，并提交以下资料：

（1）为建筑工程老项目提供的建筑服务，办理备案手续时应提交“建筑工程施工许可证”（复印件）或建筑工程承包合同（复印件）；

（2）为甲供工程提供的建筑服务、以清包工方式提供的建筑服务，办理备案手续时应提交建筑工程承包合同（复印件）。

【注意点】

建筑服务业可以选择其中一个项目实行简易计税方法。

3.建筑服务业采用简易计税方法的增值税计算

销售额为取得的全部价款和价外费用扣除支付的分包款后的余额。

计算公式为：

应纳税额=（全部价款+价外费用−分包款）×3%

【注意点】

扣除支付的分包款不包括转包款。因为《中华人民共和国建筑法》规定，禁止承包单位将其承包的全部建筑工程转包给他人，禁止承包单位将其承包的全部建筑工程肢解以后以分包的名义分别转包给他人。

可以扣除分包款的合法有效凭证是：（1）从分包方取得的2016年4月30日前开具的建筑业营业税发票。（2）从分包方取得的2016年5月1日后开具的，备注栏注明建筑服务发生地所在县（市、区）、项目名称的增值税发票。（3）国家税务总局规定的其他凭证。

建筑业增值税计算要点见表4-8。

表 4-8　　　　**建筑业增值税计算要点明细表**

纳税人资格类型	施工类型	计税方法	发票开具：普通发票	发票开具：专用发票	申报	预缴 “增值税预缴税款表”
一般纳税人	总包方	一般计税	自开	自开	差额申报，9%税率，扣减预缴	扣除支付的分包款后的余额，按照2%的预征率计算应预缴税款 预缴税款$=\frac{含税价-支付的分包款}{1+9\%}\times 2\%$
		简易计税			差额申报，3%征收率，扣减预缴	扣除支付的分包款后的余额，按照3%的征收率计算应预缴税款 预缴税款$=\frac{含税价-支付的分包款}{1+3\%}\times 3\%$
	分包方（不再分包）	一般计税			全额申报，9%税率，扣减预缴	取得的全部价款与价外费用按照2%预征率计算应预缴税款 预缴税款$=\frac{含税价}{1+9\%}\times 2\%$
		简易计税			全额申报，3%征收率，扣减预缴	取得的全部价款与价外费用按照3%预征率计算应预缴税款 预缴税款$=\frac{含税价}{1+3\%}\times 3\%$
小规模纳税人	单位和个体工商户：总包方	简易计税	自开或代开	服务发生地税务机关代开	差额申报，3%征收率，扣减预缴	扣除支付的分包款后的余额，按照3%的征收率计算应预缴税款 预缴税款$=\frac{含税价-支付的分包款}{1+3\%}\times 3\%$
	单位和个体工商户：分包方（不再分包）	简易计税			全额申报，3%征收率，扣减预缴	取得的全部价款与价外费用按照3%预征率计算应预缴税款 预缴税款$=\frac{含税价}{1+3\%}\times 3\%$
	自然人：—	简易计税	服务发生地税务机关代开	—	在建筑服务发生地申报纳税，3%征收率	—

注：①分包方如果再向下进行二次分包，相对于二次分包方而言，其为“总包方”，以此类推。

②纳税人提供建筑服务预缴税款时，计算需扣减的分包款不需分项目对应扣减，可在各项目之间用当期所有的收入扣减当期所有分包款，不足扣减的可结转下期。

③起征点以下的小规模纳税人，无法自行开具增值税发票的，可以向服务发生税务机关申请代开增值税发票。

【例 4-11】甲建筑公司为增值税一般纳税人，5月1日以清包工方式承接A工程项目（或为甲供工程提供建筑服务），5月30日发包方按工程进度支付工程价款222万元，该项目当月发生工程成本100万元，其中购买材料、动力、机械等取得的增值税专用发票上注明的金额为50万元。甲建筑公司对A工程项目选用简易计税方法计算应纳税额。甲建筑公司需缴纳多少增值税？

【解析】

企业以清包工方式提供建筑服务或为甲供工程提供建筑服务可以选用简易计税方式，其进项税额不能抵扣。

$$应纳增值税=\frac{222}{1+3\%}\times 3\%=6.47（万元）$$

【例4-12】甲建筑公司为增值税一般纳税人，某年4月1日承接A工程项目（“建筑工程施工许可证”上注明的合同开工日期为4月10日），并将A工程项目中的部分施工项目分包给了乙公司。5月30日，发包方按工程进度支付工程价款222万元。5月，甲公司支付给乙公司工程分包款50万元。对A工程项目，甲建筑公司选用简易计税方法计算应纳税额，5月需缴纳多少增值税？

【解析】

“建筑工程施工许可证”上注明的合同开工日期在4月30日前的建筑工程项目为建筑工程老项目，可以选择适用简易计税方法计税，以取得的全部价款和价外费用扣除支付的分包款后的余额为销售额。

$$应纳增值税=\frac{222-50}{1+3\%}\times 3\%=5.01（万元）$$

四、预缴增值税

增值税预征，除了已有的经过审批同意的增值税汇总缴纳企业，根据审批结果，按照一定方法就地进行预征增值税、总机构结算缴纳外，普遍性预征主要涉及“营改增”中的不动产和建筑行业。

1.预缴税款应提供的资料

纳税人跨县（市、区）提供建筑服务，在向建筑服务发生地主管税务机关预缴税款时，需填报“增值税预缴税款表”，并出示以下资料：

（1）与发包方签订的建筑合同复印件（加盖纳税人公章）；

（2）与分包方签订的分包合同复印件（加盖纳税人公章）；

（3）从分包方取得的发票复印件（加盖纳税人公章）。

2.预征率为2%

一般纳税人跨县（市、区）提供建筑服务，需要按照工程项目分别计算应预缴税款，适用一般计税方法计税的，以取得的全部价款和价外费用扣除支付的分包款后的余额，按照2%的预征率，在项目发生地向税务机关预缴税款，并向机构所在地主管税务机关进行汇总纳税申报。

计算公式为：

$$预缴税款=\frac{全部价款+价外费用-支付的分包款}{1+9\%}\times 2\%$$

纳税人取得的全部价款和价外费用扣除支付的分包款后的余额为负数的，可结转下次预缴税款时继续扣除。

【例4-13】某外地进京施工企业总包合同为200万元，支付的分包款为100万元，

【解析】

（1）如企业按照一般计税方法计税：

$$增值税预缴税款=\frac{200-100}{1+9\%}\times 2\%=1.83（万元）$$

（2）如企业按照简易计税方法计税：

$$增值税预缴税款=\frac{200-100}{1+3\%}\times 3\%=2.91（万元）$$

【例4-14】A省某建筑企业为一般纳税人，某年8月分别在B省和C省提供建筑服务（非简易计税项目），当月分别取得建筑服务收入（含税）1 635万元和2 943万元，分别支付分包款545万元（取得的增值税专用发票上注明的增值税税额为45万元）和763万元（取得的增值税专用发票上注明的增值税税额为63万元），支付不动产租赁费用109万元（取得的增值税专用发票上注明的增值税税额为9万元），购入建筑材料1 130万元（取得的增值税专用发票上注明的增值税税额为130万元）。该建筑企业在9月纳税申报期如何申报缴纳增值税？

【解析】

该建筑企业在B省应预缴增值税：

$$当期预缴税额=\frac{1\,635-545}{1+9\%}\times 2\%=20（万元）$$

该建筑企业在C省应预缴增值税：

$$当期预缴税额=\frac{2\,943}{1+9\%}\times 2\%=54（万元）$$

该建筑企业在A省申报缴纳增值税：

$$申报税额=\frac{1\,635+2\,943}{1+9\%}\times 9\%-45-63-9-130-20-54=57（万元）$$

【注意点】

纳税人提供建筑服务预缴税款时，计算需扣减的分包款不需分项目对应扣减，可在各项目之间用当期所有的收入扣减当期所有分包款，不足扣减的可结转下期。

3.预征率为3%

（1）一般纳税人跨县（市、区）提供建筑服务，并选择适用简易计税方法计税的以及小规模纳税人跨县（市、区）提供建筑服务的，需要按照工程项目分别计算应预缴税款，在项目发生地向税务机关预缴税款，向机构所在地主管税务机关进行汇总纳税申报。

$$预缴税款=\frac{全部价款+价外费用-支付的分包款}{1+3\%}\times 3\%$$

（2）房地产开发企业无论采用何种计税方法，采取预收款方式销售所开发的房地产项目，在收到预收款时都按照3%的预征率预缴增值税。

$$预缴税款=\frac{预收款}{1+适用税率或征收率}\times 3\%$$

【注意点】

房地产开发企业的一般纳税人应在取得预收款的次月纳税申报期内，向主管税务机关预缴税款。适用一般计税方法计税的，按照9%的适用税率计算；适用简易计税方法计税的，按照5%的征收率计算。小规模纳税人也应按照5%的征收率计算，在取得预收款的次月纳税申报期或主管税务机关核定的纳税期限内向主管税务机关预缴税款。

【例4-15】某企业在洱源县提供工程服务，属于甲供工程，该企业选择简易计税方法，含税销售额为103万元，给对方开具了增值税普通发票。该企业需缴纳多少增值税？

【解析】

由于是在洱源县提供工程服务，需要向洱源县税务局预缴税款。

应预缴的税款=$\frac{103}{1+3\%}\times3\%=3$（万元）

不含税销售额=$\frac{103}{1+3\%}=100$（万元）

销项税额=100×3%=3（万元）

（3）一般纳税人出租其取得的、选择或者适用一般计税方法的，与机构所在地不在同一县（市、区）的不动产，应向不动产所在地税务机关预缴，向机构所在地主管税务机关纳税申报。

预缴税款=$\frac{\text{含税销售额}}{1+9\%}\times3\%$

【注意点】

一般纳税人出租与机构所在地在同一县（市、区）的不动产，不预缴税款。

4.预征率为5%

（1）无论一般纳税人还是小规模纳税人，转让取得（包括自建）的不动产，适用5%的预征率。除其他个人外发生转让的，均向不动产所在地主管税务机关预缴，向机构所在地主管税务机关申报纳税。

①纳税人转让自建的不动产，按照全额预缴。

预缴税款=$\frac{\text{全部价款}+\text{价外费用}}{1+5\%}\times5\%$

②纳税人转让除自建以外取得的不动产，按照差额预缴。

预缴税款=$\frac{\text{全部价款}+\text{价外费用}-\text{不动产购置原价或者取得不动产时的作价}}{1+5\%}\times5\%$

（2）一般纳税人出租其取得的、选择或者适用简易计税方法的不动产；小规模纳税人出租的除个体工商户和其他个人住房之外的不动产，适用5%的预征率。

计算公式为：

预缴税款=$\frac{\text{含税销售额}}{1+5\%}\times5\%$

除其他个人之外，出租与机构所在地不在同一县（市、区）的不动产，应向不动产所在地税务机关预缴，向机构所在地主管税务机关纳税申报。

【注意点】

（1）其他个人转让取得（包括自建）的不动产，向不动产所在地主管税务机关直接纳税申报。（2）其他个人出租不动产，向不动产所在地主管税务机关申报纳税。

5.预征率为1.5%

（1）个体工商户出租住房，按照5%的征收率减按1.5%计算应纳税额。不动产所在地与机构所在地不在同一县（市、区）的，向不动产所在地主管税务机关预缴税款，向机构所在地主管税务机关申报纳税。

（2）其他个人出租住房，按照5%的征收率减按1.5%计算应纳税额，向不动产所在地主管税务机关申报纳税。

五、小规模纳税人应纳税额的计算

（一）一般情况下，小规模纳税人的应纳税额计算

小规模纳税人销售货物或者应税劳务，实行按照销售额和征收率3%计算应纳税额的简易办法，并不得抵扣进项税额。计算公式为：

应纳税额=销售额×征收率

销售额是指小规模纳税人销售货物或应税劳务向购买方收取的全部价款和价外费用，其含义与一般纳税人相同。征收率的调整，由国务院决定。

由于除了住宿业的小规模纳税人可以开具增值税专用发票外，其他小规模纳税人只能自开普通发票，需要进行换算，计算公式为：

$$销售额=\frac{含税销售额}{1+征收率}$$

【注意点】

（1）计算增值税的小规模纳税人的销售额也需是不含税销售额，由于小规模纳税人的销售额都是含税销售额，所以须按3%的征收率换算为不含税的销售额。

（2）这种简易的征收办法不仅适用于小规模纳税人，有时也适用于一般纳税人。

【例4-16】某增值税小规模纳税人属于小型微利企业，某年第三季度取得销售收入30.1万元，购进原材料一批，支付货款3.09万元。

【解析】

小规模纳税人享受的是季度30万元以内免征收增值税和附加税的优惠，超过免税额的，全额征收增值税。

$$该小规模纳税人第三季度应纳增值税=\frac{301\,000}{1+3\%}\times3\%=8\,766.99（元）$$

【例4-17】乙宾馆为增值税小规模纳税人，某年5月取得住宿服务收入106万元，该项目当月发生经营成本100万元，其中购买宾馆日用品、清洗布草、添置电器等取得的增值税发票上注明的税额合计为3万元。乙宾馆5月需缴纳多少增值税？

【解析】

$$应纳税额=\frac{106}{1+3\%}\times3\%=3.09（万元）$$

【例 4-18】某小规模纳税人A为现代服务企业，某年5月取得含税销售收入103万元，其适用的增值税征收率为3%。该企业需缴纳多少增值税？

【解析】

$$应纳税额=\frac{103}{1+3\%}\times3\%=3（万元）$$

（二）建筑业小规模纳税人的增值税计算

【例 4-19】甲建筑公司为增值税小规模纳税人，机构所在地为大理市。某年5月1日到洱源县承接A工程项目，并将A项目中的部分施工项目分包给乙公司，5月30日发包方按进度支付工程价款222万元。5月，甲公司支付给乙公司工程分包款50万元。

【解析】

试点纳税人中的小规模纳税人跨县（市）提供建筑服务，应以取得的全部价款和价外费用扣除支付的分包款后的余额为销售额，按照3%的征收率计算应纳税额。纳税人应在建筑服务发生地预缴税款后，向机构所在地主管税务机关进行纳税申报。

$$应纳税额=\frac{222-50}{1+3\%}\times3\%=5.01（万元）$$

在洱源县预缴增值税=5.01万元

在大理市全额申报，应纳税额=5.01-5.01=0

六、销售自己使用过的固定资产和物品的增值税计算

（一）一般纳税人销售自己使用过的固定资产和物品

（1）一般纳税人销售自己使用过的固定资产。

①销售抵扣过进项税额，在2009年1月1日后购进的固定资产，按适用税率13%征税。②销售属于规定不得抵扣进项税额，并在2009年1月1日后购进应抵扣而未抵扣的固定资产，按照简易办法依照3%征收率减按2%征收增值税。③销售2009年1月1日前购进的固定资产，按照简易办法依照3%征收率减按2%征收增值税。

【注意点】

一般纳税人销售自己使用过的固定资产，如果属于按简易办法依2%征收率征收增值税政策的，应开具普通发票，不得开具增值税专用发票。

（2）一般纳税人销售自己使用过的除固定资产外的其他物品，按适用税率13%征税。

（二）小规模纳税人销售自己使用过的固定资产和物品

（1）小规模纳税人销售自己使用过的固定资产，按2%征收率征收增值税。销售行为发生在2009年1月1日以后，不区分购进年限。小规模纳税人不包括其他个人。

【注意点】

小规模纳税人销售自己使用过的固定资产，应开具普通发票，不得由税务机关代开增值税专用发票。

（2）小规模纳税人销售自己使用过的除固定资产外的其他物品，按3%征收率征收增值税。

（三）其他个人销售自己使用过的物品

其他个人销售自己使用过的物品，免征增值税。

【注意点】

对纳税人销售自己使用过的固定资产，现行政策规定适用简易办法依照3%征收率减按2%征收增值税的，可以放弃享受优惠政策，适用简易办法依照3%征收率缴纳增值税，并可以开具增值税专用发票。

纳税人销售自己使用过的物品的税务处理见表4-9。

表4-9　**纳税人销售自己使用过的物品的税务处理**

纳税人	销售情形	税务处理	计税公式
一般纳税人	①纳税人购进或者自制固定资产时为小规模纳税人，认定为一般纳税人后销售该固定资产。 ②增值税一般纳税人发生按简易办法征收增值税应税行为，销售其按照规定不得抵扣且未抵扣进项税额的固定资产。 ③销售自己使用过的有进项税额的购进或者自制的固定资产	依3%征收率减按2%征收	应纳税额 $=\frac{含税销售额}{1+3\%}\times 2\%$
	销售自己使用过的除固定资产以外的物品	按正常销售的税率13%征收	应纳税额 $=\frac{含税销售额}{1+13\%}\times 13\%$
小规模纳税人（除其他个人外）	销售自己使用过的固定资产	减按2%征收率征收	应纳税额 $=\frac{含税销售额}{1+3\%}\times 2\%$
	销售自己使用过的除固定资产以外的物品	按3%的征收率征收	应纳税额 $=\frac{含税销售额}{1+3\%}\times 3\%$

【例4-20】某公司为小规模纳税人，销售自己使用过的固定资产一台，确认收入为10 712元。此项业务应缴纳的增值税为多少？

【解析】

应纳税额 $=\frac{10\,712}{1+3\%}\times 2\%=208$（元）。按照10 712元开具增值税普通发票。

【例4-21】小李将购买不足2年的住房对外销售，取得出售住房收入420万元。此项业务应缴纳的增值税为多少？

【解析】

应纳税额 $=\frac{420}{1+5\%}\times 5\%=20$（万元）

七、转让不动产的增值税应纳税额计算

2016年11月24日，国家税务总局规定，纳税人转让不动产，按照有关规定差额缴纳增值税的，如因丢失等原因无法提供取得不动产时的发票，可向税务机关提供其他能证明契税计税金额的完税凭证等资料，进行差额扣除。

纳税人以契税计税金额进行差额扣除的，按照下列公式计算增值税应纳税额：

（1）2016年4月30日及以前缴纳契税的。

$$应纳税额=\frac{全部交易价格(含增值税)-契税计税金额(含营业税)}{1+5\%}\times 5\%$$

（2）2016年5月1日及以后缴纳契税的。

$$应纳税额=\left[\frac{全部交易价格(含增值税)}{1+5\%}-契税计税金额(不含增值税)\right]\times 5\%$$

纳税人同时保留取得不动产时的发票和其他能证明契税计税金额的完税凭证等资料的，应当凭发票进行差额扣除。

第三节　增值税的核算

2016年12月3日，财政部颁布《增值税会计处理规定》（财税〔2016〕36号），对增值税有关会计处理作出相关规定。

一、增值税一般纳税人的会计科目设置

（一）“应收出口退税款”一级科目

该科目反映销售出口货物按规定向税务机关申报应退回及实际收到的增值税、消费税等。

（二）“应交税费”一级科目

增值税一般纳税人在“应交税费”一级科目下设置“应交增值税”“未交增值税”“预交增值税”“待抵扣进项税额”“待认证进项税额”“待转销项税额”“增值税留抵税额”“简易计税”“转让金融商品应交增值税”“代扣代交增值税”10个二级科目。

【注意点】

增值税一般纳税人设置了10个二级科目。一般纳税人采用一般计征方法的，通过“应交税费——应交增值税”二级科目下设置的10个专栏进行明细核算。一般纳税人采用简易计税方法的，通过“应交税费——简易计税”明细科目核算，不设置专栏。小规模纳税人通过“应交税费——应交增值税”明细科目核算，不设置专栏。

增值税一般纳税人设置的明细科目及专栏说明见表4-10。

1.“应交增值税”二级科目

增值税一般纳税人适用一般计税方法的，在“应交税费——应交增值税”二级科目设置以下10个专栏。

表4-10　　增值税一般纳税人设置的明细科目及专栏说明表

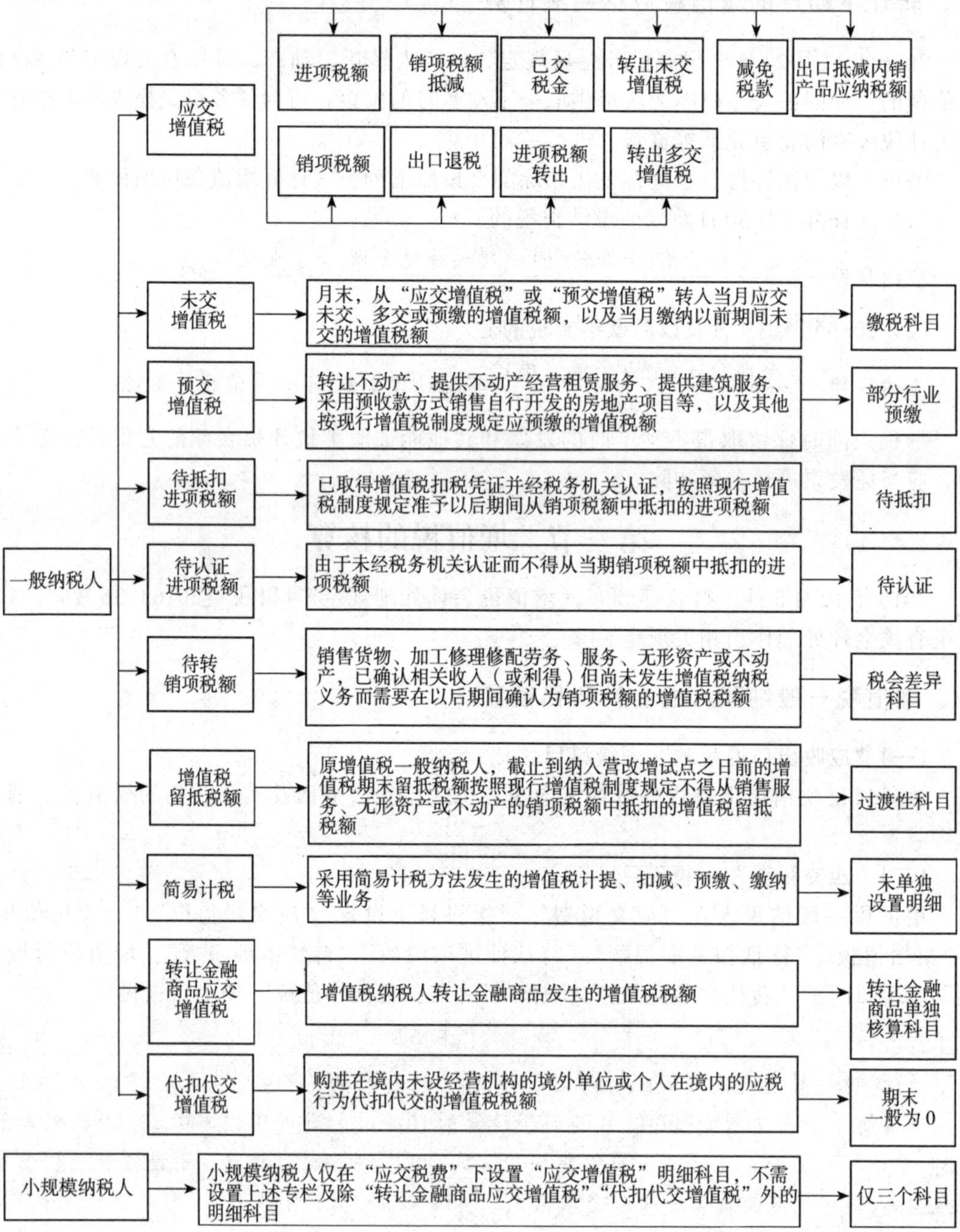

（1）“进项税额”三级科目（专栏），记录一般纳税人购进货物、加工修理修配劳务、服务、无形资产或不动产而支付或负担的、准予从当期销项税额中抵扣的增值税税额。

如果取得了增值税专用发票没有认证，认证没有通过或不允许当期抵扣的，是不计入“进项税额”专栏内的。

（2）“销项税额抵减”三级科目（专栏），记录一般纳税人按照现行增值税制度的规定因扣减销售额而减少的销项税额，专用于一般纳税人适用一般计税方法，而且允许差额纳税的情形，以及房地产抵减土地成本的情形。其作用相当于“进项税额”，但并不需要增值税专用发票。如果取得的是增值税专用发票，需认证后转出，不能重复抵扣或抵减。

这个专栏可以视为“销项税额”专栏的抵减专栏，即“销项税额”按照全额计提，而允许抵减的部分，通过“销项税额抵减”专栏反映，两者相抵，保证了差额计税在会计核算上的实现。通过该专栏核算的主要包括以下几种情形：①房地产企业销售营改增之后的房地产项目。②经纪代理。③旅游服务。④融资租赁及融资性售后回租。⑤中国移动等电信公司及其成员单位通过手机短信公益特服号为公益性机构接受捐款。⑥航空运输企业代收的机场建设费和代售其他航空运输企业客票代收转付的价款。⑦客运场站服务。⑧中国证券登记结算公司的销售额。

(3)“已交税金”三级科目（专栏)，记录一般纳税人当月已缴纳的应交增值税税额。

(4)“转出未交增值税”和“转出多交增值税”三级科目（专栏)，分别记录一般纳税人月度终了转出当月应交未交或多交的增值税税额。

(5)“减免税款”三级科目（专栏)，记录一般纳税人按现行增值税制度的规定准予减免的增值税税额。

用来核算减免的增值税，包括直接减免的，也包括抵减增值税税额的，比如购买税控专用设备，也包括免税的农产品。减免税款与差额纳税有区别，直接减免是指按现行的增值税政策，对增值税应纳税额的减免，不是对收入税基的减免。

(6)“出口抵减内销产品应纳税额”三级科目（专栏)，记录实行“免、抵、退”税办法的一般纳税人按规定计算的出口货物的进项税额抵减内销产品的应纳税额。

只适用于“免抵退”的出口业务，“免抵”和“免”的出口业务用“减免税款”专栏核算。

(7)“销项税额”三级科目（专栏)，记录一般纳税人销售货物、加工修理修配劳务、服务、无形资产或不动产应收取的增值税税额。

核算纳税人产生的当期除金融商品转让以外的所有销项税额。如果是金融商品转让的可抵减差额部分销项税额，则计入“销项税额抵减”专栏。

(8)“出口退税”三级科目（专栏)，记录一般纳税人出口货物、加工修理修配劳务、服务、无形资产按规定退回的增值税税额。

“出口抵减内销产品应纳税额”和“出口退税”专栏适用于有出口退税业务的一般纳税人。

(9)“进项税额转出”三级科目（专栏)，记录一般纳税人购进货物、加工修理修配劳务、服务、无形资产或不动产等发生非正常损失以及其他原因而不应从销项税额中抵扣、按规定转出的进项税额。

非正常损失，是指因管理不善造成被盗、丢失、霉烂变质的损失。

(10)“转出多交增值税”三级科目（专栏)，记录一般纳税人。

【注意点】

一般纳税人的“应交税费——应交增值税”科目只核算一般纳税人一般计税方法下的预提数，实际缴纳时，需要结转至“应交税费——未交增值税”明细科目，预缴税款时，通过“应交税费——预交增值税”明细科目核算。

2.“未交增值税”二级科目

该科目核算一般纳税人月度终了从“应交增值税”或“预交增值税”明细科目转入当月应交未交、多交或预交的增值税税额，以及当月缴纳以前期间未交的增值税税额。

【注意点】

（1）月度终了从“应交增值税”或“预交增值税”明细科目转入“未交增值税”明细科目。结转之后，应交增值税、预交增值税的余额为零。（2）反映当月缴纳以前期间未交的增值税税额。（3）“已交税金”专栏是指当月交当月的，“应交税费——未交增值税”是指当月缴纳上月的。

3.“预交增值税”二级科目

该科目核算一般纳税人转让不动产、提供不动产经营租赁服务、提供建筑服务、采用预收款方式销售自行开发的房地产项目等，以及其他按现行增值税制度的规定应预交的增值税税额。预交增值税，是指尽管未达到增值税纳税义务发生时间，但是为了平衡税收稳定性，以及考虑行业的特点等，规定采取预收的税金。

4.“待抵扣进项税额”二级科目

该科目核算一般纳税人已取得增值税扣税凭证并经税务机关认证，按照现行增值税制度的规定准予以后期间从销项税额中抵扣的进项税额，包括：一般纳税人自2016年5月1日后取得并按固定资产核算的不动产或者2016年5月1日后取得的不动产在建工程，按现行增值税制度的规定准予以后期间从销项税额中抵扣的进项税额；实行纳税辅导期管理的一般纳税人取得的尚未交叉稽核比对的增值税扣税凭证上注明或计算的进项税额。

“待抵扣进项税额”强调的是已认证待抵扣，现行增值税制度规定，专用发票等扣税凭证须在规定的期限内认证，并在认证通过的次月申报期申报抵扣。也就是当期认证，当期申报抵扣，认证和抵扣一般不存在时间差异。

5.“待认证进项税额”二级科目

该科目核算一般纳税人由于未经税务机关认证而不得从当期销项税额中抵扣的进项税额，包括：一般纳税人已取得增值税扣税凭证、按照现行增值税制度的规定准予从销项税额中抵扣，但尚未经税务机关认证的进项税额；一般纳税人已申请稽核但尚未取得稽核相符结果的海关缴款书上标明的进项税额。

【注意点】

“待抵扣进项税额”指已取得凭证，同时也经过认证的，以后期间可抵扣；“待认证进项税额”指已取得凭证，未经税务机关认证，不得当期抵扣。

6.“待转销项税额”二级科目

该科目核算一般纳税人销售货物、加工修理修配劳务、服务、无形资产或不动产，已确认相关收入（或利得）但尚未发生增值税纳税义务而需要在以后期间确认为销项税额的增值税税额。

到期一次还本付息的贷款合同属于此类业务，按会计准则，每年应计算利息收入，但增值税的纳税义务时间是到期付息日，那每年计算利息收入时，价税分离出的销项税额在该明细账内核算。

7.“增值税留抵税额”二级科目

该科目核算兼有销售服务、无形资产或者不动产的原增值税一般纳税人，截止到纳入“营改增”试点之日前的增值税期末留抵税额按照现行增值税制度的规定不得从销售服务、无形资产或不动产的销项税额中抵扣的增值税留抵税额。

8.“简易计税”二级科目

该科目核算一般纳税人采用简易计税方法发生的增值税计提、扣减、预缴、缴纳等业务。

【注意点】

“简易计税”二级科目是专门为一般纳税人简易计税业务单独设置的。在“简易计税”下是否要再设“计提、扣减、预缴、缴纳”等专栏，由企业根据自身情况决定。建筑企业选用简易计税方式的，可以扣减分包款后计算，也通过该科目核算。

9.“转让金融商品应交增值税”二级科目

该科目核算增值税纳税人转让金融商品发生的增值税税额。发生纳税义务（产生转让收益）在本科目贷方反映，实际缴纳时在本科目借方反映。产生转让损失，按现行政策规定可在年内抵减的，应将可抵减的应纳税额在本科目借方反映，年末本科目如有借方余额，则应自本科目贷方结转至“投资收益”科目借方。

【注意点】

这是为金融商品转让单设的二级明细科目，企业发生的金融商品转让需缴纳增值税时，将销项税额价税分离后计入该明细账内，不计入“销项税额”专栏，但贷款利息应纳的增值税不在此明细科目内核算。这个明细科目是一般纳税人与小规模纳税人通用的。

10.“代扣代交增值税”二级科目

该科目核算纳税人购进在境内未设经营机构的境外单位或个人在境内的应税行为代扣代交的增值税。发生代扣代交义务在本科目贷方反映，实际缴纳时在本科目借方反映。

【注意点】

“应交增值税”是一级科目“应交税费”的明细科目，它与“未交增值税”“预交增值税”“待抵扣进项税额”等9个明细科目在级次上是平行的，它们共同构成了增值税会计核算的科目体系。其核算一般纳税人适用一般计税方法计税项目，发生纳税义务，依照一般计税方法计算得出的应纳税额。同时，核算小规模纳税人发生纳税义务，依照简易计税方法计算得出的应纳税额。而房地产开发企业及建筑业企业的一般纳税人适用简易计税方法计税对应的应纳税额不通过“应交增值税”科目核算，而是直接通过“简易计税”明细科目核算，包括计提、扣减、预缴和缴纳。

二、增值税小规模纳税人的会计科目设置

小规模纳税人在“应交税费”科目下只设置3个二级科目，分别为“应交增值税”、“转让金融商品应交增值税”和“代扣代交增值税”，不需要设置销项税额、进项税额等三级科目（专栏）。

1.“应交增值税”二级科目

该科目核算小规模纳税人除转让金融商品以及代扣代交业务以外的应纳税额，发生纳税义务在本科目贷方反映；扣减、缴纳、预缴均在本科目借方反映。采购业务对应的进项税额，即便取得专用发票等合规扣税凭证，应当在发生时计入成本费用或资产科目，也不得计入本科目借方。

2.“转让金融商品应交增值税”二级科目

该科目核算小规模纳税人转让金融商品应纳增值税税额，发生纳税义务（产生转让收益）在本科目贷方反映，实际缴纳时在本科目借方反映。产生转让损失，按现行政策规定可在年内抵减的，应将可抵减的应纳税额在本科目借方反映，年末本科目如有借方余额，则应自本科目贷方结转至“投资收益”科目借方。

3.“代扣代交增值税”二级科目

该科目核算小规模纳税人购进在境内未设经营机构的境外单位或个人在境内的应税行为代扣代交的增值税。发生代扣代交义务在本科目贷方反映，实际缴纳时在本科目借方反映。

三、增值税会计账表的设置

（一）一般纳税人的“应交税费——应交增值税”账簿设置

在“应交税费——应交增值税”下，按明细项目设置专栏，见表4-11。

表4-11　　应交税费——应交增值税

略	借方							贷方					借或贷	余额
	合计	进项税额	已交税金	销项税额抵减	减免税款	转出未交增值税	出口抵减内销产品应纳税额	合计	销项税额	出口退税	进项税额转出	转出多交增值税		

【注意点】

十栏式账页格式在一张账页上总括反映所有明细项目的发生和结转情况，可以达到一目了然的效果。但因账页较长，登账时必须注意不要串栏、串行，以免发生记账错误。

（二）应交增值税明细表（见表4-12）的设置

表4-12　　应交增值税明细表

编制单位：　　年　月　　单位：元

项　目	行次	本月数	本年累计数
一、应交增值税			
1.年初未抵扣数（以“-”号填列）	1		
2.销项税额	2		
出口退税	3		
进项税额转出	4		
转出多交增值税	5		
	6		
	7		
3.进项税额	8		
已交税金	9		
销项税额抵减	10		
减免税款	11		
出口抵减内销产品应纳税额	12		
转出未交增值税	13		
	14		
4.期末未抵扣数（以“-”号填列）	15		
二、未交增值税			
1.年初未交数（多交数以“-”号填列）	16		
2.本期转入数（多交数以“-”号填列）	17		
3.本期已交数	18		
4.期末未交数（多交数以“-”号填列）	19		

四、一般纳税人取得资产或接受劳务等业务的账务处理

（一）采购等业务进项税额允许抵扣的账务处理

1.购进货物、加工修理修配劳务、服务、无形资产或不动产

一般纳税人购进货物、加工修理修配劳务、服务、无形资产或不动产，按应计入相关成本费用或资产的金额计算进项税额。

（1）当月已认证的可抵扣增值税税额：

借：在途物资（原材料、库存商品、生产成本、无形资产、固定资产、管理费用等）　不含税价

　　应交税费——应交增值税（进项税额）

　贷：银行存款（应付账款、应付票据等）　含税价

（2）当月未认证的可抵扣增值税税额：

借：在途物资（原材料、库存商品、生产成本、无形资产、固定资产、管理费用）等

　　应交税费——待认证进项税额

　贷：银行存款（应付账款、应付票据等）

待认证相符后：

借：应交税费——应交增值税（进项税额）

　贷：应交税费——待认证进项税额

发生退货的，如原增值税专用发票已做认证，应根据税务机关开具的红字增值税专用发票做相反的会计分录；如原增值税专用发票未做认证，应将发票退回并做相反的会计分录。

【注意点】

“应交税费——待认证进项税额”是“应交税费”下属的二级明细科目，最终将转入“应交税费——应交增值税（进项税额）”专栏。

【例4-22】甲公司为增值税一般纳税人，6月3日，持银行汇票300万元购入W材料800千克，增值税专用发票上注明的货款为216万元，增值税税额为28.08万元，对方代垫包装费1.8万元，材料已验收入库，剩余票款退回并存入银行。该公司为纳税信用等级为B级的企业，当月直接在公司的增值税发票管理系统上进行了增值税专用发票的扫描认证。

【解析】

借：原材料——W材料　2 178 000

　　应交税费——应交增值税（进项税额）　280 800

　贷：其他货币资金——银行汇票存款　2 458 800

借：银行存款　541 200

　贷：其他货币资金——银行汇票存款　541 200

【例4-23】某公司10月采购原材料一批，材料已验收，款项已支付，取得对方开具的增值税专用发票，发票上的销售额为100万元，增值税税额为13万元，10月30日记账时，增值税专用发票尚未认证。

【解析】

借：原材料　1 000 000

　　应交税费——待认证进项税额　130 000

　贷：银行存款　1 130 000

11月14日，该纳税人将此票勾选认证并于12月申报期申报抵扣。

借：应交税费——应交增值税（进项税额）　130 000

　贷：应交税费——待认证进项税额　130 000

【例4-24】某物流企业于8月取得交通运输收入100万元，物流辅助收入100万元，按照适用税率，分别开具增值税专用发票，款项已收。当月将一项运输业务委托给北京B公司，取得B公司开具的增值税专用发票，价款22万元，注明的增值税税额为1.98万元。

【解析】

借：主营业务成本	220 000	
应交税费——应交增值税（进项税额）	19 800	
贷：应付账款——B公司		239 800

2.企业接受投资转入的货物

借：原材料等

　　应交税费——应交增值税（进项税额）

　贷：股本（或实收资本）

　　　资本公积

【例4-25】6月10日，A公司收到乙公司作为资本投入的W材料5 000千克，并验收入库。投资合同约定该批原材料价值（不含可抵扣的增值税进项税额）为1 415万元，增值税进项税额为183.95万元，乙公司开具增值税专用发票。假定合同约定的价值与公允价值相等，未发生资本溢价。

【解析】

借：原材料——W材料	14 150 000	
应交税费——应交增值税（进项税额）	1 839 500	
贷：实收资本		15 989 500

3.企业接受捐赠转入的货物

借：原材料

　　应交税费——应交增值税（进项税额）

　贷：营业外收入

4.企业接受应税劳务

借：生产成本（制造费用、管理费用、销售费用、委托加工物资等）

　　应交税费——应交增值税（进项税额）

　贷：银行存款（应付账款、应付票据等）

【例4-26】某厂委托甲厂将一批零件进行精加工，价款为8 000元，加工单位开具的增值税专用发票上注明的加工费为500元，增值税税额为65元，开出转账支票支付。

【解析】

①发出加工材料：

借：委托加工物资	8 000	
贷：原材料		8 000

②支付加工费：

借：委托加工物资	500	
应交税费——应交增值税（进项税额）	65	
贷：银行存款		565

③加工完毕，收回加工材料：

借：原材料　　8 500

　贷：委托加工物资　　8 500

5.企业进口货物

企业进口货物，计算和上缴增值税给我国海关。

借：应交税费——应交增值税（进项税额）

　贷：银行存款

【注意点】

进口货物的进项税额与国内购进货物的进项税额不同。

（1）国内购进货物的进项税额是购货方支付给供货方的价款中可以用来抵扣的部分，所以，进项税额与购进的买价都是一笔会计分录。

（2）进口货物的进项税额是购货方支付给我国海关的，所以，进项税额与支付给外商的买价是分开的，是单独核算的，不过可在国内销售时进行抵扣。

【例4-27】某外贸公司某月从美国进口一批货物，当地购买价为100 000美元，运抵我国上海口岸支付包装费1 500美元，运费9 000美元，保险费150美元，有关手续费500美元。该进口货物的关税税率为50%，消费税税率为5%，增值税税率为13%（假定外汇牌价为USD100=CNY700）。

【解析】

关税完税价格=（100 000+1 500+9 000+150+500）×7=778 050（元）

关税=778 050×50%=389 025（元）

消费税=$\frac{778\,050+389\,025}{1-5\%}$×5%=61 425（元）

组成计税价格=778 050+389 025+61 425=1 228 500（元）

增值税=1 228 500×13%=159 705（元）

根据以上计算结果，应进行如下会计处理：

①支付进口货款给外商：

借：在途物资　　700 000

　贷：银行存款　　700 000

②支付各种到达目的地港口的采购费用：

借：在途物资　　78 050

　贷：银行存款　　78 050

③进口货物入关时需向我国海关缴纳税款：

计算进口关税和消费税：

借：在途物资　　450 450

　贷：应交税费——应交进口关税　　389 025

　　　　　　——应交消费税　　61 425

上缴进口关税和消费税给我国海关：

借：应交税费——应交进口关税　　389 025
　　　　　——应交消费税　　61 425
　贷：银行存款　　450 450

计算和上缴进口增值税给我国海关：

借：应交税费——应交增值税（进项税额）　　159 705
　贷：银行存款　　159 705

提示：由于增值税是价外税，计算和上缴进口的增值税是一笔会计分录。

6.企业购进免税农产品

借：在途物资（库存商品等）　　买价-进项税额
　　应交税费——应交增值税（进项税额）　　买价×扣除率
　贷：银行存款（应付账款等）　　买价

【注意点】

购进免税农产品的进项税额=买价×扣除率，而采购成本=买价-进项税额。

【例4-28】某罐头厂直接从农民手中收购猪肉加工，某月购入猪肉2 000千克，每千克11元，按9%的扣除率计算进项税额。根据规定允许坐支销货款，用现金支付。

【解析】

借：在途物资　　20 020
　　应交税费——应交增值税（进项税额）　　1 980
　贷：库存现金　　22 000

（二）货物等已验收入库但尚未取得增值税扣税凭证的账务处理

一般纳税人购进的货物等已到达并验收入库，但尚未收到增值税扣税凭证并未付款的，应在月末按货物清单或相关合同协议上的价格暂估入账，不需要将增值税的进项税额暂估入账。

借：原材料（库存商品、固定资产、无形资产等）　　暂估合同不含税价
　贷：应付账款　　暂估合同不含税价

下月初，用红字冲销原暂估入账金额，待取得相关增值税扣税凭证并经认证后，按应计入相关成本费用或资产的金额入账。

借：原材料（库存商品、固定资产、无形资产等）　　暂估合同不含税价
　贷：应付账款　　暂估合同不含税价

借：原材料（库存商品、固定资产、无形资产等）
　　应交税费——应交增值税（进项税额）　　可抵扣的增值税税额
　贷：应付账款

（三）小规模纳税人采购等业务的账务处理

小规模纳税人购买物资、服务、无形资产或不动产，取得增值税普通发票上注明的增值税应计入相关成本费用或资产，没有进项税额可以抵扣。

借：在途物资（原材料、库存商品、生产成本、管理费用等）　　含税价
　贷：银行存款（应付账款、应付票据等）

【例4-29】某小规模纳税企业购入材料一批，取得的增值税普通发票上注明的货款为23 400元。

【解析】

借：原材料　23 400

　贷：银行存款　23 400

（四）购买方作为扣缴义务人的账务处理

境外单位或个人在境内发生应税行为，在境内未设有经营机构的，以购买方为增值税扣缴义务人。

（1）境内一般纳税人购进服务、无形资产或不动产：

借：生产成本（无形资产、固定资产、管理费用等）

　　应交税费——应交增值税（进项税额）　可抵扣的增值税税额

　贷：银行存款（应付账款、应付票据等）

　　　应交税费——代扣代交增值税　应代扣代交的增值税税额

【注意点】

按可抵扣的增值税税额，借记“应交税费——应交增值税（进项税额）”科目，在实务工作中，一般情况下是为了提醒会计人员在增值税发票管理系统上进行增值税专用发票的勾选认证，先记入“应交税费——待认证进项税额”科目。待进项税额认证后，再由“应交税费——待认证进项税额”科目结转到“应交税费——应交增值税（进项税额）”科目中。

（2）境内小规模纳税人购进服务、无形资产或不动产：

借：生产成本（无形资产、固定资产、管理费用等）

　贷：银行存款（应付账款、应付票据等）

　　　应交税费——代扣代交增值税

（3）不论是一般纳税人还是小规模纳税人，实际缴纳代扣代交增值税时：

借：应交税费——代扣代交增值税

　贷：银行存款

（五）不得从销项税额中抵扣的进项税额的账务处理

（1）企业购入货物及接受应税劳务直接用于免税项目以及直接用于集体福利和个人消费。

借：其他业务成本（管理费用等）

　贷：银行存款

假如取得增值税专用发票，由于不再产生销项税额，所以在计入购入货物及接受劳务的成本时，连同支付给供货方的增值税，一起计入购入货物及接受劳务的成本，不得作为进项税额。

（2）用于交际应酬的货物，不得抵扣进项税额。纳税人购进用于交际应酬的货物，国际通行做法是不得抵扣。我国也规定凡是用于交际应酬的货物，不得抵扣进项税额。

【例4-30】购进一次性用具用于职工食堂，买价为10 000元，增值税税额为1 300元；购进饮料4 500元，用于招待客户，增值税税额为585元，均用转账支票支付。

【解析】

企业应进行如下会计处理：

借：应付职工薪酬——应付福利费　　11 300

　　管理费用——招待费　　5 085

　贷：银行存款　　16 385

（3）企业购入货物或接受应税劳务没有取得增值税专用发票，而取得普通发票的，购货方不能作为进项税额反映。

借：在途物资（材料采购、原材料等）

　贷：银行存款

（六）进项税额转出的账务处理

1.因发生非正常损失或改变用途等，不得作为增值税进项税额的

（1）因发生非正常损失或改变用途等，原已计入进项税额，但按现行增值税制度规定不得从销项税额中抵扣的。

借：待处理财产损溢（应付职工薪酬、固定资产、无形资产等）

　贷：应交税费——应交增值税（进项税额转出）

【注意点】

企业购进的货物发生意外被盗、丢失、霉烂变质，或因违反法律法规造成的依法没收、销毁、拆除等，其购进货物以及相关的加工修理修配劳务和运输服务所抵扣的进项税额应进行转出。“待处理财产损溢”是资产类账户，用来核算企业在清查财产过程中需要先查明原因的各种财产物资的盘盈、盘亏和毁损。

【例4-31】某企业为增值税一般纳税人，10月因管理不善使一批材料霉烂变质，该批材料购买时，取得的增值税专用发票上注明的金额为100 000元，进项税额为13 000元，该笔进项税额已抵扣。无相关责任人赔偿，该批材料的进项税额作管理费用处理。

【解析】

非正常损失的购进货物，其取得的进项税额不得抵扣，故该笔进项税额应做进项税额转出处理。其会计处理为：

借：待处理财产损溢——待处理流动资产损溢　　113 000

　贷：原材料　　100 000

　　　应交税费——应交增值税（进项税额转出）　　13 000

借：管理费用　　113 000

　贷：待处理财产损溢——待处理流动资产损溢　　113 000

【例4-32】C公司为商品批发销售企业属于一般纳税人。5月1日购进调味品等商品，取得的增值税专用发票上列明的价款为10 000元，增值税税额为1 300元，当月认证抵扣。9月，该批调味品被职工食堂领用。

【解析】

纳税人将已抵扣进项税额的购进货物改变用途、用于食堂（属于集体福利），应于发生的当月将已抵扣的进项税额转出。

借：应付职工薪酬——职工福利费　　11 300

　　贷：库存商品——调味品　　10 000

　　　　应交税费——应交增值税（进项税额转出）　　1 300

（2）因发生非正常损失或改变用途等，原已计入待抵扣进项税额不得从销项税额中抵扣的。

借：待处理财产损溢（应付职工薪酬、固定资产、无形资产等）

　　贷：应交税费——待抵扣进项税额

（3）因发生非正常损失或改变用途等，原已计入待认证进项税额不得从销项税额中抵扣的。

借：待处理财产损溢（应付职工薪酬、固定资产、无形资产等）

　　贷：应交税费——待认证进项税额

2.纳税人适用一般计税方法用于简易计税方法计税项目的

购进货物、加工修理修配劳务、服务、无形资产和不动产时，一般纳税人可以对特定应税行为采取简易计税方法计税，其取得的用于简易计税方法计税项目的进项税额不得抵扣，如房地产开发企业一般纳税人销售自行开发的房地产老项目、一般纳税人为建筑工程老项目提供的建筑服务等。

【例4-33】某建筑企业为增值税一般纳税人，6月购买材料，取得的增值税专用发票上注明的金额为100 000元，进项税额为13 000元，该批材料用于适用简易计税方法的建筑项目，该笔进项税额不得抵扣，应直接计入成本。

【解析】会计处理为：

借：原材料等　　113 000

　　贷：银行存款　　113 000

【例4-34】某企业为一般纳税人，2024年5月购进一栋楼用作职工宿舍，购进时的含税价款为1 090万元，已取得增值税专用发票并于当月认证。

【解析】

纳税人取得不动产用于集体福利，应将相应的增值税税额列入进项税额，并于当期进行进项税额转出。

$$\text{应转出的进项税额}=\frac{10\,900\,000}{1+9\%}\times 9\%=900\,000\text{（元）}$$

会计处理为：

借：固定资产　　900 000

　　贷：应交税费——应交增值税（进项税额转出）　　900 000

3.适用一般计税方法的纳税人，兼营简易计税项目、免税项目

一般纳税人购进货物的进项税额涉及兼营简易计税项目、免税项目时，其进项税额采用恰当的方式在可抵扣进项税额与不能抵扣进项税额之间进行分配，一般应采用下列公式进行分配：

$$不得抵扣的进项税额=当期全部进项税额\times\frac{当期简易计税方法计税项目销售额+当期免税项目销售额}{当期全部销售额}$$

【注意点】

扶贫性的实物捐赠，作为免税项目，不需要视同销售计算增值税销项税额，但需要作进项税额转出。

【例4-35】某企业为一般纳税人，提供货物运输服务和装卸搬运服务，其中货物运输服务适用一般计税方法，装卸搬运服务选择适用简易计税方法。该纳税人2024年7月缴纳当月电费11.3万元，取得增值税专用发票并于当月认证抵扣，且该进项税额无法在货物运输服务和装卸搬运服务间划分。该纳税人当月取得货物运输收入6万元，装卸搬运服务收入4万元。

【解析】

纳税人因兼营简易计税项目而无法划分所取得进项税额的，按照下列公式计算应转出的进项税额：

$$应转出的进项税额=\frac{113\ 000}{1+13\%}\times 13\%\times\frac{40\ 000}{40\ 000+60\ 000}=5\ 200（元）$$

会计处理为：

借：管理费用　5 200

　贷：应交税费——应交增值税（进项税额转出）　5 200

4.已抵扣进项税额的固定资产专用于免征增值税项目，需要进项税额转出

不得抵扣的进项税额=固定资产、无形资产或者不动产净值×适用税率

用于免税项目的固定资产、无形资产或者不动产净值，是指纳税人根据财务会计制度计提折旧或摊销后的余额。

【注意点】

（1）在进行进项税额转出前，需要准确判断转出原因，确保符合税法规定。

（2）在确认需要转出进项税额后，应及时在税务申报系统中进行申报，避免产生滞纳金等不必要的费用。

（3）在进行进项税额转出时，应保留好相关凭证和资料，以备税务机关核查。

【例4-36】某企业为一般纳税人，提供职业和婚姻中介服务，适用一般计税方法，其中婚姻中介服务享受免征增值税优惠政策。2018年6月1日购进复印机一台，在会计上作为固定资产核算，折旧期5年，兼用于上述两项服务，取得增值税专用发票列明的货物金额1万元，于当月认证抵扣。2019年6月1日，该纳税人将上述复印机移送至婚姻中介部门，专用于免征增值税项目。

【解析】

纳税人购进的固定资产专用于免税项目，应于发生的次月按下列公式计算不得抵扣的进项税额：

固定资产的净值=10 000-（10 000÷5÷12×12）=8 000（元）

进项税额转出=8 000×13%=1 040（元）

会计处理为：

借：固定资产　　1 040

　贷：应交税费——应交增值税（进项税额转出）　　1 040

五、销售等业务的账务处理

（一）一般纳税人销售业务的账务处理

1.按现行增值税制度规定计算的销项税额

（1）企业销售货物、加工修理修配劳务、服务、无形资产或不动产时取得收入的核算。

借：银行存款（应收账款、应收票据等）

　贷：主营业务收入（其他业务收入、固定资产清理、工程结算等）　　不含税价

　　　应交税费——应交增值税（销项税额）

（2）价外费用的核算。

借：银行存款

　贷：主营业务收入　　收取的奖励费、优质费、返还利润

　　　其他业务收入　　收取的手续费、包装费、包装物租金等

　　　营业外收入　　收取的补贴、收取违约金

　　　主营业务成本　　收取的包装费、运输装卸费、储备费

　　　财务费用　　收取的购货方延期付款利息

　　　其他应付款　　收取的基金、集资费

　　　应交税费——应交增值税（销项税额）

【例4-37】某工业企业向购货方收取价外费用延期付款利息1 130元，存入银行。

【解析】

借：银行存款　　1 130

　贷：财务费用　　1 000

　　　应交税费——应交增值税（销项税额）　　130

【例4-38】某旅游服务的一般纳税人（适用税率为6%），2018年5月共取得旅游收入159万元并开具了普通发票。2018年6月实际提供旅游服务时，向其他单位支付住宿费21万元、餐饮费10万元、交通费12万元、门票费10万元，共计53万元，且都取得了相关发票。2018年6月共取得旅游收入106万元并开具了普通发票。

【解析】

旅游服务企业可以选择以取得的全部价款和价外费用，扣除向旅游服务购买方收取并支付给其他单位或者个人的住宿费、餐饮费、交通费、签证费、门票费和支付给其他接团旅游企业的旅游费用后的余额为销售额。付给其他单位的住宿费、餐饮费、交通费、门票费可以从销售额中扣除，但不得开具增值税专用发票。

会计处理为：

2018年5月取得旅游收入并开票时：

借：银行存款　　1 590 000

贷：主营业务收入（1 590 000÷（1+6%））　　1 500 000

应交税费——应交增值税（销项税额）（1 500 000×6%）　　90 000

2018年6月付给其他单位的住宿费、餐饮费、交通费、门票费（或者月末一起结转）时：

借：主营业务成本（530 000÷（1+6%））　　500 000

应交税费——应交增值税（销项税额抵减）（500 000×6%）　　30 000

贷：银行存款　　530 000

2018年6月取得旅游收入并开票时：

借：银行存款　　1 060 000

贷：主营业务收入（1 060 000÷（1+6%））　　1 000 000

应交税费——应交增值税（销项税额）（1 000 000×6%）　　60 000

2.包装物的销项税额

（1）随同产品销售并单独计价的包装物销售收入，应作为其他业务收入，并按规定计算缴纳增值税。

借：应收账款（应收票据）

贷：主营业务收入

其他业务收入

应交税费——应交增值税（销项税额）

（2）出租包装物租金收入，属于纳税人销售货物或提供应税劳务向购买方收取的价外费用，应缴纳增值税。

借：应收账款（应收票据）

贷：其他业务收入

应交税费——应交增值税（销项税额）

（3）出租、出借包装物的押金收入。若购货方逾期不予退还包装物，则企业应没收押金，没收的押金应作为“其他业务收入”。但收取的包装物押金是含税的，没收时应将其还原为不含税价格计入其他业务收入，然后再征税。

借：其他应付款　　押金

贷：其他业务收入　　不含税价

应交税费——应交增值税（销项税额）　　不含税价×13%

【例4-39】企业销售B产品一批，价款为400 000元，随同产品出售但单独计价的包装物为1 000个，每个2元，货款未收。增值税税率为13%。

【解析】

借：应收账款　　454 260

贷：主营业务收入　　400 000

其他业务收入　　2 000

应交税费——应交增值税（销项税额）　　52 260

【例4-40】企业将某单位逾期未退还包装物押金3 600元转作其他业务收入。

【解析】

将包装物押金转作收入，应换算为不含税价。

借：其他应付款　　　　3 600

　贷：其他业务收入　　　　3 185.84

　　　应交税费——应交增值税（销项税额）　　　　414.16

3.一般纳税人采用简易计税方法计算增值税税额

借：银行存款（应收账款、应收票据等）

　贷：主营业务收入（其他业务收入、固定资产清理、工程结算等）　　　　不含税价

　　　应交税费——简易计税

【例4-41】A建筑公司为一般纳税人，采用简易计税方法。收取业主全部工程款100万元，自建部分成本为16万元，支付C公司分包款80万元。A建筑公司向业主开具了增值税专用发票。

【解析】

A建筑公司按差额计算税额申报：

$$\frac{1\,000\,000-800\,000}{1+3\%}\times3\%=5\,825.24\text{（元）}$$

A建筑公司按全额向业主开具建筑服务发票：

发票金额（不含税）、税额计算：

$$\text{应纳税额}=\frac{1\,000\,000}{1+3\%}\times3\%=29\,126.21\text{（元）}$$

发票金额（不含税）=1 000 000−29 126.21=970 873.79（元）

按照上述金额和税额开具增值税专用发票，建筑业差额纳税属于可以全额开具增值税专用发票的情况。业主取得增值税专用发票后，可以抵扣的进项税额应包括全部工程的增值税。

A建筑公司账务处理：

（1）发生成本费用时：

借：工程施工——合同成本　　　　160 000

　贷：原材料等　　　　160 000

（2）支付C公司分包款时：

借：工程施工——合同成本　　　　800 000

　贷：银行存款　　　　800 000

（3）取得分包发票且纳税义务发生时：

$$\text{允许抵扣的税额}=\frac{800\,000}{1+3\%}\times3\%=23\,300.97\text{（元）}$$

借：应交税费——简易计税　　　　23 300.97

　贷：工程施工——合同成本　　　　23 300.97

（4）确认收入和费用时：

$$\text{合同总收入}=\frac{1\,000\,000}{1+3\%}=970\,873.79\text{（元）}$$

合同总成本=160 000+（800 000−23 300.97）=936 699.03（元）

借：主营业务成本　　　　936 699.03

　　工程施工——合同毛利　　　　34 174.76

　贷：主营业务收入　　　　970 873.79

（5）收取业主工程款时：

借：银行存款　　1 000 000

　贷：工程结算　　970 873.79

　　应交税费——简易计税　　29 126.21

（6）工程项目结束时：

借：工程结算　　970 873.79

　贷：工程施工——合同成本　　936 699.03

　　——合同毛利　　34 174.76

（二）小规模纳税人销售业务的账务处理

借：银行存款（应收账款、应收票据等）

　贷：主营业务收入（其他业务收入、固定资产清理等）　　不含税价

　　应交税费——应交增值税

发生销售退回的，应根据按规定开具的红字增值税专用发票做相反的会计分录。

【注意点】

增值税小规模纳税人缴纳增值税、消费税、文化事业建设费，以及随增值税、消费税附征的城市维护建设税、教育费附加等税费，原则上实行按季度申报。

【例4-42】某企业为增值税小规模纳税人，10月取得销售收入95 400元，款项存入银行。购进原材料取得增值税普通发票36 400元，小规模纳税人征收率为3%。

【解析】

不含税价$=\frac{95\ 400}{1+3\%}=92\ 621.36$（元）

应纳税额=92 621.36×3%=2 778.64（元）

借：银行存款　　95 400

　贷：主营业务收入　　92 621.36

　　应交税费——应交增值税　　2 778.64

（三）视同销售的账务处理

1.委托代销商品的账务处理

（1）视同买断方式下委托方和受托方的账务处理

①委托方

发出商品时：

借：应收账款

　贷：主营业务收入

　　应交税费——应交增值税（销项税额）

借：主营业务成本

　贷：库存商品

收到受托方汇来款项时：

借：银行存款

贷：应收账款

②受托方

收到商品时：

借：库存商品

应交税费——应交增值税（进项税额）

贷：应付账款

实际销售时：

借：银行存款

贷：主营业务收入

应交税费——应交增值税（销项税额）

借：主营业务成本

贷：库存商品

支付款项时：

借：应付账款

贷：银行存款

【注意点】

由委托方和受托方签订协议，委托方按协议价收取所代销的货款，实际售价可由受托方自定，实际售价与协议价之间的差额归受托方所有。受托方作为购进商品处理，委托方在交付商品时确认收入。受托方将商品销售后，应按实际售价确认为销售收入，并向委托方开具代销清单。

（2）收取手续费方式下委托方和受托方的账务处理

①委托方

发出商品时：

借：委托代销商品

贷：库存商品

收到代销清单时：

借：应收账款

贷：主营业务收入

应交税费——应交增值税（销项税额）

借：主营业务成本

贷：委托代销商品

借：销售费用——代销手续费

贷：应收账款

收到货款时：

借：银行存款

贷：应收账款

②受托方

收到商品时：

借：受托代销商品

　贷：受托代销商品款

实际销售时：

借：银行存款

　贷：应付账款

　　　应交税费——应交增值税（销项税额）

借：应交税费——应交增值税（进项税额）

　贷：应付账款

借：受托代销商品款

　贷：受托代销商品

支付价款时：

借：应付账款

　贷：银行存款

　　　主营业务收入（或其他业务收入）

【注意点】

受托方根据所代销的商品数量向委托方收取手续费，这对受托方来说实际上是一种劳务收入。这种代销方式，受托方通常应按照委托方规定的价格销售，不得自行改变售价。委托方应在受托方将商品销售后，在受托方向委托方开具代销清单时，确认收入。受托方在商品销售后，按应收取的手续费确认收入。

【例4-43】2024年11月30日，甲公司委托丙公司销售商品100件，商品已经发出，每件成本为6万元。合同约定丙公司应按每件10万元对外销售，甲公司按售价的10%向丙公司支付手续费。12月份丙公司对外实际销售80件，12月31日甲公司收到丙公司开具的代销清单时，向丙公司开具一张增值税专用发票。假定11月30日甲公司发出商品时纳税义务尚未发生。甲公司采用实际成本核算。次年1月5日甲公司收到货款。

【解析】

（1）委托方——甲公司的会计处理为：

①11月30日发出商品时：

借：委托代销商品（100×60 000）	6 000 000	
贷：库存商品		6 000 000

②12月31日收到代销清单时：

借：应收账款	9 040 000	
贷：主营业务收入（80×100 000）		8 000 000
应交税费——应交增值税（销项税额）		1 040 000
借：主营业务成本（80×60 000）	4 800 000	
贷：委托代销商品		4 800 000

借：销售费用（8 000 000×10%） 800 000
　贷：应收账款 800 000

③次年1月5日甲公司收到丙公司支付的货款时：

借：银行存款（9 040 000-800 000） 8 240 000
　贷：应收账款 8 240 000

（2）受托方——丙公司的会计处理为：

①11月30日收到商品时：

借：受托代销商品（100×100 000） 10 000 000
　贷：受托代销商品款 10 000 000

②12月份对外销售时：

借：银行存款 9 040 000
　贷：受托代销商品（80×100 000） 8 000 000
　　应交税费——应交增值税（销项税额） 1 040 000

③12月31日收到增值税专用发票时：

借：应交税费——应交增值税（进项税额） 1 040 000
　贷：应付账款 1 040 000

借：受托代销商品款（80×100 000） 8 000 000
　贷：应付账款 8 000 000

④次年1月5日支付货款并计算代销手续费时：

借：应付账款（1 040 000+8 000 000） 9 040 000
　贷：银行存款 8 240 000
　　其他业务收入（8 000 000×10%） 800 000

【例4-44】2024年7月20日，甲公司与丁公司签订委托代销协议，丁公司按照协议价的5%收取手续费，并直接从代销款中扣除。协议价款600万元，实际成本460万元。25日，收到代销清单，已售出50%的商品，甲公司向丁公司开具增值税专用发票，同时将扣除手续费的代销商品款存入银行。

【解析】

20日，发出商品时：

借：委托代销商品 4 600 000
　贷：库存商品 4 600 000

25日，收到代销清单时：

借：应收账款 3 390 000
　贷：主营业务收入 3 000 000
　　应交税费——应交增值税（销项税额） 390 000

借：主营业务成本 2 300 000
　贷：委托代销商品 2 300 000

借：销售费用 150 000
　贷：应收账款 150 000

收到丁公司支付的货款时：

借：银行存款 3 240 000

贷：应收账款 3 240 000

2.设有两个以上机构并实行统一核算的纳税人，将货物从一个机构移送其他机构用于销售，但相关机构设在同一县（市）的除外

（1）移送货物的一方：

借：其他应收款——内部应收款

贷：库存商品（或主营业务收入等）

应交税费——应交增值税（销项税额）

（2）接收货物的一方：

借：库存商品

应交税费——应交增值税（进项税额）

贷：其他应付款——内部应付款

3.将自产、委托加工的货物用于集体福利或者个人消费

（1）用于集体福利：

借：应付职工薪酬——非货币性福利

贷：库存商品

应交税费——应交增值税（销项税额）

【例4-45】某企业是增值税一般纳税人，适用的增值税税率为13%，31日，以其生产的M产品10件作为福利发放给销售人员。每件市场价格为0.3万元，与其计税价格一致。每件成本2 250元。

【解析】

①发放M产品确认收入时：

借：应付职工薪酬 33 900

贷：主营业务收入 30 000

应交税费——应交增值税（销项税额） 3 900

②发放M产品结转成本时：

借：主营业务成本 22 500

贷：库存商品 22 500

③确认非货币性职工薪酬时：

借：销售费用 33 900

贷：应付职工薪酬 33 900

借：主营业务成本 30 000

贷：库存商品 30 000

（2）用于交际应酬消费等个人消费：

借：管理费用——业务招待费

贷：库存商品

应交税费——应交增值税（销项税额）

4.将自产、委托加工或者购进的货物作为投资，提供给其他单位或者个体工商户

借：长期股权投资

贷：库存商品（原材料、主营业务收入等）

应交税费——应交增值税（销项税额）

5.将自产、委托加工或者购进的货物分配给股东或者投资者

借：应付利润（应付股利）

贷：库存商品（原材料、主营业务收入等）

应交税费——应交增值税（销项税额）

6.将自产、委托加工或者购进的货物无偿赠送其他单位或者个人

借：营业外支出

贷：库存商品（原材料、主营业务收入等）

应交税费——应交增值税（销项税额）

7.小规模纳税人视同销售的账务处理

借：应付职工薪酬（利润分配等）

贷：应交税费——应交增值税

8.全面试行营业税改征增值税前已确认收入，此后产生增值税纳税义务的账务处理

（1）“营改增”前已作收入，但营业税未计算，“营改增”后作增值税计算

企业营业税改征增值税前已确认收入，但因未产生营业税纳税义务而未计提营业税的，在达到增值税纳税义务时点时，企业应在确认应交增值税销项税额的同时冲减当期收入。

借：主营业务收入

贷：应交税费——应交增值税（销项税额）

（2）“营改增”前已作收入，营业税已计算，“营改增”后作增值税计算

已经计提营业税且未缴纳的，在达到增值税纳税义务时点时。

借：应交税费——应交营业税

——应交城市维护建设税

——应交教育费附加等

贷：主营业务收入

并根据调整后的收入计算确定记入“应交税费——待转销项税额”的金额，同时冲减收入。

借：应交税费——待转销项税额

贷：主营业务收入

【注意点】

（1）准确确定视同销售的范围。企业应准确识别哪些情况属于视同销售的范围，避免误判或遗漏。

（2）及时申报和缴纳税款。企业应按照税法规定的时间节点，及时申报和缴纳视同销售产生的增值税或企业所得税等税费。避免逾期申报或欠税，以减少税务风险和不必要的罚款。

（3）合理计算销售额和税额。在视同销售的情况下，企业应按照税法规定和实际情况合理计算销售额。同时，根据适用税率计算增值税额，确保税额计算的准确性和合规性。

（4）加强内部管理和风险控制。企业应建立完善的内部管理制度和风险控制机制，确保视同销售处理的准确性和合规性。这包括加强财务管理、税务管理、合同管理等方面的内部控制，确保各项经济活动符合税法规定和会计准则。

（5）注意会计与税务处理的差异。视同销售在会计和税务处理上可能存在差异。企业应根据会计准则和税法规定，分别进行会计处理和税务处理。同时，注意两者之间的差异和衔接，确保会计信息的真实性和税务处理的合规性。

（四）差额征税的账务处理

发生成本费用时：

借：主营业务成本（原材料、工程施工等）

　贷：银行存款（应付账款、应付票据等）

1.一般纳税人待取得合规增值税扣税凭证且纳税义务发生时，按允许抵扣的增值税扣减销售额

借：应交税费——应交增值税（销项税额抵减）　　允许抵扣的税额

　贷：主营业务成本（原材料、工程施工等）

一般纳税人实行简易计税，待取得合规增值税扣税凭证且纳税义务发生时，按允许抵扣的增值税扣减销售额。

借：应交税费——简易计税　　允许抵扣的税额

　贷：主营业务成本（原材料、工程施工等）

小规模纳税人也实行简易计税，待取得合规增值税扣税凭证且纳税义务发生时，按允许抵扣的增值税扣减销售额。

借：应交税费——应交增值税　　允许抵扣的税额

　贷：主营业务成本（原材料、工程施工等）

【例4-46】某旅游公司为一般纳税人。某年6月取得旅游收入106万元（价税合计，差额开具增值税专用发票，税金0.6万元，价款105.4万元），其中支付给其他单位或个人的住宿费21.2万元（取得增值税专用发票，注明价款20万元，税款1.2万元），餐饮费24万元（取得普通发票），交通费6万元（取得普通发票），门票费20.2万元（取得普通发票）和地陪费用24万元（取得普通发票）。该旅游公司选择差额征税。当月支付办公费用1.13万元（取得增值税专用发票，注明价款1万元，税款0.13万元）。

【解析】

（1）收到旅游费：

借：银行存款	1 060 000	
贷：主营业务收入		1 000 000
应交税费——应交增值税（销项税额）		60 000

（2）支付旅游相关费：

借：主营业务成本　　900 000

　　应交税费——应交增值税（销项税额抵减）　　54 000

　贷：银行存款　　954 000

（3）支付办公费：

借：管理费用　　10 000

　　应交税费——应交增值税（进项税额）　　1 300

　贷：银行存款　　11 300

（4）转出未交增值税：

借：应交税费——应交增值税（转出未交增值税）　　4 700

　贷：应交税费——未交增值税　　4 700

（5）下月缴纳增值税：

借：应交税费——未交增值税　　4 700

　贷：银行存款　　4 700

2.金融商品转让按规定以盈亏相抵后的余额作为销售额的账务处理

金融商品实际转让月末，如产生转让收益：

借：投资收益

　贷：应交税费——转让金融商品应交增值税

如产生转让损失，则可结转下月抵扣税额。

借：应交税费——转让金融商品应交增值税

　贷：投资收益

缴纳增值税：

借：应交税费——转让金融商品应交增值税

　贷：银行存款

年末，本科目如有借方余额：

借：投资收益

　贷：应交税费——转让金融商品应交增值税

【例4-47】某一般纳税人，某年5月买入国债，买入价为30万元，2024年12月卖出，卖出价为35万元。

【解析】

不含税销售额=$\frac{35-30}{1+6\%}$=4.72（万元）

应纳税额=4.72×6%=0.28（万元）

借：投资收益　　2 800

　贷：应交税费——转让金融商品应交增值税　　2 800

（五）销售固定资产的账务处理

企业销售固定资产的会计处理为：

借：银行存款

贷：固定资产清理　　　　销售额

　　应交税费——应交增值税（销项税额）　　　　销售额×增值税税率

1.固定资产是在2009年1月1日增值税转型之前购进的（没有进项税额时期）

一般纳税人销售自己使用过的2008年12月31日（含）以前购进或者自制的固定资产，包括2008年12月31日以前未纳入或者纳入扩大增值税抵扣范围试点的纳税人，都是按照4%征收率减半征收增值税，不论售价的高低，不得抵扣增值税的进项税额。

【例4-48】某企业转让2009年以前购入的八成新小轿车，固定资产账面含税价为30万元，已提折旧0.5万元，转让价为30.5万元，未计提固定资产减值准备。该固定资产进项税额未记入“应交税费——应交增值税（进项税额）”科目，假设不考虑城建税及附加税费。

【解析】

①注销固定资产：

借：固定资产清理　　295 000

　　累计折旧　　5 000

　贷：固定资产　　300 000

②取得固定资产销售价：

借：银行存款　　305 000

　贷：固定资产清理　　305 000

③计算销售时的增值税：

$\frac{305\,000}{1+3\%}\times4\%\times50\%=5\,922.33$（元）

借：固定资产清理　　5 922.33

　贷：应交税费——应交增值税　　5 922.33

月末，结转“固定资产清理”账户：

305 000−295 000−5 922.33=4 077.67（元）

借：固定资产清理　　4 077.67

　贷：资产处置损益　　4 077.67

④当月上交增值税时：

借：应交税费——应交增值税（已交税金）　　5 922.33

　贷：银行存款　　5 922.33

2.固定资产是在2009年1月1日增值税转型之后购进的（可以有进项税额时期）

一般纳税人销售自己使用过的2009年1月1日以后购进或者自制的固定资产，按照适用税率13%征收增值税。

【例4-49】E企业销售一台生产上已使用过的设备，含税价为113万元，已提折旧10万元，该设备是在2009年1月1日增值税转型之后购进的，出售时收到含税价款80万元。

【解析】

购进（在2009年1月1日增值税转型之后购进）时：

借：固定资产　　1 000 000

　　应交税费——应交增值税（进项税额）　　130 000

贷：银行存款　　1 130 000

注销固定资产：

借：固定资产清理　　900 000

累计折旧　　100 000

贷：固定资产　　1 000 000

取得销售收入：

借：银行存款　　800 000

贷：固定资产清理　　707 964.6

应交税费——应交增值税（销项税额）　　92 035.4

期末结转“固定资产清理”192 035.4元（900 000-707 964.6）：

借：资产处置损益　　192 035.4

贷：固定资产清理　　192 035.4

六、月末转出多交增值税和未交增值税的账务处理

月度终了，企业应当将当月应交未交或多交的增值税自“应交增值税”明细科目转入“未交增值税”明细科目。

（1）对于当月应交未交的增值税：

借：应交税费——应交增值税（转出未交增值税）

贷：应交税费——未交增值税

【例4-50】某一般纳税人月末结转未交增值税15 000元。

当月结转未交增值税：

借：应交税费——应交增值税（转出未交增值税）　　15 000

贷：应交税费——未交增值税　　15 000

（2）对于当月多交的增值税：

借：应交税费——未交增值税

贷：应交税费——应交增值税（转出多交增值税）

七、缴纳增值税的账务处理

1.缴纳当月应交增值税的账务处理

（1）一般纳税人缴纳当月应交的增值税：

借：应交税费——应交增值税（已交税金）

贷：银行存款

（2）小规模纳税人缴纳当月应交的增值税：

借：应交税费——应交增值税

贷：银行存款

2.缴纳以前期间未交增值税的账务处理

借：应交税费——未交增值税

贷：银行存款

3.预缴增值税的账务处理

（1）“应交税费——预交增值税”明细科目。

该科目用来核算一般纳税人转让不动产、提供不动产经营租赁服务、提供建筑服务、采用预收款方式销售自行开发的房地产项目等，以及其他按现行增值税制度规定应预交的增值税税额。预交增值税，是指尽管未达到增值税纳税义务发生时间，但是为了平衡税收稳定性，以及考虑行业的特点等，按规定预收的税金。

（2）账务处理。

企业预交增值税时：

借：应交税费——预交增值税

　贷：银行存款

月末，企业应将“预交增值税”明细科目余额转入“未交增值税”明细科目。

借：应交税费——未交增值税

　贷：应交税费——预交增值税

【注意点】

（1）收到预收款的当天不是销售不动产的纳税义务发生时间，只有在开具售房发票或不动产产权发生转移以及合同约定的交房日期，方可确认纳税义务发生。

（2）发票“备注”栏要注明建筑服务发生地所在县（市、区）及项目名称，如果是一般计税方法计税，仅按3%预交增值税。如果是简易计税方法计税，一般纳税人预交税款等于向机构所在地主管税务机关纳税申报的税额。

4.减免增值税的账务处理

对于当期直接减免的增值税，计算免缴税额时：

借：主营业务收入

　贷：应交税费——应交增值税（销项税额）

八、增值税税控系统专用设备和技术维护费用抵减增值税税额的账务处理

企业初次购买增值税税控系统专用设备支付的费用以及缴纳的技术维护费允许在增值税应纳税额中全额抵减。

1.一般纳税人取得的增值税专用发票或者增值税普通发票

借：管理费用

　贷：银行存款

借：应交税费——应交增值税（减免税款）

　贷：管理费用

2.小规模纳税人取得的增值税普通发票

借：管理费用

　贷：银行存款

借：应交税费——应交增值税

　贷：管理费用

【例4-51】某一般纳税人安装增值税税控系统专用设备1 500元，发生技术维护费用80元。

(1) 购买增值税税控系统专用设备和支付技术维护费用的会计处理为：

借：管理费用　　1 580

　贷：银行存款　　1 580

(2) 抵减增值税的会计处理为：

借：应交税费——应交增值税（减免税款）　　1 580

　贷：管理费用　　1 580

九、增值税加计抵减和留抵退税的账务处理

（一）增值税加计抵减的账务处理

借：应交税费——未交增值税　　应纳税额

　贷：银行存款　　实际纳税金额

　　其他收益　　加计抵减的金额

【例4-52】某企业2024年5月购进货物，取得的增值税专用发票上注明的不含税价款为100 000元，税额为13 000元；购进货物运输服务，取得的增值税专用发票上注明的不含税价为10 000元，税额为900元，计算5月实际可以抵扣的增值税进项税额。

【解析】

当前计提加计抵减额=（13 000+900）×10%=1 390（元）

实际可抵扣的进项税额=13 000+900-1 390=12 510（元）

缴纳增值税时：

借：应交税费——未交增值税　　13 900

　贷：银行存款　　12 510

　　其他收益　　1 390

（二）增值税留抵退税的账务处理

借：银行存款　　留抵退税额

　贷：应交税费——应交增值税（进项税额转出）　　留抵退税额

【例4-53】甲运输公司2024年3月份进项税额留抵10万元，2024年4月至9月可抵扣的进项税额总计800万元，其中ETC高速通行费电子普通发票的进项、旅客运输计算抵扣的进项和电子普通发票的进项共计100万元。假设甲公司符合增量留抵退税的其他条件，2024年4月至9月进项税额期末留抵和增量留抵见表4-13。

表4-13　**2024年4月至9月进项税额期末留抵和增量留抵**　单位：万元

月份	4月	5月	6月	7月	8月	9月
进项税额留抵	15	45	12	65	40	80
各月与2024年3月留抵比较增量留抵税额	5	35	2	55	30	70

甲公司9月允许退还的增量留抵税额为多少万元？

【解析】

甲公司进项构成比例=（800-100）÷800×100%=87.5%

甲公司9月允许退还的增量留抵税额=增量留抵税额×进项构成比例×100%

=70×87.5%×100%=61.25（万元）

十、财务报表相关项目列示

“应交税费”科目下的“应交增值税”“未交增值税”“待抵扣进项税额”“待认证进项税额”“增值税留抵税额”等明细科目期末借方余额应根据情况，在资产负债表中的“其他流动资产”或“其他非流动资产”项目列示。

“应交税费——待转销项税额”等科目期末贷方余额应根据情况，在资产负债表中的“其他流动负债”或“其他非流动负债”项目列示。

“应交税费”科目下的“未交增值税”“简易计税”“转让金融商品应交增值税”“代扣代交增值税”等科目期末贷方余额应在资产负债表中的“应交税费”项目列示。

第四节　增值税纳税申报表的填制

一、一般纳税人的纳税申报必报资料

（1）“增值税及附加税费申报表（适用于增值税一般纳税人）”及其附列资料；

（2）资产负债表和利润表；

（3）使用防伪税控系统的纳税人，必须报送记录当期纳税信息的IC卡等。

二、一般纳税人增值税及附加税费申报表的填写

根据《关于增值税 消费税与附加税费申报表整合有关事项的公告》（国家税务总局公告2021年第20号）的相关规定。

自2021年8月1日起，增值税、消费税分别与城市维护建设税、教育费附加、地方教育附加申报表整合，启用《增值税及附加税费申报表（一般纳税人适用）》《增值税及附加税费申报表（小规模纳税人适用）》。增值税及附加税费申报表（一般纳税人适用）见表4-14。

表4-14　　增值税及附加税费申报表（一般纳税人适用）

根据国家税收法律法规及增值税相关规定制定本表。纳税人不论有无销售额，均应按税务机关核定的纳税期限填写本表，并向当地税务机关申报。

税款所属时间：自　年　月　日至　年　月　日

填表日期：　年　月　日

纳税人识别号（统一社会信用代码）：

所属行业：　　金额单位：元（列至角分）

<table>
<tr><td colspan="2">纳税人名称：</td><td>法定代表人姓名</td><td></td><td>注册地址</td><td></td><td>生产经营地址</td><td></td></tr>
<tr><td>开户银行及账号</td><td colspan="2"></td><td>登记注册类型</td><td colspan="2"></td><td>电话号码</td><td></td></tr>
</table>

续表

项目		栏次	一般项目		即征即退项目	
			本月数	本年累计	本月数	本年累计
销售额	（一）按适用税率计税销售额	1				
	其中：应税货物销售额	2				
	应税劳务销售额	3				
	纳税检查调整的销售额	4				
	（二）按简易办法计税销售额	5				
	其中：纳税检查调整的销售额	6				
	（三）免、抵、退办法出口销售额	7			—	—
	（四）免税销售额	8			—	—
	其中：免税货物销售额	9			—	—
	免税劳务销售额	10			—	—
税款计算	销项税额	11				
	进项税额	12				
	上期留抵税额	13				—
	进项税额转出	14				
	免、抵、退应退税额	15			—	—
	按适用税率计算的纳税检查应补缴税额	16			—	—
	应抵扣税额合计	17=12+13-14-15+16		—		—
	实际抵扣税额	18（如17<11，则为17，否则为11）				
	应纳税额	19=11-18				
	期末留抵税额	20=17-18				—
	简易计税办法计算的应纳税额	21				
	按简易计税办法计算的纳税检查应补缴税额	22			—	—
	应纳税额减征额	23				
	应纳税额合计	24=19+21-23				

续表

项 目		栏次	一般项目		即征即退项目	
			本月数	本年累计	本月数	本年累计
税款缴纳	期初未缴税额（多缴为负数）	25				
	实收出口开具专用缴款书退税额	26			—	—
	本期已缴税额	27=28+29+30+31				
	①分次预缴税额	28		—		—
	②出口开具专用缴款书预缴税额	29		—	—	—
	③本期缴纳上期应纳税额	30				
	④本期缴纳欠缴税额	31				
	期末未缴税额（多缴为负数）	32=24+25+26-27				
	其中：欠缴税额（≥0）	33=25+26-27		—		—
税款缴纳	本期应补（退）税额	34=24-28-29		—		—
	即征即退实际退税额	35	—	—		
	期初未缴查补税额	36			—	—
	本期入库查补税额	37			—	—
	期末未缴查补税额	38=16+22+36-37			—	—
附加税费	城市维护建设税本期应补（退）税额	39			—	—
	教育费附加本期应补（退）费额	40			—	—
	地方教育附加本期应补（退）费额	41			—	—
声明：此表是根据国家税收法律法规及相关规定填写的，本人（单位）对填报内容（及附带资料）的真实性、可靠性、完整性负责。 纳税人（签章）：　　年　月　日						
经办人： 经办人身份证号： 代理机构签章： 代理机构统一社会信用代码：		受理人： 受理税务机关（章）：　　受理日期：　年　月　日				

【注意点】

（1）纳税人应按月进行纳税申报，申报期为次月1日起至15日止，遇最后一日为法定节假日的，顺延1日；在每月1日至15日内有连续3日以上法定休假日的，按休假日天数顺延。

（2）纳税人不论有无销售额，均应按主管税务机关核定的纳税期限按期填报本表，并于次月1日至15日内，向当地税务机关申报。

第五章　出口退税的会计核算

引言

扩展学习资料

我国从20世纪50年代开始实行出口退税。在改革开放以前，由于国家对进出口贸易实行指令性计划，出口退税制度也带有明显的计划经济和财政补贴的特征。1985年3月22日，国务院批转财政部《关于对进出口产品征、退产品税或增值税的报告》和《关于对进出口产品征、退产品税或增值税的规定》，自此，我国符合国际惯例的较为规范的出口退税制度初步建立。出口退税制度的建立，实现了与国际惯例的接轨，对我国出口企业增强国际竞争力、扩大出口贸易起到了十分重要的作用。

学习目标

了解生产企业自营出口与外贸出口两种不同的退税计算以及会计处理。

第一节　出口退税的基本内容

一、出口企业或其他单位办理出口退（免）税的基本规定

出口退税，是指对出口货物退还其在国内生产和流通环节实际缴纳的增值税和消费税。各地的税务局网站上都有出口退税的生产企业出口退税申报系统和外贸企业出口退税申报系统。

（一）出口退（免）税企业备案信息报告事项

2018年4月19日，国家税务总局专门针对出口退税的相关问题进行规定，自2018年5月1日起执行。

出口退（免）税企业备案信息报告事项，是指享受出口退（免）税政策的出口企业，在申报出口退（免）税前向主管税务机关申请办理出口退（免）税企业备案以及后续的备案变更、备案撤回事项。具体包括：出口退（免）税备案、生产企业委托代办退税备案、外贸综合服务企业代办退税备案。出口退（免）税备案需提供的资料见表5-1。《出口退（免）税备案表》见表5-2。

支持出口企业根据自身实际，灵活选择电子化或者纸质化的方式留存保管出口货物提单等出口退税备案单证，提高单证收集整理效率。

【注意点】

优化推广国际贸易“单一窗口”、电子税务局等信息系统，积极支持引导出口企业采用“非接触”方式办理口岸和跨境贸易领域相关业务。原则上出口企业通过网上渠道提交申报电子数据后，即可申请办理出口退税申报等事项，无须提交纸质资料。税务等部门审核电子数据无问题的，即可办结业务，并通过网上反馈办理结果。

表5-1　**出口退（免）税备案需提供的资料**

序号	材料名称	数量	备注
1	《出口退（免）税备案表》电子数据	1份	
有以下情形的，还应提供相应材料			
适用情形	材料名称	数量	备注
未办理备案登记发生委托出口业务的生产企业	委托代理出口协议	1份	
从事国际水路运输的增值税零税率应税服务提供者	《国际船舶运输经营许可证》复印件	1份	
从事国际航空运输的增值税零税率应税服务提供者	经营范围包括“国际航空客货邮运输业务”的《公共航空运输企业经营许可证》复印件或经营范围包括“公务飞行”的《通用航空经营许可证》复印件	1份	
从事国际公路运输的增值税零税率应税服务提供者	经营范围包括“国际运输”的《道路运输经营许可证》复印件和《国际汽车运输行车许可证》复印件	1份	
从事国际铁路运输的增值税零税率应税服务提供者	经营范围包括“许可经营项目：铁路客货运输”的《企业法人营业执照》或其他具有提供铁路客货运输服务资质的证明材料复印件	1份	
以公路运输方式提供内地往返香港、澳门的交通运输服务	《道路运输经营许可证》及持《道路运输证》的直通港澳运输车辆的物权证明复印件	1份	
以水路运输方式提供大陆往返台湾交通运输服务	《台湾海峡两岸间水路运输许可证》及持《台湾海峡两岸间船舶营运证》船舶的物权证明复印件	1份	
以水路运输方式提供内地往返香港、澳门交通运输服务	获得港澳线路运营许可船舶的物权证明复印件	1份	
采用程租、期租和湿租方式租赁交通运输工具用于国际运输服务和港澳台运输服务	程租、期租和湿租合同或协议复印件	1份	
对外研发服务、设计服务、技术转让服务	《技术出口合同登记证》复印件	1份	符合条件调阅复用，免于重复提供

续表

适用情形	材料名称	数量	备注
以航空运输方式提供港澳台运输服务	经营范围包括“国际、国内（含港澳）航空客货邮运输业务”的《公共航空运输企业经营许可证》或者经营范围包括“公务飞行”的《通用航空经营许可证》复印件	1份	
以铁路运输方式提供内地往返香港的交通运输服务	经营范围包括“许可经营项目：铁路客货运输”的《企业法人营业执照》或其他具有提供铁路客货运输服务资质的证明材料复印件	1份	
从事航天运输的增值税零税率应税服务提供者	经营范围包括“商业卫星发射服务”的《企业法人营业执照》或国家国防科技工业局颁发的《民用航天发射项目许可证》或其他具有提供商业卫星发射服务资质的证明材料复印件	1份	
经营融资租赁业务出口货物	从事融资租赁业务资质证明	1份	
	融资租赁合同复印件（复印件上应注明“与原件一致”并加盖企业印章）		
境外旅客购物离境退（免）税代理机构办理出口退税备案	与省税务局签订的服务协议	1份	
办理变更出口退（免）税备案	《出口退（免）税备案表》及电子数据	各1份	电子数据1份
	有关变更项目的批准文件、证明材料复印件	1份	
	增值税零税率应税服务，应报送增值税零税率应税服务变更项目对应的资料	1份	
办理撤回出口退（免）税备案	《出口退（免）税备案撤回表》及电子数据	各1份	电子数据1份
办理撤回出口退（免）税备案时属于合并、分立、改制重组的	《企业撤回出口退（免）税备案未结清退（免）税确认书》	1份	
	合并、分立、改制重组企业决议	1份	
	合并、分立、改制重组企业章程	1份	
	合并、分立、改制重组相关部门批件	1份	
	承继撤回备案企业权利和义务的企业在撤回备案企业所在地的开户银行名称及账号	1份	
办理撤回出口退（免）税备案时属于放弃未申报或已申报但尚未办理的出口退（免）税的	放弃未申报或已申报但尚未办理的出口退（免）税声明	1份	

表 5-2　　**出口退（免）税备案表**

<table>
<tr><td colspan="5">以下信息由备案企业填写</td></tr>
<tr><td colspan="2">统一社会信用代码/纳税人识别号：</td><td colspan="3"></td></tr>
<tr><td colspan="2">纳税人名称</td><td colspan="3"></td></tr>
<tr><td colspan="2">海关企业代码</td><td colspan="3"></td></tr>
<tr><td colspan="2">对外贸易经营者备案登记表编号</td><td colspan="3"></td></tr>
<tr><td colspan="2">企业类型</td><td colspan="3">内资生产企业（　）外商投资企业（　）外贸企业（　）其他单位（　）</td></tr>
<tr><td colspan="2">退税开户银行</td><td colspan="3"></td></tr>
<tr><td colspan="2">退税开户银行账号</td><td colspan="3"></td></tr>
<tr><td rowspan="4">办理退（免）税人员</td><td>姓名</td><td></td><td rowspan="2">电话</td><td rowspan="2"></td></tr>
<tr><td>身份证号</td><td></td></tr>
<tr><td>姓名</td><td></td><td rowspan="2">电话</td><td rowspan="2"></td></tr>
<tr><td>身份证号</td><td></td></tr>
<tr><td colspan="2">退（免）税计算方法</td><td colspan="3">免抵退税（　）免退税（　）免税（　）其他（　）</td></tr>
<tr><td colspan="2">是否提供零税率应税服务</td><td>是（　）否（　）</td><td>提供零税率应税服务代码</td><td></td></tr>
<tr><td colspan="2">享受增值税优惠政策</td><td colspan="3">先征后退（　）即征即退（　）超税负返还（　）其他（　）</td></tr>
<tr><td colspan="2">出口退（免）税管理类型</td><td colspan="3"></td></tr>
<tr><td colspan="2">附送资料</td><td colspan="3"></td></tr>
<tr><td colspan="5">本表是根据国家税收法律法规及相关规定填报的，我单位确定它是真实的、可靠的、完整的。

经办人：
财务负责人：
法定代表人
（印章）
年　　月　　日</td></tr>
</table>

<table>
<tr><td colspan="6">以下信息由主管税务机关从税务登记信息中提取</td></tr>
<tr><td rowspan="4">工商登记</td><td>证照号码</td><td></td><td rowspan="4">法定代表人（个体工商户负责人）</td><td>姓名</td><td></td></tr>
<tr><td>开业（设立）日期</td><td></td><td rowspan="2">身份证号</td><td rowspan="2"></td></tr>
<tr><td>营业期限止</td><td></td></tr>
<tr><td>注册资本</td><td></td><td>电话</td><td></td></tr>
<tr><td colspan="2">注册地址</td><td colspan="4"></td></tr>
<tr><td colspan="2">生产经营地址</td><td colspan="4"></td></tr>
<tr><td colspan="2">联系电话</td><td colspan="4"></td></tr>
<tr><td colspan="2">纳税人类型</td><td colspan="4">增值税一般纳税人（　）增值税小规模纳税人（　）其他（　）</td></tr>
<tr><td colspan="2">登记注册类型</td><td></td><td colspan="2">行业</td><td></td></tr>
<tr><td colspan="2">纳税信用级别</td><td></td><td colspan="2">纳税人状态</td><td></td></tr>
<tr><td colspan="6">以下信息由主管税务机关填写</td></tr>
<tr><td colspan="2">主管税务机关代码</td><td></td><td colspan="2">主管税务机关名称</td><td></td></tr>
<tr><td colspan="2">退税机关代码</td><td></td><td colspan="2">退税机关名称</td><td></td></tr>
<tr><td colspan="2">企业分组</td><td></td><td colspan="2">分类管理类别</td><td></td></tr>
<tr><td colspan="2">备案状态</td><td colspan="4"></td></tr>
<tr><td colspan="2">撤回标识</td><td></td><td colspan="2">撤回时间</td><td></td></tr>
<tr><td colspan="2">其他扩展信息</td><td colspan="4"></td></tr>
</table>

（二）申报出口退（免）税不再进行退（免）税预申报的基本规定

出口企业和其他单位申报出口退（免）税时，不再进行退（免）税预申报。主管税务机关确认申报凭证的内容与对应的管理部门电子信息无误后方可受理出口退（免）税申报。

取消的出口退（免）税事项和表证单书的具体规定如下：

1.取消出口退（免）税预申报

出口企业和其他单位申报出口退（免）税时，主管税务机关确认申报凭证的内容与海关总署等相关管理部门的电子信息无误后方可受理。

2.取消报送“增值税及附加税费申报表”

实行免抵退税办法的出口企业或其他单位在申报办理出口退（免）税时，不再报送当期“增值税及附加税费申报表”。

3.取消报送进口货物报关单（加工贸易专用）

出口企业按规定申请开具代理进口货物证明时，不再提供进口货物报关单（加工贸易专用）。

4.取消报送“出口退税进货分批申报单”

外贸企业购进货物需分批申报退（免）税的以及生产企业购进非自产应税消费品需分批申报消费税退税的，出口企业不再向主管税务机关填报“出口退税进货分批申报单”，由主管税务机关通过出口税收管理系统对进货凭证进行核对。

5.取消报送无相关电子信息申报凭证及资料

出口企业或其他单位在出口退（免）税申报期限截止之日前，申报出口退（免）税的出口报关单、代理出口货物证明、委托出口货物证明、增值税进货凭证仍没有对应管理部门电子信息或凭证的内容与电子信息比对不符的，应在出口退（免）税申报期限截止之日前，向主管税务机关报送“出口退（免）税凭证无相关电子信息申报表”。相关退（免）税申报凭证及资料留存企业备查，不再报送。

（三）申报出口退（免）税的其他规定

1.向主管税务机关报送“出口退（免）税凭证无相关电子信息申报表”的规定

出口企业或其他单位在出口退（免）税申报期限截止之日前，申报出口退（免）税的出口报关单、代理出口货物证明、委托出口货物证明、增值税进货凭证仍没有电子信息或凭证的内容与电子信息比对不符的，应在出口退（免）税申报期限截止之日前，向主管税务机关报送“出口退（免）税凭证无相关电子信息申报表”。相关退（免）税申报凭证及资料留存企业备查，不再报送。

2.出口企业和其他单位申报出口退（免）税时申请延期办理的情形

出口企业或其他单位出口货物劳务、发生增值税跨境应税行为，由于以下原因未收齐单证，无法在规定期限内申报的，应在出口退（免）税申报期限截止之日前，向负责管理出口退（免）税的主管税务机关报送“出口退（免）税延期申报申请表”（见表5-3）及相关举证资料，提出延期申报申请。主管税务机关自受理企业申请之日起20个工作日内完成核准，并将结果告知出口企业或其他单位。

表 5-3　**出口退（免）税延期申报申请表**

<table>
<tr><td>统一社会信用代码/纳税人识别号</td><td colspan="5"></td></tr>
<tr><td>纳税人名称</td><td colspan="5"></td></tr>
<tr><td>企业类型</td><td colspan="5"></td></tr>
<tr><td colspan="6">我单位下列业务不能在规定的期限内申报出口退（免）税，根据现行出口退（免）税相关规定，特申请延期办理。</td></tr>
<tr><td colspan="6">申请延期申报出口退（免）税情况</td></tr>
<tr><td>序号</td><td>增值税进货凭证号码</td><td>出口报关单号码</td><td>代理出口证明号码</td><td>出口发票号码</td><td>延期原因</td></tr>
<tr><td></td><td></td><td></td><td></td><td></td><td></td></tr>
<tr><td></td><td></td><td></td><td></td><td></td><td></td></tr>
<tr><td></td><td></td><td></td><td></td><td></td><td></td></tr>
<tr><td colspan="6">本表是根据国家税收法律法规及相关规定填报的，我单位确定它是真实的、可靠的、完整的。
经办人：
财务负责人：
法定代表人：
（印章）
年　月　日</td></tr>
</table>

企业申请延期办理的事由可按下列原因填写序号，如不属所列原因，需在表格中详细填写。

①自然灾害、社会突发事件等不可抗力因素；

②出口退（免）税申报凭证被盗、抢，或者因邮寄丢失、误递；

③有关司法、行政机关在办理业务或者检查中，扣押出口退（免）税申报凭证；

④买卖双方因经济纠纷，未能按时取得出口退（免）税申报凭证；

⑤由于企业办税人员伤亡、突发危重疾病或者擅自离职，未能办理交接手续，导致不能按期提供出口退（免）税申报凭证；

⑥由于企业向海关提出修改出口货物报关单申请，在出口退（免）税申报期限截止之日前海关未完成修改，导致不能按期提供出口货物报关单；

⑦有关政府部门在出口退（免）税申报期限截止之日前未出具出口退（免）税申报所需凭证资料；

⑧国家税务总局规定的其他情形。

3.生产企业的特殊规定

生产企业应于每年4月20日前，按以下规定向主管税务机关申请办理上年度海关已核销的进料加工手（账）册项下的进料加工业务核销手续。4月20日前未进行核销的，对该企业的出口退（免）税业务，主管税务机关暂不办理，在其进行核销后再办理。

（1）生产企业申请核销前，应从主管税务机关获取海关联网监管加工贸易电子数据中的进料加工"电子账册（电子化手册）核销数据"以及进料加工业务的进口和出口货物报关单数据。

生产企业将获取的反馈数据与进料加工手（账）册实际发生的进口和出口情况核对后，填报"生产企业进料加工业务免抵退税核销表"向主管税务机关申请核销。如果核对发现，实际业务与反馈数据不一致，生产企业还应填写"已核销手（账）册海关数据调整表"，连同电子数据和证明材料一并报送主管税务机关。

（2）主管税务机关应将企业报送的电子数据读入出口退税审核系统，对"生产企业进料加工业务免抵退税核销表"和"已核销手（账）册海关数据调整表"及证明资料进行审核。

（3）主管税务机关确认核销后，生产企业应以"生产企业进料加工业务免抵退税核销表"中的"已核销手（账）册综合实际分配率"，作为当年度进料加工计划分配率。同时，应在核销确认的次月，根据"生产企业进料加工业务免抵退税核销表"确认的不得免征和抵扣税额在纳税申报时申报调整；应在确认核销后的首次免抵退税申报时，根据"生产企业进料加工业务免抵退税核销表"确认的调整免抵退税额申报调整当期免抵退税额。

（4）生产企业发现核销数据有误的，应在发现次月按照本条第（1）项至第（3）项的有关规定向主管税务机关重新办理核销手续。

【注意点】

出口企业因纳税信用级别、海关企业信用管理类别、外汇管理的分类管理等级等发生变化，或者对分类管理类别评定结果有异议的，可以书面向负责评定出口企业管理类别的税务机关提出重新评定管理类别。

4.出口货物劳务和服务的时间确定

自2018年5月1日起，出口货物劳务、服务的时间，按以下原则确定：属于向海关报关出口的货物劳务，以出口货物报关单上注明的出口日期为准；属于非报关出口销售的货物、发生适用增值税零税率跨境应税行为，以出口发票或普通发票的开具时间为准；属于保税区内出口企业或其他单位出口的货物以及经保税区出口的货物，以货物离境时海关出具的出境货物备案清单上注明的出口日期为准。

【注意点】

自2015年4月30日起，国家税务总局规定：

（1）出口企业或其他单位办理出口退（免）税资格认定时，"出口退（免）税资格认定申请表"中的"退税开户银行账号"从税务登记的银行账号中选择一个填报，不再向主管税务机关提供银行开户许可证。

（2）生产企业办理进料加工业务核销，按规定向主管税务机关报送"已核销手（账）册海关数据调整报告表（进口报关单/出口报关单）"时，不再提供向报关海关查询情况的书面说明。

（3）委托出口的货物，除国家取消出口退税的货物外，委托方不再向主管税务机关报送"委托出口货物证明"，此前未报送"委托出口货物证明"的不再报送；受托方申请开具"代理出口货物证明"时，不再提供委托方主管税务机关签章的"委托出口货物证明"。

(4) 企业在申报铁路运输服务免抵退税时，属于客运的，应当提供“国际客运（含香港直通车）旅客、行李包裹运输清算函件明细表”；属于货运的，应当提供“中国铁路总公司国际货物运输明细表”，或者提供列明本企业清算后的国际联运运输收入的“清算资金通知清单”。

二、出口退税的税率

增值税出口退税的退税率分别为：13%、11%、9%、8%。具体为：

(1) 原适用16%税率且出口退税率为16%的出口货物劳务，出口退税率调整为13%。

(2) 原适用10%税率且出口退税率为10%的出口货物、跨境应税行为，出口退税率调整为9%。

(3) 适用13%税率的境外旅客购物离境退税物品，退税率为11%。

(4) 适用9%税率的境外旅客购物离境退税物品，退税率为8%。

三、出口退税率和出口退税率查询方法

(一) 出口退税率

出口退税率是国内企业出口货物的实际退税额与计税依据之间的比例，它是出口退税的中心环节，可以体现国家在一定时期的经济政策，同时可以反映出口货物的实际征税水平。出口退税率是根据出口货物的实际整体税负确定的，而且也是零税率原则和宏观调控原则相结合的产物。

(二) 出口退税率查询方法

出口退税率可以通过委托出口退税业务的代理公司查询，也可以通过登录国家税务总局选择纳税服务进行查询，在出口退税率查询入口处输入商品名称点击查询即可，可以通过高级查询，输入商品代码及商品名称查询，也可以直接在高级查询页面直接浏览商品名称对应的增值税退税率。

【注意点】

中国电子口岸（www.chinaport.gov.cn）是国务院有关部委将分别掌管的进出口业务信息流、资金流、货物流等电子底账数据集中存放到口岸公共数据中心，为各行政管理部门提供跨部门、跨行业的行政执法数据联网核查，并为企业及中介服务机构提供网上办理进出口业务服务的数据交换平台。

第二节　出口退税的计算

一、“免、抵、退”的含义

(1)“免”是指生产企业出口自产货物免征生产销售环节的增值税。

(2)“抵”是指以本企业本期出口产品应退税额抵顶内销产品应纳税额。

(3)“退”是指按照上述过程确定的实际应退税额符合一定标准时，即生产企业出口的自产货物在当月内应抵顶的进项税额大于应纳税额时，对未抵顶完成的部分予以

退税。

【注意点】

免抵退税计算，退税率低于征税率的情形如图5-1所示：

图5-1　退税率低于征税率的情形

免抵退税计算，退税率等于征税率的情形如图5-2所示：

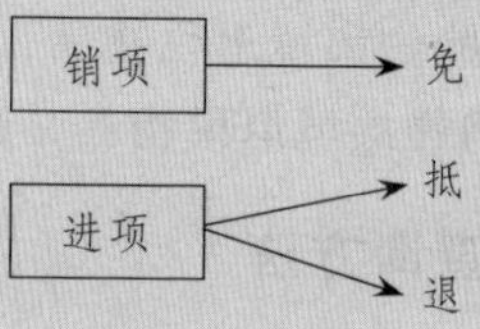

图5-2　退税率等于征税率的情形

二、“免、抵、退”税的计算

“免、抵、退”税的计算可分为四个步骤：

1.计算不得免征和抵扣税额

$$\text{免抵退税不得免征和抵扣税额}=\text{出口货物离岸价}\times\text{外汇牌价}\times\left(\text{增值税税率}-\text{出口退税率}\right)-\text{免抵退税不得免征和抵扣税额抵减额}$$

$$\text{免抵退税不得免征和抵扣税额抵减额}=\text{免税购进原材料价格}\times\left(\text{出口货物征税率}-\text{出口货物退税率}\right)$$

2.计算当期应纳税额

$$\text{当期应纳税额}=\text{当期内销货物的销项税额}-\left(\text{当期进项税额}-\text{当期免抵退税不得免征和抵扣税额}\right)-\text{上期末留抵税额}$$

若应纳税额为正数，即没有可退税额（因为没有留抵税额），则仍应缴纳增值税；若应纳税额为负数，即期末有未抵扣税额，则可以申请退税，最终可以退多少税金，需要进行计算比较确定。

3.计算免抵退税额

免抵退税额=出口货物离岸价×外汇牌价×出口货物退税率-免抵退税额抵减额

免抵退税额抵减额=免税购进原料价格×出口货物退税率

免税购进原料包括从国内购进免税原料和进料加工免税进口料件。其中，进料加工免税进口料件的组成计税价格公式为：

进料加工免税进口料件的组成计税价格=货物到岸价+海关实征关税和消费税

4.确定应退税额和免抵税额

若期末未抵扣税额≤免抵退税额，则：

当期应退税额=期末未抵扣税额

当期免抵税额=免抵退税额-期末未抵扣税额

若期末未抵扣税额≥免抵退税额，则：

当期应退税额=免抵退税额

当期免抵税额=0

【注意点】

如果退税率等于征税率，出口商可得到全部出口货物的进项税额的退还。退税率低于征税率的，计算出的差额部分（即不得退税的部分），在会计处理上，以“应交税费——应交增值税（进项税额转出）”记入“主营业务成本”或者“其他业务成本”科目中。

【例5-1】某外贸公司8月份购进蓝牙音箱10 000只，单价80元/只，已取得增值税专用发票。将外购的蓝牙音箱全部报关出口，离岸单价15美元/只，此笔出口已收汇并做销售处理。（美元与人民币比价为1∶7.2，退税率为13%）。该笔出口业务应退增值税为多少？

【解析】

应退增值税=10 000×80×13%=104 000（元）

第三节　出口退税的核算

一、外贸企业出口货物退税的核算

外贸企业的退税适用“先征后退”。

1.外贸企业在国内收购出口的货物

借：在途物资（库存商品）

　　应交税费——应交增值税（进项税额）

　贷：银行存款

2.货物出口销售

（1）出口销售时：

借：银行存款等

　贷：主营业务收入

（2）结转已销商品成本：

借：主营业务成本

　贷：库存商品

（3）按购进时取得的增值税专用发票上记载的增值税税额与按规定的退税率计算的增值税税额的差额，即不清退的部分，作为出口商品的已销成本，如（购进税率13%-出口退税率9%）×进价。

借：主营业务成本

　贷：应交税费——应交增值税（进项税额转出）

（4）如外贸企业出口量较大，按退税率计算出应收的出口退税：

借：应收出口退税款——某税务局

　贷：应交税费——应交增值税（出口退税）

（5）收到出口退税时：

借：银行存款

　贷：应收出口退税款——某税务局

【例5-2】某外贸企业在国内收购货物一批，取得的增值税专用发票上注明的价款为930万元，税额为120.9万元，直接报关出口，出口销售额为180万美元（汇率为1∶7），该批货物的增值税税率为13%，出口退税率为9%。

【解析】

①国内采购货物：

借：在途物资　9 300 000

　　应交税费——应交增值税（进项税额）　1 209 000

　贷：银行存款　10 509 000

验收入库：

借：库存商品　9 300 000

　贷：在途物资　9 300 000

②报关出口：

借：银行存款　12 600 000

　贷：主营业务收入　12 600 000

③结转已销商品成本：

借：主营业务成本　9 300 000

　贷：库存商品　9 300 000

④出口货物不予抵扣金额=9 300 000×（13%-9%）=372 000（元）

借：主营业务成本　372 000

　贷：应交税费——应交增值税（进项税额转出）　372 000

⑤按退税率9%计算应收的出口退税额=9 300 000×9%=837 000（元）

借：应收出口退税款　837 000

　贷：应交税费——应交增值税（出口退税）　837 000

⑥收到出口退税额：

借：银行存款　837 000

　贷：应收出口退税款　837 000

【注意点】

在企业会计准则下，商业企业（包括外贸企业）采购商品的运杂费，也与工业企业一样记入采购成本“在途物资”等账户中。

二、生产企业出口退税的核算

（1）不得退还的增值税。按规定计算的当期出口物资不予免征、抵扣和退税的税额，计入出口物资成本，即企业按购进原材料等取得的增值税专用发票上记载的增值税税额与按退税率计算的增值税税额的差额，不得用于抵减其他存货内销时的销项税额。

借：主营业务成本

　贷：应交税费——应交增值税（进项税额转出）

（2）如果出口企业有出口和内销，按规定的退税率计算的出口货物的进项税额抵减内销产品的应纳税额，在取得主管退税机关出具的“生产企业免抵退税审批通知单”后的会计处理。

借：应交税费——应交增值税（出口抵减内销产品应纳税额）

　贷：应交税费——应交增值税（出口退税）

（3）如果出口企业只有出口，没有内销或内销很少，按规定应予退回的税款的会计处理。

①计算应予退回的税款。

借：应收出口退税款——某税务局

　贷：应交税费——应交增值税（出口退税）

②收到退回的税款。

借：银行存款

　贷：应收出口退税款——某税务局

（4）退关和退货。生产企业已办理退税和免抵税的出口货物发生退关、退货的，应及时到其所在地主管出口退税的税务机关申请办理“出口货物退运已办结税务证明”，缴纳已退的税款，调整已免抵税额。

作相反的会计分录冲减销售收入和销售成本，调整“不得免征和抵扣税额”。

【例5-3】某具有进出口经营权的生产企业，对自产货物经营出口销售及国内销售。该企业某年1月份购进所需要原材料等货物，允许抵扣的进项税额为65万元，内销产品取得销售额300万元（不含税），出口货物离岸价折合人民币2 400万元。假设上期留抵税额款5万元，增值税税率13%，退税率9%，则相关账务处理如下：

（1）外购原辅材料、备件、能源等时：

借：原材料	5 000 000	
应交税费——应交增值税（进项税额）	650 000	
贷：银行存款		5 650 000

（2）产品外销时，免征本销售环节的销项税额：

借：应收账款	24 000 000	
贷：主营业务收入		24 000 000

（3）产品内销时：

借：银行存款	3 390 000	
贷：主营业务收入		3 000 000
应交税费——应交增值税（销项税额）		390 000

（4）月末，计算当月出口货物不予抵扣和退税的税额时：

当期不予抵扣或退税的金额=出口货物离岸价×人民币外汇牌价×（征税率−退税率）

=2 400×（13%−9%）=96（万元）

借：主营业务成本 960 000

贷：应交税费——应交增值税（进项税额转出） 960 000

（5）计算应纳税额并实际缴纳时：

$$\text{本月应纳税额}=\text{当期内销的销项税额}-\left(\text{当期进项税额}+\text{上期留抵税额}-\text{当期不予抵扣或退税的金额}\right)$$

=39−（65+5−96）=65（万元）

借：应交税费——应交增值税（已交税金） 650 000

贷：银行存款 650 000

第六章　消费税的会计核算

引言

党的二十大报告对完善分配制度作出了部署：

“九、增进民生福祉，提高人民生活品质

……

（一）完善分配制度。分配制度是促进共同富裕的基础性制度。坚持按劳分配为主体、多种分配方式并存，构建初次分配、再分配、第三次分配协调配套的制度体系。努力提高居民收入在国民收入分配中的比重，提高劳动报酬在初次分配中的比重。坚持多劳多得，鼓励勤劳致富，促进机会公平，增加低收入者收入，扩大中等收入群体。完善按要素分配政策制度，探索多种渠道增加中低收入群众要素收入，多渠道增加城乡居民财产性收入。加大税收、社会保障、转移支付等的调节力度。”

扩展学习资料

在党的二十大报告中，虽然没有直接提及“消费税”这一具体税种，但报告强调了要深化财税体制改革，完善税制结构，优化税收政策，以更好地发挥税收在经济社会发展中的调节作用。因此，从这一角度来看，消费税作为税制体系中的重要组成部分，其在未来财税体制改革和税收政策优化中仍将发挥重要作用。

通过对特定消费品征收消费税，国家可以有目的地限制某些特殊消费品的消费需求，从而达到调节产品结构的目的。这有助于引导消费者进行更健康、更环保的消费，促进社会的可持续发展。

学习目标

掌握企业应交消费税的计算方法、会计账户的设置、核算方法及纳税申报规定与程序。

第一节　消费税的基本内容

一、消费税的定义

消费税是指对在我国境内从事生产、委托加工和进口应税消费品的单位和个人，以及国务院确定的销售应交消费税的消费品的其他单位和个人征收的一种流转税。

2008年11月5日国务院第34次常务会议修订了《消费税暂行条例》，2008年12月15日财政部和国家税务总局颁布了《消费税暂行条例实施细则》，从2009年1月1日起实施。

二、消费税的纳税义务人和征税范围

1.纳税义务人

消费税的纳税义务人，是指在我国境内生产、委托加工和进口应税消费品（金银首饰、铂金饰品、钻石饰品除外）的单位和个人。金银首饰、铂金饰品、钻石饰品消费税的纳税人，是指在中华人民共和国境内从事金银首饰、铂金饰品、钻石饰品商业零售的单位和个人；委托加工（另有规定的除外）、委托代销金银首饰、铂金饰品、钻石饰品的，委

托方也是纳税人。

2.消费税征税范围

（1）生产应税消费品。①纳税人生产的应税消费品，于销售时纳税。②纳税人自产自用的应税消费品，用于连续生产应税消费品的，不纳税；用于其他方面的，于移送使用时纳税。

（2）委托加工应税消费品。①委托加工的应税消费品，是指由委托方提供原料和主要材料，受托方只收取加工费和代垫部分辅助材料加工的应税消费品。②对于由受托方提供原材料生产的应税消费品，或者受托方先将原材料卖给委托方，然后再接受加工的应税消费品，以及由受托方以委托方名义购进原材料生产的应税消费品，不论在财务上是否作为销售处理，都不得作为委托加工应税消费品，而应当按照销售自制应税消费品缴纳消费税。③委托加工的应税消费品，除受托方为个人外，由“受托方”在向委托方交货时代收代缴消费税。委托个人加工的应税消费品，由“委托方”收回后缴纳消费税。④委托加工的应税消费品，委托方用于连续生产应税消费品的，所纳税款准予按规定抵扣。⑤委托方将收回的应税消费品直接出售，不再缴纳消费税。

（3）进口应税消费品。

（4）零售金银首饰、铂金首饰、钻石及钻石饰品。①金银首饰在零售环节缴纳消费税，生产环节不再缴纳。②金银首饰仅限于金、银以及金基、银基合金首饰和金基、银基合金的镶嵌首饰。需要特别提醒的是，此处不包括镀金首饰和包金首饰。

（5）批发销售卷烟。烟草批发企业将卷烟销售给“零售单位”的，再征一道消费税，税率为11%，并按0.005元/支加征从量税。

【注意点】

（1）消费税的征税范围是四个环节：生产、委托加工、进口、零售，即在指定环节一次性缴纳，其他环节不再缴纳。

（2）消费税与增值税的区别：消费税的绝大多数应税消费品只在货物出厂销售（或委托加工、进口）环节一次性征收，以后的批发零售环节不再征收。增值税是在货物生产、流通各环节道道征收。

【注意点】

烟草批发企业将卷烟销售给其他烟草批发企业的，不缴纳消费税。纳税人兼营卷烟批发和零售业务的应当分别核算，未分别核算的按照全部销售额、销售数量计征批发环节消费税。

三、纳税申报

（1）纳税人生产的应税消费品，于纳税人销售时纳税。

（2）纳税人自产自用的应税消费品，用于连续生产应税消费品的，不纳税；用于其他方面的，于移送使用时纳税。

（3）委托加工的应税消费品，除受托方为个人外，由受托方在向委托方交货时代扣代缴税款。委托加工的应税消费品，委托方用于连续生产应税消费品的，所纳税款准予按规定抵扣。

（4）进口的应税消费品，于报关进口时纳税。

消费税申报需提供的资料见表6-1。

表6-1　　　　　　　　　　　　　**消费税申报需提供的资料**

序号	材料名称	数量	备注
1	《消费税及附加税费申报表》及附表资料	2份	
有以下情形的，还应提供相应材料			
适用情形	材料名称	数量	备注
执行定点直供计划销售石脑油、燃料油，且开具普通版增值税专用发票的纳税人	《生产企业定点直供石脑油、燃料油开具普通版增值税专用发票明细表》	1份	
石脑油、燃料油生产企业销售含税石脑油、燃料油	《生产企业销售含税石脑油、燃料油完税情况明细表》	1份	
使用石脑油、燃料油生产乙烯、芳烃类产品申请石脑油、燃料油退（免）消费税的企业	《使用企业外购石脑油、燃料油凭证明细表》	1份	
	《石脑油、燃料油生产、外购、耗用、库存月度统计表》	1份	
	《乙烯、芳烃生产装置投入产出流量统计表》	1份	
	进口货物报关单、海关进口消费税专用缴款书、自动进口许可证等材料复印件	1份	既以国产又以进口石脑油、燃料油生产乙烯、芳烃类化工产品的使用企业报送； 符合条件的进口货物报关单调阅复用，免于重复提供
进口已税烟丝用于连续生产卷烟的纳税人；进口已税汽油、柴油、石脑油、燃料油、润滑油用于连续生产应税油品的纳税人；进口已税高档化妆品生产高档化妆品的纳税人；进口已税珠宝玉石生产贵重首饰和珠宝玉石的纳税人；进口已税鞭炮焰火生产鞭炮焰火的纳税人；进口已税杆头、杆身和握把为原料生产高尔夫球杆的纳税人；进口已税木制一次性筷子为原料生产木制一次性筷子的纳税人；进口已税实木地板为原料生产实木地板的纳税人；进口已税摩托车连续生产应税摩托车的纳税人	《海关进口消费税专用缴款书》复印件	1份	

【注意点】

（1）纳税人应建立《葡萄酒消费税抵扣税款台账》，作为申报扣除外购、进口应税葡萄酒已纳消费税税款的备查资料。

（2）纳税人应建立《电池、涂料税款抵扣台账》，作为申报扣除委托加工收回应税消费品已纳消费税税款的备查资料。

（3）自2021年8月1日起，附加税费申报表与消费税申报表进行整合申报。

四、消费税的税目税率

消费税的税率有两种形式：一种是比例税率；另一种是定额税率，即单位税额。消费税税率形式的选择，主要是根据课税对象情况来确定的，对一些供求基本平衡、价格差异不大、计量单位规范的消费品，选择计税简单的定额税率，如黄酒、啤酒、成品油等；对一些供求矛盾突出、价格差异较大、计量单位不规范的消费品，选择税价联动的比例税率，如烟、白酒、高档化妆品、鞭炮焰火、贵重首饰及珠宝玉石、摩托车、小汽车、游艇、高档手表等。

一般情况下，对一种消费品只选择一种税率形式，但为了更好地保全消费税税基，对一些应税消费品如卷烟、白酒，则采用定额税率和比例税率双重征收形式。

消费税税目税率表见表6-2。

表6-2　　消费税税目税率表

税　目	税　率
一、烟	
1.卷烟	
（1）甲类卷烟（生产、进口环节）	56%加0.003元/支
（2）乙类卷烟（生产、进口环节）	36%加0.003元/支
（3）批发环节	11%加0.005元/支
2.雪茄烟	36%
3.烟丝	30%
二、酒	
1.白酒	20%加0.5元/500克（或500毫升）
2.黄酒	240元/吨
3.啤酒	
（1）甲类啤酒	250元/吨
（2）乙类啤酒	220元/吨

续表

税　　目	税　　率
4.其他酒	10%
三、高档化妆品	15%
四、贵重首饰及珠宝玉石	
1.金银首饰、铂金首饰和钻石及钻石饰品（零售环节）	5%
2.其他贵重首饰和珠宝玉石	10%
五、鞭炮、焰火	15%
六、成品油	
1.汽油、石脑油、溶剂油、润滑油	1.52元/升
2.柴油、航空煤油（暂缓征收）、燃料油	1.20元/升
七、摩托车	
1.气缸容量（排气量，下同）250毫升	3%
2.气缸容量250毫升以上的	10%
八、小汽车	
1.乘用车	
（1）气缸容量（排气量，下同）在1.0升（含1.0升）以下的	1%
（2）气缸容量在1.0升以上至1.5升（含1.5升）的	3%
（3）气缸容量在1.5升以上至2.0升（含2.0升）的	5%
（4）气缸容量在2.0升以上至2.5升（含2.5升）的	9%
（5）气缸容量在2.5升以上至3.0升（含3.0升）的	12%
（6）气缸容量在3.0升以上至4.0升（含4.0升）的	25%
（7）气缸容量在4.0升以上的	40%
2.中轻型商用客车	5%
3.超豪华小汽车（零售环节）	10%（生产环节同乘用车和商用客车）
九、高尔夫球及球具	10%
十、高档手表	20%
十一、游艇	10%

续表

<table>
<tr><th colspan="2">税　目</th><th>税　率</th></tr>
<tr><td colspan="2">十二、木制一次性筷子</td><td>5%</td></tr>
<tr><td colspan="2">十三、实木地板</td><td>5%</td></tr>
<tr><td colspan="2">十四、电池、涂料</td><td>4%</td></tr>
<tr><td rowspan="2">十五、电子烟</td><td>工业</td><td>36%</td></tr>
<tr><td>商业批发</td><td>11%</td></tr>
</table>

【注意点】

消费税税率也可能随国家政策调整而变化，比如自 2022 年 11 月 1 日起对电子烟征收消费税。企业应密切关注国家税务总局及相关部门发布的最新政策通知，确保及时了解并适应税率变化。

五、消费税的纳税地点

（1）纳税人销售的应税消费品以及自产自用的应税消费品，除国务院财政、税务主管部门另有规定外，应当向纳税人机构所在地或者居住地的主管税务机关申报纳税。

（2）委托加工的应税消费品，由受托方在向委托方交货时代收代缴消费税。委托方收回后直接出售的，不再征收消费税。但对于纳税人委托个体经营者加工应税消费品的，一律于委托方收回后在委托方所在地缴纳消费税。

（3）进口的应税消费品，应当向报关地海关申报纳税。

【注意点】

消费税的纳税地点有不同于增值税之处，消费税主要是在核算地纳税。而增值税是固定业户应当向其机构所在地或者居住地的主管税务机关申报纳税。

第二节　消费税的计算

一、销售数量的确定

（1）销售应税消费品的，为应税消费品的销售数量。

（2）自产自用应税消费品的，为应税消费品的移送使用数量。

（3）委托加工应税消费品的，为纳税人收回的应税消费品数量。

（4）进口的应税消费品，为海关核定的应税消费品的进口数量。

二、销售应税消费品的应纳税额计算

（一）计税依据的确定

（1）从价定率计税方法的计税依据是销售额，适用范围是除列举项目之外的应税消费品。

（2）从量定额计税方法的计税依据是销售数量，适用范围是啤酒、黄酒和成品油。

（3）复合计税方法的计税依据是销售额和销售数量，适用范围是白酒和卷烟。

（二）销售时应税消费品的应纳税额计算

计算消费税实行从价定率、从量定额，或者从价定率和从量定额复合计税（以下简称复合计税）的办法计算应纳税额。应纳税额计算公式为：

实行从价定率办法计算的应纳税额=销售额×比例税率

实行从量定额办法计算的应纳税额=销售数量×定额税率

实行复合计税办法计算的应纳税额=销售额×比例税率+销售数量×定额税率

销售额为纳税人销售应税消费品向购买方收取的全部价款和价外费用。全部价款中包含消费税，但不包括增值税，其价外费用的内容与增值税规定相同。

销售额，不包括应向购货方收取的增值税税款。如果纳税人应税消费品的销售额中未扣除增值税税款或者因不得开具增值税专用发票而发生价款和增值税税款合并收取的，在计算消费税时，应当换算为不含增值税税款的销售额。其换算公式为：

$$\text{应税消费品的销售额}=\frac{\text{含增值税的销售额}}{1+\text{增值税税率或征收率}}$$

消费税是价内税，实行从价定率征收的应税消费品，其计税依据是含消费税而不含增值税的销售额，也称应税销售额或应税销售收入。

【注意点】

消费税与增值税是交叉课征的关系。

相同点：消费税与增值税都属于流转税。

不同点：①消费税是价内税，增值税是价外税；②消费税是一次课征，而增值税是多次课征。

【例6-1】（2015年初级会计职称考试试题改编）甲企业为增值税一般纳税人，主要从事小汽车的制造和销售业务。某年7月有关业务如下：

（1）销售1辆定制小汽车取得含增值税价款226 000元，另收取手续费33 900元。

（2）将20辆小汽车对外投资，小汽车生产成本为10万元/辆，甲企业同类小汽车不含增值税最高销售价格为16万元/辆、平均销售价格为15万元/辆、最低销售价格为14万元/辆。

（3）采取预收款方式销售给4S店一批小汽车，当月5日签订合同，当月10日收到预售款，当月15日发出小汽车，当月20日开具发票。

（4）生产中轻型商用客车500辆，其中480辆用于销售、10辆用于广告、8辆用于企业管理部门、2辆用于赞助。

已知：小汽车增值税税率为13%，消费税税率为5%。

要求：

根据上述资料，分析回答下列小题：

（1）甲企业销售定制小汽车应缴纳的消费税税额的下列计算中，正确的是（　　）。

A. 226 000×5%=11 300（元）

B.（226 000+33 900）÷（1+13%）×5%=11 500（元）

C. 226 000÷（1+13%）×5%=10 000（元）

D.（226 000+33 900）×5%=12 995（元）

【答案】B

【解析】

销售小汽车同时收取的手续费应作为“价外收入”，价税分离后计入销售额征收消费税。因此，甲企业销售定制小汽车应缴纳消费税=（226 000+33 900）÷（1+13%）×5% =11 500（元）。

（2）甲企业以小汽车投资应缴纳消费税税额的下列计算中，正确的是（　　）。

A.20×16×5%=16（万元）　　B.20×15×5%=15（万元）

C.20×10×5%=10（万元）　　D.20×14×5%=14（万元）

【答案】A

【解析】

纳税人用于换取生产资料和消费资料、投资入股和抵偿债务等方面的应税消费品，应当以纳税人同类应税消费品的“最高”销售价格作为计税依据计算消费税。

（3）甲企业采用预收款方式销售小汽车，消费税的纳税义务发生时间是（　　）。

A.7月5日　　B.7月10日

C.7月15日　　D.7月20日

【答案】C

【解析】

采取预收货款结算方式的，消费税纳税义务发生时间为发出应税消费品的当天。

（4）下列行为中应缴纳消费税的是（　　）。

A.480辆用于销售　　B.10辆用于广告

C.8辆用于企业管理部门　　D.2辆用于赞助

【答案】ABCD

【解析】

纳税人将自产自用的应税消费品用于生产非应税消费品、在建工程、管理部门、非生产机构、提供劳务、馈赠、赞助、集资、广告、样品、职工福利、奖励等方面，视同销售应税消费品，于移送使用时纳税。

（三）自产自用应税消费品的应纳税额计算

纳税人自产自用的应税消费品，按照纳税人生产的同类消费品的销售价格计算纳税；没有同类消费品销售价格的，按照组成计税价格计算纳税。

实行从价定率办法计算纳税的组成计税价格计算公式：

$$组成计税价格=\frac{成本+利润}{1-消费税税率}$$

实行复合计税办法计算纳税的组成计税价格计算公式：

$$组成计税价格=\frac{成本+利润+自产自用数量\times定额税率}{1-消费税税率}$$

如果属于自产自用的应税消费品，需要针对不同情况判断是否计算消费税。

（1）如果用于本企业连续生产应税消费品则不缴纳消费税。

（2）如果用于下列其他方面则于移送使用时缴纳消费税：①用于本企业连续生产非应税消费品和在建工程；②用于管理部门、非生产机构；③用于提供劳务；④用于馈赠、赞助、集资、广告、样品、职工福利、奖励等方面。

【注意点】

由于消费税是价内税，所以计税依据中含消费税税额，如果计税依据中不含消费税，需要换算为含消费税的销售额。而增值税是价外税，所以计税依据中不含增值税税额，如果是计税依据中含有增值税，需要换算为不含增值税的销售额。

【例6-2】某烟厂销售雪茄烟300箱，获得不含税销售收入600万元；以雪茄烟40箱换回小轿车2辆、大货车1辆，雪茄烟消费税税率为36%。

【解析】

应交消费税=600×36%+600÷300×40×36%=244.8（万元）

应交增值税=600×13%+600÷300×40×13%=88.4（万元）

（四）委托加工应税消费品的应纳税额计算

委托加工的应税消费品，是指由委托方提供原料和主要材料，受托方只收取加工费和代垫部分辅助材料加工的应税消费品。对于由受托方提供原材料生产的应税消费品，或者受托方先将原材料卖给委托方，然后再接受加工的应税消费品，以及由受托方以委托方名义购进原材料生产的应税消费品，不论在财务上是否作销售处理，都不得作为委托加工应税消费品，而应当按照销售自制应税消费品缴纳消费税。

委托加工的应税消费品直接出售的，不再缴纳消费税。

委托加工的应税消费品，按照受托方的同类消费品的销售价格计算纳税；没有同类消费品销售价格的，按照组成计税价格计算纳税。

受托方加工完毕向委托方交货时，由受托方代收代缴消费税。如果受托方是个体经营者，委托方须在收回加工应税消费品后向所在地主管税务机关缴纳消费税。

实行从价定率办法计算纳税的组成计税价格计算公式：

$$组成计税价格=\frac{材料成本+加工费}{1-消费税税率}$$

实行复合计税办法计算纳税的组成计税价格计算公式：

$$组成计税价格=\frac{材料成本+加工费+委托加工数量\times定额税率}{1-消费税税率}$$

【注意点】

委托加工应税消费品要缴纳消费税，但不缴纳增值税；委托加工应税消费品的委托方是消费税的纳税人，但不是增值税的纳税人；受托方提供了加工劳务，要缴纳增值税。

【例6-3】某鞭炮企业某年10月受托为某单位加工鞭炮，原材料金额为30万元，收取委托单位不含增值税的加工费4万元，鞭炮企业当地无加工鞭炮的同类产品市场价格。鞭炮的消费税税率为15%。

【解析】

(1) 组成计税价格=(30+4)÷(1-15%)=40(万元)

(2) 代收代缴消费税=40×15%=6(万元)

【例6-4】甲企业为增值税一般纳税人，4月接受某烟厂委托加工烟丝，甲企业自行提供烟叶的成本为35 000元，代垫辅助材料2 000元(不含税)，发生加工支出4 000元(不含税)；甲企业当月允许抵扣的进项税额为340元。烟丝的成本利润率为5%。

【解析】

组成计税价格=(35 000+2 000+4 000)×(1+5%)÷(1-30%)=61 500(元)

应交增值税=61 500×13%-340=7 655(元)

应交消费税=61 500×30%=18 450(元)

(五)进口应税消费品的应纳税额计算

实行从价定率办法计算纳税的组成计税价格计算公式：

$$组成计税价格=\frac{关税完税价格+关税}{1-消费税税率}$$

实行复合计税办法计算纳税的组成计税价格计算公式：

$$组成计税价格=\frac{关税完税价格+关税+进口数量\times消费税定额税率}{1-消费税税率}$$

【例6-5】6月3日，某进出口公司从国外进口卷烟1 000标准箱(1标准箱为250条，每条200支)，支付买价1 650万元，支付到达我国海关前的运输费用15万元、保险费用12万元，进口卷烟关税税率为20%。请计算进口环节缴纳的税金合计。

【解析】

进口环节的卷烟有特殊规定：进口卷烟需要进行二次组价，第一次组价用来确定税率，第二次组价用来计算税款。第一次组价时固定使用36%的低税率，用组出来的价格与70元比较，从而确定最终税率，再按确定好的税率，二次组价计算消费税税款。

关税=(1 650+15+12)×20%=335.40(万元)

按每条进口卷烟(200支)确定消费税适用比例税率的价格=[10 000×(1 650+15+12+335.40)÷(1 000×250)+0.6]÷(1-36%)
=126.71(元)

由于126.71元>70元，所以进口卷烟消费税适用税率为56%。

进口卷烟的消费税=(1 650+15+12+335.40+1 000×150÷10 000)÷(1-56%)×56%+1 000×150÷10 000=2 595.33(万元)

进口卷烟的增值税=(1 650+15+12+335.40+1 000×150÷10 000)÷(1-56%)×13%
=599(万元)

进口环节缴纳税金合计=335.40+2 595.33+599=3 529.73(万元)

三、已纳消费税扣除的计算

（一）外购应税消费品已纳消费税的扣除

对外购已税消费品连续生产应税消费品销售时，可按当期生产领用数量计算准予扣除外购应税消费品已纳的消费税税款。

1.扣税范围

在消费税列举的税目中，除酒、成品油（石脑油、润滑油除外）、小汽车、高档手表、游艇5个税目外，其余税目有扣税规定：①用外购已税烟丝生产的卷烟；②用外购已税珠宝玉石生产的贵重首饰及珠宝玉石；③用外购、进口和委托加工已税高档化妆品生产的高档化妆品；④用外购已税鞭炮焰火生产的鞭炮焰火；⑤自2016年10月1日起，高档化妆品消费税纳税人以外购、进口和委托加工收回的高档化妆品为原料继续生产高档化妆品，准予从高档化妆品消费税应纳税额中扣除外购、进口和委托加工收回的高档化妆品已纳消费税；⑥用外购已税摩托车生产的摩托车；⑦以外购已税杆头、杆身和握把为原料生产的高尔夫球杆；⑧以外购已税木制一次性筷子为原料生产的木制一次性筷子；⑨以外购已税实木地板为原料生产的实木地板；⑩以外购已税石脑油为原料生产的应税消费品；⑪以外购已税润滑油为原料生产的润滑油。

2.扣税计算

当期准予扣除外购应税消费品已纳消费税税款的计算公式为：

当期准予扣除外购应税消费品已纳税款=当期准予扣除的外购应税消费品买价×外购应税消费品适用税率

当期准予扣除的外购应税消费品买价=期初库存的外购应税消费品的买价+当期购进的应税消费品的买价-期末库存的外购应税消费品的买价

【例6-6】某烟厂某年10月外购烟丝，取得增值税专用发票上注明税款为8.5万元，本月生产领用80%，期初尚有库存的外购烟丝2万元，期末库存烟丝12万元。

【解析】

本月外购烟丝的买价=8.5÷13%=65.385（万元）

生产领用部分的买价=65.385×80%=52.31（万元）

准予扣除的消费税=52.31×30%=15.69（万元）

（二）委托加工收回的应税消费品已纳税款的扣除

当期准予扣除的委托加工应税消费品已纳税款=期初库存的委托加工应税消费品已纳税款+当期收回的委托加工应税消费品已纳税款-期末库存的委托加工应税消费品已纳税款

【注意点】

（1）纳税人用外购的已税珠宝玉石生产的改在零售环节征收消费税的金银首饰（镶嵌首饰），在计税时一律不得扣除外购珠宝玉石的已纳消费税税款。

（2）纳税人用委托加工收回的已税珠宝玉石生产的改在零售环节征收消费税的金银首饰（镶嵌首饰），在计税时一律不得扣除委托加工收回的珠宝玉石的已纳消费税税款。

第三节 消费税的核算

一、会计账户的设置

由于消费税是价内税，所以，消费税通过“税金及附加”和“应交税费——应交消费税”账户进行核算。

“税金及附加”科目，核算企业经营活动（包括主营业务和其他业务）发生的价内税，包括消费税、城市维护建设税、资源税和教育费附加等相关税费。借方核算相关税金的计算，贷方核算企业收到的返还的消费税等。期末，应将其余额转入“本年利润”科目，结转后应无余额。

二、消费税的核算

（一）企业对外销售应税消费品缴纳消费税时的会计处理

借：税金及附加

　贷：应交税费——应交消费税

实际缴纳消费税时：

借：应交税费——应交消费税

　贷：银行存款

发生销售退回及退税时作相反的会计处理。

企业出口应税消费品，按规定不予免税或退税时，应视同国内销售，其会计处理方法同上。

【例6-7】某化妆品公司某年5月销售一批高档化妆品，增值税专用发票上注明不含税收入60 000元，该批化妆品成本为40 000元，款项已收到并存入银行。

【解析】

应交消费税额=60 000×15%=9 000（元）

（1）销售时：

借：银行存款	67 800	
贷：主营业务收入		60 000
应交税费——应交增值税（销项税额）		7 800

（2）计算消费税时：

借：税金及附加	9 000	
贷：应交税费——应交消费税		9 000

（3）缴纳税款时：

借：应交税费——应交消费税	9 000	
贷：银行存款		9 000

（二）以生产的商品作为股权投资、用于在建工程、油气开发支出、地质勘探支出、非生产机构、赠送他人等，按规定视同销售，应该缴纳消费税

借：长期股权投资（固定资产、在建工程等）

借：管理费用　　　　　　　　　　　　　　　　职工福利费直接计入
　　应付职工薪酬——职工福利　　　　　　　　职工福利费冲减原计提的福利费
　　营业外支出等
　贷：应交税费——应交消费税

【例6-8】某酒厂以自产特制白酒2 000斤用于发放职工福利，每斤白酒成本12元，无同类产品售价。成本利润率为10%，假设没有进项税额。计算应交消费税和增值税。

【解析】

①从量征收的消费税=2 000×0.5=1 000（元）

②从价征收的消费税=［12×2 000×（1+10%）+1 000］÷（1−20%）×20%
=6 850（元）

③应交消费税=1 000+6 850=7 850（元）

应交增值税=［12×2 000×（1+10%）+1 000］÷（1−20%）×13%=4 452.5（元）

借：管理费用　　　　36 302.5
　贷：库存商品　　　　24 000
　　　应交税费——应交增值税（销项税额）　　4 452.5
　　　　　　　——应交消费税　　7 850

【例6-9】某企业将自产的应税实木地板用于房屋建造工程，同类应税消费品的销售价格为300 000元，该产品成本为280 000元，消费税税率为5%。

【解析】

借：在建工程　　　　295 000
　贷：库存商品　　　　280 000
　　　应交税费——应交消费税（300 000×5%）　　15 000

（三）包装物及其押金的会计处理

应税消费品连同包装物销售的包装物、因逾期未收回包装物不再退还的或者已收取的时间超过12个月的押金、对酒类产品生产企业销售除啤酒、黄酒外其他酒类产品而收取的包装物押金，均应缴纳消费税。主营业务和其他业务的价内税都记入“税金及附加”账户，会计处理如下：

借：税金及附加
　贷：应交税费——应交消费税

【注意点】

出租、出借包装物收取的押金，逾期未收回而没收押金时，将其押金作为含税价换算为不含税价，作为其他业务收入处理，换算公式为：不含税价=押金÷（1+增值税税率或征收率）。

【例6-10】某企业向外销售白酒200千克，收取价款300 000元（不含税），随同产品出售但单独计价的包装物价值20 000元（不含税）。消费税税率为20%。

【解析】

借：税金及附加　　　　64 200

贷：应交税费——应交消费税 64 200

【例 6-11】假定将逾期未退还的包装物押金2 260元进行转账处理。增值税税率为13%，消费税税率为8%。

【解析】

没收押金的不含税收入=2 260÷（1+13%）=2 000（元）

应纳增值税税额=2 000×13%=260（元）

应纳消费税税额=2 000×8%=160（元）

其会计处理如下：

借：其他应付款 2 260

贷：其他业务收入 2 000

应交税费——应交增值税（销项税额） 260

借：税金及附加 160

贷：应交税费——应交消费税 160

（四）委托加工应税消费品的会计处理

1.受托方

在委托方提货时，由受托方代收代缴消费税。其会计处理如下：

借：应收账款（应收票据、银行存款等）

贷：应交税费——应交消费税

2.委托方

（1）委托方收回委托加工应税消费品直接用于销售的，按规定不再征收消费税。由受托方代收的消费税随同应支付的加工费，一并计入委托加工应税消费品的成本。其会计处理如下：

借：委托加工物资

贷：应付账款（应付内部单位款、银行存款等）

（2）委托加工物资收回后用于连续生产应税消费品，按规定准予抵扣的，委托方应按由受托方代扣代缴的消费税税款，借记“应交税费——应交消费税”科目。其会计处理如下：

借：应交税费——应交消费税

贷：应付账款（应付内部单位款、银行存款等）

【例 6-12】甲公司委托乙公司加工应税消费品，该应税消费品无同类销售价格，甲公司提供原材料，其成本为40 000元，加工费用为4 000元（不含增值税），消费税税率为5%。甲公司为一般纳税人，增值税税率为13%；乙公司为小规模纳税人，增值税征收率为3%。

【解析】

①受托方：

在移送货物时确认收入和代扣税金。

应税消费品组成计税价格=（40 000+4 000）÷（1−5%）=46 315.79（元）

代扣代缴消费税=46 315.79×5%=2 315.79（元）

应交增值税=4 000×3%=120（元）

借：应收账款　　6 435.79

　贷：主营业务收入　　4 000

　　　应交税费——应交消费税　　2 315.79

　　　　　　　——应交增值税（销项税额）　　120

②委托方：

A.收回货物时，如果直接用于销售，将代扣的消费税计入委托加工的应税消费品成本，则：

借：委托加工物资　　6 435.79

　贷：应付账款　　6 435.79

B.甲公司收回货物，如果用于连续生产应税消费品，代缴的消费税按规定准予抵扣，不计入委托加工材料成本，则：

借：委托加工物资　　4 120

　　应交税费——应交消费税　　2 315.79

　贷：应付账款　　6 435.79

（五）进口应税消费品消费税的会计处理

进口的应税消费品应在进口时由进口者向我国海关缴纳，需要缴纳的进口消费税计入进口应税消费品的成本。其会计处理如下：

借：固定资产（在途物资、原材料、库存商品等）

　贷：应交税费——应交消费税

　　　银行存款

【例6-13】某外贸公司某年7月从国外进口卷烟320箱，每箱250条，每条200支，支付买价2 000 000元，支付到达我国海关前的运输费用120 000元，保险费用80 000元。已知进口卷烟的关税税率为20%，请计算卷烟在进口环节应缴纳的消费税和增值税。

【解析】每条200支，换算为：

200×0.003=0.6（元）

（1）每条进口卷烟消费税适用比例税率的价格 $=\dfrac{(2\,000\,000+120\,000+80\,000)\div(320\times250)\times(1+20\%)+0.6}{1-36\%}$

=52.5（元）

由于单条卷烟价格52.5元<70元，适用的消费税税率为36%。

（2）进口卷烟应缴纳给我国海关的消费税=320×250×52.5×36%+320×250×0.6

=1 560 000（元）

（3）进口环节应缴纳给我国海关的增值税=320×250×52.5×13%=546 000（元）

会计处理如下：

①支付外商货款及国外运费、保险费等：

借：库存商品　　2 200 000

　贷：银行存款　　2 200 000

②计算进口的消费税：

借：库存商品　　1 560 000

　贷：应交税费——应交消费税　　1 560 000

③上缴进口消费税给我国海关：

借：应交税费——应交消费税　　1 560 000

　贷：银行存款　　1 560 000

④计算和上缴进口增值税给我国海关：

借：应交税费——应交增值税（进项税额）　　546 000

　贷：银行存款　　546 000

（六）出口应税消费品的消费税计算

出口应税消费品的消费税计算比增值税简单，征多少退多少，退税率和消费税税率一致。免征消费税的办法有两种：一是直接减免；二是先征后退，具体应分别不同情况进行会计处理。

除生产企业、外贸企业外的一般商贸企业则不免不退。

1.有出口经营权的生产型企业

有出口经营权的生产型企业出口消费品，只免不退，即生产企业直接出口应税消费品或者通过外贸企业出口应税消费品，按规定直接予以免税的，不退税，可不计算应交消费税。

【注意点】

直接免税的，在出口时，由于只免不退，所以既没有增值税的销项税额，也没有消费税。

（1）在委托外贸企业代理出口应税消费品时的会计处理为：

借：应收账款——外贸企业

　贷：应交税费——应交消费税

（2）实际缴纳消费税时的会计处理为：

借：应交税费——应交消费税

　贷：银行存款等

（3）应税消费品出口后，收到外贸企业退回的税金时的会计处理为：

借：银行存款

　贷：应收账款——外贸企业

（4）发生退关、退货时，补缴已退消费税时要作相反的会计处理。

2.代理出口的外贸企业

（1）代理出口应税消费品的外贸企业将应税消费品出口后，收到税务部门退回生产企业缴纳的消费税时的会计处理为：

借：银行存款

　贷：应付账款——生产企业

（2）将此项税金退回生产企业时的会计处理为：

借：应付账款——生产企业
　贷：银行存款

（3）应税消费品出口后，发生退关或退货时，应补缴已退的消费税：

借：应收账款——应收生产企业消费税
　贷：银行存款

（4）收到生产企业退还的应补缴的税款时：

借：银行存款
　贷：应收账款——应收生产企业消费税

【例6-14】某生产企业委托外贸企业省进出口公司出口香烟收入为500 000元，消费税税率为45%，消费税为225 000元。

【解析】

（1）生产企业的会计处理：

①出口：

借：应收账款	500 000	
贷：主营业务收入		500 000

②计算消费税：

借：应收账款——省进出口公司	225 000	
贷：应交税费——应交消费税		225 000

③生产企业缴纳消费税时：

借：应交税费——应交消费税	225 000	
贷：银行存款		225 000

④生产企业收到外贸企业的退款时：

借：银行存款	225 000	
贷：应收账款——省进出口公司		225 000

（2）外贸企业的会计处理：

①收到税务部门退回的消费税时：

借：银行存款	225 000	
贷：应付账款		225 000

②支付给生产企业税款时：

借：应付账款	225 000	
贷：银行存款		225 000

3.外贸企业自营出口，先征后退

（1）生产企业的会计处理。生产企业将应税消费品销售给外贸企业，由外贸企业自营出口的，生产企业在销售时属于国内销售：

借：税金及附加
　贷：应交税费——应交消费税

（2）自营出口外贸企业的会计处理。

①自营出口外贸企业在购买该项应税消费品时：

借：在途物资（或库存商品）

　　应交税费——应交增值税（进项税额）

　贷：银行存款（或应付账款）

②自营出口外贸企业应在应税消费品报关出口后申请出口退税，申请退税时：

借：应收出口退税款

　贷：主营业务成本

③实际收到出口应税消费品退回税金时：

借：银行存款

　贷：应收出口退税款

④发生退关或退货而补缴已退的消费税，作相反的会计处理。

【例6-15】某外贸公司组织商品自营出口，某年5月从某化妆品厂购进高档化妆品一批，不含税价格为200 000元，适用的消费税税率为30%，款项以银行存款支付；当月将该批化妆品出口A国，离岸价格为40 000美元（当日外汇牌价为USD1=CNY7），款项已收。

【解析】

购进高档化妆品时：

借：库存商品	200 000	
应交税费——应交增值税（进项税额）	26 000	
贷：银行存款		226 000

出口A国时：

借：银行存款	280 000	
贷：主营业务收入		280 000
借：主营业务成本	200 000	
贷：库存商品		200 000

申请退税时的消费税退税会计处理：

借：应收出口退税款	60 000	
贷：主营业务成本		60 000

收到退税款时：

借：银行存款	60 000	
贷：应收出口退税款		60 000

（七）缴纳消费税的会计处理

借：应交税费——应交消费税

　贷：银行存款

2014年12月26日，国家税务总局对消费税纳税申报表进行相应调整。应税消费品消费税纳税申报表从略。

第七章　企业所得税的会计核算

引言

党的二十大报告对完善分配制度作出了部署：

“九、增进民生福祉，提高人民生活品质

……

扩展学习资料

（一）完善分配制度。分配制度是促进共同富裕的基础性制度。坚持按劳分配为主体、多种分配方式并存，构建初次分配、再分配、第三次分配协调配套的制度体系。努力提高居民收入在国民收入分配中的比重，提高劳动报酬在初次分配中的比重。坚持多劳多得，鼓励勤劳致富，促进机会公平，增加低收入者收入，扩大中等收入群体。完善按要素分配政策制度，探索多种渠道增加中低收入群众要素收入，多渠道增加城乡居民财产性收入。加大税收、社会保障、转移支付等的调节力度。”

企业所得税是我国双重主体税种之一，属于国家税收体系中的核心税种之一。在党的二十大报告中，虽然未直接提及“企业所得税”这一具体税种，但报告强调了要深化财税体制改革，完善税制结构，优化税收政策，以更好地发挥税收在经济社会发展中的调节作用。企业所得税通过对企业所得进行征税，有助于调节社会收入分配，防止财富过度集中，促进社会公平。

但是由于企业所得税的计算涉及企业的收入和费用的确认，包括从税收公平性角度的扣除标准的规定，贯穿于企业的整个生产经营过程，税务机关借助发票管理系统的大数据，不断加强税收征管，认真贯彻执行党的二十大报告要求针对企业所得税的管理，不断加大对企业的税收监管和检查力度，严厉打击偷税漏税等违法行为，确保税收征管的公平性和有效性。作为纳税人只有加强企业税务管理，不断提高企业管理的科学化和精细化水平，才能为企业的发展提供有力保障。

学习目标

本章为税务会计课程的又一重点和难点内容。需要理解会计收益与应税收益、永久性差异和暂时性差异的概念及区别，熟练掌握资产负债表债务法，并掌握企业所得税的纳税申报规定与程序。

第一节　企业所得税的基本内容

企业所得税是指对企业和其他取得收入的组织（以下统称企业）的生产经营所得和其他所得征收的一种税。

2007年3月16日，第十届全国人民代表大会第五次会议通过了《中华人民共和国企业所得税法》（以下简称《企业所得税法》），2007年12月11日，国务院发布了《中华人民共和国企业所得税法实施条例》（以下简称《企业所得税法实施条例》），于2008年1月1日起正式施行。

企业所得税是国家财政的重要来源，与增值税一样是我国的主体税种之一。

一、纳税义务人

企业所得税的纳税义务人是在我国境内的企业和其他取得收入的组织。企业分为居民企业和非居民企业。个人独资企业和合伙企业缴纳个人所得税，不是企业所得税的纳税义务人。

（一）居民企业

居民企业是指依法在中国境内成立，或者依照外国（地区）法律成立但实际管理机构在中国境内的企业。

【注意点】

我国判定居民企业的标准有两个：登记注册地标准、实际管理机构所在地标准。居民企业应当就其来源于中国境内、境外的所得缴纳企业所得税。居民企业包括内资企业、外商独资企业、中外合资企业、中外合作企业。

（二）非居民企业

非居民企业是指依照外国（地区）法律成立且实际管理机构不在中国境内，但在中国境内设立机构、场所的，或者在中国境内未设立机构、场所，但有来源于中国境内所得的企业。上述所称机构、场所是指在中国境内从事生产经营活动的机构、场所，包括：管理机构、营业机构、办事机构，工厂、农场、开采自然资源的场所，提供劳务的场所，从事建筑、安装、装配、修理、勘探等工程作业的场所，其他从事生产经营活动的机构、场所。

二、税目税率

企业所得税税率表见表7-1。

表7-1　企业所得税税率表

种　类	税　率	适用范围
基本税率	25%	适用于居民企业
		在中国境内设立机构、场所且所得与机构、场所有关联的非居民企业
两档优惠税率	减按20%	符合条件的小型微利企业
	减按15%	国家重点扶持的高新技术企业
预提所得税税率（扣缴义务人代扣代缴）	20%（实际征税时适用10%税率）	适用于在中国境内未设立机构、场所的，或者虽设立机构、场所但取得的所得与其所设机构、场所没有实际联系的非居民企业

（一）对小型微利企业的划分标准

自2023年1月1日至2024年12月31日，年应纳税所得额不超过100万元的部分，减按25%计入应纳税所得额，按20%的税率缴纳企业所得税，即实际税率为5%：

应纳税额=应纳税所得额×25%×20%

自2022年1月1日至2024年12月31日，年应纳税所得额超过100万元但不超过300万元的部分，减按25%计入应纳税所得额，按20%的税率缴纳企业所得税，即实际税率为10%：

应纳税额=1 000 000×25%×20%+（应纳税所得额-1 000 000）×25%×20%

比如，某符合条件的小型微利企业，假如2019年度年应纳税所得额为80万元，2019年新政策下应纳税企业所得税税额为：

应纳企业所得税=80×25%×20%=4（万元）

再比如，某符合条件的小型微利企业，如果2019年度年应纳税所得额为200万元，应纳企业所得税税额为：

（1）不超过100万元的部分，减按25%计入应纳税所得额：

应纳企业所得税= 100×25%×20%=5（万元）

（2）100万元至300万元的部分，减按25%计入应纳税所得额：

应纳企业所得税=（200-100）×25%×20%=5（万元）

（3）应纳企业所得税总额=5+5=10（万元）

提示：小型微利企业无论是按查账征收方式还是按核定征收方式缴纳企业所得税，只要符合条件，均可以享受小型微利企业普惠性所得税减免政策。其中，小型微利企业享受减免政策的条件是2019年1月1日后的小型微利企业从事国家非限制和禁止行业，且同时符合年度应纳税所得额不超过300万元、从业人数不超过300人、资产总额不超过5 000万元等3个条件的企业。

（二）对国家重点扶持的高新技术企业的认定标准

高新技术企业是指在"国家重点支持的高新技术领域"内，持续进行研究开发与技术成果转化，形成企业核心自主知识产权，并以此为基础开展经营活动，在中国境内（不包括港、澳、台地区）注册一年以上的居民企业。国家重点扶持的高新技术企业，减按15%的税率征收企业所得税。

企业对照《高新技术企业认定管理办法》进行自我评价，认为符合认定条件的，在"高新技术企业认定管理工作网"注册登记，向认定机构提出认定申请。申请时提交下列材料：

（1）高新技术企业认定申请书；

（2）证明企业依法成立的相关注册登记证件；

（3）知识产权相关材料、科研项目立项证明、科技成果转化、研究开发的组织管理等相关材料；

（4）企业高新技术产品（服务）的关键技术和技术指标、生产批文、认证认可和相关资质证书、产品质量检验报告等相关材料；

（5）企业职工和科技人员情况说明材料；

（6）经具有资质的中介机构出具的企业近三个会计年度研究开发费用和近一个会计年度高新技术产品（服务）收入专项审计或鉴证报告，并附研究开发活动说明材料；

（7）经具有资质的中介机构鉴证的企业近三个会计年度的财务会计报告（包括会计报表、会计报表附注和财务情况说明书）；

（8）近三个会计年度企业所得税年度纳税申报表。

三、缴纳办法

按年计算，按月或季预缴，年终汇算清缴，多退少补。

（一）纳税期限

预缴，是指企业在还不能准确核算一个纳税年度应交所得税时，为了保证税款及时入库，先采取对一个月或一个季度内应纳税所得额的实际发生数计算缴纳税款，或以上一年度应纳税所得额按月或按季的平均数计算缴纳税款。

汇算清缴，是指在年度终了后，对全年应纳税所得额进行结算，全年应纳税款如果小于预缴总数，多缴的就予以退还；如果大于预缴总数，少缴的就予以补缴。

（1）企业所得税分月或者分季预缴。企业应当自月份或者季度终了之日起15日内，向税务机关报送预缴企业所得税纳税申报表，预缴税款。

（2）企业应当自年度终了之日起5个月内，向税务机关报送年度企业所得税纳税申报表，并汇算清缴，结清应缴应退税款。

（二）纳税地点

一般情况下，向其机构所在地主管税务机关缴纳，特殊情况除外。

四、企业所得税优惠事项备案管理

2018年4月25日，国家税务总局发布“企业所得税优惠事项管理目录（2017年版）”，详细说明企业所得税法规定的优惠事项，以及国务院和民族自治地方根据企业所得税法授权制定的企业所得税优惠事项，包括免税收入、减计收入、加计扣除、加速折旧、所得减免、抵扣应纳税所得额、减低税率、税额抵免等。

企业享受优惠事项采取“自行判别、申报享受、相关资料留存备查”的办理方式。企业应当根据经营情况以及相关税收规定自行判断是否符合优惠事项规定的条件，符合条件的可以按照企业所得税优惠事项管理目录列示的时间自行计算减免税额，并通过填报企业所得税纳税申报表享受税收优惠。同时，按照规定归集和留存相关资料备查。

留存备查资料是指与企业享受优惠事项有关的合同、协议、凭证、证书、文件、账册、说明等资料。留存备查资料分为主要留存备查资料和其他留存备查资料两类。主要留存备查资料由企业按照企业所得税优惠事项管理目录列示的资料清单准备，其他留存备查资料由企业根据享受优惠事项情况自行补充准备。企业所得税优惠事项管理目录（部分，2017年版）见表7-2。

表7-2　**企业所得税优惠事项管理目录（部分，2017年版）**

序号	优惠事项名称	主要留存备查资料	享受优惠时间	后续管理要求
1	国债利息收入免征企业所得税	1.国债净价交易交割单； 2.购买、转让国债的证明，包括持有时间、票面金额、利率等相关材料； 3.应收利息（投资收益）科目明细账或按月汇总表； 4.减免税计算过程的说明	预缴享受	由省税务机关（含计划单列市税务机关）规定

续表

序号	优惠事项名称	主要留存备查资料	享受优惠时间	后续管理要求
2	取得的地方政府债券利息收入免征企业所得税	1.购买地方政府债券证明，包括持有时间、票面金额、利率等相关材料； 2.应收利息（投资收益）科目明细账或按月汇总表； 3.减免税计算过程的说明	预缴享受	由省税务机关（含计划单列市税务机关）规定
3	符合条件的居民企业之间的股息、红利等权益性投资收益免征企业所得税	1.被投资企业的最新公司章程（企业在证券交易市场购买上市公司股票获得股权的，提供相关记账凭证、本公司持股比例以及持股时间超过12个月的情况说明）； 2.被投资企业股东会（或股东大会）利润分配决议或公告、分配表； 3.被投资企业进行清算所得税处理的，留存被投资企业填报的加盖主管税务机关受理章的“中华人民共和国清算所得税申报表”及附表三“剩余财产计算和分配明细表”复印件； 4.投资收益、应收股利科目明细账或按月汇总表	预缴享受	由省税务机关（含计划单列市税务机关）规定
4	符合条件的非营利组织的收入免征企业所得税	1.非营利组织免税资格有效认定文件或其他相关证明； 2.非营利组织认定资料； 3.当年资金来源及使用情况、公益活动和非营利活动的明细情况； 4.当年工资薪金情况专项报告，包括薪酬制度、工作人员整体平均工资薪金水平、工资福利占总支出比例、重要人员工资薪金信息（至少包括工资薪金水平排名前10的人员）； 5.当年财务报表； 6.登记管理机关出具的事业单位、社会团体、基金会、社会服务机构、宗教活动场所、宗教院校当年符合相关法律法规和国家政策的事业发展情况或非营利活动的材料； 7.应纳税收入及其有关的成本、费用、损失，与免税收入及其有关的成本、费用、损失分别核算的情况说明； 8.取得各类免税收入的情况说明； 9.各类免税收入的凭证	预缴享受	由省税务机关（含计划单列市税务机关）规定

【注意点】

企业享受优惠事项的，在完成年度汇算清缴后，应当将留存备查资料归集齐全并整理完成，以备税务机关核查。企业留存备查资料应从企业享受优惠事项当年的企业所得税汇算清缴期结束的次日起保留10年。

五、企业所得税的税前扣除凭证

国家税务总局发布《企业所得税税前扣除凭证管理办法》，自2018年7月1日起实施。

（一）税前扣除的基本规定

企业发生支出，应取得税前扣除凭证，作为计算企业所得税应纳税所得额时扣除相关支出的依据。企业应将与税前扣除凭证相关的资料，包括合同协议、支出依据、付款凭证等留存备查，以证实税前扣除凭证的真实性。税前扣除凭证，是指企业在计算企业所得税应纳税所得额时，证明与取得收入有关的、合理的支出实际发生，并据以税前扣除的各类凭证。

【注意点】

企业应在当年度企业所得税法规定的汇算清缴期结束前取得税前扣除凭证。

1.税前扣除凭证的分类

税前扣除凭证按照来源分为内部凭证和外部凭证。

（1）内部凭证是指企业自制用于成本、费用、损失和其他支出核算的会计原始凭证。内部凭证的填制和使用应当符合国家会计法律、法规等的相关规定。

（2）外部凭证是指企业发生经营活动和其他事项时，从其他单位、个人取得的用于证明其支出发生的凭证，包括但不限于发票（包括纸质发票和电子发票）、财政票据、完税凭证、收款凭证、分割单等。

2.税前扣除凭证的具体规定

（1）企业在境内发生的支出项目属于增值税应税项目的，对方为已办理税务登记的增值税纳税人，其支出以发票（包括按照规定由税务机关代开的发票）作为税前扣除凭证。

（2）对方为依法无须办理税务登记的单位或者从事小额零星经营业务的个人，其支出以税务机关代开的发票或者收款凭证及内部凭证作为税前扣除凭证，收款凭证应载明收款单位名称、个人姓名及身份证号、支出项目、收款金额等相关信息。小额零星经营业务的判断标准是个人从事应税项目经营业务的销售额不超过增值税相关政策规定的起征点。

（3）国家税务总局对应税项目开具发票另有规定的，以规定的发票或者票据作为税前扣除凭证。

（4）企业在境内发生的支出项目不属于应税项目的，对方为单位的，以对方开具的发票以外的其他外部凭证作为税前扣除凭证；对方为个人的，以内部凭证作为税前扣除凭证。

【注意点】

企业在境内发生的支出项目虽不属于应税项目，但按国家税务总局的规定可以开具发票的，可以发票作为税前扣除凭证。

（5）企业从境外购进货物或者劳务发生的支出，以对方开具的发票或者具有发票性质的收款凭证、相关税费缴纳凭证作为税前扣除凭证。

3.不得作为税前扣除凭证的发票

企业取得私自印制、伪造、变造、作废、开票方非法取得、虚开、填写不规范等不符合规定的发票（以下简称“不合规发票”），以及取得不符合国家法律、法规等相关规定的其他外部凭证（以下简称“不合规其他外部凭证”），不得作为税前扣除凭证。

4.应该补开和换开发票的规定

企业应当取得而未取得发票、其他外部凭证或者取得不合规发票、不合规其他外部凭证的，若支出真实且已实际发生，应当在当年度汇算清缴期结束前，要求对方补开、换开发票、其他外部凭证。补开、换开后的发票、其他外部凭证符合规定的，可以作为税前扣除凭证。

企业在补开、换开发票、其他外部凭证的过程中，因对方注销、撤销、依法被吊销营业执照、被税务机关认定为非正常户等特殊原因无法补开、换开发票、其他外部凭证的，可凭以下资料证实支出真实性后，其支出允许税前扣除：

（1）必备资料：无法补开、换开发票、其他外部凭证原因的证明资料（包括工商注销、机构撤销、列入非正常经营户、破产公告等证明资料）；

（2）必备资料：相关业务活动的合同或者协议；

（3）必备资料：采用非现金方式支付的付款凭证；

（4）货物运输的证明资料；

（5）货物入库、出库内部凭证；

（6）企业会计核算记录以及其他资料。

汇算清缴期结束后，税务机关发现企业应当取得而未取得发票、其他外部凭证或者取得不合规发票、不合规其他外部凭证并且告知企业的，企业应当自被告知之日起60日内补开、换开符合规定的发票、其他外部凭证。其中，因对方特殊原因无法补开、换开发票、其他外部凭证的，企业应当按照本办法第十四条的规定，自被告知之日起60日内提供可以证实其支出真实性的相关资料。

【注意点】

企业以前年度应当取得而未取得发票、其他外部凭证，且相应支出在该年度没有税前扣除的，在以后年度取得符合规定的发票、其他外部凭证或者按照本办法第十四条的规定提供可以证实其支出真实性的相关资料，相应支出可以追补至该支出发生年度税前扣除，但追补年限不得超过五年。

5.分摊相关费用的规定

（1）企业与其他企业（包括关联企业）、个人在境内共同接受应纳增值税劳务（以下简称“应税劳务”）发生的支出，采取分摊方式的，应当按照独立交易原则进行分摊，企业以发票和分割单作为税前扣除凭证，共同接受应税劳务的其他企业以企业开具的分割单作为税前扣除凭证。

企业与其他企业、个人在境内共同接受非应税劳务发生的支出，采取分摊方式的，企业以发票外的其他外部凭证和分割单作为税前扣除凭证，共同接受非应税劳务的其他企业以企业开具的分割单作为税前扣除凭证。

【注意点】

企业与其他企业（包括关联企业）、个人在境内共同接受应纳增值税劳务，企业以发票和分割单作为企业所得税的税前扣除凭证，是可以满足企业所得税的扣除凭证需要的，但是，作为增值税的进项税额的扣除需要，则需要取得发票的甲方根据分割单开具增值税专用发票（作为增值税的销项税额）给参与分摊的乙方（作为增值税的进项税额）作为扣税凭证。

（2）企业租用（包括企业作为单一承租方租用）办公、生产用房等资产发生的水、电、燃气、冷气、暖气、通信线路、有线电视、网络等费用，出租方作为应税项目开具发票的，企业以发票作为税前扣除凭证；出租方采取分摊方式的，企业以出租方开具的其他外部凭证作为税前扣除凭证。

（二）税前扣除及有效扣除凭证管理的特殊规定

特殊支付项目还应将相关资料作为附件或备查资料。有些支出即使符合规定比例，也取得了有效凭证，但国家税务总局规定仍不能扣除。

（1）工资扣除。需要提供工资分配方案、工资结算单、企业与职工签订的劳动合同、个人所得税扣缴情况以及社保机构盖章的社会保险名单清册等。

（2）企业实行股权激励的，以激励对象实际行权日该股票的收盘价格与激励对象实际行权支付价格的差额及数量计算，作为当年的工资薪金支出给予扣除，应以公告董事会决议、股权激励计划以及股票交割单（转让协议）等作为扣除凭证。

（3）会议费支出，以召开会议的文件、通知、会议纪要、参会人员的签到单等能够证明会议真实性的资料以及会议费用明细单等为辅证。

（4）企业集团或其成员企业统一向金融机构借款分摊给集团内部其他成员企业使用，必须取得借入方出具的从金融机构取得借款的证明文件，使用借款的房地产企业分摊的合理利息准予在税前扣除。

（5）烟草企业的烟草广告费和业务宣传费支出，即使取得有效扣除凭证，也一律不得在计算应纳税所得额时扣除。

（6）发生与生产经营有关的手续费及佣金支出，应符合规定的计算依据和比例，其受托方必须是具有合法经营资格的中介服务企业或个人且应签订代办协议或合同。但是，即使符合前述条件，也取得了发票作为有效扣除凭证，还应注意，除委托个人代理外，以现金等非转账方式支付的手续费及佣金仍不得在税前扣除。企业为发行权益性证券支付给有关证券承销机构的手续费及佣金也不得在税前扣除。

（7）不征税收入用于支出所形成的费用，不得在计算应纳税所得额时扣除；用于支出所形成的资产，其计算的折旧、摊销不得在计算应纳税所得额时扣除。

【注意点】

现行企业所得税征缴方式为按季（月）预缴、年终汇算清缴。企业当年度实际发生的相关成本、费用，由于各种原因未能及时取得该成本、费用的有效凭证，在预缴季度所得税时，企业的工资薪金等可暂按账面发生金额进行核算，但在汇算清缴时，应补充提供该成本、费用的有效凭证。

第二节　应纳税额的计算

一、收入的确认

（一）收入总额的确认

企业以货币形式和非货币形式从各种来源取得的收入，为收入总额。包括：

（1）销售货物收入，指企业销售库存商品、产成品、半成品、原材料、包装物、低值易耗品以及其他货物取得的收入。

（2）提供劳务收入，指企业从事建筑安装、交通运输、仓储、邮政、信息传输、计算机服务、住宿、餐饮、金融、商务服务、科学研究、技术服务、地质勘查、水利管理、环境管理、公共设施管理、居民服务、教育、卫生、社会保障、社会福利、文化、体育、娱乐和其他劳务服务活动取得的收入。

（3）转让财产收入，指企业转让固定资产、无形资产、股权、股票、债券、债权等所取得的收入。

（4）股息、红利等权益性投资收益，指企业凭借权益性投资从被投资方分配取得的收入，包括股息、红利、联营分利等。

（5）利息收入，指企业将资金提供他人使用或他人占用本企业资金所取得的利息收入，包括存款利息、贷款利息、债券利息、欠款利息等收入。

（6）租金收入，指企业提供固定资产、包装物和其他资产的使用权取得的收入。

（7）特许权使用费收入，指企业提供专利权、非专利技术、商标权、著作权以及其他特许权的使用权而取得的收入。

（8）接受捐赠收入，指企业接受捐赠的货币和非货币资产。

（9）其他收入，包括企业资产盘盈或溢余收入、罚款收入、逾期未返还的包装物押金、因债权人原因确实无法支付的应付款项、债务重组收入、非货币性资产交换实现的收入、政府补助（财政拨款、税收返还等）、视同销售收入、依法收取并纳入财政管理的行政事业性收费和政府性基金、已作坏账损失处理后又收回的应收账款，以及国务院规定的其他收入。

（二）不征税收入的确认

1.财政拨款

财政拨款是指财政部门根据法律法规等有关规定，经过预算程序对国家机关以及事业单位、社会团体、企业直接拨付的经费。企业实际收到的财政拨款中的财政补贴和税收返还等，按照现行会计准则的规定，属于政府补助的范畴，记入企业的“营业外收入”科目，除企业取得的所得税返还（退税）和出口退税的增值税进项税额外，一般作为应税收入征收企业所得税。

2.行政事业性收费和政府性基金

行政事业性收费是指国家机关、事业单位、代行政府职能的社会团体及其他组织根据法律法规等有关规定，依照国务院规定程序批准，在实施社会公共管理以及在向公民、法人提供特定公共服务的过程中，向特定对象收取的费用。

政府性基金是各级人民政府及其所属部门根据法律、国家行政法规和中共中央、国务院有关文件的规定，为支持某项事业发展，按照国家规定程序批准，向公民、法人和其他组织征收的具有专项用途的资金，包括各种基金、资金、附加以及专项收费等。

3.其他不征税收入

这是一个兜底条款，主要是为了适应社会发展的需要，承担公共管理职能的非营利性组织可能会取得一些新的不征税收入。其他不征税收入的界定权属于国务院。

（三）免税收入的确认

（1）国债利息收入，是指企业持有国务院财政部门发行的国债取得的利息收入。如果是转让国债取得的收益要照常征税。

（2）符合条件的居民企业之间的股息、红利等权益性投资收益。该收入为权益性投资的股息、红利所得，而非债权性投资的利息所得；仅指股息、红利所得免税，而股权转让收益则照常征税。股息、红利是指居民企业直接投资于其他居民企业取得的投资收益。

（3）在中国境内设立机构、场所的非居民企业从居民企业取得的与该机构、场所有实际联系的股息、红利等权益性投资收益。这是指连续持有居民企业的股权在12个月及以上、境内投资收益。而境外投资收益则正常征税。

（4）符合条件的非营利性组织的收入。

二、准予扣除的项目

企业实际发生的与取得收入有关的、合理的支出，包括成本、费用、税金、损失和其他支出，准予在计算应纳税所得额时扣除。准予扣除的具体项目包括：

（1）成本，是指企业在生产经营活动中发生的销售成本、销货成本、业务支出以及其他耗费。

（2）费用，是指企业在生产经营活动中发生的三项期间费用，即销售费用、管理费用和财务费用，已经计入成本的有关费用（如制造费用）除外。

（3）税金，是指企业发生的除企业所得税和允许抵扣的增值税以外的各项税金及附加。这里的税金包含按会计准则核算的记入“税金及附加”科目的税金及附加；不包括不应由企业直接负担的税金，即不包括职工应负担的个人所得税，也不包括增值税和企业所得税。

（4）损失，是指企业在生产经营活动中发生的固定资产和存货的盘亏、毁损、报废损失，转让财产损失，坏账损失，自然灾害等不可抗力因素造成的损失以及其他损失。企业发生的损失，减除责任人赔偿和保险赔款后的余额，依照国务院财政、税务主管部门的规定扣除。企业已经作为损失处理的资产，在以后纳税年度又全部收回或者部分收回时，应当计入当期收入。

（5）其他支出，是指除成本、费用、税金、损失外，企业在生产经营活动中发生的与生产经营活动有关的、合理的支出。

三、具体扣除项目和标准

准予按照实际发生额或规定的标准扣除的项目如下：

1.职工工资、薪金

实际发生的合理的职工工资、薪金准予据实扣除。工资、薪金是指企业每一纳税年度支付给在本企业任职或者受雇的员工的所有现金形式或者非现金形式的劳动报酬，包括基本工资、奖金、津贴、补贴、年终加薪、加班工资，以及与员工任职或者受雇有关的其他支出；还包括企业为职工提供的交通、住房、通信待遇，已经实行货币化改革的，按月按标准发放或支付的住房补贴、交通补贴或者车改补贴、通信补贴等。合理的工资、薪金是指企业按照股东会、董事会、薪酬委员会或相关管理机构制定的工资、薪金制度规定实际发放给员工的工资、薪金。

2.职工福利费、工会经费和职工教育经费（三费）

三费在规定标准以内按实际数扣除，超过标准的只能按标准扣除。扣除标准为：

（1）企业实际发生的职工福利费支出，不超过工资、薪金总额14%的部分准予扣除。企业发生的职工福利费，应该单独设置会计账册核算，没有单独设置账册核算的，税务机关应责令企业在规定的期限内进行改正，逾期仍未改正的，税务机关可对企业发生的职工福利费进行合理的核定。职工福利费在《企业会计准则》中不允许采用计提方法，即首先将原来计提的应付职工薪酬中福利费的贷方抵减完，然后连同实际支付的工资费用一起计入成本费用中。而税法规定为不超过工资总额14%的部分准予扣除。

（2）企业拨缴的工会经费，不超过工资、薪金总额2%的部分准予扣除。

（3）企业发生的职工教育经费，不超过工资、薪金总额8%的部分准予扣除，超过部分准予结转以后纳税年度扣除。

【例7-1】某企业为居民企业，2023年度实际发生的工资、薪金支出为100万元，核算时计提三项经费18.5万元，但实际上，职工福利费本期发生12万元，拨缴的工会经费为2万元，已经取得工会拨缴收据，实际发生职工教育经费3万元，该企业2023年计算应纳税所得额时，应调增应纳税所得额多少万元？

【解析】

职工福利费扣除限额=100×14%=14（万元），实际发生12万元，可据实扣除；

工会经费扣除限额=100×2%=2（万元），实际发生2万元，可据实扣除；

职工教育经费扣除限额=100×8%=8（万元），实际发生3万元，可扣除3万元；

应调增应纳税所得额=18.5-（12+2+3）=1.5（万元）。

3.社会保险费（四险一金）

（1）按照国务院有关主管部门或省级人民政府规定的范围和标准为职工缴纳的基本养老保险费、基本医疗保险费（含生育保险费）、失业保险费、工伤保险费和住房公积金准予扣除。

（2）为特殊工种职工支付的人身安全保险费准予扣除。

（3）为投资者或职工缴纳的补充养老保险费、补充医疗保险费，在财政、税务部门规定的范围和标准内，准予扣除。即使是符合补充保险条件，支付对象也符合补充保险经办机构的规定，但超过规定比例列支的那部分补充保险，与商业保险一样，也不得税前扣除。

（4）为投资者或职工支付的商业保险费，不得扣除。

【注意点】

自2017年7月1日起，对个人购买符合规定的商业健康保险产品的支出，允许在当年（月）计算应纳税所得额时予以税前扣除，扣除限额为2 400元/年（200元/月）。

4.利息费用

（1）非金融企业向金融企业借款的利息支出、金融企业的各项存款利息支出和同业拆借利息支出，准予扣除。

（2）非金融企业向非金融企业借款的利息支出，不超过按照金融企业同期同类贷款基准利率计算的数额的部分，准予扣除，超过部分不允许扣除。

【例7-2】某居民企业某年度实现利润总额20万元。经某注册会计师审核，从“财务费用”账户中扣除了两笔利息费用：一笔是向银行借入流动资金200万元，借款期限6个月，支付利息费用4.5万元；另一笔是经过批准向其他企业借入流动资金50万元，借款期限9个月，支付利息费用2.25万元。假定不存在其他纳税调整事项，计算该企业该年度应缴纳的企业所得税。

【解析】

向银行借款年利率=（4.5÷200）×2×100%=4.5%

向其他企业借款准予扣除的利息=50×4.5%×9÷12=1.69（万元）

应纳税所得额=20+（2.25-1.69）=20.56（万元）

应交企业所得税=20.56×25%=5.14（万元）

5.借款费用

（1）在生产经营中发生的合理的不需要资本化的借款费用，准予扣除。

（2）在固定资产、无形资产等的建造期间的借款，是资本化的支出，不允许扣除。达到预定可使用状态后的借款费用，可在发生当期扣除。

（3）企业通过发行债券、取得贷款、吸收保户储金等方式融资而发生的合理的费用支出，符合资本化条件的，应计入相关资产成本；不符合资本化条件的，应作为财务费用（包括手续费及佣金支出），准予在税前据实扣除。

6.汇兑损失

汇率折算形成的汇兑损失，准予扣除。

7.业务招待费

企业实际发生的与经营活动有关的业务招待费，按实际发生额的60%扣除，但最高不得超过当年销售（营业）收入的5‰，即双重约束标准。

【例7-3】某居民企业，某年度向其主管税务机关申报的应纳税所得额与利润总额相等，均为10万元，其中主营业务收入5 000万元，业务招待费26.5万元。假设不存在其他纳税调整事项，计算该公司该年度应缴纳的企业所得税。

【解析】

业务招待费扣除限额=5 000×5‰=25（万元）＞26.5×60%=15.9（万元）

准予扣除15.9万元。

应纳企业所得税=［10+（26.5-15.9）］×25%=5.15（万元）

8.广告费和业务宣传费

企业每一纳税年度实际发生的符合条件的广告费和业务宣传费支出，不超过当年销售（营业）收入的15%（含）的部分，准予扣除；超过部分，准予在以后纳税年度结转扣除（见表7-3）。

表7-3　　广告费和业务宣传费跨年度纳税调整明细表（A105060）　　单位：元

行次	项目	广告费和业务宣传费	保险企业手续费及佣金支出
		1	2
1	一、本年支出		
2	减：不允许扣除的支出		
3	二、本年符合条件的支出（1-2）		
4	三、本年计算扣除限额的基数		
5	乘：税收规定扣除率		
6	四、本企业计算的扣除限额（4×5）		
7	五、本年结转以后年度扣除额（3>6，本行=3-6；3≤6，本行=0）		
8	加：以前年度累计结转扣除额		
9	减：本年扣除的以前年度结转额［3>6，本行=0；3≤6，本行=8与（6-3）孰小值］		
10	六、按照分摊协议归集至其他关联方的金额（10≤3与6孰小值）		*
11	按照分摊协议从其他关联方归集至本企业的金额		*
12	七、本年支出纳税调整金额（3>6，本行=2+3-6+10-11；3≤6，本行=2+10-11-9）		
13	八、累计结转以后年度扣除额（7+8-9）		

【注意点】

广告费和业务宣传费支出税前扣除规定为：

（1）对化妆品制造或销售、医药制造和饮料制造（不含酒类制造）企业发生的广告费和业务宣传费支出，不超过当年销售（营业）收入30%的部分，准予扣除；超过部分，准予在以后纳税年度结转扣除。

（2）对签订广告费和业务宣传费分摊协议（简称分摊协议）的关联企业，其中一方发生的不超过当年销售（营业）收入税前扣除限额比例内的广告费和业务宣传费支出可以在本企业扣除，也可以将其中的部分或全部按照分摊协议归集至另一方扣除。另一方在计算本企业广告费和业务宣传费支出企业所得税税前扣除限额时，可将按照上述办法归集至本企业的广告费和业务宣传费不计算在内。

（3）烟草企业的烟草广告费和业务宣传费支出，一律不得在计算应纳税所得额时扣除。

【例 7-4】某企业年实现收入1 600万元，广告费144万元，业务宣传费36万元，广告费和业务宣传费企业所得税税前扣除的金额为多少万元？

【解析】

广告费和业务宣传费扣除限额=1 600×15%=240（万元）

实际发生额=144+36=180（万元）<扣除限额240万元，可以据实扣除。

9.保险费

企业参加财产保险，按照规定缴纳的保险费，准予扣除。

10.租赁费

（1）以经营租赁方式租入固定资产而发生的租赁费，按租赁年限均匀扣除；

（2）融资租赁发生的租赁费不得直接扣除，按规定构成融资租入固定资产价值的部分应当提取折旧费用，分期扣除。

【例 7-5】某企业某年3月16日，以经营租赁方式租入固定资产使用，租期1年，一次性支付年租金12万元；6月16日以融资租赁方式租入机器设备一台，租期2年，当年支付租金15万元。计算当年企业应纳税所得额时应扣除的租赁费用为多少万元？

【解析】

以经营租赁方式租入固定资产使用，某年使用受益10个月。

在税前允许扣除的经营租赁费用=12÷12×10=10（万元）

11.劳动保护费

企业发生的合理的劳动保护支出，准予扣除。

12.捐赠支出

（1）企业当期实际发生的公益性捐赠支出在年度会计利润总额的12%以内（含）的，准予扣除。超过扣除标准的部分，结转以后三年内在计算应纳税所得额时扣除。

（2）非公益、救济性捐赠不得在税前扣除。

公益性捐赠是指企业通过公益性社会团体或者县级（含县级）以上人民政府及其组成部门和直属机构进行捐赠，且必须取得中央或省级财政部门统一印制的捐赠票据。

【例 7-6】某企业某年度实现会计利润总额200万元，经注册会计师核查，当年“营业外支出”账户中列支了通过文化行政管理部门向当地公益性图书馆捐赠37万元。该企业该年度应缴纳的企业所得税为多少万元？

【解析】

公益救济性捐赠扣除限额=200×12%=24（万元）

实际发生37万元，所以可以扣除24万元。

应纳企业所得税=［200+（37-24）］×25%=53.25（万元）

13.金融企业的呆账准备

金融企业按下列公式计提的呆账准备，准予扣除。

$$\text{本年年末允许扣除的呆账准备}=\frac{\text{本年年末允许提取}}{\text{呆账准备的资产余额}}\times 1\%-\frac{\text{上年年末已经扣除}}{\text{的呆账准备余额}}$$

金融企业符合规定核销条件的呆账损失，应先冲减已经扣除的呆账准备，呆账准备不足冲减的部分，准予直接扣除。金融企业收回已扣除的呆账损失时，应计入当期应纳税所得额。

14.支付给企业关联方的费用

接受关联方提供的管理或其他形式的服务，按照独立交易原则支付的有关费用，准予扣除。

15.非居民企业的境外总机构实际发生的部分费用

非居民企业在中国境内设立的机构、场所，就其境外总机构实际发生的与本机构、场所生产、经营有关的费用，能够提供总机构出具的费用汇集范围、定额、分配依据和方法等证明文件，并合理计算分摊的，准予扣除。

16.固定资产的折旧费

（1）固定资产按照直线法计算的折旧，准予扣除。

（2）自2019年1月1日起，固定资产加速折旧优惠的行业范围，扩大至全部制造业领域。

（3）2024年1月1日至2027年12月31日，企业单位价值不超过500万元的固定资产（房屋建筑物以外），允许一次性计入当期成本费用在计算应纳税所得额时扣除，不再分年度计算折旧。

17.无形资产的摊销费

无形资产按照直线法计算的摊销费用，准予扣除。

无形资产的摊销年限不得少于10年。作为投资或者受让的无形资产，在有关法律或协议、合同中规定使用年限的，可依其规定使用年限分期计算摊销。外购商誉的支出，在企业整体转让或清算时，准予扣除。

18.长期预付账款

长期预付账款从费用发生的次月起，分期摊销；摊销期限不得少于3年。

19.存货发出的计价方法

各项存货的发出或者领用，其实际成本的计算方法，可以在先进先出法、移动平均法和加权平均法等方法中，由企业选用一种。计价方法一经选用，不得随意改变；确实需要改变计价方法的，应当在下一纳税年度开始前报当地税务机关批准。

20.研发费用的加计扣除方法

2023年6月21日，国家税务总局和财政部发布《关于优化预缴申报享受研发费用加计扣除政策有关事项的公告》（国家税务总局 财政部公告2023年第11号），自2023年1月1日起，企业享受研发费用加计扣除优惠政策采取“真实发生、自行判别、申报享受、相关资料留存备查”的办理方式。企业开展研发活动中实际发生的研发费用，未形成无形资产计入当期损益的，在按规定据实扣除的基础上，自2023年1月1日起，再按照实际发生额的100%在税前加计扣除；形成无形资产的，自2023年1月1日起，按照无形资产成本的200%在税前摊销。

【注意点】

除烟草制造业、住宿和餐饮业、批发和零售业、房地产业、租赁和商务服务业、娱乐业等以外，其他行业企业均可享受。

四、不得扣除的项目

（1）向投资者支付的股息、红利等权益性投资收益款项。股息、红利不能混入工资、薪金支出，向投资者支付的股息、红利等权益性投资收益款项不得扣除。对于如分红、借款利息支出等与受雇无关不具有合理性的项目不得作为工资、薪金支出列支。

（2）企业所得税税款。

（3）税收滞纳金。

（4）罚金、罚款和被没收财物的损失。这是指纳税人违反国家有关法律、法规规定，被有关部门处以的罚款以及被司法机关处以的罚金和被没收财物，专指国家有关行政部门的罚款，而被金融机构处以的罚款和支付给合作方的违约金等可正常扣除。

合同违约补偿金、银行罚息等罚款和违约金属于在经济活动中正常发生的，不是以违法被查处为前提的额外负担则均可扣除，即计入“营业外支出”的合同违约补偿金、逾期偿还银行贷款加处的罚息等罚款和违约金，可税前扣除。

（5）超过规定标准的捐赠支出。公益性捐赠支出在年度利润总额12%以内的部分允许扣除，年度利润是指按会计制度正确计算的会计利润总额，如果企业自行计算的年度利润不正确则需要调整。

（6）赞助支出。非广告性质的赞助支出一律不得扣除，不得扣除的赞助支出是指企业发生的与生产经营活动无关的各种非广告性质支出。

赞助≠公益性捐赠。公益性捐赠，是指企业通过公益性社会团体或者县级（含县级）以上人民政府及其组成部门和直属机构，用于《中华人民共和国公益事业捐赠法》规定的公益事业的捐赠，并且需要有相应的政府机关认可的票据。

（7）超过规定标准的广告费和业务宣传费。企业发生的与生产经营活动有关的广告费和业务宣传费在当年销售（营业）收入15%内的部分允许扣除，超过部分允许在以后纳税年度结转扣除。销售收入包括主营业务收入和其他业务收入。

（8）未经核定的准备金支出。这是指不符合国务院财政、税务主管部门规定的各项资产减值准备、风险准备等准备金支出，不包括计提的环境保护和生态恢复方面的准备金。

除企业依照法律、行政法规有关规定提取的用于环境保护、生态恢复等方面的专项资金准予扣除外，企业计提的其他准备金，包括会计上计提的坏账准备、存货跌价准备、债权投资减值准备、长期股权投资减值准备、固定资产减值准备、无形资产减值准备等各项资产减值准备、风险准备等不得扣除。只有金融企业的坏账准备允许扣除。由于实际发生的坏账损失分情况据实扣除，所以，坏账准备也不允许扣除。

企业提取的资产跌价准备或减值准备，尽管在提取年度税前不允许扣除，但在企业资产损失实际发生时，在实际发生年度允许扣除，体现了企业所得税据实扣除和确定性的原则。

提示：未经核定的准备金不得在税前扣除。

（9）企业之间支付的管理费用。能够提供总机构出具的费用汇集范围、定额、分配依据和方法等证明文件的非居民企业向总机构支付的合理费用可以扣除。

分清关联企业管理费与各项正常费用的差别，关联企业之间支付的管理费不得扣除。

（10）企业内营业机构之间支付的租金和特许权使用费不得在税前扣除。

（11）非银行企业内营业机构之间支付的利息不得在税前扣除。

（12）与取得收入无关的其他支出，如为取得不征税收入而支付的管理费用等不得在税前扣除。

（13）企业对外投资期间的投资成本不允许税前扣除。

（14）房屋、建筑物以外未投入使用的固定资产折旧不得在税前扣除。

五、居民企业应纳税额的计算

应纳税额的计算公式为：

应纳税额=应纳税所得额×适用税率−减免税额−抵免税额

公式中的减免税额和抵免税额，是指依照企业所得税法和国务院的税收优惠规定减征、免征和抵免的应纳税额。

在实际工作中，应纳税所得额的计算一般有两种方法。

（一）直接计算法

应纳税所得额=收入总额−不征税收入−免税收入−各项扣除−弥补亏损

企业所得税应纳税所得额的计算以权责发生制为原则。属于当期的收入和费用，不论款项是否收付，均作为当期的收入和费用；不属于当期的收入和费用，即使款项已经在当期收付，也不作为当期的收入和费用。

【例 7-7】某企业为居民企业，某年主营业务收入560万元，主营业务成本400万元；其他业务收入86万元，其他业务成本66万元；税金及附加32.4万元，管理费用86万元，财务费用20万元，营业外收入10万元，营业外支出25万元。计算应纳企业所得税。

【解析】

应纳税所得额=560−400+86−66−32.4−86−20+10−25=26.6（万元）

应纳税额=26.6×25%=6.65（万元）

（二）间接计算法

应纳税所得额=会计利润总额±纳税调整项目金额

纳税调整项目金额包括两方面的内容：一是企业的会计处理和税收规定不一致，应予以调整的金额；二是企业按税法的规定准予扣除的税收金额。

【注意点】

在实际工作中，采用间接计算法计算企业所得税的情况偏多。

纳税调整增加额与减少额示意图如图7-1所示。

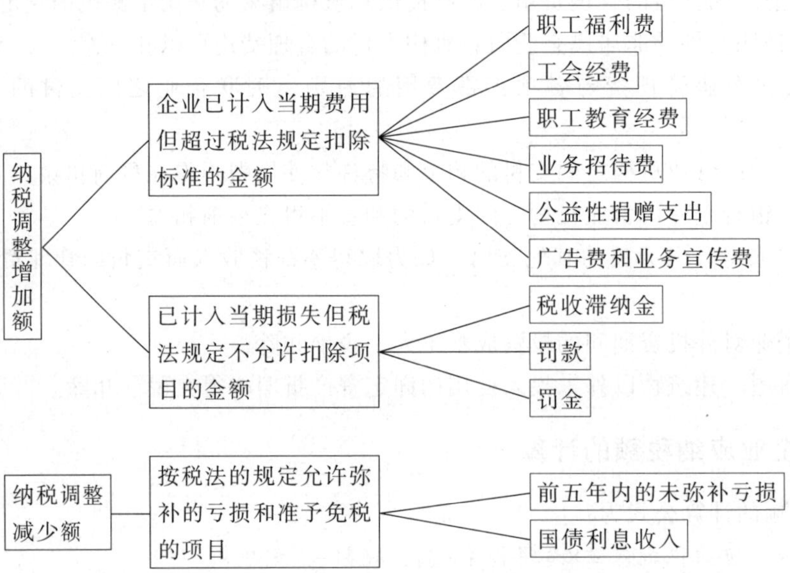

图7-1　纳税调整增加额与减少额示意图

【例7-8】（2015年初级会计职称考试试题）甲公司为居民企业。某年有关收支情况如下：

（1）产品销售收入2 500万元，营业外收入70万元。

（2）发生合理的工资薪金150万元，职工供暖费补贴23万元、防暑降温费20万元。

（3）发生广告费300万元，税收滞纳金6万元、环保部门罚款5万元、非广告性赞助16万元，直接向某希望小学捐赠10万元。

（4）缴纳增值税125万元、消费税75万元、城市维护建设税14万元和教育费附加6万元。

已知：在计算企业所得税应纳税所得额时，职工福利费支出不超过工资薪金总额的14%，广告费不超过当年销售（营业）收入的15%。

要求：

根据上述资料，分析回答下列小题：

（1）甲公司在计算该年度企业所得税应纳税所得额时，准予扣除的广告费是（　　）万元。

A.375　　B.385.5　　C.300　　D.10.5

【答案】C

【解析】

销售（营业）收入=2 500万元（不包括营业外收入）；广告费税前扣除限额=2 500×15%=375（万元），实际发生广告费300万元，未超过扣除限额，可以据实扣除。

（2）甲公司下列支出中，在计算该年度企业所得税应纳税所得额时，不得扣除的是（　　）。

A.环保部门罚款5万元　　B.税收滞纳金6万元

C.直接向某希望小学捐赠10万元　　D.非广告性赞助16万元

【答案】ABCD

【解析】

选项A、B：税收滞纳金、罚金、罚款和被没收财物的损失，不得在计算企业所得税应纳税所得额时扣除；选项C：直接向某希望小学捐赠，不属于公益性捐赠支出，不得在计算企业所得税应纳税所得额时扣除；选项D：非广告性质的赞助支出，不得在计算企业所得税应纳税所得额时扣除。

（3）甲公司在计算该年度企业所得税应纳税所得额时，准予扣除的职工福利费是（　　）万元。

A.22.5　　B.23　　C.43　　D.21

【答案】D

【解析】

职工供暖费补贴和防暑降温费属于职工福利费，职工福利费实际发生额=23+20=43（万元）；职工福利费税前扣除限额=150×14%=21（万元），实际发生额超过了扣除限额，应按照限额扣除，准予扣除的职工福利费是21万元。

（4）甲公司发生的下列税费中，在计算该年企业所得税应纳税所得额时，准予扣除的是（　　）。

A.消费税75万元　　B.城市维护建设税14万元

C.教育费附加6万元　　D.增值税125万元

【答案】ABC

【解析】

选项D：企业缴纳的增值税属于价外税，不得在企业所得税前扣除。

【例7-9】某工业企业为居民企业，某年发生经营业务如下：①主营业务收入5 600万元，主营业务成本4 000万元；②其他业务收入800万元，其他业务成本660万元；③投资收益40万元，属于购买国债的利息收入；④税金及附加300万元；⑤管理费用760万元，其中新技术的研究开发费用为60万元，业务招待费用70万元；⑥财务费用200万元，取得直接投资于其他居民企业的权益性收益34万元；⑦取得营业外收入100万元，发生营业外支出250万元（其中含公益性捐赠38万元）。

要求：计算该企业当年应纳的企业所得税。

【解析】

（1）利润总额=5 600+800+40+34+100−4 000−660−300−760−200−250

=404（万元）

（2）国债利息收入调减=40万元（国债利息收入免税）

（3）技术研究开发费调减=60×100%=60（万元）

（4）招待费调增=70−32=38（万元）

（两个扣除标准：70×60%=42（万元）；（5 600+800）×5‰=32（万元））

（5）权益性收益调减=34万元（取得直接投资于其他居民企业的权益性收益属于免税收入）

（6）捐赠：不作纳税调整。

（扣除标准=404×12%=48.48（万元））

（7）应纳税所得额=404-40-60+38-34=308（万元）

（8）应交企业所得税=308×25%=84.5（万元）

六、境外所得抵扣税额的计算

（一）可以从其当期应纳税额中抵免的在境外缴纳的所得税税额

企业取得的下列所得已在境外缴纳的所得税税额，可以从其当期应纳税额中抵免，抵免限额为该项所得依照本法规定计算的应纳税额；超过抵免限额的部分，可以在以后5个年度内，用每年度抵免限额抵免当年应抵税额后的余额进行抵补，包括：

（1）居民企业来源于中国境外的应税所得；

（2）非居民企业在中国境内设立机构、场所，取得发生在中国境外但与该机构、场所有实际联系的应税所得；

（3）居民企业从其直接或者间接控制的外国企业分得的来源于中国境外的股息、红利等权益性投资收益，外国企业在境外实际缴纳的所得税税额中属于该项所得负担的部分，可以作为该居民企业的可抵免境外所得税税额，在企业所得税法规定的抵免限额内抵免。

提示：直接或间接控制，指持有20%以上股份。

（二）抵免限额的计算

$$抵免限额=\frac{境内、境外所得按税法}{计算的应纳税总额}\times\frac{来源于某国的应纳税所得额}{中国境内、境外应纳税所得总额}$$

即：抵免限额=来源于某国（地区）的应纳税所得额×25%。

如果应纳税额<实纳税额，扣除全部应纳税额；

如果应纳税额>实纳税额，将国外的已纳税额全部扣除。

【例7-10】某企业某年度境内所得应纳税所得额为200万元，在全年已预缴税款25万元，来源于境外某国的税前所得为100万元，境外实纳税款20万元，该企业当年汇算清缴应补（退）的税款为多少万元？

【解析】

境外已纳税款扣除限额=（200+100）×25%×100÷（200+100）=100×25%=25（万元）

境外实纳税额20万元，可全额扣除，境内已预缴25万元。

汇总纳税应纳税额=（200+100）×25%=75（万元）

汇总纳税应交所得税额=75-20-25=30（万元）

七、非居民企业应纳税额的计算

按照国际上的通行做法，我国目前与其他国家签订的税收协定中也遵循了国际惯例。

对于在中国境内未设立机构、场所的，或者虽设立机构、场所但取得所得与其所设机构、场所没有实际联系的非居民企业的所得，按照下列方法计算应纳税所得额：

1.股息、红利等权益性投资收益和利息、租金、特许权使用费所得

应纳税所得额=收入全额

在计算应纳税额时，一般不扣除任何成本费用而是按收入全额征税。

2.转让财产所得

应纳税所得额=收入全额-财产净值

其中，财产净值是指财产的计税基础减除已经按照规定扣除的折旧、折耗、摊销、准备金等后的余额。

3.其他所得

非居民企业还可能因向中国境内的企业或个人提供咨询服务而从中国境内取得咨询费收入，因向中国境内企业或个人提供境外保险服务而从中国境内取得保险费收入等，这些收入也按收入全额征收预提所得税。

八、亏损弥补

亏损指按规定将每一纳税年度的收入总额减除免税收入、不征税收入和各项扣除后小于零的数额。

（一）亏损弥补的规定

（1）企业纳税年度发生的亏损，准予向以后年度结转，用以后年度的所得弥补，但结转年限最长不得超过5年。

（2）弥补期从亏损年度后第1年算起，连续5年内不论是盈利或亏损，都作为实际弥补年限计算。先亏先补，按顺序连续计算弥补期。

（3）可弥补的亏损额并不是企业利润表中的亏损额，而是企业利润表中的亏损额经税务机关按税法的规定核实、调整后的金额。

（4）企业在汇总计算缴纳企业所得税时，其境外营业机构的亏损不得抵减境内营业机构的盈利。

（二）亏损弥补计算的注意事项

（1）企业发生年度亏损，下一年度实现的利润应首先弥补以前年度的亏损。

（2）若下一年度实现的利润大于以往年度的亏损，应一次性将以往年度出现的亏损全部弥补。

（3）企业如果连续发生亏损，以后年度实现利润后，应首先弥补第一个亏损年度的亏损额，然后再弥补第二个亏损年度的亏损额，以此类推，不能颠倒几个亏损年度的前后弥补顺序，也不能随意选择哪个亏损年度的亏损额予以弥补。

高新技术企业和科技型中小企业亏损结转年限由5年延长至10年。

（三）弥补亏损的方式

1.税前利润的弥补

企业发生亏损，可以用次年度的税前利润弥补，次年度利润不足弥补的，可以在5年内延续弥补。不需要专门作会计处理，通过本年利润的期末结转自然进行了弥补。

年末，结转本年发生的亏损：

借：利润分配——未分配利润

　贷：本年利润

第二年年末，结转本年发生的盈利：

借：本年利润

　贷：利润分配——未分配利润

在"利润分配——未分配利润"账户中自然进行了借贷双方的弥补。

2.税后利润的弥补（盈余公积补亏）

企业发生的亏损，5年内的税前利润不足弥补时，用税后利润、盈余公积弥补。这种方式不确认递延所得税。税法上在计算应税所得时不能扣除亏损余额。会计处理如下：

借：盈余公积

　贷：利润分配——盈余公积补亏

【例7-11】某企业2008—2017年盈利情况见表7-4，分步说明弥补亏损并计算这10年内应交所得税税额（假设所得税税率为25%）。

表7-4　**某企业2008—2017年盈利情况**　单位：万元

年度	2008	2009	2010	2011	2012	2013	2014	2015	2016	2017
获利情况	90	-60	-80	-30	50	10	30	30	80	120

【解析】

①2008年应纳税额=90×25%=22.5（万元）

②2009年亏损60万元，其弥补期为2010年、2011年、2012年、2013年、2014年（5年）。

-60+50+10+30=30（万元）

至2014年弥补了亏损后，余30万元。

③2010年亏损80万元，其弥补期为2011年、2012年、2013年、2014年、2015年（5年）。

-80+30+30=-20（万元）

至2015年仍未弥补完亏损，亏损的20万元需待以后的"盈余公积"来弥补。

④2011年亏损30万元，其弥补期为2012年、2013年、2014年、2015年、2016年（5年）。

-30+80=50（万元）

至2016年弥补了亏损后，余50万元。

⑤2012年以后都是盈利的，没有亏损需要弥补。

⑥需要缴纳所得税的是：2008年、2016年和2017年三年。

2016年应纳税额=50×25%=12.5（万元）

2017年应纳税额=120×25%=30（万元）

⑦2008—2017年应纳税额=22.5+12.5+30=65（万元）

如果该企业属于小型微利企业，则可以享受小型微利企业的企业所得税优惠税率5%。

第三节 会计差异的计算

一、永久性差异

永久性差异是指某一会计期间，由于会计准则、制度和税法在计算收益、费用或损失时的口径不同、标准不同，所产生的税前会计利润与应纳税所得额之间的差异。这种差异不影响其他会计报告期，也不会在其他期间得到弥补。差异在本期发生，随本期净收益确定而结转，并不在以后各经营期间转回，若不及时调整，这种差异将永久存在，因此，习惯上称其为永久性差异。其会计处理原则是：该项差异一经发生，即应在本期调整。

企业所得税的主要税前扣除项目见表7-5。

表7-5 企业所得税税前扣除的项目

1.限额比例扣除的项目		
项目	扣除标准	会计科目
职工福利费	不超过工资薪金总额14%的部分准予扣除	生产成本、制造费用、管理费用等
工会经费	不超过工资薪金总额2%的部分准予扣除	管理费用
职工教育经费	不超过工资薪金总额8%的部分准予扣除，超过部分在以后纳税年度结转	管理费用
利息费用	不超过金融企业同期同类贷款年利率计算的利息准予扣除	财务费用
业务招待费	按照发生额的60%扣除，但最高不得超过当年销售（营业）收入的5‰	管理费用
广告费和业务宣传费	不超过当年销售（营业）收入15%以内的部分，准予扣除	销售费用
公益性捐赠支出	不超过年度利润总额12%的部分，准予扣除	营业外支出、其他收益
2.不得税前扣除的项目		
项目	扣除标准	会计科目
向投资者支付的股息、红利等权益性投资收益款项	不得扣除	投资收益
企业所得税税款	不得扣除	企业所得税
税收滞纳金	不得扣除	营业外支出
有关部门处以的罚金、罚款，以及被司法机关处以的罚金和被没收财物的损失	不得扣除	营业外支出
超过规定标准的捐赠支出	不得扣除，超过部分在以后三年内在计算应纳税所得额时扣除	营业外支出
非广告性质的赞助支出	不得扣除	营业外支出
未经核定的准备金支出	不得扣除	资产减值准备
企业之间支付的管理费、企业内营业机构之间支付的租金和特许权使用费，以及非银行企业内营业机构之间支付的利息	不得扣除	管理费用、销售费用、财务费用
与取得收入无关的其他支出	不得扣除	管理费用、营业外支出

【注意点】

企业之间支付的违约金、罚息、诉讼赔偿可以在企业所得税前扣除。

纳税调整是企业所得税汇算清缴中的重点和难点。“纳税调整项目明细表”由纳税人根据税法、相关税收规定以及国家统一会计制度的规定，填报企业所得税涉税事项的会计处理、税务处理以及纳税调整情况。纳税调整项目明细表见表7-6。

表7-6 **纳税调整项目明细表（A105000）** 单位：元

行次	项目	账载金额	税收金额	调增金额	调减金额
		1	2	3	4
1	一、收入类调整项目（2+3+…+8+10+11）	*	*		
2	（一）视同销售收入（填写A105010）	*			*
3	（二）未按权责发生制原则确认的收入（填写A105020）				
4	（三）投资收益（填写A105030）				
5	（四）按权益法核算长期股权投资对初始投资成本调整确认收益	*	*	*	
6	（五）交易性金融资产初始投资调整	*	*		*
7	（六）公允价值变动净损益		*		
8	（七）不征税收入	*	*		
9	其中：专项用途财政性资金（填写A105040）	*	*		
10	（八）销售折扣、折让和退回				
11	（九）其他				
12	二、扣除类调整项目（13+14+…+24+26+27+28+29+30）	*	*		
13	（一）视同销售成本（填写A105010）	*		*	
14	（二）职工薪酬（填写A105050）				
15	（三）业务招待费支出				*
16	（四）广告费和业务宣传费支出（填写A105060）	*	*		
17	（五）捐赠支出（填写A105070）				
18	（六）利息支出				
19	（七）罚金、罚款和被没收财物的损失		*		*
20	（八）税收滞纳金、加收利息		*		*
21	（九）赞助支出		*		*
22	（十）与未实现融资收益相关在当期确认的财务费用				

续表

行次	项　　目	账载金额	税收金额	调增金额	调减金额
		1	2	3	4
23	（十一）佣金和手续费支出				*
24	（十二）不征税收入用于支出所形成的费用	*	*		*
25	其中：专项用途财政性资金用于支出所形成的费用（填写A105040）	*	*		*
26	（十三）跨期扣除项目				
27	（十四）与取得收入无关的支出		*		*
28	（十五）境外所得分摊的共同支出	*	*		*
29	（十六）党组织工作经费				
30	（十七）其他				
31	三、资产类调整项目（32+33+34+35）	*	*		
32	（一）资产折旧、摊销（填写A105080）				
33	（二）资产减值准备金		*		
34	（三）资产损失（填写A105090）				
35	（四）其他				
36	四、特殊事项调整项目（37+38+…+43）	*	*		
37	（一）企业重组及递延纳税事项（填写A105100）				
38	（二）政策性搬迁（填写A105110）	*	*		
39	（三）特殊行业准备金（填写A105120）				
40	（四）房地产开发企业特定业务计算的纳税调整额（填写A105010）	*			
41	（五）合伙企业法人合伙人应分得的应纳税所得额				
42	（六）发行永续债利息支出				
43	（七）其他	*	*		
44	五、特别纳税调整应税所得	*	*		
45	六、其他	*	*		
46	合计（1+12+31+36+44+45）	*	*		

二、暂时性差异

（一）暂时性差异的概念

暂时性差异是指由于会计准则与税法对收入和费用确认和计量的时间不同而产生的差异。其发生是由于有些收入和支出项目计入纳税所得的时间与计入税前会计利润的时间不一致。暂时性差异发生于某一时期，但在以后的一期或若干期内转回。这种差异的产生，主要是由于某些收入、费用项目虽然在计算税前会计利润和纳税所得的口径一致，但两者确认的时间不同而产生的。

（二）暂时性差异的类型

（1）某项收入会计在本期确认，而在税法中却不确认，而将其确认为以后某期的收益，如权益法按被投资单位实现的净利润中自己享有的份额确认的投资收益。（未来应纳税）

（2）某项费用会计确认为当期费用，但税法却不允许当期扣除，而留待以后扣除，如计提的资产减值准备和保修费用等。（未来可抵扣）

（3）某项收入会计应于以后期间确认，但按税法的规定计入当期应税所得，如包装物押金收入等。（未来可抵扣）

（4）某项费用会计应于以后期间确认，但税法允许当期扣除。（未来应纳税）

例如，若企业有原价为10万元的设备，税法规定按10年提取折旧，但企业视该项资产的更新状况和在本企业的使用状况，将其确定为按5年提取折旧。这样，在企业经营的前5年中，每年多提取了税法要求的1倍以上的折旧，使企业的账面利润减少；而在企业经营的后5年中，按照税法的要求仍要连续提取折旧，但企业实际已将折旧提取完毕，不用再提，又使企业的账面财务利润增多。亦即随着时间的推移，两者的差异会自动消除。

在实际工作中，企业计算出的税前会计利润与纳税所得之间产生差额时，应在缴纳所得税时，对税前会计利润按照税法的规定加以调整。

暂时性差异不仅影响本期和前期的税前会计收益和应税收益，而且还影响相关未来时期所报告的税前会计收益和应税收益。随着时间的推移和影响事项的完结，这种差异会在以后期间转回，使税前会计收益和应税收益达到总量相等。

三、所得税会计处理方法

本书主要介绍实务工作中执行的应付税款法和准则中执行的资产负债表债务法，而纳税影响会计法不再加以介绍。

四、应付税款法

应付税款法是指将本期的账面会计利润与纳税所得之间的差异，直接计入当期损益，而不递延到以后各期的方法。

（一）特点

本期所得税费用是按照本期应纳税所得额与适用的所得税税率计算的应交所得税，即本期所得税费用等于应交所得税。

采用应付税款法时，企业的账面会计利润与应纳税所得额之间存在的差异（包括永久性差异和暂时性差异），要按照税法的规定进行计算并调整，直到计算出应纳税所得额。

（二）计算步骤

（1）确定会计利润，即按企业的会计制度计算出本期会计利润；

（2）根据税法的规定，确定出各类需调整的差异额，包括永久性差异和暂时性差异；

（3）按照会计利润加、减纳税调整额，计算出本期的应纳税所得额；

（4）按照应纳税所得额乘以适用的所得税税率，计算出本期应纳的所得税税额；

（5）按计算出的应纳税额进行会计处理。

【例7-12】某生产企业以自产产品通过非营利性组织捐赠给贫困地区，自产产品账面成本68万元，同类产品对外售价80万元，当年企业会计利润为500万元，假定无其他纳税调整事项。

【解析】

销项税额=80×13%=10.4（万元）

借：营业外支出　　784 000

　贷：库存商品　　680 000

　　应交税费——应交增值税（销项税额）　　104 000

公益性捐赠扣除限额=500×12%=60（万元）

当年纳税调整后的所得额=500+（78.4-60）=518.4（万元）

当年应交所得税额=518.4×25%=129.6（万元）

借：所得税费用　　1 296 000

　贷：应交税费——应交所得税　　1 296 000

五、资产负债表债务法

（一）资产负债表债务法的特点

资产负债表债务法，是指从资产负债表出发，比较资产负债表上列示的资产、负债，按照会计准则的规定确定的账面价值与按照税法的规定确定的计税基础，对于两者之间的差异分别应纳税暂时性差异与可抵扣暂时性差异，确认相关的递延所得税负债与递延所得税资产，并在此基础上确定每一会计期间利润表中的所得税费用。资产负债表债务法从暂时性差异产生的本质出发，分析暂时性差异产生的原因以及对期末资产负债表的影响。

目前，资产负债表债务法是世界上通用的所得税会计处理方法，我国的《企业会计准则第18号——所得税》直接借鉴《国际会计准则第12号——所得税》，采用暂时性差异的概念，计算递延所得税资产或递延所得税负债。

（二）暂时性差异

资产或负债的账面价值与其计税基础之间的差额，按照暂时性差异对未来期间应税金额的影响，分为应纳税暂时性差异和可抵扣暂时性差异。

1.应纳税暂时性差异

应纳税暂时性差异是指在确定未来收回资产或清偿债务期间的应纳税所得额时，将导致产生应税金额的暂时性差异。应纳税暂时性差异一般产生于以下情况：

（1）资产的账面价值>其计税基础。

①一项资产的账面价值代表企业持续使用或最终出售该项资产时会取得的经济利益的总额；

②一项资产的计税基础代表的是一项资产在未来期间可予税前扣除的总金额；

③资产的账面价值>其计税基础，该项资产未来期间产生的经济利益不能全部税前抵扣，两者之间的差额需要交税，产生应纳税暂时性差异。

（2）负债的账面价值<其计税基础。

①一项负债的账面价值是企业预计在未来期间清偿该负债时的经济利益流出；

②一项负债的计税基础代表账面价值扣除税法规定未来期间允许税前扣除的金额之后的差额，即未来期间不允许税前扣除的金额；

③负债的账面价值<其计税基础，意味着该项负债在未来期间可以税前抵扣的金额为负数，即应在未来期间应纳税所得额的基础上调增，增加未来期间的应税所得和应交所得税，产生应纳税暂时性差异；

④负债的账面价值和计税基础不同产生的暂时性差异实质上是税法规定该项负债在未来期间可以税前扣除的金额。

2.可抵扣暂时性差异

可抵扣暂时性差异是指在确定未来收回资产或清偿负债期间的应纳税所得额时，将导致产生可抵扣金额的暂时性差异。该差异在未来期间转回时会减少转回期间的应纳税所得额和应交所得税。可抵扣暂时性差异产生当期，符合确认条件时，应当确认相关的递延所得税资产。可抵扣暂时性差异一般产生于以下情况：

（1）资产的账面价值<其计税基础。

当资产的账面价值小于其计税基础时，从经济含义来看，资产在未来期间产生的经济利益少，按照税法的规定允许税前扣除的金额多，则就账面价值与计税基础之间的差额，企业在未来期间可以减少应纳税所得额并减少应纳所得税，符合有关条件时，应当确认相关的递延所得税资产。

例如，一项资产的账面价值为200万元，计税基础为260万元，则企业在未来期间就该项资产可以在其自身取得经济利益的基础上多扣除60万元。从整体上来看，未来期间应纳税所得额会减少，应纳所得税也会减少，形成可抵扣暂时性差异，符合确认条件时，应确认相关的递延所得税资产。

（2）负债的账面价值>其计税基础。

一项负债的账面价值大于其计税基础，意味着未来期间按照税法的规定与该项负债相关的全部或部分支出可以从未来应税经济利益中扣除，减少未来期间的应纳税所得额和应纳所得税。

即：负债产生的暂时性差异=账面价值-计税基础=账面价值-（账面价值-未来期间计税时按照税法的规定可予税前扣除的金额）=未来期间计税时按照税法的规定可予税前扣

除的金额。

例如，企业对将发生的产品保修费用在销售当期确认预计负债200万元，但税法规定有关费用支出只有在实际发生时才能够税前扣除，其计税基础为0；企业确认预计负债的当期相关费用不允许税前扣除，但在以后期间有关费用实际发生时允许税前扣除，使得未来期间的应纳税所得额和应纳所得税减少，产生可抵扣暂时性差异，符合有关确认条件时，应确认相关的递延所得税资产。

（3）可抵扣暂时性差异常见的情况。

固定资产中会计折旧大于税法折旧；计提资产减值损失；公允价值计量的资产发生公允价值下降；售后回购中会计不确认收入而税法确认。

（4）可抵扣暂时性差异的实质。

①会计上确认为当期费用而税法不确认；

②会计上不确认当期收入而税法确认，即不管是收入还是费用，会计上都要求从应纳税所得额中扣除，而税法不允许扣除。

提示：这里的“应纳税”是指未来应纳税。这里的“可抵扣”是指未来可抵扣。

企业应当将当期和以前期间应交未交的所得税确认为负债，将已支付的所得税超过应支付的部分确认为资产。存在应纳税暂时性差异或可抵扣暂时性差异的，应当确认递延所得税负债或递延所得税资产。递延所得税资产和递延所得税负债分别作为非流动资产和非流动负债在资产负债表中列示，所得税费用在利润表中单独列示。

（三）资产的计税基础

资产的计税基础，是指企业收回资产账面价值过程中，计算应纳税所得额时按照税法的规定可以自应税经济利益中抵扣的金额。也就是说，按照税法的规定，该项资产在未来使用或最终处置时，允许作为成本或费用于税前列支的金额。

资产的计税基础=未来可税前列支的金额

资产账面价值与计税基础可能存在差异的情况主要有：固定资产、无形资产、交易性金融资产、长期股权投资和其他计提减值准备的资产等。

为了便于学习和理解，举例如下：

1.固定资产的相关规定

会计：账面价值=实际成本−累计折旧−减值准备

税法：计税基础=实际成本−累计折旧

【例7-13】某项环保设备，原价为1 000万元，使用年限为10年，会计处理时按照直线法计提折旧，税收处理允许加速折旧，企业在计税时对该项资产按双倍余额递减法计算折旧，净残值为0。计提了2年的折旧后，会计期末，企业对该项固定资产计提了80万元的固定资产减值准备。

【解析】

账面价值=1 000−100−100−80=720（万元）

计税基础=1 000−200−160=640（万元）

账面价值>计税基础，形成暂时性差异（应纳税）80万元。

2.无形资产的相关规定

会计：账面价值=实际成本-累计摊销-减值准备

税法：计税基础=实际成本-累计摊销

【例7-14】某项无形资产的取得成本为160万元，因其使用寿命无法合理估计，会计上视为使用寿命不确定的无形资产，不予摊销，但税法规定按不短于10年的期限摊销。计算取得该项无形资产1年后的纳税差异。

【解析】

账面价值=160万元，计税基础=144万元，账面价值>计税基础，形成暂时性差异（应纳税）16万元。

（四）负债的计税基础

负债的计税基础，是指负债的账面价值减去未来期间计算应纳税所得额时按照税法的规定可予抵扣的金额。

负债的计税基础=账面价值-未来可税前列支的金额

一般而言，负债的确认与偿还不会影响企业的损益，也不会影响应纳税所得额，如企业的应付账款、其他应付款等。在未来期间计算应纳税所得额时，依据税法的规定可予抵扣的金额为0，因此，其计税基础即为账面价值。但是，在某些情况下，负债的确认可能会影响企业的损益，相应地影响不同期间的应纳税所得额，从而使其计税基础与账面价值之间产生差异，如预计负债项目。

例如，企业销售商品后承诺提供3年的免费保修，按照会计准则的规定，企业在销售商品期间，在确认销售收入的同时，应估计该项保修义务的金额，并作为预计负债确认。按照税法的规定，有关的保修费用只有在实际发生时才能够从税前扣除。企业当期如果按照会计的规定确认了10万元的预计负债，而该项保修义务预计在以后3年逐期发生，则按照税法的规定，有关的保修费用在实际发生时可从税前扣除。该负债的计税基础为0（10-10）。

提示：计税基础实际上关键要掌握一个税前可以扣除的金额，不管是资产的计税基础还是负债的计税基础，都强调“税前扣除”概念。

对于资产来说，如分期收款销售具有融资性质，会计上当期是全部确认了收入的，但是税法上是分期确认收入的，那么在本期，会计上当期多确认的收入部分税法上是不纳税的，也就是可以从税前扣除了；以后税法上分期确认收入而会计上不确认的时候，实际上是税法不允许会计上扣除这部分收入了，是账面价值大于计税基础，形成的是应纳税暂时性差异。具体情况见表7-7。

表7-7　**暂时性差异种类表**

账面价值与计税基础的关系	资　产	负　债
账面价值>计税基础	应纳税暂时性差异	可抵扣暂时性差异
账面价值<计税基础	可抵扣暂时性差异	应纳税暂时性差异

【注意点】

（1）账面价值是各项资产的账面净值计提减值准备后的余额。

资产账面价值与资产账面原值、资产账面净值之间的区别是：资产账面原值是各资产账户累计结余的金额。资产账面净值是资产账面原值扣减累计折旧（累计摊销）后的余值。

资产账面价值=资产账面净值-相关资产减值准备

资产账面净值=资产账面原值-累计折旧（累计摊销）

（2）资产与负债产生的暂时性差异在判断时正好是相反的，资产或负债的账面价值、计税基础及暂时性差异和递延所得税之间的关系见表7-8。

表7-8　　账面价值、计税基础、暂时性差异和递延所得税关系表

项目	账面价值	计税基础	暂时性差异含义	账面价值>计税基础	账面价值<计税基础
资产	将来流入的金额	将来能抵税的金额	未来应税所得	应纳税暂时性差异（递延所得税负债）	可抵扣暂时性差异（递延所得税资产）
负债	将来流出的金额	将来不能抵税的金额	未来抵扣金额	可抵扣暂时性差异（递延所得税资产）	应纳税暂时性差异（递延所得税负债）

第四节　企业所得税的核算

一、会计账户的设置

（一）应付税款法的会计账户设置

在应付税款法下，设置“所得税费用”和“应交税费——应交所得税”账户进行核算。

“所得税费用”账户，用来核算企业按规定从本期损益中扣除的所得税。其借方发生额，反映企业计入本期损益的所得税税额；其贷方发生额，反映转入“本年利润”账户的所得税税额。期末结转本年利润后该账户无余额。

（二）资产负债表债务法的会计账户设置

在资产负债表债务法下，设置“所得税费用”“递延所得税资产”“递延所得税负债”“应交税费——应交所得税”账户进行核算。

1.“所得税费用”账户

此账户核算企业根据所得税会计准则确认的应从当期利润总额中扣除的所得税费用，按照“当期所得税费用”“递延所得税费用”进行明细核算，其借方登记计算出的所得税费用，其贷方登记期末转入“本年利润”的所得税费用，结转后该账户无余额。

2.“递延所得税资产”账户

此账户用来核算企业根据所得税会计准则确认的可抵扣暂时性差异产生的所得税资产。根据税法规定可用以后年度税前利润弥补的亏损产生的所得税资产，在“应交税费”账户核算，按照可抵扣暂时性差异等项目进行明细核算，应交税费期末借方余额，反映企业已确认的递延所得税资产的余额。

3.“递延所得税负债”账户

此账户用来核算企业根据所得税会计准则确认的应纳税暂时性差异产生的所得税负债，该账户应当按照应纳税暂时性差异项目进行明细核算，应交税费期末贷方余额，反映企业已确认的递延所得税负债的余额。

4.“应交税费——应交所得税”账户

此账户用来核算企业应交未交的所得税税款。其借方登记预交数或补交数，其贷方登记应交数。该账户贷方余额表示欠交数，借方余额表示多交数。

二、应付税款法的核算

应付税款法将所得税视同收益分配，将根据税法计算出来的所得税列示在利润表上，作为利润总额的抵减项目，同时也作为应交所得税。应付税款法的优点是简便，不必确认递延所得税；其缺点是违背了权责发生制原则。除了执行企业会计准则的上市公司、中央企业以外的近99%的企业仍然在采用应付税款法。

【例7-15】某企业某年全年招待费为5万元，全年收入为1 400万元，全年利润总额为250万元，该企业适用的所得税税率为25%。

【解析】

①按招待费的60%计算的扣除标准=5×60%=3（万元）

②按收入的5‰计算的扣除标准=1 400×5‰=7（万元）

所以招待费允许扣除的是3万元。

③应纳税所得额=250+2=252（万元）

应交所得税=252×25%=63（万元）

借：所得税费用　　　　630 000

　贷：应交税费——应交所得税　　　　630 000

④实际缴纳企业所得税：

借：应交税费——应交所得税　　　　630 000

　贷：银行存款　　　　630 000

三、资产负债表债务法的核算

（一）资产负债表债务法的计算程序

采用资产负债表债务法核算所得税，企业一般应于每一资产负债表日（每年的12月31日）进行所得税的核算。发生特殊交易或事项时，如企业合并，在确认因交易或事项取得的资产、负债时即应确认相关的所得税影响。企业进行所得税核算一般应遵循以下程序：

1.按照企业会计准则的规定，确定资产、负债项目的账面价值

这是按我国具体会计准则规定确定的资产负债表中除递延所得税资产和递延所得税负债以外的其他资产和负债项目的账面价值，即在资产负债表上直接列示的项目金额，包括计提过资产减值准备的资产净额。

例如，企业持有的应收账款账面余额为2 000万元，企业对该应收账款计提了100万元的坏账准备，其账面价值为1 900万元，这是应收账款在资产负债表中列示的金额。

2.按照企业所得税法的规定，确定资产、负债项目的计税基础

这是在我国具体会计准则中确定的资产和负债的基础上，以现行税法为准绳，计算确定资产负债表中有关资产、负债项目的计税基础。这是资产负债表债务法的计算关键。

3.计算账面价值与计税基础之间的差额

这是指分析资产、负债的账面价值与其计税基础之间的差异是应纳税暂时性差异还是可抵扣暂时性差异，从而计算出应确认的递延所得税资产、递延所得税负债或应转销的金额。

对于两者之间存在差异的，分析其性质，除企业会计准则中规定的特殊情况外，按应纳税暂时性差异与可抵扣暂时性差异分别乘以企业所得税税率，确定资产负债表日递延所得税负债和递延所得税资产的应有金额，并与期初递延所得税负债和递延所得税资产的余额相比，确定当期应予进一步确认的递延所得税负债和递延所得税资产金额或应予转销的金额，作为构成利润表中所得税费用的其中一个组成部分——递延所得税。

4.按照企业所得税法的规定，计算当期应纳税所得额

应交所得税=应纳税所得额×所得税税率

将以应纳税所得额与适用的税率计算的应纳税额确认为当期应交所得税，作为利润表中应予确认的所得税费用的另外一个组成部分——当期所得税。

5.计算利润表上的所得税费用

所得税费用=当期所得税+递延所得税

利润表中的所得税费用包括当期所得税和递延所得税两个组成部分，企业在计算确定了当期所得税和递延所得税后，两者之和（或差），就是利润表中的所得税费用。

【注意点】

在我国目前的会计实践中，大多数企业还是采用应付税款法。在以后的会计工作中，将执行企业会计准则，采用资产负债表债务法，在执行时将会有不少理解上的困难，所以应认真学习和理解资产负债表债务法的内容。

（二）资产负债表债务法的会计处理

借：所得税费用
　　递延所得税资产
　贷：应交税费——应交所得税
　　　递延所得税负债

【例7-16】A公司2017年购入原材料的成本为5 000万元，因部分生产线停工，当年未领用任何原材料，2017年资产负债表日估计该原材料的可变现净值为4 000万元。假定该原材料在2017年的期初余额为0，A公司2017年的会计利润为15 000万元，无其他纳税调整事项，所得税税率为25%。

【解析】

由于原材料期末可变现净值<成本，计提的存货跌价准备=5 000-4 000=1 000（万元）。

计提跌价准备后，该项原材料的账面价值=4 000万元。

由于计税基础不会因存货跌价准备的提取而发生变化，所以其计税基础=5 000万元不变。该项原材料的账面价值4 000万元<其计税基础5 000万元，因此产生了1 000万元的可抵扣暂时性差异。

应确认的递延所得税资产=1 000×25%=250（万元）

应纳所得税额=（15 000+1 000）×25%=4 000（万元）

所得税费用=4 000−250=3 750（万元）

借：所得税费用	37 500 000	
递延所得税资产	2 500 000	
贷：应交税费——应交所得税		40 000 000

【例7-17】甲公司2024年年初递延所得税负债的余额为0，递延所得税资产的余额为30万元（系2023年年末应收账款的可抵扣暂时性差异产生）。甲公司2024年度有关交易和事项的会计处理中，与税法规定存在差异的有：

资料一：2024年1月1日，购入一项非专利技术并立即用于生产A产品，成本为200万元，因无法合理预计其带来经济利益的期限，故作为使用寿命不确定的无形资产核算。2024年12月31日，对该项无形资产进行减值测试后未发现减值。根据税法的规定，企业在计税时，对该项无形资产按照10年的期限摊销，有关摊销额允许税前扣除。

资料二：2024年1月1日，按面值购入当日发行的3年期国债1 000万元，作为权益投资核算。该债券票面年利率为5%，每年年末付息一次，到期偿还面值。2024年12月31日，甲公司确认了50万元的利息收入。根据税法的规定，国债利息收入免征企业所得税。

资料三：2024年12月31日，应收账款账面余额为10 000万元，减值测试前坏账准备的余额为200万元，减值测试后补提坏账准备100万元。根据税法的规定，提取的坏账准备不允许税前扣除。

资料四：2024年度，甲公司实现的利润总额为10 070万元，适用的所得税税率为15%；预计从2025年开始适用的所得税税率为25%，且未来期间保持不变。假定未来期间能够产生足够的应纳税所得额用以抵扣暂时性差异，不考虑其他因素。

要求：

（1）分别计算甲公司2024年度应纳税所得额和应交所得税的金额。

（2）分别计算甲公司2024年年末资产负债表“递延所得税资产”“递延所得税负债”项目“期末余额”栏应列示的金额。

（3）计算确定甲公司2024年度利润表“所得税费用”项目“本年金额”栏应列示的金额。

（4）编制甲公司与确认应交所得税、递延所得税资产、递延所得税负债和所得税费用相关的会计分录。

【解析】

（1）
$$\begin{array}{c}\text{甲公司2024年度}\\\text{应纳税所得额}\end{array}=\begin{array}{c}\text{利润}\\\text{总额}\end{array}-\text{税法上无形资产摊销金额}-\begin{array}{c}\text{国债免税}\\\text{利息收入}\end{array}+\begin{array}{c}\text{补提的}\\\text{坏账准备}\end{array}$$

$$=10\,070-200\div10-50+100=10\,100\text{（万元）}$$

甲公司2024年度应交所得税=10 100×15%=1 515（万元）

（2）①资料一：

该无形资产的使用寿命不确定，且2024年年末未计提减值准备，所以该无形资产的账面价值为200万元，税法上按照10年进行摊销。

计税基础=200−200÷10=180（万元）

产生应纳税暂时性差异=200−180=20（万元）

确认递延所得税负债=20×25%=5（万元）

②资料二：

该权益投资的账面价值与计税基础相等，均为1 000万元，不产生暂时性差异，不确认递延所得税。

③资料三：

应收账款账面价值=10 000−200−100=9 700（万元）

由于提取的坏账准备不允许税前扣除，所以计税基础为10 000万元，产生可抵扣暂时性差异，确认递延所得税资产余额=（10 000−9 700）×25%=75（万元）。

④“递延所得税资产”项目期末余额=（10 000−9 700）×25%=75（万元）

“递延所得税负债”项目期末余额=20×25%=5（万元）

（3）本期确认的递延所得税负债=20×25%=5（万元）

本期确认的递延所得税资产=75−30=45（万元）

发生的递延所得税费用=本期确认的递延所得税负债−本期确认的递延所得税资产

=5−45=−40（万元）

所得税费用本期发生额=1 515−40=1 475（万元）

（4）会计处理：

借：所得税费用	14 750 000	
递延所得税资产	450 000	
贷：应交税费——应交所得税		15 150 000
递延所得税负债		50 000

四、减免所得税的核算

（一）纳税人申请减免税，应在年度终了后2个月内向主管税务机关提供书面资料

（1）减免税申请报告，包括减免税依据、范围、年限、金额、企业的基本情况等；

（2）财务会计报表；

（3）营业执照的复印件；

（4）根据不同减免税项目，税务机关要求提供的其他资料。

（二）减免所得税的会计处理

1.先计后免

（1）计提所得税时：

借：所得税费用

　贷：应交税费——应交所得税

（2）减免所得税时：

借：应交税费——应交所得税

　贷：资本公积

2.先缴后退

（1）上缴企业所得税时：

借：应交税费——应交所得税

　贷：银行存款

（2）收到退税款时：

借：银行存款

　贷：资本公积

3.法定直接减免

不作会计处理。

第五节　企业所得税的汇算清缴程序

一、企业所得税汇算清缴的基本内容

企业所得税汇算清缴，是指纳税人在纳税年度终了后5个月内，依照税收法律、法规、规章及其他有关企业所得税的规定，自行计算全年应纳税所得额和应交所得税税额，根据月度或季度预缴所得税的数额，确定该年度应补或者应退税额，并填写“年度企业所得税纳税申报表”，向主管税务机关办理年度企业所得税纳税申报，提供税务机关要求提供的有关资料，结清全年企业所得税税款的行为。

【注意点】

凡在纳税年度内从事生产、经营（包括试生产、试经营），或在纳税年度中间终止经营活动的纳税人，无论是否在减税、免税期间，也无论盈利或亏损，均应按照企业所得税法及其实施条例和有关规定进行企业所得税汇算清缴。

（一）汇算清缴的范围

（1）所有居民企业；

（2）纳税年度内从事生产、经营（包括试生产、试经营），或在纳税年度中间终止经营活动的纳税人。

（二）汇算清缴的期限

纳税人自纳税年度终了之日起5个月内，进行汇算清缴。纳税人在年度中间发生解散、破产、撤销等终止生产经营情形或其他情形依法终止纳税义务的，应在实际经营终止之日起60日内进行汇算清缴。

（1）纳税人纳税年度内无论盈利、亏损或处于减免税期间，均应根据所得税法律、法规及有关规定办理年度企业所得税纳税申报。纳税人已按照规定预缴税款，因特殊原因不能在规定期限办理年度企业所得税纳税申报的，应在申报期限内提出书面延期申报申请，经主管税务机关核准，在核准期限内办理纳税申报。

（2）纳税人在纳税年度中间发生合并、分立的，依据税收法规的规定，合并、分立后其纳税人地位发生变化的，应在办理变更税务登记之前办理企业所得税纳税申报，及时进行汇算清缴，并结清税款；其纳税人的地位不变的，纳税年度可以连续计算。

（三）汇算清缴申报方式

年度企业所得税汇算清缴提供网上申报、前台申报等申报方式，企业所得税纳税人应尽可能使用网上申报方式申报。

（1）网上申报。

已在主管税务机关办妥开通网上申报手续的纳税人，进入各省税务局网上办税大厅进行申报。

（2）前台申报。

纳税人携带电子申报数据和纸质申报资料直接到主管税务机关的办税服务厅办理纳税申报。纳税人在汇算清缴期内发现当年企业所得税申报有误的，可在汇算清缴期内按照规定程序到主管税务机关征收前台重新填报纳税申报表并进行更正申报。

二、查账征收企业所得税的纳税人汇算清缴报送的资料

纳税人办理企业所得税年度纳税申报时，应如实填写和报送下列有关资料：

（1）企业所得税年度纳税申报表；

（2）年度会计报表。

利用数字证书通过互联网络申报成功的纳税人，可取消上述纸质资料报送。

三、核定应税所得率征收企业所得税的纳税人汇算清缴报送的资料

核定应税所得率征收企业所得税的纳税人汇算清缴报送的资料：

（1）“中华人民共和国企业所得税月（季）度和年度纳税申报表（B类）”；

（2）财务会计报告；

（3）主管税务机关要求报送的其他资料。

【注意点】

《国家税务总局关于企业所得税年度纳税申报有关事项的公告》（国家税务总局公告2022年第27号）规定，今后如出台新政策，按照新政策相关规定填报企业所得税年度纳税申报表。以前年度企业所得税纳税申报表相关规则与本《公告》不一致的，不追溯调整。纳税人调整以前年度涉税事项的，按照相应年度的企业所得税纳税申报表相关规则调整。

税收优惠政策采取“真实发生、自行判别、申报享受、相关资料留存备查”的办理方式。

第六节　企业所得税汇算清缴的会计处理

一、汇算清缴的计算

应纳税所得额=收入总额−不征税收入−免税收入−扣除额−允许弥补的以前年度亏损

汇算清缴应纳税额=应纳税所得额×所得税税率−减免税收入−允许抵免的税额

二、汇算清缴的具体步骤

（一）汇算清缴的时间

企业应当自年度终了之日起5个月内，向税务机关报送年度企业所得税纳税申报表，并汇算清缴，结清应缴应退税款。

（二）汇算清缴申报方式

年度企业所得税汇算清缴提供网上申报、前台申报等申报方式，企业所得税纳税人应尽可能使用网上申报方式申报。

（三）查账征收企业所得税的纳税人汇算清缴资料报送清单

1.独立经营纳税人及跨地区经营总机构汇算清缴资料报送清单

（1）“中华人民共和国企业所得税年度纳税申报表（A类）”及相关附列资料；

（2）“中华人民共和国企业年度关联业务往来报告表”；

（3）年度财务报表；

（4）税收优惠备案事项相关资料；

（5）发生资产损失税前扣除事项的纳税人，应报送规定格式的资产损失税前扣除相关资料；

（6）载有申报数据的软盘（或U盘）（申报后返还给企业，采用网上申报方式的纳税人不需报送）；

（7）委托中介机构代理纳税申报的，应出具双方签订的代理合同，并附送中介机构出具的包括纳税调整的项目、原因、依据、计算过程、调整金额等内容的报告；

（8）主管税务机关要求报送的其他有关资料。

2.跨地区经营分支机构汇算清缴资料报送清单

（1）“中华人民共和国企业所得税月（季）度预缴纳税申报表（A类）”；

（2）经总机构所在地主管税务机关受理的“中华人民共和国企业所得税汇总纳税分支机构分配表”；

（3）分支机构的年度财务报表（或年度财务状况和营业收支情况）；

（4）分支机构参与企业年度纳税调整情况的说明。

（四）核定应税所得率征收企业所得税的纳税人汇算清缴资料报送清单

（1）“中华人民共和国企业所得税月（季）度和年度纳税申报表（B类）”；

（2）财务会计报告；

（3）主管税务机关要求报送的其他资料。

【注意点】

企业所得税汇算清缴和关联申报时间于每年5月31日截止。国家税务总局公告2016年第42号对企业所得税汇算清缴作出了更加明确的规定：

（1）没有发生关联方交易的企业在2016年度及以后会计年度不再需要申报关联报表；有关联方交易的企业需要在年报申报结束后再一次下载报表或新建征期，网报系统内才会出现关联报表。

（2）纳税人在完成申报后，对于电子申报端平台推送的疑点信息应认真核对分析，有疑问的可以拨打“12366”或向主管税务所咨询，发现差错的及时更正申报，在确认申报无误后，于5月31日前缴纳应补缴的税款。

（3）在企业所得税汇算清缴期内，纳税人如发现企业所得税年度申报有误的，可以进行更正申报，涉及补缴税款的不加收滞纳金。超过汇缴期，纳税人未进行申报，或者发现企业所得税年度申报有误的，可以进行补充申报，涉及补缴税款的，自汇缴期结束的次日起按日加收滞纳税款万分之五的滞纳金。

【例7-18】甲公司系增值税一般纳税人，适用的增值税税率为13%，适用的所得税税率为25%。预计在未来期间保持不变。甲公司已按某年度实现的利润总额6 000万元计算确认了当年的所得税费用和应交所得税，金额均为1 500万元，按净利润的10%提取了法定盈余公积。甲公司该年度财务报告批准报出日为次年3月25日；该年度的企业所得税汇算清缴在次年4月20日完成。次年1月28日，甲公司检查对该年度财务报告有重大影响的经济业务及其会计处理。有关资料如下：

资料一：该年12月1日，甲公司委托乙公司销售A商品1 000件，商品已全部移交乙公司，每件成本为500元，合同约定，乙公司应按每件不含增值税的固定价格600元对外销售，甲公司按每件30元向乙公司支付代销售出商品的手续费；代销期限为6个月，代销期限结束时，乙公司将尚未售出的A商品退回甲公司；每月月末，乙公司向甲公司提交代销清单。该年12月31日，甲公司收到乙公司开具的代销清单，注明已售出A商品400件，乙公司对外开具的增值税专用发票上注明的销售价格为24万元，增值税税额为3.12万元，当日，甲公司向乙公司开具了一张相同金额的增值税专用发票，按扣除手续费1.2万元后的净额25.92万元与乙公司进行了货款结算，甲公司已将款项收存银行。根据税法的规定，甲公司增值税纳税义务在收到代销清单时产生。甲公司该年对上述业务进行了如下会计处理：

借：应收账款	600 000	
贷：主营业务收入		600 000
借：主营业务成本	500 000	
贷：库存商品		500 000
借：银行存款	259 200	
销售费用	12 000	
贷：应收账款		240 000
应交税费——应交增值税（销项税额）		31 200

资料二：该年12月2日，甲公司接受丙公司委托，与丙公司签订了一项总金额为500万元的软件开发合同，合同规定的开发期为12个月。截至该年12月31日，甲公司已收到丙公司支付的首期合同款40万元，已发生软件开发成本50万元（均为开发人员薪酬），该合同的结果能够可靠估计，预计还将发生350万元的成本。该年12月31日，甲公司根据软件开发的特点决定通过对已完工作的测量确定完工进度，经专业测量师测定，该软件的完工进度为10%，根据税法的规定，甲公司此项业务免征增值税。甲公司该年对上述业务进行了如下会计处理：

借：银行存款　400 000

　贷：主营业务收入　400 000

借：劳务成本　500 000

　贷：应付职工薪酬　500 000

借：主营业务成本　500 000

　贷：劳务成本　500 000

资料三：该年6月5日，甲公司申请一项用于制造导航芯片技术的国家级研发补贴。申请书中的相关内容如下：甲公司拟于该年7月1日起对导航芯片制造技术进行研发，期限24个月，预计研发支出为1 200万元（其中计划自筹600万元，申请财政补贴600万元）；科研成果的所有权归属于甲公司。该年6月15日，有关主管部门批准了甲公司的申请，同意给予补贴款600万元，但不得挪作他用。该年7月1日，甲公司收到上述款项后开始研发，至该年12月31日该项目还处于研发过程中，预计能如期完成。甲公司对该项补贴难以区分与资产相关的部分和与收益相关的部分。根据税法的规定，该财政补贴款属于不征税收入。甲公司该年7月1日对上述财政补贴业务进行了如下会计处理：

借：银行存款　6 000 000

　贷：营业外收入　6 000 000

要求：

（1）判断甲公司对委托代销业务的会计处理是否正确，并判断该事项是否属于资产负债表日后调整事项，如果属于调整事项，编制相关的调整分录。

（2）判断甲公司对软件开发业务的会计处理是否正确，并判断该事项是否属于资产负债表日后调整事项；如果属于调整事项，编制相关的调整分录。

（3）判断甲公司对财政补贴业务的会计处理是否正确，并判断该事项是否属于资产负债表日后调整事项；如果属于调整事项，编制相关的调整分录。

【解析】

（1）①甲公司的相关处理不正确，理由：该交易属于收取手续费方式代销商品，所以甲公司应在收到商品代销清单的时候按出售数量确认收入。

②该事项属于资产负债表日后调整事项。

调整分录为：

借：以前年度损益调整——营业收入　360 000

　贷：应收账款　360 000

借：发出商品　300 000

　贷：以前年度损益调整——营业成本　300 000

借：应交税费——应交所得税（60 000×25%）　15 000

　贷：以前年度损益调整——所得税费用　15 000

借：利润分配——未分配利润（（360 000−300 000−15 000）×90%）　40 500

　　盈余公积　4 500

　贷：以前年度损益调整（360 000−300 000−15 000）　45 000

（2）①甲公司相关处理不正确，理由：甲公司应按照完工百分比法确认该项建造合同的收入和成本，所以应确认的收入为50万元（500×10%），应确认的成本为40万元（（50+350）×10%）。

②该事项属于资产负债表日后调整事项。

调整分录为：

借：应收账款　　100 000

　贷：以前年度损益调整——营业收入　　100 000

借：劳务成本　　100 000

　贷：以前年度损益调整——营业成本　　100 000

借：以前年度损益调整——所得税费用（200 000×25%）　　50 000

　贷：应交税费——应交所得税　　50 000

借：以前年度损益调整　　150 000

　贷：盈余公积　　15 000

　　利润分配——未分配利润　　135 000

（3）①甲公司的会计处理不正确。

②该事项属于资产负债表日后调整事项。无法区分与收益相关的部分和与资产相关的部分，应作为与收益相关的政府补助。与收益相关的政府补助，用于补偿企业以后期间费用或损失的，在收到款项时确认为递延收益，以后在确认相关费用的期间计入营业外收入。

调整分录如下：

借：以前年度损益调整——营业外收入　　4 500 000

　贷：递延收益　　4 500 000

另外，题目中给出“甲公司已按该年度实现的利润总额6 000万元计算确认了当年的所得税费用和应交所得税”，而资料三中给出“根据税法的规定，该财政补贴款属于不征税收入”，题目中错误地将这部分计算应交所得税，应当予以调整。

调整分录：

借：应交税费——应交所得税　　1 500 000

　贷：以前年度损益调整——所得税费用　　1 500 000

借：盈余公积　　300 000

　利润分配——未分配利润　　2 700 000

　贷：以前年度损益调整　　3 000 000

第七节　企业所得税纳税申报表的填制

一、企业所得税纳税申报表的基本内容

企业所得税纳税申报表是根据企业所得税征收与管理规程的要求，纳税人与税务机关为处理企业所得税征管事宜所使用的具有固定格式的报表。它既是纳税人或纳税代理人履行纳税义务以规范格式申报纳税的书面报告，也是税务机关据以征收、分析、评估、检查企业所得税所使用的重要资料。

（一）居民企业所得税纳税申报表具体格式

（1）“中华人民共和国企业所得税年度纳税申报表（A类）”及其附表，适用于实行查账征收的居民企业纳税人的年度申报，由1张主表、15张附表（分为通用附表和行业附表）组成。

（2）“中华人民共和国企业所得税年度纳税申报表”（B类）适用于实行核定应税所得率方式核定征收的纳税人年度申报。

（3）“中华人民共和国企业所得税月（季）度预缴纳税申报表（A类）”适用于实行查账征收方式的居民企业纳税人进行预缴申报。

（4）“中华人民共和国企业所得税月（季）度预缴纳税申报表（B类）”适用于实行核定应税所得率或核定税额方式核定征收的纳税人进行预缴申报。

（5）“中华人民共和国企业所得税汇总纳税分支机构分配表”适用于在中国境内跨省、自治区、直辖市设立不具有法人资格的营业机构，并实行“统一计算、分级管理、就地预缴、汇总清算、财政调库”汇总纳税办法的居民企业填报。本表分别在预缴申报、年度申报时随同纳税申报表报送。

（二）纳税申报表的申报时间

1.预缴纳税申报表的申报时间

纳税人应当在月份或者季度终了后15日内，向其所在地主管税务机关报送会计报表和预缴所得税申报表。

2.年度纳税申报表的申报时间

年度终了后，纳税人应在45日内进行纳税申报；就地纳税企业和汇总纳税的总机构应在次年5月底前进行纳税申报。

【注意点】

纳税人在纳税年度内无论盈利或亏损，都应当按照规定的期限，向当地主管税务机关报送所得税申报表和年度会计报表。

二、企业所得税预缴纳税申报表

1.企业所得税月（季）度预缴纳税申报表（A类，2018年版）

自2018年7月1日起，“中华人民共和国企业所得税月（季）度预缴纳税申报表（A类）”（见表7-9）适用于实行查账征收企业所得税的居民企业月度、季度预缴申报时填报。

表7-9

A200000　　中华人民共和国企业所得税月（季）度预缴纳税申报表（A类）

税款所属期间：　年　月　日至　年　月　日

纳税人识别号（统一社会信用代码）：□□□□□□□□□□□□□□□□□□□□□□

纳税人名称：

金额单位：人民币元（列至角分）

优惠及附报事项有关信息									
项　目	一季度		二季度		三季度		四季度		季度平均值
	季初	季末	季初	季末	季初	季末	季初	季末	
从业人数									

续表

资产总额（万元）			
国家限制或禁止行业	□是□否	小型微利企业	□是□否
	附报事项名称		金额或选项
事项 1	（填写特定事项名称）		
事项 2	（填写特定事项名称）		
	预缴税款计算		本年累计
1	营业收入		
2	营业成本		
3	利润总额		
4	加：特定业务计算的应纳税所得额		
5	减：不征税收入		
6	减：资产加速折旧、摊销（扣除）调减额（填写 A201020）		
7	减：免税收入、减计收入、加计扣除（7.1+7.2+…）		
7.1	（填写优惠事项名称）		
7.2	（填写优惠事项名称）		
8	减：所得减免（8.1+8.2+…）		
8.1	（填写优惠事项名称）		
8.2	（填写优惠事项名称）		
9	减：弥补以前年度亏损		
10	实际利润额（3+4-5-6-7-8-9）\ 按照上一纳税年度应纳税所得额平均额确定的应纳税所得额		
11	税率(25%)		
12	应纳所得税额（10×11）		
13	减：减免所得税额（13.1+13.2+…）		
13.1	（填写优惠事项名称）		
13.2	（填写优惠事项名称）		
14	减：本年实际已缴纳所得税额		
15	减：特定业务预缴（征）所得税额		
16	本期应补（退）所得税额（12-13-14-15）\ 税务机关确定的本期应纳所得税额		
	汇总纳税企业总分机构税款计算		
17	总机构	总机构本期分摊应补（退）所得税额（18+19+20）	
18	总机构	其中：总机构分摊应补（退）所得税额（16×总机构分摊比例 %）	
19	总机构	财政集中分配应补（退）所得税额（16×财政集中分配比例 %）	
20	总机构	总机构具有主体生产经营职能的部门分摊所得税额（16×全部分支机构分摊比例 __%×总机构具有主体生产经营职能部门分摊比例 %）	
21	分支机构	分支机构本期分摊比例	
22	分支机构	分支机构本期分摊应补（退）所得税额	

续表

<table>
<tr><td colspan="4">实际缴纳企业所得税计算</td></tr>
<tr><td>23</td><td>减：民族自治地区企业所得税地方分享部分：
□ 免征 □ 减征：减征幅度__%）</td><td>本年累计应减免金额［（12-13-15）×40%×减征幅度］</td><td></td></tr>
<tr><td>24</td><td colspan="2">实际应补（退）所得税额</td><td></td></tr>
<tr><td colspan="4">谨声明：本纳税申报表是根据国家税收法律法规及相关规定填报的，是真实的、可靠的、完整的。
纳税人（签章）：　年　月　日</td></tr>
<tr><td colspan="2">经办人：
经办人身份证号：代理机构签章：
代理机构统一社会信用代码：</td><td colspan="2">受理人：
受理税务机关（章）：
受理日期：年月日</td></tr>
</table>

国家税务总局监制

2. 企业所得税月（季）度预缴和年度纳税申报表（B类，2018年版）

2019年6月14日，国家税务总局对"中华人民共和国企业所得税月（季）度预缴纳税申报表（A类，2018年版）""中华人民共和国企业所得税月（季）度预缴和年度纳税申报表（B类，2018年版）"（见表7-10）的部分表单和填报说明进行了修订，规定自2019年7月1日起施行。B类表适用于实行核定征收企业所得税的居民企业纳税人在月（季）度预缴纳税申报时填报。此外，实行核定应税所得率方式的纳税人在年度纳税申报时也填报B类表。

表7-10

100000　**中华人民共和国企业所得税月（季）度预缴和年度纳税申报表（B类，2018年版）**

税款所属期间：　年　月　日至　年　月　日

纳税人识别号（统一社会信用代码）：□□□□□□□□□□□□□□□□□□□□

纳税人名称：　　金额单位：人民币元（列至角分）

<table>
<tr><td>核定征收方式</td><td colspan="9">£核定应税所得率（能核算收入总额的）£核定应税所得率（能核算成本费用总额的）
£核定应纳所得税额</td></tr>
<tr><td colspan="10">按季度填报信息</td></tr>
<tr><td rowspan="2">项　目</td><td colspan="2">一季度</td><td colspan="2">二季度</td><td colspan="2">三季度</td><td colspan="2">四季度</td><td rowspan="2">季度平均值</td></tr>
<tr><td>季初</td><td>季末</td><td>季初</td><td>季末</td><td>季初</td><td>季末</td><td>季初</td><td>季末</td></tr>
<tr><td>从业人数</td><td></td><td></td><td></td><td></td><td></td><td></td><td></td><td></td><td></td></tr>
<tr><td>资产总额（万元）</td><td></td><td></td><td></td><td></td><td></td><td></td><td></td><td></td><td></td></tr>
<tr><td>国家限制或禁止行业</td><td colspan="4">□是 □否</td><td colspan="2">小型微利企业</td><td colspan="3">□是 □否</td></tr>
<tr><td colspan="10">按年度填报信息</td></tr>
<tr><td>从业人数（填写平均值）</td><td colspan="4"></td><td colspan="3">资产总额（填写平均值，单位：万元）</td><td colspan="2"></td></tr>
<tr><td>国家限制或禁止行业</td><td colspan="4">□是 □否</td><td colspan="3">小型微利企业</td><td colspan="2">□是 □否</td></tr>
</table>

行次	项 目	本年累计金额
1	收入总额	
2	减：不征税收入	
3	减：免税收入（4+5+10+11）	
4	国债利息收入免征企业所得税	
5	符合条件的居民企业之间的股息、红利等权益性投资收益免征企业所得税（6+7.1+7.2+8+9）	
6	其中：一般股息红利等权益性投资收益免征企业所得税	
7.1	通过沪港通投资且连续持有H股满12个月取得的股息红利所得免征企业所得税	
7.2	通过深港通投资且连续持有H股满12个月取得的股息红利所得免征企业所得税	
8	居民企业持有创新企业CDR取得的股息红利所得免征企业所得税	
9	符合条件的居民企业之间属于股息、红利性质的永续债利息收入免征企业所得税	
10	投资者从证券投资基金分配中取得的收入免征企业所得税	
11	取得的地方政府债券利息收入免征企业所得税	
12	应税收入额（1-2-3）\成本费用总额	
13	税务机关核定的应税所得率（%）	
14	应纳税所得额（第12×13行）\[第12行÷（1-第13行）×第13行]	
15	税率（25%）	
16	应纳所得税额（14×15）	
17	减：符合条件的小型微利企业减免企业所得税	
18	减：实际已缴纳所得税额	
L19	减：符合条件的小型微利企业延缓缴纳所得税额（是否延缓缴纳所得税 □是 □否）	
19	本期应补（退）所得税额（16-17-18-L19）\税务机关核定本期应纳所得税额	
20	民族自治地方的自治机关对本民族自治地方的企业应缴纳的企业所得税中属于地方分享的部分减征或免征（□免征 □减征:减征幅度____%）	
21	本期实际应补（退）所得税额	
谨声明：本纳税申报表是根据国家税收法律法规及相关规定填报的，是真实的、可靠的、完整的。		
纳税人（签章）： 年 月 日		
经办人： 经办人身份证号： 代理机构签章： 代理机构统一社会信用代码：	受理人： 受理税务机关（章）： 受理日期： 年 月 日	

国家税务总局监制

三、企业所得税年度纳税申报表

2017年12月29日，国家税务总局发布“中华人民共和国企业所得税年度纳税申报表（A类，2017年版）”，适用于2017年度及以后年度企业所得税汇算清缴纳税申报。该申报表适用于实行查账征收企业所得税的居民企业纳税人填报。把相关需要填报的内容归入到上一级的二级附表，申报表数量从原2014年的41张降到了2017年的37张，具体结构如图7-2所示：

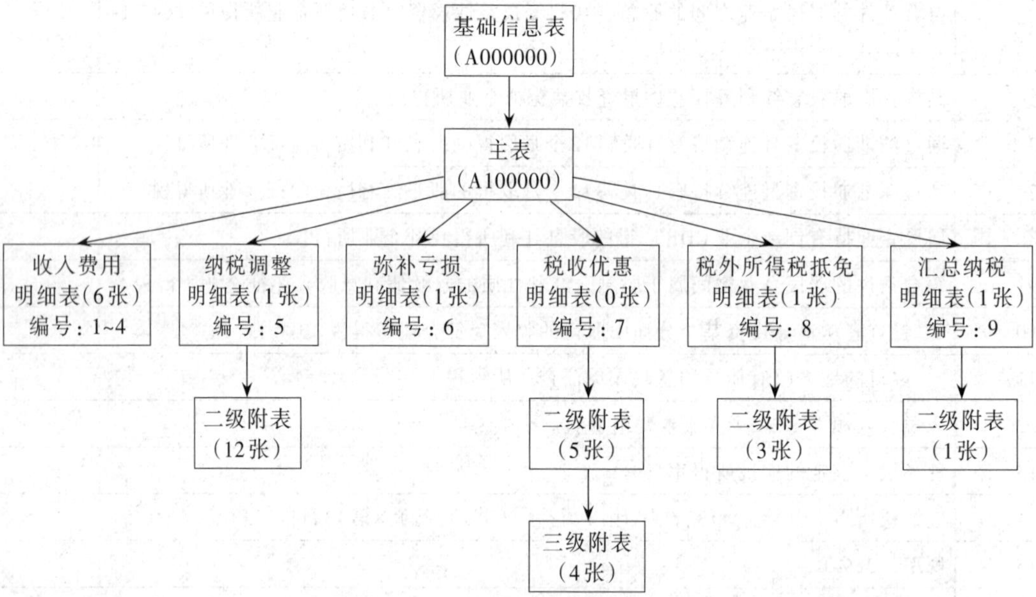

图7-2　企业所得税年度纳税申报表

纳税人办理企业所得税年度纳税申报时，应如实填写和报送下列有关资料：

（1）企业所得税年度纳税申报表及其附表；

（2）财务报表；

（3）备案事项相关资料；

（4）总机构及分支机构基本情况、分支机构征税方式、分支机构的预缴税情况（分支机构不进行汇算清缴，应将分支机构的营业收支等情况在报总机构统一汇算清缴前报送分支机构所在地主管税务机关）；

（5）委托中介机构代理纳税申报的，应出具双方签订的代理合同，并附送中介机构出具的包括纳税调整的项目、原因、依据、计算过程、调整金额等内容的报告；

（6）涉及关联方业务往来的，同时报送“中华人民共和国企业年度关联业务往来报告表”；

（7）主管税务机关要求报送的其他有关资料。

【注意点】

纳税人采用电子方式办理企业所得税年度纳税申报的，应按照有关规定保存有关资料或附报纸质纳税申报资料。纳税人在汇算清缴期内发现当年企业所得税申报有误的，可在汇算清缴期内重新办理企业所得税年度纳税申报。

以下介绍主要的企业所得税年度纳税申报表部分表格：

1.企业基础信息表

纳税人在填报申报表前，首先填报企业基础信息表，为后续申报提供指引。企业基础信息表的主要内容包括基本信息、重组事项、企业主要股东及分红情况等部分。企业基础信息表见表7-11。

表7-11　　　A000000　　企业所得税年度纳税申报基础信息表

基本经营情况（必填项目）				
101纳税申报企业类型（填写代码）		102分支机构就地纳税比例（%）		
103资产总额（填写平均值，单位：万元）		104从业人数（填写平均值，单位：人）		
105所属国民经济行业（填写代码）		106从事国家限制或禁止行业		□是 □否
107适用会计准则或会计制度（填写代码）		108采用一般企业财务报表格式（2019年版）		□是 □否
109小型微利企业	□是 □否	110上市公司	是（□境内 □境外） □否	
有关涉税事项情况（存在或者发生下列事项时必填）				
201从事股权投资业务	□是	202存在境外关联交易		□是
203境外所得信息	203-1选择采用的境外所得抵免方式	□分国（地区）不分项 □不分国（地区）不分项		
	203-2新增境外直接投资信息	□是（产业类别：□旅游业□现代服务业□高新技术产业）		
204有限合伙制创业投资企业的法人合伙人	□是	205创业投资企业		□是
206技术先进型服务企业类型（填写代码）		207非营利组织		□是
208软件、集成电路企业类型（填写代码）		209集成电路生产项目类型	□130纳米 □65纳米 □28纳米	
210科技型中小企业	210-1__年（申报所属期年度）入库编号1		210-2入库时间1	
	210-3__年（所属期下一年度）入库编号2		210-4入库时间2	
211高新技术企业申报所属期年度有效的高新技术企业证书	211-1证书编号1		211-2发证时间1	
	211-3证书编号2		211-4发证时间2	
212重组事项税务处理方式	□一般性 □特殊性	213重组交易类型（填写代码）		
214重组当事方类型（填写代码）		215政策性搬迁开始时间		__年__月
216发生政策性搬迁且停止生产经营无所得年度	□是	217政策性搬迁损失分期扣除年度		□是
218发生非货币性资产对外投资递延纳税事项	□是	219非货币性资产对外投资转让所得递延纳税年度		□是
220发生技术成果投资入股递延纳税事项	□是	221技术成果投资入股递延纳税年度		□是

续表

222发生资产（股权）划转特殊性税务处理事项		□是	223债务重组所得递延纳税年度		□是
224研发支出辅助账样式		□2015版　□2021版　□自行设计			
主要股东及分红情况（必填项目）					

股东名称	证件种类	证件号码	投资比例（%）	当年（决议日）分配的股息、红利等权益性投资收益金额	国籍（注册地址）

2. 企业所得税年度纳税申报表的主表

企业所得税年度纳税申报表的主表为中华人民共和国企业所得税年度纳税申报表（A类A100000）（见表7-12）。企业应该根据《企业所得税法》及其实施条例（简称“税法”）、相关税收政策，以及国家统一会计制度（企业会计准则、小企业会计准则、企业会计制度、事业单位会计准则和民间非营利组织会计制度等）的规定，计算填报纳税人利润总额、应纳税所得额和应纳税额等有关项目。

表7-12　　A100000　　**中华人民共和国企业所得税年度纳税申报表（A类）**

行次	类别	项　目	金　额
1	利润总额计算	一、营业收入(填写A101010\101020\103000)	
2		减：营业成本(填写A102010\102020\103000)	
3		减：税金及附加	
4		减：销售费用(填写A104000)	
5		减：管理费用(填写A104000)	
6		减：财务费用(填写A104000)	
7		减：资产减值损失	
8		加：公允价值变动收益	
9		加：投资收益	
10		二、营业利润(1-2-3-4-5-6-7+8+9)	

续表

行次	类别	项　　目	金　额
11		加：营业外收入(填写 A101010\101020\103000)	
12		减：营业外支出(填写 A102010\102020\103000)	
13		三、利润总额（10+11-12）	
14	应纳税所得额计算	减：境外所得（填写 A108010）	
15		加：纳税调整增加额（填写 A105000）	
16		减：纳税调整减少额（填写 A105000）	
17		减：免税、减计收入及加计扣除（填写 A107010）	
18		加：境外应税所得抵减境内亏损（填写 A108000）	
19		四、纳税调整后所得（13-14+15-16-17+18）	
20		减：所得减免（填写 A107020）	
21		减：弥补以前年度亏损（填写 A106000）	
22		减：抵扣应纳税所得额（填写 A107030）	
23		五、应纳税所得额（19-20-21-22）	
24	应纳税额计算	税率（25%）	
25		六、应纳所得税额（23×24）	
26		减：减免所得税额（填写 A107040）	
27		减：抵免所得税额（填写 A107050）	
28		七、应纳税额（25-26-27）	
29		加：境外所得应纳所得税额（填写 A108000）	
30		减：境外所得抵免所得税额（填写 A108000）	
31		八、实际应纳所得税额（28+29-30）	
32		减：本年累计实际已缴纳的所得税额	
33		九、本年应补（退）所得税额（31-32）	
34		其中：总机构分摊本年应补（退）所得税额(填写 A109000)	
35		财政集中分配本年应补（退）所得税额(填写 A109000)	
36		总机构主体生产经营部门分摊本年应补（退）所得税额（填写 A109000）	
37	实际应纳税额计算	减：民族自治地区企业所得税地方分享部分：（□ 免征 □ 减征：减征幅度　%）	
38		十、本年实际应补(退)所得税额(33-37)	

企业在计算应纳税所得额及应纳所得税时，企业会计处理与税法规定不一致的，应当按照税法的规定计算。税法规定不明确的，在没有明确规定之前，暂按国家统一会计制度计算。

企业所得税年度纳税的其他明细表从略。

第八章　个人所得税的会计核算

引言

扩展学习资料

党的二十大报告对完善个人所得税制度作出了部署：

“九、增进民生福祉，提高人民生活品质

……

（一）完善分配制度。……完善个人所得税制度，规范收入分配秩序，规范财富积累机制，保护合法收入，调节过高收入，取缔非法收入。引导、支持有意愿有能力的企业、社会组织和个人积极参与公益慈善事业。”

在党的二十大报告中，关于个人所得税的论述主要强调了完善个人所得税制度的重要性。报告指出，要完善个人所得税制度，规范收入分配秩序，规范财富积累机制，保护合法收入，调节过高收入，取缔非法收入。这体现了党和国家对个人所得税在调节收入分配、促进共同富裕方面的高度重视和期待。同时，也表明未来我国将继续深化个人所得税改革，不断完善税制设计，加强税收征管能力，以更好地发挥个人所得税在促进社会公平正义、推动经济社会发展中的积极作用。

学习个人所得税的相关内容，有助于了解纳税的重要性，培养纳税意识，并自觉履行纳税义务，同时有助于了解个人所得税计算的专项附加扣除等优惠政策和减免规定等，以便在符合条件的情况下申请享受相关优惠，保护自己的合法权益。

学习目标

掌握各种情况下的个人所得税核算，尤其是综合所得个人所得税的计算，填写专项附加扣除信息的注意事项。

第一节　个人所得税的基本内容

一、纳税人和纳税范围

（一）纳税人

在中国境内有住所，或者无住所而一个纳税年度内在中国境内居住累计满一百八十三天的个人，为居民个人。居民个人从中国境内和境外取得的所得，依照规定缴纳个人所得税。

在中国境内无住所又不居住，或者无住所而一个纳税年度内在中国境内居住累计不满一百八十三天的个人，为非居民个人。非居民个人从中国境内取得的所得，依照规定缴纳个人所得税。

个人所得税以所得人为纳税人，以支付所得的单位或者个人为扣缴义务人。纳税人有中国公民身份号码的，以中国公民身份号码为纳税人识别号；纳税人没有中国公民身份号码的，由税务机关赋予其纳税人识别号。扣缴义务人扣缴税款时，纳税人应当向扣缴义务人提供纳税人识别号。

2019年3月14日，财政部和国家税务总局规定，从2019年1月1日起，无住所个人一个纳税年度在中国境内累计居住满183天的，如果此前六年在中国境内每年累计居住天数都满183天而且没有任何一年单次离境超过30天，该纳税年度来源于中国境内、境外所得应当缴纳个人所得税；如果此前六年的任一年在中国境内累计居住天数不满183天或者单次离境超过30天，该纳税年度来源于中国境外且由境外单位或者个人支付的所得，免予缴纳个人所得税。其中，此前六年，是指该纳税年度的前一年至前六年的连续六个年度，此前六年的起始年度自2019年（含）以后年度开始计算。

无住所个人一个纳税年度内在中国境内累计居住天数，按照个人在中国境内累计停留的天数计算。在中国境内停留的当天满24小时的，计入中国境内居住天数，在中国境内停留的当天不足24小时的，不计入中国境内居住天数。

（二）纳税范围

下列各项个人所得，应当缴纳个人所得税：

1.综合所得

综合所得包括工资、薪金所得，劳务报酬所得，稿酬所得，特许权使用费所得，其具体内容为：

（1）工资、薪金所得，是指个人因任职或者受雇取得的工资、薪金、奖金、年终加薪、劳动分红、津贴、补贴以及与任职或者受雇有关的其他所得。

（2）劳务报酬所得，是指个人从事劳务取得的所得，包括从事设计、装潢、安装、制图、化验、测试、医疗、法律、会计、咨询、讲学、翻译、审稿、书画、雕刻、影视、录音、录像、演出、表演、广告、展览、技术服务、介绍服务、经纪服务、代办服务以及其他劳务取得的所得。

（3）稿酬所得，是指个人因其作品以图书、报刊等形式出版、发表而取得的所得。

（4）特许权使用费所得，是指个人提供专利权、商标权、著作权、非专利技术以及其他特许权的使用权取得的所得；提供著作权的使用权取得的所得，不包括稿酬所得。

2.经营所得

经营所得的具体内容为：

（1）个体工商户从事生产、经营活动取得的所得，个人独资企业投资人、合伙企业的个人合伙人来源于境内注册的个人独资企业、合伙企业生产、经营的所得；

（2）个人依法从事办学、医疗、咨询以及其他有偿服务活动取得的所得；

（3）个人对企业、事业单位承包经营、承租经营以及转包、转租取得的所得；

（4）个人从事其他生产、经营活动取得的所得。

3.利息、股息、红利所得

利息、股息、红利所得是指个人拥有债权、股权等而取得的利息、股息、红利所得。

4.财产租赁所得

财产租赁所得是指个人出租不动产、机器设备、车船以及其他财产取得的所得。

5.财产转让所得

财产转让所得是指个人转让有价证券、股权、合伙企业中的财产份额、不动产、机器设备、车船以及其他财产取得的所得。

6.偶然所得

偶然所得是指个人得奖、中奖、中彩以及其他偶然性质的所得。

【注意点】

个人取得的所得，难以界定应纳税所得项目的，由国务院税务主管部门确定。居民个人取得综合所得，按纳税年度合并计算个人所得税；非居民个人取得综合所得，按月或者按次分项计算个人所得税。

二、个人所得税的税率

（一）居民个人综合所得的个人所得税的税率

自2019年1月1日起，扣缴义务人向居民个人支付综合所得中的工资、薪金所得，劳务报酬所得，稿酬所得，特许权使用费所得时，按居民个人预扣预缴方法预扣预缴个人所得税，并向主管税务机关报送"个人所得税扣缴申报表"。

1.居民个人工资、薪金所得预扣预缴率

居民个人工资、薪金所得预扣预缴适用3%～45%的超额累进税率，见表8-1。

表8-1 **个人所得税预扣率表一**

（居民个人工资、薪金所得预扣预缴适用）

级数	累计预扣预缴应纳税所得额	预扣率(%)	速算扣除数（元）
1	不超过36 000元的部分	3	0
2	超过36 000元至144 000元的部分	10	2 520
3	超过144 000元至300 000元的部分	20	16 920
4	超过300 000元至420 000元的部分	25	31 920
5	超过420 000元至660 000元的部分	30	52 920
6	超过660 000元至960 000元的部分	35	85 920
7	超过960 000元的部分	45	181 920

2.居民个人的劳务报酬所得预扣预缴率

居民个人劳务报酬所得预扣预缴适用20%～40%的超额累进税率，见表8-2。

表8-2 **个人所得税预扣率表二**

（居民个人劳务报酬所得预扣预缴适用）

级数	预扣预缴应纳税所得额	预扣率（%）	速算扣除数（元）
1	不超过20 000元的部分	20	0
2	超过20 000元至50 000元的部分	30	2 000
3	超过50 000元的部分	40	7 000

（二）非居民个人综合所得个人所得税的税率

非居民个人取得综合所得中的工资、薪金所得，劳务报酬所得，稿酬所得和特许权使用费所得时，不需要预扣预缴，直接进行个人所得税的计算。

非居民个人工资、薪金所得，劳务报酬所得，稿酬所得，特许权使用费所得适用3%～45%的超额累进税率，见表8-3。

表8-3　　个人所得税税率表三

（非居民个人工资、薪金所得，劳务报酬所得，稿酬所得，特许权使用费所得适用）

级数	应纳税所得额	税率（%）	速算扣除数（元）
1	不超过3 000元的	3	0
2	超过3 000元至12 000元的部分	10	210
3	超过12 000元至25 000元的部分	20	1 410
4	超过25 000元至35 000元的部分	25	2 660
5	超过35 000元至55 000元的部分	30	4 410
6	超过55 000元至80 000元的部分	35	7 160
7	超过80 000元的部分	45	15 160

（三）经营所得个人所得税的税率

经营所得适用5%～35%的超额累进税率，见表8-4。

表8-4　　个人所得税税率表四

（经营所得适用）

级数	全年应纳税所得额	税率（%）	速算扣除数（元）
1	不超过30 000元的	5	0
2	超过30 000元至90 000元的部分	10	1 500
3	超过90 000元至300 000元的部分	20	10 500
4	超过300 000元至500 000元的部分	30	40 500
5	超过500 000元的部分	35	65 500

注：本表所称全年应纳税所得额是指依照规定，以每一纳税年度的收入总额减除成本、费用以及损失后的余额

（四）其他所得个人所得税的税率

利息、股息、红利所得，财产租赁所得，财产转让所得和偶然所得，适用比例税率，税率为20%。其税率见表8-5。

表8-5　　个人所得税税率表五

（利息、股息、红利所得，财产租赁所得，财产转让所得和偶然所得适用）

每次应纳税所得额	税率
利息、股息、红利所得，财产租赁所得，财产转让所得和偶然所得	20%

三、优惠范围

（一）免征个人所得税范围

下列各项个人所得，免征个人所得税：

（1）省级人民政府、国务院部委和中国人民解放军军以上单位，以及外国组织、国际组织颁发的科学、教育、技术、文化、卫生、体育、环境保护等方面的奖金。

（2）国债和国家发行的金融债券利息。

（3）按照国家统一规定发给的补贴、津贴。

（4）福利费、抚恤金、救济金。

（5）保险赔款。

（6）军人的转业费、复员费、退役金。

（7）按照国家统一规定发给干部、职工的安家费、退职费、基本养老金或者退休费、离休费、离休生活补助费。

（8）依照有关法律规定应予免税的各国驻华使馆、领事馆的外交代表、领事官员和其他人员的所得。

（9）中国政府参加的国际公约、签订的协议中规定免税的所得。

（10）国务院规定的其他免税所得。该项所得内容由国务院报全国人民代表大会常务委员会备案。

（二）减征个人所得税范围

有下列情形之一的，可以减征个人所得税，具体幅度和期限，由省、自治区、直辖市人民政府规定，并报同级人民代表大会常务委员会备案：

（1）残疾、孤老人员和烈属的所得；

（2）因自然灾害遭受重大损失的。

国务院可以规定其他减税情形，报全国人民代表大会常务委员会备案。

（三）个人捐赠的优惠范围

个人将其所得对教育、扶贫、济困等公益慈善事业进行捐赠，捐赠额未超过纳税人申报的应纳税所得额30%的部分，可以从其应纳税所得额中扣除；国务院规定对公益慈善事业捐赠实行全额税前扣除的，从其规定。

四、纳税人和扣缴义务人的纳税申报时间

（一）纳税人的纳税申报时间

（1）纳税人取得经营所得，按年计算个人所得税，由纳税人在月度或者季度终了后15日内向税务机关报送纳税申报表，并预缴税款；在取得所得的次年3月31日前办理汇

算清缴。

（2）纳税人取得利息、股息、红利所得，财产租赁所得，财产转让所得和偶然所得，按月或者按次计算个人所得税，有扣缴义务人的，由扣缴义务人按月或者按次代扣代缴税款。

（3）纳税人取得应税所得没有扣缴义务人的，应当在取得所得的次月15日内向税务机关报送纳税申报表，并缴纳税款。

（4）纳税人取得应税所得，扣缴义务人未扣缴税款的，纳税人应当在取得所得的次年6月30日前，缴纳税款；税务机关通知限期缴纳的，纳税人应当按照期限缴纳税款。

（5）居民个人从中国境外取得所得的，应当在取得所得的次年3月1日至6月30日内申报纳税。非居民个人在中国境内从两处以上取得工资、薪金所得的，应当在取得所得的次月15日内申报纳税。

（6）纳税人因移居境外注销中国户籍的，应当在注销中国户籍前办理税款清算。

【注意点】

第一，居民个人的工资、薪金所得个人所得税，日常采取累计预扣法进行预扣预缴；劳务报酬所得、稿酬所得、特许权使用费所得个人所得税，采取基本平移现行规定的做法预扣预缴。

第二，纳税人取得综合所得需要办理汇算清缴的，应当在取得所得的次年3月1日至6月30日内办理汇算清缴。

（二）扣缴义务人的纳税申报时间

扣缴义务人每月或者每次预扣、代扣的税款，应当在次月15日内缴入国库，并向税务机关报送扣缴个人所得税申报表。税务机关对扣缴义务人按照所扣缴的税款，付给2%的手续费。

纳税人办理汇算清缴退税或者扣缴义务人为纳税人办理汇算清缴退税的，税务机关审核后，按照国库管理的有关规定办理退税。

【注意点】

纳税人2019年1月1日以后取得应税所得并由扣缴义务人向税务机关办理了全员全额扣缴申报，或根据税法的规定自行向税务机关办理纳税申报的，不论是否实际缴纳税款，均可申请开具“纳税记录”。纳税人可以通过电子税务局、手机APP申请开具本人的个人所得税“纳税记录”，也可到办税服务厅申请开具。

五、专项附加扣除的具体内容

为确保专项附加扣除政策的执行从2019年1月1日起能够落到实处，我国10多个部门已协同建立了信息共享机制，通过信息交换和比对满足事后核查需要，为进一步简化纳税人资料报送奠定基础。因此个人享受专项附加扣除所需要的相关资料，比如继续教育的资格证书、住房贷款合同等，纳税人自己留存备查即可，在申报这些资料的时候不必报送单位财务部门或税务部门。税务部门事后核验时，凡是能通过部门间信息共享核对上的，不需要找纳税人查阅留存资料。

【注意点】

纳税人享受专项附加扣除，无论是选择在扣缴单位发工资时享受扣除，还是选择次年自行向税务机关办理汇算清缴申报时扣除，都仅需填写并报送专项附加扣除相关信息即可。

（一）子女教育专项附加扣除

1.扣除标准

纳税人的子女接受全日制学历教育的相关支出，按照每个子女每月2 000元的标准定额扣除。

年满3岁至小学入学前教育、义务教育（小学、初中教育）、高中阶段教育（普通高中、中等职业、技工教育）、高等教育（大学专科、大学本科、硕士研究生、博士研究生教育）。

2.扣除办法

父母可以选择由其中一方按扣除标准的100%扣除，也可以选择由双方分别按扣除标准的50%扣除，具体扣除方式在一个纳税年度内不能变更。子女，是指婚生子女、非婚生子女（私生子女）、继子女（是指丈夫与前妻或妻子与前夫所生的子女）、养子女。

【注意点】

（1）子女年满3周岁当月至小学入学前1月之间的寒暑假期间和子女接受学历教育结束前之间的寒暑假期间可以继续享受每个子女每月2 000元的标准定额扣除。但是，子女大学毕业后参加工作1年后又考上硕士研究生，在子女大学毕业的下个月到硕士录取通知书上注明的入学当月的上一个月之间，不可以享受每月2 000元的标准定额扣除。

（2）子女因病或其他非主观原因休学但学籍继续保留的休学期间，父母继续享受每个子女每月2 000元的标准定额扣除。

（3）无论子女是在国外还是在国内接受学历教育，父母均享受每个子女每月2 000元的标准定额扣除。

3.需要提供的涉税资料或专项附加扣除项目支出凭证

（1）纳税人子女在中国境外接受教育的，纳税人应当留存境外学校录取通知书、留学签证等相关教育的证明资料备查。

（2）纳税人享受子女教育专项附加扣除，应当填报配偶及子女的姓名、身份证件类型及号码、子女当前受教育阶段及起止时间、子女就读学校以及本人与配偶之间扣除分配比例等信息。

（3）纳税人需要留存备查资料包括：子女在境外接受教育的，应当留存境外学校录取通知书、留学签证等境外教育佐证资料。

（二）继续教育专项附加扣除

1.扣除标准

纳税人在中国境内接受学历（学位）继续教育的支出，在学历（学位）教育期间按照每月400元定额扣除。同一学历（学位）继续教育的扣除期限不能超过48个月。纳税人接受技能人员职业资格继续教育、专业技术人员职业资格继续教育的支出，在取得相关证书的当年，按照3 600元定额扣除。

2.扣除办法

个人接受本科及以下学历（学位）继续教育，符合规定扣除条件的，可选择由其父母扣除，也可选择由本人扣除。

3.首次享受继续教育专项附加扣除的起止时间

学历（学位）继续教育，为在中国境内接受学历（学位）继续教育入学的当月至学历（学位）继续教育结束的当月，同一学历（学位）继续教育的扣除期限最长不得超过48个月。技能人员职业资格继续教育、专业技术人员职业资格继续教育，为取得相关证书的当年。

4.需要提供的涉税资料或专项附加扣除项目支出凭证

（1）纳税人享受继续教育专项附加扣除，接受学历（学位）继续教育的，应当填报教育起止时间、教育阶段等信息；接受技能人员或者专业技术人员职业资格继续教育的，应当填报证书名称、证书编号、发证机关、发证（批准）时间等信息。

（2）纳税人接受技能人员职业资格继续教育、专业技术人员职业资格继续教育的，应当留存相关证书等资料备查。

【注意点】

（1）接受本科及以下学历（学位）继续教育的扣除在学历（学位）教育期间按月扣除，可以选择由本人按照继续教育支出扣除（每月400元），也可以选择由父母按照子女教育支出扣除（每月2 000元），但不得同时扣除。

（2）职业资格继续教育和专业技术人员职业资格继续教育，只能在取得相关证书的年度，按照每年3 600元定额扣除。

（三）大病医疗专项附加扣除

1.大病医疗的界定

一个纳税年度内，在社会医疗保险管理信息系统记录的（包括医保目录范围内的自付部分和医保目录范围外的自费部分）由个人负担超过15 000元的医药费用支出部分，为大病医疗支出。

2.扣除标准

在一个纳税年度内，纳税人发生的与基本医保相关的医药费用支出，扣除医保报销后个人负担（指医保目录范围内的自付部分）累计超过15 000元的部分，由纳税人在办理年度汇算清缴时，在80 000元限额内据实扣除。

3.大病医疗专项附加扣除的起止时间

（1）大病医疗专项附加扣除由纳税人办理汇算清缴时扣除。

（2）大病医疗。为医疗保障信息系统记录的医药费用实际支出的当年。

（3）享受大病医疗专项附加扣除的纳税人，由其在次年3月1日至6月30日内，自行向汇缴地主管税务机关办理汇算清缴申报时扣除。

4.扣除办法

纳税人发生的医药费用支出可以选择由本人或者其配偶扣除；未成年子女发生的医药费用支出可以选择由其父母一方扣除。纳税人及其配偶、未成年子女发生的医药费用支出，分别计算扣除额。

5.需要提供的涉税资料或专项附加扣除项目支出凭证

（1）纳税人应当留存医药服务收费及医保报销相关票据原件（或者复印件）等资料备查。医疗保障部门应当向患者提供在医疗保障信息系统记录的本人年度医药费用信息查询服务。

（2）纳税人享受大病医疗专项附加扣除，应当填报患者姓名、身份证件类型及号码、与纳税人关系、与基本医保相关的医药费用总金额、医保目录范围内个人负担的自付金额等信息。

（3）纳税人需要留存备查资料包括：大病患者医药服务收费及医保报销相关票据原件或复印件，或者医疗保障部门出具的纳税年度医药费用清单等资料。

【注意点】

（1）个人负担的该支出未超过1.5万元的，不能扣除。

（2）个人负担的该支出超过1.5万元的，超过的部分据实列支（必须凭借发票扣除），但最多不超过8万元。

（3）该项支出不能按月扣，只能由纳税人在办理汇算清缴时由纳税人本人或者其配偶扣除，未成年子女发生的医药费用支出由父母在办理汇算清缴时扣除，而不是由扣缴义务人履行该项义务。

（4）扣除该项支出需有充分的支出证明，应当留存医疗服务收费相关票据原件（或复印件）。

（四）住房贷款利息专项附加扣除

1.扣除标准

纳税人本人或者配偶单独或者共同使用商业银行或者住房公积金个人住房贷款为本人或者其配偶购买中国境内住房，发生的首套住房贷款利息支出，在实际发生贷款利息的年度，按照每月1 000元的标准定额扣除，扣除期限最长不超过240个月。纳税人只能享受一次首套住房贷款的利息扣除。首套住房贷款是指购买住房享受首套住房贷款利率的住房贷款。

2.扣除办法

（1）经夫妻双方约定，可以选择由其中一方扣除，具体扣除方式在一个纳税年度内不能变更。

（2）夫妻双方婚前分别购买住房发生的首套住房贷款，其贷款利息支出，婚后可以选择其中一套购买的住房，由购买方按扣除标准的100%扣除，也可以由夫妻双方对各自购买的住房分别按扣除标准的50%扣除，具体扣除方式在一个纳税年度内不能变更。

3.需要提供的涉税资料或专项附加扣除项目支出凭证

（1）纳税人享受住房贷款利息专项附加扣除，应当填报住房权属信息、住房坐落地址、贷款方式、贷款银行、贷款合同编号、贷款期限、首次还款日期等信息；纳税人有配偶的，填写配偶姓名、身份证件类型及号码。

（2）纳税人应当留存住房贷款合同、贷款还款支出凭证备查。

【注意点】

（1）纳税人为自己的父母、岳父母、公婆、爷爷奶奶、姥姥姥爷、兄弟姐妹等亲属购买住房，即便是首套住房，该住房贷款利息也不得扣除。

（2）纳税人本人或者配偶为本人或者其配偶购买公寓或商铺使用银行商业贷款，然后纳税人本人或者配偶单独或者共同使用商业银行或者住房公积金个人住房贷款为本人或者其配偶购买中国境内的首套住房，发生的贷款利息，按照每月1 000元的标准定额扣除，扣除期限最长不超过240个月。

（3）夫妻结婚后全额付款购买了一套房，没有使用商业银行或者住房公积金个人住房贷款，然后夫妻购买第二套住房时，第一次使用商业银行或者住房公积金个人住房贷款，发生的贷款利息，按照每月1 000元的标准定额扣除，扣除期限最长不超过240个月。

（4）夫妻结婚后使用商业银行或者住房公积金个人住房贷款，买了一套房，后来将该套房卖掉了，重新买了另外一套面积更大的住房，使用商业银行或者住房公积金个人住房贷款，发生的贷款利息，仍然可以按照每月1 000元的标准定额扣除，扣除期限最长不超过240个月。

（5）纳税人本人在结婚前与其父亲或母亲共同持有一套房产，且没有使用贷款，结婚后使用商业银行或者住房公积金个人住房贷款，发生的贷款利息，按照每月1 000元的标准定额扣除，扣除期限最长不超过240个月。

（五）住房租金专项附加扣除

1.扣除条件

纳税人本人及配偶在纳税人的主要工作城市（主要工作城市是指纳税人任职受雇的直辖市、计划单列市、副省级城市、地级市（地区、州、盟）全部行政区域范围；纳税人无任职受雇单位的，为受理其综合所得汇算清缴的税务机关所在城市）没有自有住房，而在主要工作城市租赁住房发生的租金支出，可以按照住房租金专项附加扣除标准定额扣除（不要发票）。

2.扣除标准

纳税人在主要工作城市没有自有住房而发生的住房租金支出，可以按照以下标准定额扣除：①直辖市、省会（首府）城市、计划单列市以及国务院确定的其他城市，扣除标准为每月1 500元；②除第一项所列城市以外，市辖区户籍人口超过100万的城市，扣除标准为每月1 100元；③市辖区户籍人口不超过100万的城市，扣除标准为每月

800元。

纳税人的配偶在纳税人的主要工作城市有自有住房的，视同纳税人在主要工作城市有自有住房。

3.扣除办法

（1）夫妻双方主要工作城市相同的，只能由一方扣除住房租金支出。

（2）住房租金支出由签订租赁住房合同的承租人扣除。

（3）纳税人及其配偶在一个纳税年度内不能同时分别享受住房贷款利息和住房租金专项附加扣除。

4.需要提供的涉税资料或专项附加扣除项目支出凭证

（1）纳税人应当留存住房租赁合同、协议等有关资料备查。

（2）纳税人享受住房租金专项附加扣除，应当填报主要工作城市、租赁住房坐落地址、出租人姓名及身份证件类型和号码或者出租方单位名称及纳税人识别号（统一社会信用代码）、租赁起止时间等信息；纳税人有配偶的，填写配偶姓名、身份证件类型及号码。

【注意点】

（1）夫妻双方主要工作城市相同的，没有住房，而在主要工作城市租赁住房发生的租金支出只能由一方按规定标准扣除住房租金支出。

（2）夫妻双方主要工作城市不相同的，且各自在其主要工作城市都没有住房的，可以分别扣除住房租金支出。

（3）纳税人有首套房的购房贷款利息，同时也有租房支出，在专项附加扣除时，只能选择其一扣除。

（六）赡养老人专项附加扣除

1.赡养老人的年龄标准

赡养老人的年龄标准是指纳税人赡养60岁（含）以上父母以及其他法定赡养人（被赡养人是指年满60岁的父母，以及子女均已去世的年满60岁的祖父母、外祖父母）。

2.扣除标准

纳税人赡养一位及以上被赡养人的赡养支出，统一按照以下标准定额扣除：

（1）纳税人为独生子女的，按照每月3 000元的标准定额扣除；

（2）纳税人为非独生子女的，由其与兄弟姐妹分摊每月3 000元的扣除额度，每人分摊的额度不能超过每月1 500元。可以由赡养人均摊或者约定分摊，也可以由被赡养人指定分摊。约定或者指定分摊的须签订书面分摊协议，指定分摊优先于约定分摊。具体分摊方式和额度在一个纳税年度内不能变更。

3.扣除办法

采取指定分摊或约定分摊方式的，每一纳税人分摊的扣除额最高不得超过每年18 000元（每月1 500元），并签订书面分摊协议。指定分摊与约定分摊不一致的，以指定分摊为准。纳税人赡养2位及以上老人的，不按老人人数加倍扣除。

4.需要提供的涉税资料或专项附加扣除项目支出凭证

（1）纳税人享受赡养老人专项附加扣除，应当填报纳税人是否为独生子女、月扣除金额、被赡养人姓名及身份证件类型和号码、与纳税人关系；有共同赡养人的，需填报分摊方式、共同赡养人姓名及身份证件类型和号码等信息。

（2）约定或指定分摊的书面分摊协议等资料。

【注意点】

（1）纳税人赡养1位老人和赡养多位老人，扣除标准一样。

（2）多个子女约定分摊标准或被赡养人指定分摊的，每个人分摊的金额每月不超过1 500元。例如，父母有3个子女，3个子女可以约定1人扣除标准为0，另外2人每月扣除标准各为1 500元。

专项附加扣除的归纳见表8-6。

表8-6　**专项附加扣除归纳表**

（自2019年1月1日起执行）

专项扣除	适用范围	扣除条件	扣除标准	扣除时间	扣除方式	备查资料
1.子女教育	全日制学历教育的相关支出	学前教育；义务教育；高中阶段教育；高等教育	2 000元/月	按月	夫妻双方各扣除50%；或者一方扣除100%；建议收入高的一方扣除	学位（学历）证书、学校录取通知书、留学签证等
2.继续教育	在境内接受学历（学位）继续教育支出	学历（学位）继续教育	400元/月	按月（不超过48个月）	本科及以下本人或父母	学位（学历）证书
		技能人员/技术人员资格继续教育	3 600元/年	按年（取得证书当年）	本人	相关证书
3.大病医疗	与医保相关的基本医疗支出	个人负担累计超过1.5万元的部分	8万元限额内据实扣除	年度汇算清缴时	本人或配偶；未成年子女由父母一方扣除	医保报销相关票据原件或复印件
4.住房贷款利息	境内首套住房贷款利息	本人或配偶首套住房贷款利息（商贷/公积金）	1 000元/月	按月扣除（不超过240个月）	夫妻择一	住房贷款合同、贷款还款支出证明
5.住房租金	住房租金支出（无自有住房）	直辖市、省会城市、计划单列市和国务院规定的城市	1 500元/月	按月扣除	同城，夫妻择一；不同城，分别扣除	住房租赁合同、协议等资料
		市辖区户籍人口超过100万	1 100元/月			
		市辖区户籍人口不超过100万	800元/月			
6.赡养老人	60（含）岁以上父母或法律赡养人（多位老人不能多扣）	独生子女	3 000元/月	按月	本人扣除	
		非独生子女	不超过1 500元/月	按月分摊	平摊/指定/约定	书面分摊协议
7. 3岁以下婴幼儿照护	3岁以下婴幼儿子女的相关支出	3岁以下婴幼儿子女	1 000元/月	按月	夫妻双方各扣除50%；或者一方扣除100%	

【注意点】

自2022年1月1日起，纳税人照护3岁以下婴幼儿子女的相关支出，在计算缴纳个人所得税前按照每名婴幼儿每月1 000元的标准定额扣除。具体扣除方式上，可选择由夫妻一方按扣除标准的100%扣除，也可选择由夫妻双方分别按扣除标准的50%扣除，监护人不是父母的，也可以按上述政策规定扣除。

（七）专项附加扣除政策办理途径

（1）由单位按月发工资预扣税款时办理。

除大病医疗以外，对其他扣除，纳税人可以选择在单位发放工资薪金时，按月享受专项附加扣除政策。首次享受时，需要填写“个人所得税专项附加扣除信息表”，并报送给任职受雇单位，单位在每个月发放工资时，与“三险一金”的代扣一样，为纳税人办理专项附加扣除。

（2）自行在年度综合所得汇算清缴申报时办理。

一般来讲，有以下情形之一的，纳税人可以选择在次年3月1日至6月30日内，自行向汇缴地主管税务机关办理汇算清缴申报时进行专项附加扣除，税款多退少补；个人所得税专项附加扣除信息随纳税申报表一并报送：①不愿意通过单位办理扣除，未将相关专项附加扣除信息报送给任职受雇单位的；②没有工资、薪金所得，但有劳务报酬所得、稿酬所得、特许权使用费所得的；③有大病医疗支出项目的；④纳税年度内未享受或未足额享受专项附加扣除等情形。

【注意点】

如果同时有两个以上发工资的单位，那么对同一个专项附加扣除项目，在一个纳税年度内，纳税人只能选择从其中的一个单位办理扣除。

六、取得综合所得需要办理汇算清缴的情形

取得综合所得需要办理汇算清缴的情形包括：

（1）从两处以上取得综合所得，且综合所得年收入额减除专项扣除的余额超过6万元；

（2）取得劳务报酬所得、稿酬所得、特许权使用费所得中一项或者多项所得，且综合所得年收入额减除专项扣除的余额超过6万元；

（3）纳税年度内预缴税额低于应纳税额；

（4）纳税人申请退税。

纳税人申请退税，应当提供其在中国境内开设的银行账户，并在汇算清缴地就地办理税款退库。

【注意点】

（1）在员工愿意将专项附加扣除相关信息提供给单位，单位按月预扣预缴后，由于平时已经履行完所有纳税义务，在没有其他综合所得，如劳务费、特许权使用费、稿酬所得，由于综合所得等于全年工资、薪金所得，并且不存在补税退税时，可以不参与汇算清缴。

（2）非居民个人取得工资、薪金所得，劳务报酬所得，稿酬所得和特许权使用费所得，有扣缴义务人的，由扣缴义务人按月或者按次代扣代缴税款，不办理汇算清缴。

七、税务机关的纳税调整规定

有下列情形之一的，税务机关有权按照合理方法进行纳税调整：

（1）个人与其关联方之间的业务往来不符合独立交易原则而减少本人或者其关联方应纳税额，且无正当理由。

（2）居民个人控制的，或者居民个人和居民企业共同控制的设立在实际税负明显偏低的国家（地区）的企业，无合理经营需要，对应当归属于居民个人的利润不作分配或者减少分配。

（3）个人实施其他不具有合理商业目的的安排而获取不当税收利益。税务机关依照规定作出纳税调整，需要补征税款的，应当补征税款，并依法加收利息。

第二节　个人所得税的计算

一、居民个人综合所得的个人所得税计算

（一）居民个人年综合所得额的概念和计算公式

年综合所得额，是指居民个人的工资、薪金所得，劳务报酬所得，稿酬所得和特许权使用费所得。从2019年1月1日开始，按照全年应纳税所得额进行计算，即居民个人取得综合所得以每一纳税年度收入额减除费用6万元以及专项扣除、专项附加扣除和依法确定的其他扣除后的余额。

自2019年1月1日起，扣缴义务人向居民个人支付综合所得中的工资、薪金所得，劳务报酬所得，稿酬所得，特许权使用费所得时，按居民个人预扣预缴方法预扣预缴个人所得税，并向主管税务机关报送“个人所得税扣缴申报表（综合所得适用）”。

【注意点】

对个人所得税综合所得采取预扣预缴法，其中对工资、薪金所得采取累计预扣预缴方式，对劳务报酬、稿酬及特许权使用费所得采取按月或者按次的预扣预缴方式。年终对照“个人所得税税率表一（综合所得适用）”进行汇算清缴，多退少补。

其计算公式为：

$$\text{应退或应补税额}=\left[\left(\text{综合所得额}-60\,000-\text{专项扣除}-\text{专项附加扣除}-\text{其他扣除}-\text{符合条件的公益慈善事业捐赠}\right)\times\text{适用税率}-\text{速算扣除数}\right]-\text{已预缴税额}$$

其中，公式中的各项目为：

（1）综合所得额。其计算公式为：

$$\text{综合所得额}=\text{工资、薪金收入}+\text{劳务报酬所得}\times(1-20\%)+\text{稿酬所得}\times(1-20\%)\times70\%+\text{特许权使用费所得}\times(1-20\%)$$

（2）专项扣除额。其计算公式为：

专项扣除额=基本养老保险+基本医疗保险+失业保险+住房公积金=三险一金

（3）专项附加扣除额。其计算公式为：

$$\text{专项附加扣除额}=\text{子女教育支出}+\text{继续教育支出}+\text{大病医疗支出}+\text{住房贷款利息（或住房租金）支出}+\text{赡养老人支出}+\text{婴幼儿照护支出}$$

（4）其他扣除额。其包括个人缴付符合国家规定的企业年金、职业年金，个人购买符合国家规定的商业健康保险、税收递延型商业养老保险的支出，以及国务院规定可以扣除的其他项目。

年综合所得的个人所得税税率适用3%～45%的超额累进税率，见表8-1。

【注意点】

纳税人与其配偶共同填报3岁以下婴幼儿照护、子女教育、大病医疗、住房贷款利息及住房租金等专项附加扣除的，以及与兄弟姐妹共同填报赡养老人专项附加扣除的，需要与其他填报人沟通填报扣除金额，避免超过规定额度或比例填报专项附加扣除。纳税人填报不符合规定的，一经发现，税务机关将通过手机个人所得税APP、自然人电子税务局网站或者扣缴义务人等渠道进行提示提醒。

（二）居民个人综合所得个人所得税的平时预扣预缴计算

扣缴义务人向居民个人支付工资、薪金所得，劳务报酬所得，稿酬所得，特许权使用费所得时，按规定的方法预扣预缴个人所得税，并向主管税务机关报送“个人所得税扣缴申报表”（略）。

【注意点】

年度预扣预缴税额与年度应纳税额不一致的，由居民个人于次年3月1日至6月30日向主管税务机关办理综合所得年度汇算清缴，税款多退少补。

年度发生的税前扣除，纳税人可在次年汇算期间填报或补充扣除额。国家税务总局优化自然人电子税务局手机端个人养老金税前扣除“一站式”申报功能，通过部门间信息共享获取个人养老金缴费凭证信息，纳税人无须下载缴费凭证即可申报个人所得税税前扣除。

1.工资、薪金所得的累计预扣法

扣缴义务人向居民个人支付工资、薪金所得时，应当按照累计预扣法计算预扣税款，并按月办理全员全额扣缴申报。

计算公式为：

$$\text{本期应预扣预缴税额}=(\text{累计预扣预缴应纳税所得额}\times\text{预扣率}-\text{速算扣除数})-\text{累计减免税额}-\text{累计已预扣预缴税额}$$

$$\text{累计预扣预缴应纳税所得额}=\text{累计收入}-\text{累计免税收入}-\text{累计减除费用}-\text{累计专项扣除}-\text{累计专项附加扣除}-\text{累计依法确定的其他扣除}$$

其中：累计减除费用，按照5 000元/月乘以纳税人当年截至本月在本单位的任职受雇月份数计算。

公式中，计算居民个人工资、薪金所得预扣预缴税额的预扣率、速算扣除数，按个人所得税预扣率表一（见表8-1）执行。

【注意点】

税务机关将通过提供扣缴软件，由单位录入当月收入、扣除等金额后，自动计算出每一个纳税人自年初起累计至当期的应纳税款，扣减已纳税款后，计算出每一个纳税人当期应纳的税款。累计预扣法的计算思路如图8-1所示。

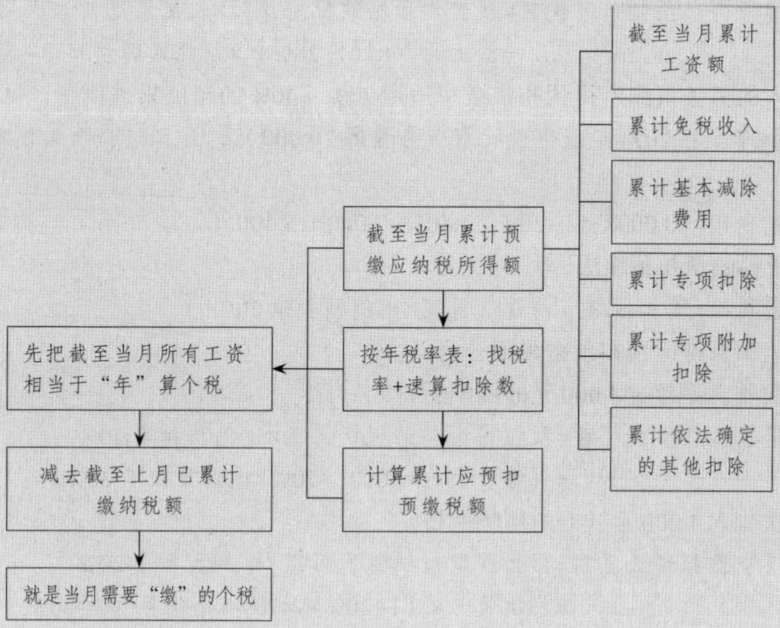

图8-1　累计预扣法的计算思路

【例8-1】在互联网公司工作的李某2024年每月应发工资均为30 000元，每月减除费用5 000元，“三险一金”等专项扣除为4 500元，享受子女教育、赡养老人两项专项附加扣除共计5 000元，假设没有减免收入及减免税额等情况。

【解析】

以前三个月为例，应当按照以下方法计算各月应预扣预缴税额：

1月应预扣预缴税额=（30 000−5 000−4 500−5 000）×3%=465（元）

2月应预扣预缴税额=（30 000×2−5 000×2−4 500×2−5 000×2）×3%−465
=465（元）

3月应预扣预缴税额=（30 000×3−5 000×3−4 500×3−5 000×3）×10%−2 520−465−465
=1 200（元）

上述计算结果表明，由于3月份累计预扣预缴应纳税所得额为46 500元，适用10%的税率，因此每月应预扣预缴税款有所不同。

2.劳务报酬所得的预扣预缴法

扣缴义务人向居民个人支付劳务报酬所得、稿酬所得、特许权使用费所得，按次或者按月预扣预缴个人所得税。计算公式为：

劳务报酬所得预扣预缴税额=预扣预缴应纳税所得额×超额累进预扣率−速算扣除数

其中，劳务报酬所得应预扣预缴税额分为：

(1) 每次收入不超过4 000元的劳务报酬所得

劳务报酬所得应预扣预缴税额=预扣预缴应纳税所得额×超额累进预扣率-速算扣除数

=(每次收入-800)×超额累进预扣率-速算扣除数

(2) 每次收入4 000元以上的劳务报酬所得

劳务报酬所得应预扣预缴税额=预扣预缴应纳税所得额×超额累进预扣率-速算扣除数

=每次收入×(1-20%)×超额累进预扣率-速算扣除数

居民个人的劳务报酬所得预扣预缴率适用20%~40%的超额累进税率，见表8-2。

【例8-2】李某在2024年取得设计费劳务报酬70 000元，计算预扣预缴税额。

【解析】

预扣预缴税额=70 000×(1-20%)×40%-7 000=15 400(元)

3.稿酬所得的预扣预缴法

预扣预缴税额=预扣预缴应纳税所得额×比例预扣率20%

其中，稿酬所得应预扣预缴税额分为：

(1) 每次收入不超过4 000元的稿酬所得

稿酬所得应预扣预缴税额=预扣预缴应纳税所得额×比例预扣率20%

=(每次收入-800)×70%×比例预扣率20%

(2) 每次收入4 000元以上的稿酬所得

稿酬所得应预扣预缴税额=预扣预缴应纳税所得额×比例预扣率20%

=每次收入×(1-20%)×70%×比例预扣率20%

【例8-3】张某取得稿酬所得40 000元，计算预扣预缴税额。

【解析】

预扣预缴税额=40 000×(1-20%)×70%×20%=4 480(元)

4.特许权使用费所得的预扣预缴法

预扣预缴税额=预扣预缴应纳税所得额×比例预扣率20%

其中，特许权使用费所得应预扣预缴税额分为：

(1) 每次收入不超过4 000元的特许权使用费所得

特许权使用费所得应预扣预缴税额=预扣预缴应纳税所得额×比例预扣率20%

=(每次收入-800)×比例预扣率20%

(2) 每次收入4 000元以上的特许权使用费所得

特许权使用费所得应预扣预缴税额=预扣预缴应纳税所得额×比例预扣率20%

=每次收入×(1-20%)×比例预扣率20%

【例8-4】张某取得特许权使用费所得50 000元，计算预扣预缴税额。

【解析】

预扣预缴税额=50 000×(1-20%)×20%=8 000(元)

二、非居民个人综合所得的个人所得税计算

（一）非居民个人综合所得的个人所得税的计算公式

非居民个人支付综合所得中的工资、薪金所得，劳务报酬所得，稿酬所得和特许权使用费所得时，不需要预扣预缴，直接进行个人所得税的计算。

扣缴义务人向非居民个人支付工资、薪金所得，劳务报酬所得，稿酬所得和特许权使用费所得时，按月或者按次代扣代缴个人所得税。

1.非居民个人的工资、薪金所得的个人所得税计算

以每月收入额减除费用5 000元后的余额为应纳税所得额，其计算公式为：

月应纳税额=（每月收入额−费用5 000元）×税率−速算扣除数

2.非居民个人的稿酬所得的个人所得税计算

每次应纳税额=应纳税所得额×税率−速算扣除数

=每次收入×（1−20%）×70%×超额累进预扣率−速算扣除数

3.非居民个人的劳务报酬所得和特许权使用费所得的个人所得税计算

每次应纳税额=应纳税所得额×税率−速算扣除数

=每次收入×（1−20%）×超额累进预扣率−速算扣除数

（二）非居民个人综合所得个人所得税的税率

适用3%～45%的超额累进税率，见表8-3。

【例8-5】某非居民个人取得劳务报酬所得20 000元，计算预扣预缴税额。

【解析】

预扣预缴税额=（20 000−20 000×20%）×20%−1 410=1 790（元）

【例8-6】某非居民个人取得稿酬所得10 000元，计算预扣预缴税额。

【解析】

预扣预缴税额=（10 000−10 000×20%）×70%×10%−210=350（元）

三、经营所得的个人所得税计算

经营所得的个人所得税计算实行按年计算年应纳税额。其计算公式为：

年应纳税额=（每一纳税年度的收入总额−成本−费用−损失）×税率−速算扣除数

经营所得的个人所得税适用5%～35%的超额累进税率，见表8-4。

四、利息、股息、红利所得，财产租赁所得，财产转让所得和偶然所得的个人所得税计算

（一）财产租赁所得的个人所得税计算

1.每次收入不超过4 000元的，其计算公式为：

每次应纳税额=（每次收入−费用800元）×比例税率20%

2.每次收入在4 000元以上的，其计算公式为：

每次应纳税额=每次收入×（1−20%）×比例税率20%

（二）财产转让所得的个人所得税计算

其计算公式为：

每次应纳税额=（收入总额-财产原值-合理税费）×比例税率20%

【提示】

个人转让不动产的，税务机关应当根据不动产登记等相关信息核验应缴的个人所得税，登记机构办理转移登记时，应当查验与该不动产转让相关的个人所得税的完税凭证。个人转让股权办理变更登记的，市场主体登记机关应当查验与该股权交易相关的个人所得税的完税凭证。

（三）利息、股息、红利所得的个人所得税计算

其计算公式为：

应纳税额=每次收入额×20%

（四）利息、股息、红利所得，财产租赁所得，财产转让所得和偶然所得的个人所得税的税率

利息、股息、红利所得，财产租赁所得，财产转让所得和偶然所得，适用比例税率，税率为20%。其税率见表8-5。

自2024年1月1日起执行至2027年12月31日，境内上市公司授予个人的股票期权、限制性股票和股权奖励，经向主管税务机关备案，个人可自股票期权行权、限制性股票解禁或取得股权奖励（简称“行权”）之日起，在不超过36个月的期限内缴纳个人所得税。纳税人在此期间内离职的，应在离职前缴清全部税款。

【注意点】

居民个人取得全年一次性奖金，在2027年12月31日前，不并入当年综合所得，以全年一次性奖金收入除以12个月得到的数额，按照按月换算后的综合所得税率表（简称月度税率表），确定适用税率和速算扣除数，单独计算纳税。其计算公式为：

应纳税额=全年一次性奖金收入×适用税率-速算扣除数

居民个人取得全年一次性奖金，也可以选择并入当年综合所得计算纳税。

第三节　个人所得税的会计核算

财政部会计司在2018年9月7日发布的《关于2018年度一般企业财务报表格式有关问题的解读》中明确指出：企业作为个人所得税的扣缴义务人，根据《中华人民共和国个人所得税法》收到的扣缴税款手续费，应作为其他与日常活动相关的项目在利润表的“其他收益”项目中填列。

企业财务报表的列报项目因此发生变更的，应当按照《企业会计准则第30号——财务报表列报》等的相关规定，对可比期间的比较数据进行调整。

“其他收益”科目核算总额法下与日常活动相关的政府补助以及其他与日常活动相关且应直接记入本科目的项目，但个税手续费不是总额法下与日常活动相关的政府补助，只是因为其属于其他与日常活动相关的项目，而纳入该科目核算。

1.计提个人所得税

借：应付职工薪酬

　贷：应交税费——应交个人所得税

2.发放工资

借：应付职工薪酬

　贷：银行存款

3.缴纳个人所得税

借：应交税费——应交个人所得税

　贷：银行存款

4.收到税务机关返还的“三代”（代扣代缴、代收代缴和委托代征）手续费

借：银行存款

　贷：其他收益

　　应交税费——应交增值税（销项税额）

【例8-7】某单位属于增值税一般纳税人，今年收到税务机关返还的“三代”（代扣代缴、代收代缴和委托代征）手续费21 200元，已经到账。

【解析】

会计处理为：

借：银行存款	21 200	
贷：其他收益		20 000
应交税费——应交增值税（销项税额）		1 200

【注意点】

（1）“三代”手续费收入应属于“商务辅助服务”税目下“经纪代理服务”中的“代理服务”，属于缴纳增值税范围，适用税率为6%，但是部分省市税务机关没有明确要求需要缴纳增值税；

（2）个人办理代扣代缴税款手续，按规定取得的扣缴手续费，暂免征收个人所得税。

第九章　关税的会计核算

引言

扩展学习资料

党的二十大报告对促进世界和平与发展作出了部署：

“十四、促进世界和平与发展，推动构建人类命运共同体

……

中国坚持对外开放的基本国策，坚定奉行互利共赢的开放战略，不断以中国新发展为世界提供新机遇，推动建设开放型世界经济，更好惠及各国人民。中国坚持经济全球化正确方向，推动贸易和投资自由化便利化，推进双边、区域和多边合作，促进国际宏观经济政策协调，共同营造有利于发展的国际环境，共同培育全球发展新动能，反对保护主义，反对‘筑墙设垒’‘脱钩断链’，反对单边制裁、极限施压。中国愿加大对全球发展合作的资源投入，致力于缩小南北差距，坚定支持和帮助广大发展中国家加快发展。”

关税是一国政府对其进出口商品征收的税收，这有助于体现和维护国家的主权，同时，通过设定和调整关税税率，可以保护本国产业免受外国商品的冲击，维护经济利益。同时，关税也是国家调控对外贸易的重要手段，可以促进出口或限制进口，具体的关税政策和措施需根据国家的实际情况和国际形势进行综合考虑和调整。我国将继续深化关税制度改革，降低关税水平，以更好地适应经济全球化的发展趋势和促进国际贸易的自由化和便利化。

学习目标

了解关税的概念、特点，在理解和掌握我国关税的税制要素的基础上，掌握企业应纳关税税额的计算方法、会计账户的设置、核算方法及纳税申报规定与程序。

第一节　关税的基本内容

一、关税的基本概念

《中华人民共和国进出口关税条例》于2003年10月29日由国务院第二十六次常务会议公布，自2004年1月1日起施行。根据《中华人民共和国进出口关税条例》及相关规定，2024年1月1日起，对部分商品的进出口关税进行调整。国境是一国政府以国家边界为限，全面行使主权的境域。关境是海关征收关税的领域。在一般情况下，国境与关境是一致的，国境=关境。但有时两者也会有一定的区别，如存在自由港或自由贸易区，国境>关境，如我国香港、澳门；如果几个国家组成关税同盟，成员国之间的贸易就不需缴纳关税，国境<关境，如欧洲联盟。

现在征收出口关税的国家已经很少，因此一般情况下说的关税指进口关税。我国的关税绝大部分是指进口关税，为更好地促进中国对外贸易，提高中国产品在国际市场的竞争力，中国对大部分出口产品不征收关税，只对少数盈利高、易削价竞争、国内紧俏的商品

征收出口关税。

二、征税对象和纳税人

（一）关税的征税对象

关税的征税对象是准许进出我国关境的货物和物品。其中，货物是指贸易性商品；物品包括入境旅客随身携带的行李和物品、个人邮递物品、各种运输工具上的服务人员携带进口的自用物品、馈赠物品以及其他方式进入国境的个人物品。

（二）关税的纳税人

进口货物的收货人、出口货物的发货人、进出境物品的所有人，具体界定：

（1）进口货物的收货人、出口货物的发货人是依法取得对外贸易经营权，并进口或出口货物的法人或其他社会团体。

（2）进出境物品的所有人包括：①一般情况下，对于携带进境的物品，推定其携带人为所有人；②对以分离运输方式运进的行李，推定相应的进出境旅客为所有人；③对以邮递方式进境的物品，推定其收件人为所有人；④对以邮递或其他运输方式出境的物品，推定其寄件人或托运人为所有人。

三、关税税率

进出口货物，应当适用海关接受该货物申报进口或者出口之日实施的税率。

（一）进口关税税率

进口关税税率设普通税率和特惠税率。特惠税率适用于与我国签订含有特殊关税优惠条款的贸易协定的国家或者地区的进口货物，普通税率适用于与我国未签订互惠关税条款的贸易条约或协定的国家的进口货物。进口货物具体按哪种税率征收进口关税，是由进口货物的原产地决定的。

（二）出口关税税率

对出口货物在一定期限内可以实行暂定税率。适用出口税率的出口货物有暂定税率的，应当适用暂定税率。

（三）特别关税

特别关税由国务院关税税则委员会决定，海关总署负责实施，包括：报复性关税、反倾销关税以及反补贴关税。

四、关税的计税依据

进境物品的关税以及进口环节海关代征税合并为进口税，由海关依法征收。

（一）进口货物的完税价格

进口货物的完税价格由海关以符合条件的成交价格以及该货物运抵我国境内输入地点起卸前的运输及其相关费用、保险费为基础审查确定。进口货物的成交价格，是指卖方向我国境内销售该货物时买方为进口该货物向卖方实付、应付的，并按照规定调整后的价款总额，包括直接支付的价款和间接支付的价款。

进口货物完税价格=货价+购货费用（运抵境内输入地点起卸前的运输、保险等费用）

【例9-1】(2013年初级会计职称考试试题)下列各项中应计入关税完税价格中的有( )。

A.货物运抵我国关境内输入地点起卸前的包装费

B.货物运抵我国关境内输入地点起卸前的运费

C.货物运抵我国关境内输入地点起卸前的保险费

D.向境外支付的与该进口货物有关的专利权费用

【答案】ABCD

【解析】

一般贸易下，进口的货物以海关审定的成交价格为基础的到岸价格作为完税价格。到岸价格是指由货价以及货物运抵我国关境内输入地点起卸前的包装费、运费、保险费和其他劳务费等费用构成的一种价格。

(二)出口货物的完税价格

出口货物的完税价格由海关以该货物的成交价格以及该货物运至我国境内输出地点装载前的运输及其相关费用、保险费为基础审查确定。出口货物的成交价格，是指该货物出口时卖方为出口该货物应当向买方直接收取和间接收取的价款总额。出口关税不计入完税价格。

(三)免征关税的进出口货物

(1)关税税额在人民币50元以下的一票货物;

(2)无商业价值的广告品和货样;

(3)外国政府、国际组织无偿赠送的物资;

(4)在海关放行前损失的货物;

(5)进出境运输工具装载的途中必需的燃料、物料和饮食用品。

在海关放行前遭受损坏的货物，可以根据海关认定的受损程度减征关税。法律规定的其他免征或者减征关税的货物，海关根据规定予以免征或者减征。

五、关税的计算

其从价计征的计算公式为:

应纳税额=完税价格×关税税率

其从量计征的计算公式为:

应纳税额=货物数量×单位税额

【注意点】

出口关税的特别之处在于对外的报价是包含关税的。由于关税是价内税，对外的售价包含关税，所以要剔除关税。而进口时，进口的价格是不包含关税的，所以不需要考虑剔除关税的问题。

(一)进口货物应纳关税

(1)以我国口岸到岸价格(CIF)成交的，或者和我国毗邻的国家以两国共同边境地点交货价格成交的进口货物，其成交价格即为完税价格。

应纳进口关税=CIF×关税税率

（2）以国外口岸离岸价格（FOB）或国外口岸到岸价格成交的，应另加从发货口岸或国外交货口岸运到我国口岸以前的运杂费和保险费作为完税价格。

应纳进口关税=（FOB+运杂费+保险费）×关税税率

（3）以国外口岸离岸价格加运费价格（CFR）成交的，应另加保险费作为完税价格。

应纳进口关税=（CFR+保险费）×关税税率

$$=\frac{CFR}{1-\text{保险费率}}\times\text{关税税率}$$

（二）出口货物应纳关税

（1）以我国口岸离岸价格（FOB）成交的出口关税计算公式：

$$\text{应纳出口关税}=\frac{FOB}{1+\text{出口关税税率}}\times\text{出口关税税率}$$

（2）以国外口岸到岸价格（CIF）成交的出口关税计算公式：

$$\text{应纳出口关税}=\frac{CIF-\text{保险费}-\text{运费}}{1+\text{出口关税税率}}\times\text{出口关税税率}$$

（3）以国外口岸离岸价格加运费价格（CFR）成交的出口关税计算公式：

$$\text{应纳出口关税}=\frac{CFR-\text{运费}}{1+\text{出口关税税率}}\times\text{出口关税税率}$$

第二节　关税的核算

在我国现行的外贸体制下，符合条件的工业企业和自营出口的商业企业经有关部门批准后便具有自营进出口货物的权限。

一、进口关税的核算

企业计提进口关税时：

借：原材料（库存商品、固定资产）等

　贷：应交税费——应交进口关税

企业实际缴纳关税时：

借：应交税费——应交进口关税

　贷：银行存款

【例9-2】某公司从境外进口小轿车30辆用以销售，每辆小轿车货价15万元，运抵我国海关前发生的运输费用、保险费用无法确定，经海关查实其他运输公司相同业务的运输费用占货价的比例为2%，保险费率为3‰，关税税率为60%，消费税税率为9%。分别计算和核算进口环节缴纳的各项税金。

【解析】

进口小轿车的货价=15×30=450（万元）

进口小轿车的运输费=450×2%=9（万元）

进口小轿车的保险费=（450+9）×3‰=1.38（万元）

关税的完税价格=450+9+1.38=460.38（万元）

应纳关税=460.38×60%=276.23（万元）

消费税组成计税价格=（460.38+276.23）÷（1−9%）=809.46（万元）

应交消费税=809.46×9%=72.85（万元）

应交增值税=809.46×13%=105.23（万元）

借：库存商品	3 490 800	
贷：应交税费——应交进口关税		2 762 300
——应交消费税		728 500
借：应交税费——应交增值税（进项税额）	1 052 300	
贷：银行存款		1 052 300

二、出口关税的核算

（1）国家为了鼓励出口，一般情况下，不征收出口关税，所以，不需要专门作账务处理。

（2）如果征收出口关税，则企业计提出口产品关税：

借：税金及附加

贷：应交税费——应交出口关税

企业实际缴纳关税：

借：应交税费——应交出口关税

贷：银行存款

【例 9-3】某工业企业出口一批应税产品，经海关审定的出口关税为47 000元，企业已在出口时缴纳。

【解析】

企业计提应交出口产品关税时：

借：税金及附加	47 000	
贷：应交税费——应交出口关税		47 000

企业实际缴纳关税时：

借：应交税费——应交出口关税	47 000	
贷：银行存款		47 000

三、外贸企业代理进出口业务关税的核算

外贸企业代理进出口业务所缴纳的关税实际上是替委托方代垫代付的，在代理出口与委托方结算时还需收回，为此，要应用“应收账款”、“应付账款”或“预收账款”等账户进行核算。

外贸企业收到预付货款时：

借：银行存款

贷：预收账款——受托方

接到进口单证，支付货款，同时支付进口关税时：

借：应收账款——受托方　　（货款）

——受托方　　（代垫进口关税）

贷：银行存款

与受托方结算货款时：

借：银行存款　　　　　　　　　　　　　　　　（实收款项–预收款）

预收账款——受托方　　　　　　　　　　　　　（预收款）

贷：应收账款——受托方　　　　　　　　　　　　　　（货款）

——受托方　　　　　　　　　　　　　　（代垫进口关税）

其他业务收入——代购代销收入　　　　　　　　（代购代销收入）

【例9-4】某外贸公司与工业企业东方工厂签订一份委托代理进口协议，受托代理进口商品，经海关核定到岸价为1 240 000元，适用的关税税率为12%，公司收取的手续费费率为6%。协议签订时收到东方工厂预付货款248 000元。

【解析】

收到东方工厂预付货款时：

借：银行存款　　　　　　　　　　　　　　248 000

贷：预收账款——东方工厂　　　　　　　　　　　　248 000

接到进口单证，支付货款时，同时支付进口关税时：

借：应收账款——东方工厂　　　　　　　　1 240 000

——东方工厂　　　　　　　　148 800

贷：银行存款　　　　　　　　　　　　　　　　　　1 388 800

与东方工厂结算货款时：

应补收货款=1 388 800+（1 240 000×6%）–248 000 =1 215 200（元）

借：银行存款　　　　　　　　　　　　　　1 215 200

预收账款——东方工厂　　　　　　　　　248 000

贷：应收账款——东方工厂　　　　　　　　　　　　1 240 000

——东方工厂　　　　　　　　　　　　148 800

其他业务收入——代购代销收入　　　　　　　　　74 400

第三节　海关进口货物报关单的填制

一、海关进口关税专用缴款书的填写

海关进口关税专用缴款书（收据联）见表9-1。

二、海关进口货物报关单的填写

海关进口货物报关单见表9-2。

三、海关出口货物报关单的填写

海关出口货物报关单见表9-3。

表9-1　　**中华人民共和国海关进口关税专用缴款书（收据联）**

收入系统：　　　　填发日期：　年　月　日　　　　号码No.

收款单位	收入机关			缴款单位（人）	名　称		
	科　目		预算级次		账　号		
	收缴国库				开户银行		
税号	货物名称	数量	单位	完税价格	税率(%)	税款金额	
金额人民币(大写)					合计		
申请单位编号		报关单编号			填制单位	收缴国库（银行）	
合同(批文)号		运输工具号			制单人 复核人		
缴款日期		提/装货单号					
备注							

第一联：（收据）国库收款签章后交缴款单位或缴款人

表9-2　　**中华人民共和国海关进口货物报关单**

预录入编号：　　　　　　　　海关编号：

进口口岸	备案号	进口日期		申报日期
经营单位	运输方式	运输工具名称		提运单号
收货单位	贸易方式	征免性质		征税比例
许可证号	起运国(地区)	装货港		境内目的地
批准文号	成交方式	运费	保费	杂费
合同协议号	件数	包装种类	毛重(千克)	净重(千克)
集装箱号	随附单据			用途
标记唛码及备注				
项号　商品编号　商品名称、规格型号　数量及单位　原产国(地区)　单价　总价　币制　征免				
税费征收情况				
录入员　　录入单位	兹声明以上申报无讹并承担法律责任	海关审单批注及放行日期(签章) 审单　　审价		
报关员 申报单位(签章) 单位地址 邮编　　电话　　填制日期		征税　　统计 查验　　放行		

表9-3　　　　　　　　　**中华人民共和国海关出口货物报关单**

预录入编号：　　　　　　　　　　　　　　　　　　　　　　　　　　海关编号：

<table>
<tr><td colspan="2">出口口岸</td><td colspan="2">备案号</td><td colspan="3">出口日期</td><td>申报日期</td></tr>
<tr><td colspan="2">经营单位</td><td colspan="2">运输方式</td><td colspan="3">运输工具名称</td><td>提运单号</td></tr>
<tr><td colspan="2">发货单位</td><td colspan="2">贸易方式</td><td colspan="3">征免性质</td><td>结汇方式</td></tr>
<tr><td colspan="2">许可证号</td><td colspan="2">运抵国(地区)</td><td colspan="3">指运港</td><td>境内货源地</td></tr>
<tr><td>批准文号</td><td colspan="2">成交方式</td><td colspan="2">运费</td><td>保费</td><td colspan="2">杂费</td></tr>
<tr><td>合同协议号</td><td colspan="2">件数</td><td colspan="2">包装种类</td><td>毛重(千克)</td><td colspan="2">净重(千克)</td></tr>
</table>

第十章　资源税的会计核算

引言

扩展学习资料

资源税是以国家矿产资源的开采和利用为对象所课征的税。开征资源税，旨在使自然资源条件优越的级差收入归国家所有，排除因资源优劣造成企业利润分配上的不合理状况。资源税区别于增值税，属于单一环节征收的税种，只对开采环节征税，而对已税产品批发、零售的单位和个人不征收资源税。

学习目标

掌握资源税的核算，了解收购未税矿产品的资源税核算。

第一节　资源税的基本内容

一、资源税的纳税人和征税范围

（一）资源税的纳税人

资源税是对在中华人民共和国领域和中华人民共和国管辖的其他海域开发应税资源的单位或个人征收的税种。对进口应税资源产品的单位或个人不征收资源税。

（二）资源税的征税范围

资源税的征税范围只限于矿产和盐资源，包括两大类：

（1）矿产品类，主要包括能源矿产、金属矿产、非金属矿产、水气矿产；

（2）盐类。

【注意点】

纳税人将其开采的原煤，自用于连续生产洗选煤的，在原煤移送使用环节不缴纳资源税；自用于其他方面的，视同销售原煤，依照规定确定销售额，计算缴纳资源税。

二、资源税的税收优惠

（1）有下列情形之一的，免征资源税：

①开采原油以及在油田范围内运输原油过程中用于加热的原油、天然气；

②煤炭开采企业因安全生产需要抽采的煤成（层）气；

③青藏铁路公司及其所属单位运营期间自采自用的砂、石等材料。

（2）有下列情形之一的，减征资源税：

①从低丰度油气田开采的原油、天然气，减征20%资源税；

②高含硫天然气、三次采油和从深水油气田开采的原油、天然气，减征30%资源税；

③稠油、高凝油减征40%资源税；

④从衰竭期矿山开采的矿产品，减征30%资源税；

⑤自2018年4月1日至2027年12月31日，对页岩气资源税减征30%；

⑥自2014年12月1日至2027年12月31日，对充填开采置换出来的煤炭，资源税减征50%。

根据国民经济和社会发展需要，国务院对有利于促进资源节约集约利用、保护环境等情形可以规定免征或者减征资源税，报全国人民代表大会常务委员会备案。

（3）有下列情形之一的，省、自治区、直辖市可以决定免征或者减征资源税：

①纳税人开采或者生产应税产品过程中，因意外事故或者自然灾害等原因遭受重大损失；

②纳税人开采共伴生矿、低品位矿、尾矿。

三、资源税税目税率表

资源税税目税率表见表10-1。

表10-1 资源税税目税率表

税目			征税对象	税率
能源矿产	原油		原矿	6%
	天然气、页岩气、天然气水合物		原矿	6%
	煤		原矿或者选矿	2%~10%
	煤成（层）气		原矿	1%~2%
	铀、钍		原矿	4%
	油页岩、油砂、天然沥青、石煤		原矿或者选矿	1%~4%
	地热		原矿	1%~20%或者每立方米1~30元
金属矿产	黑色金属	铁、锰、铬、钒、钛	原矿或者选矿	1%~9%
	有色金属	铜、铅、锌、锡、镍、锑、镁、钴、铋、汞	原矿或者选矿	2%~9%
		铝土矿	原矿或者选矿	2%~9%
		钨	选矿	6.5%
		钼	选矿	8%
		金、银	原矿或者选矿	2%~6%
		铂、钯、钌、锇、铱、铑	原矿或者选矿	5%~10%
		轻稀土	选矿	7%~12%
		中重稀土	选矿	20%
		铍、锂、锆、锶、铷、铯、铌、钽、锗、镓、铟、铊、铪、铼、镉、硒、碲	原矿或者选矿	2%~10%
非金属矿产	矿物类	高岭土	原矿或者选矿	1%~6%
		石灰岩	原矿或者选矿	1%~6%或者每吨（或者每立方米）1~10元
		磷	原矿或者选矿	3%~8%
		石墨	原矿或者选矿	3%~12%

续表

税目			征税对象	税率
非金属矿产	矿物类	萤石、硫铁矿、自然硫	原矿或者选矿	1%~8%
		天然石英砂、脉石英、粉石英、水晶、工业用金刚石、冰洲石、蓝晶石、硅线石（矽线石）、长石、滑石、刚玉、菱镁矿、颜料矿物、天然碱、芒硝、钠硝石、明矾石、砷、硼、碘、溴、膨润土、硅藻土、陶瓷土、耐火粘土、铁矾土、凹凸棒石粘土、海泡石粘土、伊利石粘土、累托石粘土	原矿或者选矿	1%~12%
		叶蜡石、硅灰石、透辉石、珍珠岩、云母、沸石、重晶石、毒重石、方解石、蛭石、透闪石、工业用电气石、白垩、石棉、蓝石棉、红柱石、石榴子石、石膏	原矿或者选矿	2%~12%
		其他粘土（铸型用粘土、砖瓦用粘土、陶粒用粘土、水泥配料用粘土、水泥配料用红土、水泥配料用黄土、水泥配料用泥岩、保温材料用粘土）	原矿或者选矿	1%~5%或者每吨（或者每立方米）0.1~5元
	岩石类	大理岩、花岗岩、白云岩、石英岩、砂岩、辉绿岩、安山岩、闪长岩、板岩、玄武岩、片麻岩、角闪岩、页岩、浮石、凝灰岩、黑曜岩、霞石正长岩、蛇纹岩、麦饭石、泥灰岩、含钾岩石、含钾砂页岩、天然油石、橄榄岩、松脂岩、粗面岩、辉长岩、辉石岩、正长岩、火山灰、火山渣、泥炭	原矿或者选矿	1%~10%
		砂石	原矿或者选矿	1%~5%或者每吨（或者每立方米）0.1~5元
	宝玉石类	宝石、玉石、宝石级金刚石、玛瑙、黄玉、碧玺	原矿或者选矿	4%~20%
水气矿产	二氧化碳气、硫化氢气、氦气、氡气		原矿	2%~5%
	矿泉水		原矿	1%~20%或者每立方米1~30元
盐	钠盐、钾盐、镁盐、锂盐		选矿	3%~15%
	天然卤水		原矿	3%~15%或者每吨（或者每立方米）1~10元
	海盐		原矿或者选矿	2%~5%

四、纳税期限

资源税按月或者按季申报缴纳；不能按固定期限计算缴纳的，可以按次申报缴纳。

纳税人按月或者按季申报缴纳的，应当自月度或者季度终了之日起十五日内，向税务机关办理纳税申报并缴纳税款；按次申报缴纳的，应当自纳税义务发生之日起十五日内，向税务机关办理纳税申报并缴纳税款。

五、纳税地点

（1）纳税人应当向应税产品开采地或者生产地的主管税务机关缴纳。

（2）纳税人在本省、自治区、直辖市范围内开采或者生产应税产品，其纳税地点需要调整的，由省级税务机关决定。

（3）纳税人跨省开采资源税应税产品，其下属生产单位与核算单位不在同一省、自治区、直辖市的，对其开采的应税产品一律在开采地纳税，其应纳税款由独立核算、自负盈亏的单位，按照开采地的实际销售量（或者自用量）及适用的税率计算划拨。

（4）海上开采的原油和天然气资源税由海洋石油税务管理机构征收管理。

第二节　资源税的核算

一、资源税应纳税额的计算

1.从价定率税额的计算

应纳税额=应税产品的销售额×比例税率

（1）销售额。销售额是指纳税人销售应税产品向购买方收取的全部价款，不包括增值税销项税额。

计入销售额的相关运杂费用，凡取得增值税发票或者其他合法有效凭据的，准予从销售额中扣除。相关运杂费用是指应税产品从坑口或洗选（加工）地到车站、码头或购买方指定地点的运输费用、建设基金以及随运销产生的装卸、仓储、港杂费用。

【注意点】

原矿销售额与精矿销售额的换算或折算。对同一种应税产品，征税对象为精矿的，纳税人销售原矿时，应将原矿销售额换算为精矿销售额缴纳资源税；征税对象为原矿的，纳税人销售自采原矿加工的精矿，应将精矿销售额折算为原矿销售额缴纳资源税。换算比或折算率原则上应通过原矿售价、精矿售价和选矿比计算，也可通过原矿销售额、加工环节平均成本和利润计算。

（2）纳税人申报的应税产品销售额明显偏低并且无正当理由的，或者有自用应税产品行为而无销售额的，主管税务机关可以按下列方法和顺序确定其应税产品销售额：①按纳税人最近时期同类产品的平均销售价格确定；②按其他纳税人最近时期同类产品的平均销售价格确定；③按后续加工非应税产品销售价格，减去后续加工环节的成本利润后确定；④按应税产品组成计税价格确定；⑤按其他合理方法确定。组成计税价格为：

$$组成计税价格=成本\times\frac{1+成本利润率}{1-税率}$$

2.从量定额税额的计算

应纳税额=应税产品的销售数量×定额税率

销售数量，包括纳税人开采或者生产应税产品的实际销售数量和自用于应当缴纳资源税情形的应税产品数量。

【注意点】

纳税人不能准确提供应税产品销售数量的，以应税产品的产量或者主管税务机关确定的折算比换算成的数量为计征资源税的销售数量。

3.煤炭资源税的计算

从2014年12月1日起，煤炭资源税实行从价定率计征。煤炭资源税税率幅度为2%~10%，煤炭应税产品（以下简称应税煤炭）包括原煤和以未税原煤加工的洗选煤（以下简称洗选煤）。应纳税额的计算公式如下：

应纳税额=应税煤炭销售额×适用税率

具体规定为：

（1）纳税人开采原煤直接对外销售的，以原煤销售额作为应税煤炭销售额计算缴纳资源税。

原煤应纳税额=原煤销售额×适用税率

原煤销售额不含从坑口到车站、码头等的运输费用。

（2）纳税人将其开采的原煤，自用于连续生产洗选煤的，在原煤移送使用环节不缴纳资源税；自用于其他方面的，视同销售原煤确定销售额，计算缴纳资源税。

（3）纳税人将其开采的原煤加工为洗选煤销售的，以洗选煤销售额乘以折算率作为应税煤炭销售额计算缴纳资源税。

洗选煤应纳税额=洗选煤销售额×折算率×适用税率

洗选煤销售额包括洗选副产品的销售额，不包括洗选煤从洗选煤厂到车站、码头等的运输费用。

折算率可通过洗选煤销售额扣除洗选环节成本、利润计算，也可通过洗选煤市场价格与其所用同类原煤市场价格的差额及综合回收率计算。折算率由省、自治区、直辖市财税部门或其授权地市级财税部门确定。

4.已税产品的税务处理

纳税人用已纳资源税的应税产品进一步加工应税产品销售的，不再缴纳资源税。

纳税人外购应税产品与自采应税产品混合销售或者混合加工为应税产品销售的，在计算应税产品销售额或者销售数量时，准予扣减外购应税产品的购进金额或者购进数量；当期不足扣减的，可结转下期扣减。纳税人应当准确核算外购应税产品的购进金额或者购进数量，未准确核算的，一并计算缴纳资源税。

纳税人以外购原矿与自采原矿混合为原矿销售，或者以外购选矿产品与自产选矿产品混合为选矿产品销售的，在计算应税产品销售额或者销售数量时，直接扣减外购原矿或者外购选矿产品的购进金额或者购进数量。

纳税人以外购原矿与自采原矿混合洗选加工为选矿产品销售的，在计算应税产品销售额或者销售数量时，按照下列方法进行扣减：

$$\text{准予扣减的外购应税产品购进金额（数量）}=\text{外购原矿购进金额（数量）}\times(\text{本地区原矿适用税率}\div\text{本地区选矿产品适用税率})$$

不能按照上述方法计算扣减的，按照主管税务机关确定的其他合理方法进行扣减。

二、应纳资源税的核算

（一）企业销售应税产品应纳增值税和资源税的核算

企业销售时：

借：银行存款等

　贷：主营业务收入

　　　应交税费——应交增值税（销项税额）

借：税金及附加

　贷：应交税费——应交资源税

上缴资源税时：

借：应交税费——应交资源税

　贷：银行存款

（二）企业自产自用应纳资源税的核算

借：生产成本

　贷：应交税费——应交资源税

（三）企业收购未税矿产品应纳资源税的核算

支付收购款时：

借：在途物资（材料采购、原材料）等

　贷：银行存款

代扣代缴资源税税额时：

借：在途物资（材料采购、原材料）等

　贷：应交税费——应交资源税

【例10-1】甲煤炭开采企业本年7月销售洗煤5万吨，开具增值税专用发票，注明金额为6 000万元。假设洗煤的折算率为80%，资源税税率为10%。计算甲煤炭开采企业销售洗煤应缴纳的资源税。

【解析】

洗选煤应纳税额=洗选煤销售额×折算率×适用税率

甲煤炭开采企业销售洗煤应缴纳的资源税税额=6 000×80%×10%=480（万元）

（四）企业外购液体盐加工或固体盐应纳资源税的核算

企业在购入液体盐时：

借：原材料

　　应交税费——应交资源税

　贷：银行存款（应付账款）

企业加工成固体盐销售时，按销售固体盐计算出应交资源税税额时：

借：税金及附加

　贷：应交税费——应交资源税

将销售固体盐应纳税额抵扣液体盐已纳税后的差额上交时：

借：应交税费——应交资源税

贷：银行存款

纳税人对资源税进行纳税申报时，应当填报“资源税税源明细表”“财产和行为税减免税明细申报附表”“财产和行为税纳税申报表”。资源税相关纳税申报表及附表从略。

第十一章　其他税金的会计核算

引言

党的二十大报告对健全社会保障体系作了部署：

“九、增进民生福祉，提高人民生活品质

……

（三）健全社会保障体系。社会保障体系是人民生活的安全网和社会运行的稳定器。健全覆盖全民、统筹城乡、公平统一、安全规范、可持续的多层次社会保障体系。完善基本养老保险全国统筹制度，发展多层次、多支柱养老保险体系。实施渐进式延迟法定退休年龄。扩大社会保险覆盖面，健全基本养老、基本医疗保险筹资和待遇调整机制，推动基本医疗保险、失业保险、工伤保险省级统筹。促进多层次医疗保障有序衔接，完善大病保险和医疗救助制度，落实异地就医结算，建立长期护理保险制度，积极发展商业医疗保险。”

扩展学习资料

党的二十大报告强调了健全社会保障体系的重要性，这体现了党和国家对财政税收工作的高度重视，也表明了未来我国将继续完善税制结构、优化税收征管等方面的改革方向。通过对不同税种、税率和税收优惠政策的设计和调整，国家可以对经济运行进行宏观调控，引导资源的合理配置和经济结构的优化。例如，对房地产行业征收增值税同时征收土地增值税，对采掘业征收增值税同时征收资源税，可限制其过度发展，而对鼓励发展的产业或产品给予税收优惠，可以促进其发展。

学习目标

了解特定目的税类、财产税类和行为税类各个税种的概念、特点，掌握各个税种应纳税额的计算和核算方法。

第一节　城市维护建设税及教育费附加的会计核算

一、城市维护建设税的核算

（一）城市维护建设税的基本内容

城市维护建设税（以下简称城建税）是对在中华人民共和国境内缴纳增值税、消费税的单位和个人征收的一个税种。从2010年12月1日起，外商投资企业、外国企业及外籍个人也缴纳城建税。

1.特点

（1）城市维护建设税是一种附加税，以纳税人实际缴纳的增值税、消费税税额为计税依据，同时附加于上述增值税、消费税税额，本身没有特定的、独立的征税对象，即只要缴纳了增值税、消费税就必须依法缴纳城建税。

（2）具有特定目的，专款专用。城建税税款专门用于城市的公用事业和公共设施的维护建设，实际是一种附加税的性质。城建税与教育费附加的税目税率见表11-1。

表11-1　　城市维护建设税与教育费附加的税目税率表

项　目	税（费）率	范　围	说　明
城市维护建设税	7%	市区	计税（费）依据是纳税人实际缴纳的增值税、消费税税额
	5%	县城、建制镇	
	1%	其他地区	
教育费附加	3%		

2.特殊规定

（1）海关对进口产品代征增值税、消费税的，不征收城市维护建设税；

（2）出口产品退还增值税、消费税的，不退还已缴纳的城建税；

（3）对于因减免税而需要进行增值税、消费税退还的，可同时退还城市维护建设税。

【注意点】

由省、自治区、直辖市人民政府根据本地区的实际情况，以及宏观调控需要确定，对增值税小规模纳税人可以在50%的税额幅度内减征资源税、城市维护建设税、房产税、城镇土地使用税、印花税（不含证券交易印花税）、耕地占用税、教育费附加和地方教育附加。

（二）城市维护建设税应纳税额的计算

计算公式为：

应纳城市维护建设税=（实纳增值税+实纳消费税）×适用税率

（三）城市维护建设税的核算

计算时：

借：税金及附加

　贷：应交税费——应交城市维护建设税

缴纳税款时：

借：应交税费——应交城市维护建设税

　贷：银行存款

二、教育费附加的核算

（一）教育费附加的基本内容

教育费附加是对在中华人民共和国境内缴纳增值税、消费税的单位和个人，就其实缴税额为计算依据征收的一种附加费。其目的是加快发展地方教育事业，扩大地方教育经费的资金来源。从2010年12月1日起，外商投资企业、外国企业及外籍个人也缴纳教育费附加。

1.特殊规定

（1）对海关进口的产品征收增值税、消费税的，不征收教育费附加。

（2）对由于减免增值税、消费税而发生退税的，可同时退还已征收的教育费附加。但对出口产品退还增值税、消费税的，不退还已征的教育费附加。

2.征收比率

征收比率为3%，生产卷烟和烟叶的单位减半征收。

（二）教育费附加的计算

计算公式为：

（1）一般单位和个人：

应纳教育费附加=（实纳增值税+实纳消费税）×征收率

（2）卷烟和烟叶生产单位：

应纳教育费附加=（实纳增值税+实纳消费税）×征收率×50%

（三）教育费附加的核算

计算时：

借：税金及附加

　贷：应交税费——应交教育费附加

实际缴纳时：

借：应交税费——应交教育费附加

　贷：银行存款

【注意点】

教育费附加尽管属于“费”，但在核算时也通过“应交税费”科目核算。

第二节　土地增值税的会计核算

一、土地增值税的基本内容

（一）土地增值税的征税范围

土地增值税是对转让国有土地使用权及其地上建筑物和附着物的行为征税。我国规定城市的土地属于国家所有，农村和城市郊区的土地除由法律规定属于国家所有的以外，属于集体所有。

土地增值税的征税范围不包括国有土地使用权出让所取得的收入，也不包括未转让土地使用权、房产产权的行为，如出租行为。土地增值税是对转让房地产并取得收入的行为征税。

【注意点】

土地增值税的特点是不论法人与自然人，不论经济性质，不论内资与外资企业、中国公民与外籍个人，不论部门，都应成为土地增值税的纳税人。无论是单独转让国有土地使用权，还是房屋产权与国有土地使用权一并转让的，只要取得收入，均属于土地增值税的征税范围。

（二）土地增值税的税目税率

土地增值税的税目税率见表11-2。

表11-2　土地增值税税目税率表

级次	增值额占扣除项目金额比例	税率	速算扣除率
1	50%（含）以下	30%	0
2	50%~100%（含）	40%	5%
3	100%~200%（含）	50%	15%
4	200%以上	60%	35%

（三）税收优惠

1.建造普通标准住宅的税收优惠

纳税人建造普通标准住宅出售，增值额未超过扣除项目金额20%的，免征土地增值税。普通标准住宅与其他住宅的具体划分界限，在2005年5月31日以前由各省、自治区、直辖市人民政府规定。2005年6月1日起，普通标准住宅应同时满足：住宅小区建筑容积率在1.0以上；单套建筑面积在120平方米以下；实际成交价格低于同级别土地上住房平均交易价格1.2倍以下。各省、自治区、直辖市要根据实际情况，制定本地区享受优惠政策普通住房具体标准。允许单套建筑面积和价格标准适当浮动，但向上浮动的比例不得超过上述标准的20%。

2.国家征用收回房地产的税收优惠

因国家建设需要依法征用、收回的房地产，免征土地增值税。

3.个人转让房地产的税收优惠

个人因工作调动或改善居住条件而转让原自用住房，经向税务机关申报核准，凡居住满5年或5年以上的，免予征收土地增值税；居住满3年未满5年的，减半征收土地增值税；居住未满3年的，按规定计征土地增值税。自2008年11月1日起，对个人销售住房暂免征收土地增值税。

【注意点】

从2016年12月9日起，企业按规定对开发项目进行土地增值税清算后，当年企业所得税汇算清缴出现亏损且有其他后续开发项目的，该亏损应按照税法的规定向以后年度结转，用以后年度所得弥补。后续开发项目，是指正在开发以及中标的项目。

（四）纳税地点

不论纳税人的机构所在地、经营所在地、居住所在地设在何处，均应在房地产的所在地申报纳税。由于涉及成本确定或其他原因，而无法据以计算土地增值税的，可以预征土地增值税，待项目全部竣工，办理结算后再进行清算，多退少补。

二、土地增值税的计算

增值额=收入额-扣除项目金额

$$增值率=\frac{增值额}{扣除项目金额}\times 100\%$$

依据增值率确定适用税率，并且依据适用税率计算土地增值税的应纳税额。

应纳税额=增值额×适用税率-扣除项目金额×速算扣除率

其中，土地增值额的计算公式为：

土地增值额=收入总额-准予扣除项目金额

（一）收入总额

收入总额包括转让房地产的全部价款及有关的经济收益。从收入的形式来看，包括货币收入、实物收入和其他收入。

（二）准予扣除项目金额的确定

1.取得土地使用权支付的金额

（1）纳税人为取得土地使用权支付的地价款；

（2）纳税人在取得土地使用权时国家统一规定交纳的有关费用，如登记、过户手续费。

2.房地产开发成本

这是指纳税人房地产开发项目实际发生的成本，包括：①土地的征用及拆迁补偿费；②前期工程费；③建筑安装工程费；④基础设施费；⑤公共配套设施费；⑥开发间接费用等。

3.房地产开发费用

这是指与房地产开发项目有关的三项期间费用，即销售费用、管理费用、财务费用。

4.与转让房地产有关的税金

房地产开发企业转让时缴纳的印花税原列入管理费用中，现列入税金及附加中，故不允许单独再扣除。其他纳税人缴纳的印花税允许在此扣除。

5.财政部规定的其他扣除项目

此条优惠只适用于从事房地产开发的纳税人，其他纳税人不适用。计算公式为：

加计扣除费用=（取得土地使用权支付的金额+房地产开发成本）×20%

【例11-1】A房地产开发公司出售一幢写字楼，收入总额为10 000万元。开发该写字楼的有关支出如下：支付地价款及各种费用1 000万元；房地产开发成本3 000万元；财务费用中的利息支出为500万元（可按转让项目计算分摊并提供金融机构证明），但其中有50万元属加罚的利息；转让环节缴纳的有关税费共计555万元；该单位所在地政府规定的其他房地产开发费用计算扣除比例为5%。计算该房地产开发公司应纳的土地增值税。

【解析】

（1）取得土地使用权支付的地价款及有关费用=1 000万元

（2）房地产开发成本=3 000万元

（3）房地产开发费用=500-50+（1 000+3 000）×5%=650（万元）

（4）允许扣除的税费=555万元

（5）从事房地产开发的纳税人加计扣除20%。

加计扣除额=（1 000+3 000）×20%=800（万元）

（6）允许扣除的项目金额合计=1 000+3 000+650+555+800=6 005（万元）

（7）增值额=10 000-6 005=3 995（万元）

（8）增值率=3 995÷6 005×100%=66.53%

（9）应纳税额=3 995×40%-6 005×5%=1 297.75（万元）

会计处理为：

借：税金及附加　　　　　　　　　　　　　　　　　　12 977 500

　　贷：应交税费——应交土地增值税　　　　　　　　　　12 977 500

【例11-2】（2015年初级会计职称考试试题）某企业销售房产取得售价5 000万元，扣除项目金额合计为3 000万元，已知适用的土地增值税税率为40%，速算扣除率为5%。请计算该企业应纳土地增值税。

【解析】

该企业应纳土地增值税=增值额×适用的土地增值税税率-扣除项目金额×适用的速算扣除率

=（5 000-3 000）×40%-3 000×5%=650（万元）

三、房地产企业土地增值税的清算

2010年5月26日国家税务总局发布了《关于土地增值税清算有关问题的通知》，要求土地增值税从严清算，并明确了土地增值税清算过程中的若干计税问题。

（一）清算时收入的确认

土地增值税清算时，已全额开具商品房销售发票的，按照发票所载金额确认收入；未开具发票或未全额开具发票的，以交易双方签订的销售合同所载的售房金额及其他收益确认收入。销售合同所载商品房面积与有关部门实际测量面积不一致，在清算前已发生补、退房款的，应在计算土地增值税时予以调整。

（二）未支付的质量保证金，其扣除项目金额的确定

房地产开发企业在工程竣工验收后，根据合同约定，扣留建筑安装施工企业一定比例的工程款，作为开发项目的质量保证金，在计算土地增值税时，建筑安装施工企业就质量保证金对房地产开发企业开具发票的，按发票所载金额予以扣除；未开具发票的，扣留的质保金不得计算扣除。

（三）开发费用的扣除

（1）财务费用中的利息支出，凡能够按转让房地产项目计算分摊并提供金融机构证明的，允许据实扣除，但最高不能超过按商业银行同类同期贷款利率计算的金额。其他房地产开发费用，在按照“取得土地使用权支付的金额”与“房地产开发成本”金额之和的5%以内计算扣除。

（2）凡不能按转让房地产项目计算分摊利息支出或不能提供金融机构证明的，房地产开发费用在按“取得土地使用权所支付的金额”与“房地产开发成本”金额之和的10%以内计算扣除。

全部使用自有资金，没有利息支出的，按照以上方法扣除。具体适用的比例按省级人民政府此前规定的比例执行。

（3）房地产开发企业既向金融机构借款，又有其他借款的，其房地产开发费用计算扣除时不能同时适用本条（1）、（2）项所述两种办法。

（4）土地增值税清算时，已经计入房地产开发成本的利息支出，应调整至财务费用中计算扣除。

（四）逾期开发缴纳的土地闲置费的扣除

房地产开发企业逾期开发缴纳的土地闲置费不得扣除。

（五）取得土地使用权时支付的契税的扣除

房地产开发企业为取得土地使用权所支付的契税，应视同“按国家统一规定交纳的有关费用”，计入“取得土地使用权支付的金额”中扣除。

（六）拆迁安置土地增值税计算

（1）房地产企业用建造的本项目房地产安置回迁户的，安置用房视同销售处理，确认收入，同时将此确认为房地产开发项目的拆迁补偿费。房地产开发企业支付给回迁户的补差价款，计入拆迁补偿费；回迁户支付给房地产开发企业的补差价款，应抵减本项目拆迁补偿费。

（2）开发企业采取异地安置，异地安置的房屋属于自行开发建造的，房屋价值按规定计算，计入拆迁补偿费中；异地安置的房屋属于购入的，以实际支付的购房支出计入拆迁补偿费。

（3）货币安置拆迁的，房地产开发企业凭合法有效凭据计入拆迁补偿费。

（七）转让旧房准予扣除项目的加计

纳税人转让旧房及建筑物，凡不能取得评估价格，但能提供购房发票的，经当地税务部门确认规定的扣除项目的金额，可按发票所载金额并从购买年度起至转让年度止每年加计5%计算。计算扣除项目时每年按购房发票所载日期起至售房发票开具之日止，每满12个月计一年；未满12个月但超过6个月的，可以视同一年。

（八）土地增值税清算后应补缴的土地增值税加收滞纳金

纳税人按规定预缴土地增值税后，清算补缴的土地增值税，在主管税务机关规定的期限内补缴的，不加收滞纳金。

四、土地增值税的核算

1.房地产企业转让或销售房地产计算土地增值税

借：税金及附加　　　　　　　　（主营业务或其他业务的土地增值税）

　贷：应交税费——应交土地增值税

2.非房地产企业转让或销售房地产计算土地增值税

借：固定资产清理

　贷：应交税费——应交土地增值税

3.上缴税金

借：应交税费——应交土地增值税

　贷：银行存款

【例11-3】A房地产企业在某年5月“营改增”后，销售自己开发的房地产项目，假设转让取得含税收入15 000万元，扣除项目中土地出让金3 000万元，开发成本中建筑材料3 000万元，外包建筑人工1 000万元，房地产开发费用中利息支出1 200万元（不能按转让房地产项目计算分摊利息支出，也不能提供金融机构证明），房地产开发费用的计算扣除比例为10%。“营改增”后，假设A房地产企业所有成本均取得按照适用税率计税的增值税专用发票。

【解析】

转让房地产应纳增值税=（15 000−3 000）÷（1+9%）×9%=990.83（万元）

不含税转让收入=15 000−990.83=14 009.17（万元）

各项扣除项目的金额为：

土地出让金=3 000万元

开发成本=3 000÷（1+13%）+1 000÷（1+9%）=3 572.3（万元）

开发费用=（土地出让金+开发成本）×10%=（3 000+3 572.3）×10%=657.23（万元）

与转让房地产有关的税金=城市维护建设税+教育费附加+地方教育附加=[990.83−3 000÷（1+13%）×13%−1 000÷（1+9%）×9%]×（7%+3%+2%）=67.58（万元）

加计扣除=（土地出让金+开发成本）×20%=（3 000+3 572.3）×20%=1 314.46（万元）

以上5项扣除金额合计=3 000+3 572.3+657.23+67.58+1 314.46=8 611.57（万元）

土地增值率=（14 009.17−8 611.57）÷8 611.57×100%=63%

适用税率为40%，速算扣除率为5%。

应纳土地增值税=（14 009.17−8 611.57）×40%−8 611.57×5%=1 728.46（万元）

会计处理为：

借：税金及附加　　17 284 600

　贷：应交税费——应交土地增值税　　17 284 600

五、土地增值税纳税申报表的填制

纳税人对土地增值税进行纳税申报时，应当填报“土地增值税税源明细表”“财产和行为税减免税明细申报附表”“财产和行为税纳税申报表”。土地增值税相关纳税申报表及附表从略。

第三节　房产税的会计核算

一、房产税的基本内容

（一）征税范围

房产税是以中华人民共和国城市、县城、建制镇和工矿区的房屋这种不动产为征税对象，依据房产余值或租金向房产产权所有人或经营人征收的一种税，属于财产类税。

【注意点】

房产税的征税对象是房产，即以房屋形态表现的财产。独立于房屋之外的建筑物，如围墙、烟囱、水塔、室外游泳池等不属于房产。

（二）纳税义务人

1.纳税人

凡在我国境内拥有房屋产权的单位和个人都是房产税的纳税义务人。自2009年1月1日起，外商投资企业、外国企业和组织以及外籍个人，也缴纳房产税。

具体包括：①产权属于国家的，由经营管理单位纳税；②产权属于集体和个人的，由集体单位和个人纳税；③产权出典的，由承典人纳税；④产权所有人、承典人不在房产所在地的，或者产权未确定及典租纠纷未解决的，由房产代管人或者使用人纳税；⑤纳税单位和个人无租使用房产管理部门、免税单位及纳税单位的房产，应由使用人代为缴纳房产税。

2.征税范围

房产税征税范围包括城市、县城、建制镇、工矿区的房屋，不包括农村的房屋。

（三）房产税的税目税率

房产税的税目税率见表11-3。

表11-3　房产税税目税率表

税　目	税　率	备　注
按房产原值一次减除10%~30%后的余值	1.2%	减除幅度由省级人民政府确定
按房产出租的租金收入	12%	
个人按市场价格出租的居民住房	4%	

（四）房产税的纳税期限和纳税地点

1.纳税期限

房产税实行按年征收，分期缴纳的办法，具体纳税期限由省（自治区、直辖市）人民政府确定。

2.纳税地点

房产税应向房产所在地的税务机关缴纳。房产不在同一地方的纳税人，应按房产坐落地点分别向房产所在地税务机关纳税。

（五）纳税义务时间

（1）原有房产用于生产经营的，从生产经营之月起缴纳房产税。

（2）纳税人自建房屋用于生产经营的，自建成次月起缴纳房产税。

（3）纳税人委托施工企业建房的，从办理验收手续次月起纳税。

（4）购置新建商品房，自房屋交付使用之次月起计征房产税。

（5）购置存量房，自办理房屋权权属转移、变更登记手续，房地产权属登记机关签发房屋权属证书之次月起计征房产税和城镇土地使用税。

（6）纳税人出租、出借房产的，从出租、出借的次月起缴纳房产税。

（7）房地产开发企业自用、出租、出借本企业建造的商品房，自房屋使用或交付之次月起计征房产税。

（8）融资租赁的房产，由承租人自融资租赁合同约定开始日的次月起依照房产余值缴纳房产税。合同未约定开始日的，由承租人自合同签订的次月起依照房产余值缴纳房产税。

（六）房产税的税收优惠

下列房产免纳房产税：①国家机关、人民团体、军队自用的房产。②由国家财政部门拨付事业经费的单位在自身业务范围内使用的房产。③宗教寺庙、公园、名胜古迹自用的房产。④个人所有非营业用的房产。⑤中国人民银行总行（含国家外汇管理局）所属分支机构自用的房产。⑥在基建工地为基建工地服务的各种工棚、材料棚、休息棚和办公室、食堂、茶炉房、汽车房等临时性房屋，不论是施工企业自行建造还是由基建单位出资建造交施工企业使用的，在施工期间，一律免征房产税。但是，如果在基建工程结束以后，施工企业将这种临时性房屋交还或者估价转让给基建单位的，应当从基建单位接收的次月起，依照规定征收房产税。⑦经财政部批准免税的其他房产。

【注意点】

免税单位的出租房产以及非自身业务使用的生产、营业用房，不属于免税范围。对房地产开发企业建造的商品房，在售出前，不征收房产税，但对售出前房地产开发企业已使用或出租、出借的商品房应按规定征收房产税。

二、房产税应纳税额的计算

（一）按房产原值一次减除10%~30%后的余值计算

年应交房产税=房产账面原值×（1−10%~30%）×1.2%

（二）按租金收入计算

年应交房产税=年租金收入×适用税率（12%或4%）

【例11-4】某省政府机关有办公用房一幢，房产价值5 000万元。2024年将其中的1/4对外出租，取得租金收入100万元。已知该省统一规定计算房产余值时的减除幅度为20%，该省政府机关当年应纳的房产税为多少？

【解析】

①省政府机关办公用房免税。

②出租部分应以租金交税，应纳房产税=100×12%=12（万元）。

【注意点】

2008年12月18日，财政部、国家税务总局规定：自2009年1月1日起，对依照房产原值计税的房产，不论是否记载在会计账簿“固定资产”科目中，均应按房产原价计算缴纳房产税。房产原值，是指企业按照会计制度的规定，在“固定资产”账簿中记载的房屋的原价。如果是个人出租公寓，一次性收取数月租金，在代开发票时一次性缴纳房产税；若是企业，应按月申报缴纳房产税。

三、房产税的核算

计算和缴纳房产税时：

借：税金及附加

　　贷：银行存款

【例 11-5】某企业年度自有生产用房原值5 000万元，账面已提折旧1 000万元。已知房产税税率为1.2%，当地政府规定计算房产余值的扣除比例为30%。请计算该企业年应纳房产税。

【解析】

从价计征的房产税，以房产余值为计税依据。

该企业年应纳房产税=5 000×（1-30%）×1.2%=42（万元）

其会计处理为：

借：税金及附加　　420 000

　贷：银行存款　　420 000

第四节　城镇土地使用税的会计核算

一、城镇土地使用税的基本内容

2006年12月30日国务院第163次常务会议通过修订的《中华人民共和国城镇土地使用税暂行条例》（国务院令〔2006〕第483号），自2007年1月1日起施行。2019年3月，国务院对其进行修订。

（一）税目税率

城镇土地使用税的税目税率表（自2007年1月1日起执行）见表11-4。

表11-4　城镇土地使用税税目税率表

级　别	人　口	每平方米税额
大城市	50万以上	1.5元至30元
中等城市	20万~50万	1.2元至24元
小城市	20万以下	0.9元至18元
县城、建制镇、工矿区		0.6元至12元

注：（1）各省、自治区、直辖市人民政府可根据市政建设情况和经济繁荣程度在规定税额幅度内，确定所辖地区的适用税额幅度。经济落后地区，城镇土地使用税的适用税额标准可适当降低，但降低额不得超过上述规定最低税额的30%。经济发达地区的适用税额标准可以适当提高，但须报财政部批准。（2）2009年11月22日发布的《关于房产税、城镇土地使用税有关问题的通知》（财税〔2009〕128号）规定，对地下建筑用地暂按应征税款的50%征收城镇土地使用税。对在城镇土地使用税征税范围内单独建造的地下建筑用地，按规定征收城镇土地使用税。其中，已取得地下土地使用权证的，按土地使用权证确认的土地面积计算应征税款；未取得地下土地使用权证或地下土地使用权证上未标明土地面积的，按地下建筑垂直投影面积计算应征税款。

（二）计税依据

城镇土地使用税以纳税人实际占用的土地面积为计税依据，土地面积计量标准为每平方米。纳税人实际占用的土地面积按下列办法确定：

（1）由省、自治区、直辖市人民政府确定的单位组织测定土地面积的，以测定的面积为准。

（2）尚未组织测量，但纳税人持有政府部门核发的土地使用证书的，以证书确认的土地面积为准。

（3）尚未核发土地使用证书的，应由纳税人申报土地面积，据以纳税，待核发土地使用证以后再作调整。

纳税人因房产、土地的实物或权利状态发生变化而依法终止房产税、城镇土地使用税纳税义务的，其应纳税款的计算应截止到房产、土地的实物或权利状态发生变化的当月末。

（三）纳税义务发生时间

（1）纳税人购置新建商品房，自房屋交付使用之次月起，缴纳城镇土地使用税。

（2）纳税人购置存量房，自办理房屋权属转移、变更登记手续，房地产权属登记机关签发房屋权属证书之次月起，缴纳城镇土地使用税。

（3）纳税人出租、出借房产，自交付出租、出借房产之次月起，缴纳城镇土地使用税。

（4）以出让或转让方式有偿取得土地使用权的，应由受让方从合同约定交付土地时间的次月起缴纳城镇土地使用税；合同未约定交付时间的，由受让方从合同签订的次月起缴纳城镇土地使用税。

（5）纳税人新征用的耕地，自批准征用之日起满1年时开始缴纳城镇土地使用税。

（6）纳税人新征用的非耕地，自批准征用次月起缴纳城镇土地使用税。

（四）纳税地点

城镇土地使用税在土地所在地缴纳。

纳税人使用的土地不属于同一省、自治区、直辖市管辖的，由纳税人分别向土地所在地的税务机关缴纳城镇土地使用税；在同一省、自治区、直辖市管辖范围内，纳税人跨地区使用的土地，其纳税地点由各省、自治区、直辖市税务局确定。

（五）纳税期限

城镇土地使用税实行按年计算、分期缴纳的征收方法，具体纳税期限由省、自治区、直辖市人民政府确定。

（六）税收优惠

1.减免城镇土地使用税的一般规定

（1）国家机关、人民团体、军队自用的土地。

（2）由国家财政部门拨付事业经费的单位自用的土地。

（3）宗教寺庙、公园、名胜古迹自用的土地（自2009年1月1日起，公园、名胜古迹内的索道公司经营用地，应缴纳城镇土地使用税）。

（4）市政街道、广场、绿化地带等公共用地。

（5）直接用于农、林、牧、渔业的生产用地。

（6）经批准开山填海整治的土地和改造的废弃土地，从使用的月份起免缴城镇土地使用税5~10年。

（7）由财政部另行规定免税的能源、交通、水利设施用地和其他用地。

（8）企业办的学校、医院、托儿所、幼儿园，其用地能与企业其他用地明确区分的，免征城镇土地使用税。

（9）对机场飞行区（包括跑道、滑行道、停机坪、安全带、夜航灯光区）用地、场内外通信导航设施用地和飞行区四周排水防洪设施用地，免征城镇土地使用税。机场道路，区分为场内、场外道路，场内道路用地免征城镇土地使用税。

（10）对盐场的盐滩、盐矿的矿井用地，暂免征收城镇土地使用税。

2.减免城镇土地使用税的特殊规定

（1）凡是缴纳了耕地占用税的，从批准征用之日起满1年后征收城镇土地使用税；征用非耕地因不需要缴纳耕地占用税，应从批准征用之次月起征收城镇土地使用税。

（2）对免税单位无偿使用纳税单位的土地（如公安、海关等单位使用铁路、民航等单位的土地），免征城镇土地使用税；对纳税单位无偿使用免税单位的土地，纳税单位应照章缴纳城镇土地使用税。

（3）房地产开发公司开发建造商品房的用地，除经批准开发建设经济适用房的用地外，对各类房地产开发用地一律不得减免城镇土地使用税。

（4）老年服务机构自用的土地，免征城镇土地使用税。

（5）对于各类危险品仓库、厂房所需的防火、防爆、防毒等安全防范用地，可由各省、自治区、直辖市税务局确定，暂免征收城镇土地使用税。

（6）自2019年6月1日至2025年12月31日，为社区提供养老、托育、家政等服务的机构自有或其通过承租、无偿使用等方式取得并用于提供社区养老、托育、家政服务的土地，免征城镇土地使用税。

【注意点】

城镇土地使用税涵盖了纳税义务人、计税依据与税额计算、免税政策与扣除时间、纳税义务终止时间与计算方法、纳税申报与缴纳等多个方面。纳税人需全面了解并严格遵守相关法规，以确保税务合规并降低潜在风险。

二、城镇土地使用税的计算

其计算公式为：

应纳税额=计税土地面积×适用税额

城镇土地使用税以纳税人实际占用的土地面积为计税依据。土地面积以平方米为计量标准。

三、城镇土地使用税的核算

年终计算和缴纳时：

借：税金及附加

　贷：银行存款

【例11-6】某人民团体有A、B两栋办公楼，A栋占地3 000平方米，B栋占地1 000平方米。3月30日至12月31日该团体将B栋出租。当地城镇土地使用税的税率为每平方米15元，该人民团体年应缴纳的城镇土地使用税为多少？

【解析】

因为人民团体自用的A栋办公楼免税，所以只有B栋办公楼应缴城镇土地使用税。

应纳城镇土地使用税=1 000×15×9÷12=11 250（元）

计提和上缴税款时：

借：税金及附加　　11 250

　贷：银行存款　　11 250

第五节　耕地占用税的会计核算

一、耕地占用税的基本内容

耕地占用税是指以纳税人实际占用的耕地面积为计税依据，按照规定的适用税额一次性征收的税金。耕地占用税由地方税务机关负责征收，属行为税范畴。2018 年 12 月 29 日，第十三届全国人民代表大会常务委员会第七次会议通过《中华人民共和国耕地占用税法》。

（一）纳税人

在中华人民共和国境内占用耕地建设建筑物、构筑物或者从事非农业建设的单位和个人，为耕地占用税的纳税人，应当依照本法规定缴纳耕地占用税。

占用耕地建设农田水利设施的，不缴纳耕地占用税。

（二）计税依据

耕地占用税以纳税人实际占用的耕地面积为计税依据，按照规定的适用税额一次性征收，应纳税额为纳税人实际占用的耕地面积（平方米）乘以适用税额。

二、耕地占用税的税额

（1）人均耕地不超过1亩的地区（以县、自治县、不设区的市、市辖区为单位，下同），耕地占用税的税额为每平方米10~50元；

（2）人均耕地超过 1 亩但不超过 2 亩的地区，耕地占用税的税额为每平方米为 8~40 元；

（3）人均耕地超过 2 亩但不超过 3 亩的地区，耕地占用税的税额为每平方米 6~30 元；

（4）人均耕地超过3亩的地区，耕地占用税的税额为每平方米5~25元。

各地区耕地占用税的适用税额，由省、自治区、直辖市人民政府根据人均耕地面积和经济发展等情况，在前款规定的税额幅度内提出，报同级人民代表大会常务委员会决定，并报全国人民代表大会常务委员会和国务院备案。各省、自治区、直辖市耕地占用税适用税额的平均水平，不得低于本法所附《各省、自治区、直辖市耕地占用税平均税额表》规定的平均税额。

具体的税率见表11-5。

三、纳税期限

耕地占用税的纳税义务发生时间为纳税人收到自然资源主管部门办理占用耕地手续的书面通知的当日。纳税人应当自纳税义务发生之日起三十日内申报缴纳耕地占用税。

表11-5 **各省、自治区、直辖市耕地占用税平均税额表**

地区	每平方米平均税额(元)
上海	45
北京	40
天津	35
江苏、浙江、福建、广东	30
辽宁、湖北、湖南	25
河北、安徽、江西、山东、河南、重庆、四川	22.5
广西、海南、贵州、云南、陕西	20
山西、吉林、黑龙江	17.5
内蒙古、西藏、甘肃、青海、宁夏、新疆	12.5

自然资源主管部门凭耕地占用税完税凭证或者免税凭证和其他有关文件发放建设用地批准书。

四、耕地占用税优惠政策

（1）军事设施、学校、幼儿园、社会福利机构、医疗机构占用耕地，免征耕地占用税。

（2）铁路线路、公路线路、飞机场跑道、停机坪、港口、航道、水利工程占用耕地，减按每平方米二元的税额征收耕地占用税。

（3）农村居民在规定用地标准以内占用耕地新建自用住宅，按照当地适用税额减半征收耕地占用税；其中农村居民经批准搬迁，新建自用住宅占用耕地不超过原宅基地面积的部分，免征耕地占用税。

（4）农村烈士遗属、因公牺牲军人遗属、残疾军人以及符合农村最低生活保障条件的农村居民，在规定用地标准以内新建自用住宅，免征耕地占用税。

根据国民经济和社会发展的需要，国务院可以规定免征或者减征耕地占用税的其他情形，报全国人民代表大会常务委员会备案。

五、耕地占用税的核算

实际缴纳耕地占用税时：

借：在建工程

　　贷：银行存款

企业多缴税款，在收到退税时，直接用“红字”冲减。

借：在建工程　　（红字）

　　贷：银行存款　　（红字）

第六节　车辆购置税的会计核算

一、车辆购置税的基本内容

2019年7月1日起，《中华人民共和国车辆购置税法》开始实施。

（一）征收范围

车辆购置税的征收范围包括汽车、有轨电车、汽车挂车、排气量超过一百五十毫升的摩托车（以下统称应税车辆）。纳税人在中华人民共和国境内购置上述应税车辆的都应缴纳车辆购置税。

其中购置，是指以购买、进口、自产、受赠、获奖或者其他方式取得并自用应税车辆的行为。进口自用应税车辆，是指纳税人直接从境外进口或者委托代理进口自用的应税车辆，不包括在境内购买的进口车辆。

【注意点】

排气量在一百五十毫升（含）以下的摩托车，不属于车辆购置税的征收范围，不需要缴纳车辆购置税。车辆购置税实行一次性征收。购置已征过车辆购置税的车辆，不再征收车辆购置税。

（二）纳税义务发生时间

车辆购置税的纳税义务发生时间为纳税人购置应税车辆的当日，以纳税人购置应税车辆所取得的车辆相关凭证上注明的时间为准。按不同的购置方式，纳税义务发生时间，按照下列情形确定：

（1）购买自用应税车辆的为购买之日，即车辆相关价格凭证的开具日期；

（2）进口自用应税车辆的为进口之日，即“海关进口增值税专用缴款书”或者其他有效凭证的开具日期；

（3）自产、受赠、获奖或者以其他方式取得并自用应税车辆的为取得之日，即合同、法律文书或者其他有效凭证的生效或者开具日期。

（三）纳税地点

纳税人购置应税车辆，应当向车辆登记地的主管税务机关申报缴纳车辆购置税；购置不需要办理车辆登记的应税车辆的，应当向纳税人所在地的主管税务机关申报缴纳车辆购置税。

（四）纳税申报时间

纳税人购置应税车辆后应当自纳税义务发生之日起60日内申报缴纳车辆购置税。

【注意点】

纳税人购买新车后没有及时纳税，逾期申报缴纳车辆购置税时加收滞纳金。依据《中华人民共和国税收征收管理法》第三十二条的规定，纳税人未按照规定期限缴纳税款的，扣缴义务人未按照规定期限解缴税款的，税务机关除责令限期缴纳外，从滞纳税款之日起，按日加收滞纳税款万分之五的滞纳金。

（五）申报时纳税人需要提供的资料

（1）“车辆购置税纳税申报表”。

（2）车辆合格证明和车辆相关价格凭证。车辆合格证明为整车出厂合格证或者车辆电子信息单。车辆相关价格凭证，如果属于境内购置车辆的为机动车销售统一发票或者其他有效凭证。如果属于进口自用车辆的为“海关进口关税专用缴款书”或者海关进出口货物征免税证明。如果属于应征消费税车辆的还包括“海关进口消费税专用缴款书”。

（六）免征车辆购置税的车辆和提供的资料

1. 免征车辆购置税的车辆

（1）依照法律的规定应当予以免税的外国驻华使馆、领事馆和国际组织驻华机构及其有关人员自用的车辆。

（2）中国人民解放军和中国人民武装警察部队列入装备订货计划的车辆。

（3）悬挂应急救援专用号牌的国家综合性消防救援车辆。

（4）设有固定装置的非运输专用作业车辆。

（5）城市公交企业购置的公共汽电车辆。

（6）其他免征车辆购置税的车辆：①回国服务的在外留学人员用现汇购买1辆个人自用国产小汽车；②长期来华定居专家进口1辆自用小汽车；③防汛部门和森林消防部门用于指挥、检查、调度、报汛（警）、联络的由指定厂家生产的设有固定装置的指定型号的车辆；④“母亲健康快车”项目专用车辆；⑤北京冬奥组委新购车辆；⑥新能源汽车；⑦原公安现役部队和原武警黄金、森林、水电部队改制后换发地方机动车牌证的车辆（公安消防、武警森林部队执行灭火救援任务的车辆除外）。

2. 纳税人在办理免税减税时应提供的资料

纳税人在办理车辆购置税免税、减税时，应当如实填报“车辆购置税纳税申报表”，除提供车辆合格证明和车辆相关价格凭证外，还应当根据不同的免税、减税情形，分别提供以下资料的原件或者复印件：

（1）外国驻华使馆、领事馆和国际组织驻华机构及其有关人员自用车辆，提供机构证明和外交部门出具的身份证明。

（2）城市公交企业购置的公共汽电车辆，提供所在地县级以上（含县级）交通运输主管部门出具的公共汽电车辆认定表。

（3）悬挂应急救援专用号牌的国家综合性消防救援车辆，提供中华人民共和国应急管理部批准的相关文件。

（4）回国服务的在外留学人员购买的自用国产小汽车，提供海关核发的“中华人民共和国海关回国人员购买国产汽车准购单”。

（5）长期来华定居专家进口自用小汽车，提供国家外国专家局或者其授权单位核发的专家证或者A类和B类“外国人工作许可证”。

（6）设有固定装置的非运输专用作业车辆，提供车辆内、外观彩色5寸照片。

二、车辆购置税应纳税额的计算

车辆购置税的税率为10%。其计算公式为：

应纳税额=计税价格×10%

计税价格，按照下列规定确定：

（1）纳税人购买自用应税车辆的计税价格，为纳税人实际支付给销售者的全部价款，不包括增值税税款。

【注意点】

纳税人购买自用应税车辆的计税价格，依据纳税人购买应税车辆时取得的发票上载明的价格确定。

（2）纳税人进口自用应税车辆的计税价格。

计税价格=关税完税价格+关税+消费税

【例11-7】A公司从境外购买一辆自用的小汽车，报关进口时缴纳关税7.5万元，缴纳消费税12.5万元，“海关进口关税专用缴款书”注明的关税完税价格为30万元。

【解析】

A公司在办理车辆购置税纳税申报时，需要计算该进口车的车辆购置税。

计税价格=30 + 7.5 + 12.5 =50（万元）

应纳车辆购置税=50×10%=5（万元）

（3）纳税人自产自用应税车辆的计税价格，按照纳税人生产的同类应税车辆的销售价格确定，不包括增值税税款。

（4）纳税人以受赠、获奖或者其他方式取得自用应税车辆的计税价格，按照购置应税车辆时相关凭证载明的价格确定，不包括增值税税款。

【注意点】

单位纳税人缴纳车辆购置税，在申报车辆购置税时，需要在“车辆购置税纳税申报表”的纳税人声明处加盖本单位公章，并对申报表的真实性、可靠性和完整性负责。在税务机关现场办理时，税务机关提供申报表免填服务，仍需要单位纳税人加盖公章。若纳税人不方便携带公章到现场加盖，可以在税务机关网站下载申报表，按要求自行填写申报内容并加盖公章后到税务机关办理车辆购置税申报。

三、车辆购置税的核算

（1）企业购置（包括购买、进口、自产、受赠、获奖或者以其他方式取得并自用）的应税车辆，按规定缴纳的车辆购置税实行一次征收。

借：固定资产

　贷：银行存款

（2）企业购置的减税、免税车辆改制后用途发生变化的，按规定应补交的车辆购置税。

借：固定资产

　贷：银行存款

车辆购置税纳税申报表（自2016年10月1日起执行）从略。

第七节　车船税的会计核算

一、车船税的基本内容

（一）车船税的纳税范围

车船税是指对在我国境内应依法到公安、交通运输、农业、渔业、军事等车船登记管理部门办理登记的车辆、船舶，根据其种类，按照规定的计税依据和年税额标准计算征收的一种财产税。

1.车船税的纳税人

从事机动车第三者责任强制保险业务的保险机构为机动车车船税的扣缴义务人，应当在收取保险费时依法代收车船税，并出具代收税款凭证。凡是拥有乘用车、商用车、挂车以及其他车船的所有人或者管理人，都为车船税的纳税人。

【注意点】

保险机构代收车船税应在开具的增值税发票备注栏中注明相关信息，该发票可作为纳税人缴纳车船税及滞纳金的会计核算原始凭证。

2.车船税的纳税地点

车船税的纳税地点为车船的登记地或者车船税扣缴义务人所在地。依法不需要办理登记的车船，车船税的纳税地点为车船的所有人或者管理人所在地。

【注意点】

自2007年7月1日起，车船税将统一由经营机动车第三者责任强制保险的保险公司代收。逾期缴纳车船税的，将按日加收万分之五的滞纳金。保险机构应当在收取保险费时代收车船税，一并出具保险单和代收税款凭证。

3.车船税纳税义务发生时间

车船税纳税义务发生时间为取得车船所有权或者管理权的当月。车船税按年申报缴纳。具体申报纳税期限由省、自治区、直辖市人民政府规定。

（二）车船税的税目税率

车船税税目税率表见表11-6。

表11-6　**车船税税目税率表**

税目		计税单位	年基准税额	备注
乘用车（按发动机气缸容量（排气量）分档）	1.0升（含）以下的	每辆	60元至360元	核定载客人数9人（含）以下
	1.0升至1.6升（含）的		300元至540元	
	1.6升至2.0升（含）的		360元至660元	
	2.0升至2.5升（含）的		660元至1 200元	
	2.5升至3.0升（含）的		1 200元至2 400元	
	3.0升至4.0升（含）的		2 400元至3 600元	
	4.0升以上的		3 600元至5 400元	

续表

税目		计税单位	年基准税额	备注
商用车	客车	每辆	480元至1 440元	核定载客人数9人以上，包括电车
	货车	整备质量每吨	16元至120元	包括半挂牵引车、三轮汽车和低速载货汽车等
挂车		整备质量每吨	按照货车税额的50%计算	
其他车辆	专用作业车	整备质量每吨	16元至120元	不包括拖拉机
	轮式专用机械车		16元至120元	
摩托车		每辆	36元至180元	
船舶	机动船舶	净吨位每吨	3元至6元	拖船、非机动驳船分别按照机动船舶税额的50%计算
	游艇	艇身长度每米	600元至2 000元	

（三）车船税的税收优惠

1.免征车船税

（1）捕捞、养殖渔船，免征车船税；

（2）军队、武装警察部队专用的车船，免征车船税；

（3）警用车船，免征车船税；

（4）依照法律规定应当予以免税的外国驻华使领馆、国际组织驻华代表机构及其有关人员的车船。

2.减征或免征车船税

（1）对节约能源、使用新能源的车船可以减征或者免征车船税。但是对高能耗、高污染的车船可以加收车船税。

（2）对受严重自然灾害影响纳税困难以及有其他特殊原因确需减税、免税的，可以减征或者免征车船税。

3.省、自治区、直辖市人民政府可以减征、免征车船税的车船

省、自治区、直辖市人民政府根据当地实际情况，可以对公共交通车船，农村居民拥有并主要在农村地区使用的摩托车、三轮汽车和低速载货汽车定期减征或者免征车船税。

二、车船税的会计处理

车船税应纳税额的计算公式为：

应纳税额=应税车辆数量×单位税额

如果是购置的新车船，购置当年的应纳税额自纳税义务发生的当月起按月计算。

计算和缴纳车船税的账务处理为：

借：税金及附加

贷：银行存款

【例 11-8】某小型运输公司拥有并使用以下车辆：（1）农业机械部门登记的拖拉机5辆，自重吨位为2吨；（2）自重5吨的载货卡车10辆；（3）自重吨位为4吨的汽车挂车5辆。当地政府规定，载货汽车按自重吨位每吨96元征收车船税。该公司当年应纳车船税为多少？

【解析】

（1）在农业机械部门登记为拖拉机的车辆，免征车船税。

（2）卡车的应纳税额=5×96×10=4 800（元）

（3）汽车挂车的应纳税额=4×96×5×50%=960（元）

该运输公司应纳车船税=4 800+960=5 760（元）

第八节　印花税的会计核算

一、印花税的基本内容

2021年6月10日，第十三届全国人民代表大会常务委员会第二十九次会议通过《中华人民共和国印花税法》，自2022年7月1日起施行。

（一）印花税的纳税义务人

（1）书立应税凭证的纳税人，为对应税凭证有直接权利义务关系的单位和个人。

（2）采用委托贷款方式书立的借款合同纳税人，为受托人和借款人，不包括委托人。

（3）按买卖合同或者产权转移书据税目缴纳印花税的拍卖成交确认书纳税人，为拍卖标的的产权人和买受人，不包括拍卖人。

（4）纳税人为境外单位或者个人，在境内没有代理人的，纳税人应当自行申报缴纳印花税。为便利纳税人，根据应税凭证标的物不同，境外单位或者个人可以向资产交付地、境内服务提供方或者接受方所在地（居住地）、书立应税凭证境内书立人所在地（居住地）主管税务机关申报缴纳，涉及不动产产权转移的，应当向不动产所在地主管税务机关申报缴纳。

（二）印花税应税凭证的具体情形

（1）在我国境外书立在境内使用的应税凭证，应按规定缴纳印花税。具体情形包括：

①应税凭证的标的为不动产的，该不动产在境内；

②应税凭证的标的为股权的，该股权为中国居民企业的股权；

③应税凭证的标的为动产或者商标专用权、著作权、专利权、专有技术使用权的，其销售方或者购买方在境内，但不包括境外单位或者个人向境内单位或者个人销售完全在境外使用的动产或者商标专用权、著作权、专利权、专有技术使用权；

④应税凭证的标的为服务的，其提供方或者接受方在境内，但不包括境外单位或者个人向境内单位或者个人提供完全在境外发生的服务。

（2）企业之间书立的确定买卖关系、明确买卖双方权利义务的订单、要货单等单据，且未另外书立买卖合同的，应当按规定缴纳印花税。

（3）发电厂与电网之间、电网与电网之间书立的购售电合同，应当按买卖合同税目缴纳印花税。

【注意点】

下列情形的凭证，不属于印花税征收范围：

（1）人民法院的生效法律文书，仲裁机构的仲裁文书，监察机关的监察文书。

（2）县级以上人民政府及其所属部门按照行政管理权限征收、收回或者补偿安置房地产书立的合同、协议或者行政类文书。

（3）总公司与分公司、分公司与分公司之间书立的作为执行计划使用的凭证。

（三）印花税的计税依据

（1）同一应税凭证载有两个以上税目事项并分别列明金额的，按照各自适用的税目税率分别计算应纳税额;未分别列明金额的，从高适用税率。同一应税凭证由两方以上当事人书立的，按照各自涉及的金额分别计算应纳税额。

（2）应税凭证所列的金额与实际结算金额不一致，不变更应税凭证所列金额的，以所列金额为计税依据；变更应税凭证所列金额的，以变更后的所列金额为计税依据。已缴纳印花税的应税凭证，变更后所列金额增加的，纳税人应当就增加部分的金额补缴印花税；变更后所列金额减少的，纳税人可以就减少部分的金额向税务机关申请退还或者抵缴印花税。

（3）纳税人因应税凭证列明的增值税税款计算错误导致应税凭证的计税依据减少或者增加的，纳税人应当按规定调整应税凭证列明的增值税税款，重新确定应税凭证计税依据。已缴纳印花税的应税凭证，调整后计税依据增加的，纳税人应当就增加部分的金额补缴印花税；调整后计税依据减少的，纳税人可以就减少部分的金额向税务机关申请退还或者抵缴印花税。

（4）纳税人转让股权的印花税计税依据，按照产权转移书据所列的金额（不包括列明的认缴后尚未实际出资权益部分）确定。

（5）应税凭证金额为人民币以外的货币的，应当按照凭证书立当日的人民币汇率中间价折合人民币确定计税依据。

（6）境内的货物多式联运，采用在起运地统一结算全程运费的，以全程运费作为运输合同的计税依据，由起运地运费结算双方缴纳印花税；采用分程结算运费的，以分程的运费作为计税依据，分别由办理运费结算的各方缴纳印花税。

（7）纳税人多贴的印花税票，不予退税及抵缴税款。

【注意点】

（1）应税合同的计税依据，为合同所列的金额，不包括列明的增值税税款；应税产权转移书据的计税依据，为产权转移书据所列的金额，不包括列明的增值税税款。企业在签订印花税应税合同或产权转移合同时，需要将含税金额、不含税金额、增值税税率和增值税额单独列示，从源头上杜绝可能导致多缴印花税的风险。

（2）企业之间书立的确定买卖关系、明确买卖双方权利义务的订单、要货单等单据，且未另外书立买卖合同的，应当按规定缴纳印花税。政策依据：《财政部 税务总局关于印花税若干事项政策执行口径的公告》（财政部 税务总局公告2022年第22号），第二条第二款。

(3) 未履行的合同不退还已缴纳的印花税。印花税属于财产行为税，是以纳税人的某些特定行为为征税对象的税种。因此，即使合同未履行，已缴纳的印花税也不予退还或抵缴税款。

（四）印花税的纳税期限

印花税按季、按年或者按次计征。应税合同、产权转移书据印花税可以按季或者按次申报缴纳，应税营业账簿印花税可以按年或者按次申报缴纳，具体纳税期限由各省、自治区、直辖市、计划单列市税务机关结合征管实际确定。

（五）印花税免税的具体范围

（1）对应税凭证适用印花税减免优惠的，书立该应税凭证的纳税人均可享受印花税减免政策，明确特定纳税人适用印花税减免优惠的除外。

（2）享受印花税免税优惠的家庭农场，是以家庭为基本经营单元，以农场生产经营为主业，以农场经营收入为家庭主要收入来源，从事农业规模化、标准化、集约化生产经营，纳入全国家庭农场名录系统的家庭农场。

（3）享受印花税免税优惠的学校，是经县级以上人民政府或者其教育行政部门批准成立的大学、中学、小学、幼儿园，实施学历教育的职业教育学校、特殊教育学校、专门学校，以及经省级人民政府或者其人力资源社会保障行政部门批准成立的技工院校。

（4）享受印花税免税优惠的社会福利机构，是依法登记的养老服务机构、残疾人服务机构、儿童福利机构、救助管理机构、未成年人救助保护机构。

（5）享受印花税免税优惠的慈善组织，是依法设立，符合《中华人民共和国慈善法》规定，以面向社会开展慈善活动为宗旨的非营利性组织。

（6）享受印花税免税优惠的非营利性医疗卫生机构，是经县级以上人民政府卫生健康行政部门批准或者备案设立的非营利性医疗卫生机构。

（7）享受印花税免税优惠的电子商务经营者，具体范围按《中华人民共和国电子商务法》有关规定执行。

【注意点】

纳税人享受印花税优惠办理方式，与现行规定一致，实行“自行判别、申报享受、有关资料留存备查”，此前需要提供的不动产权属资料复印件、房地产转让合同（协议）复印件、扣除项目金额相关材料（如评估报告、发票）等有关资料，改为留存备查，纳税人只需填报申报表相应减免税栏次即可享受相关优惠。

（六）印花税的税目税率表

印花税税目税率表见表11-7。

表11-7 印花税税目税率表

（2022年7月1日起执行）

税目		计税依据及税率	备注
合同（指书面合同）	借款合同	借款金额的0.05‰	指银行业金融机构、经国务院银行业监督管理机构批准设立的其他金融机构与借款人（不包括同业拆借）的借款合同
	融资租赁合同	租金的0.05‰	
	买卖合同	价款的0.3‰	指动产买卖合同（不包括个人书立的动产买卖合同）
	承揽合同	报酬的0.3‰	
	建设工程合同	价款的0.3‰	
	运输合同	运输费用的0.3‰	指货运合同和多式联运合同（不包括管道运输合同）
	技术合同	价款、报酬或者使用费的0.3‰	不包括专利权、专有技术使用权转让书据
	租赁合同	租金的1‰	
	保管合同	保管费的1‰	
	仓储合同	仓储费的1‰	
	财产保险合同	保险费的1‰	不包括再保险合同
产权转移书据	土地使用权出让书据	价款的0.5‰	转让包括买卖（出售）、继承、赠与、互换、分割
	土地使用权、房屋等建筑物和构筑物所有权转让书据（不包括土地承包经营权和土地经营权转移）	价款的0.5‰	
	股权转让书据（不包括应缴纳证券交易印花税的）	价款的0.5‰	
	商标专用权、著作权、专利权、专有技术使用权转让书据	价款的0.3‰	
营业账簿		实收资本（股本）、资本公积合计金额的0.25‰	
证券交易		成交金额的1‰	

二、印花税应纳税额的计算

（一）《印花税税源明细表》的申报

纳税人应当根据书立印花税应税合同、产权转移书据和营业账簿情况，填写《印花税税源明细表》，进行财产行为税综合申报。合同数量较多且属于同一税目的，可以合并汇总填写《印花税税源明细表》。

【注意点】

实务工作中，纳税人书立合同、产权转移书据列明的金额与双方实际结算的金额有差异，纳税人应以实际结算金额签订补充合同，按照修改后与实际结算金额一致的合同金额申报缴纳印花税。

（二）印花税的计算

应纳印花税=计税依据×适用税率

【注意点】

《中华人民共和国印花税法》取消了按定额税率计算印花税。

【例11-8】甲公司按季申报缴纳印花税，某年第三季度书立买卖合同5份，合同所列价款（不包括列明的增值税税款）共计100万元，书立建筑工程合同1份，合同所列价款（不包括列明的增值税税款）共计1 000万元，书立土地使用权出让书据1份，合同所列价款（不包括列明的增值税税款）共计500万元。请计算该公司该年10月应缴纳的印花税税额。

【解析】

该纳税人应在书立应税合同、产权转移书据时，填写《印花税税源明细表》，在2023年10月纳税申报期，进行财产行为税综合申报。

甲公司该年10月纳税申报期应缴纳印花税

=1 000 000×0.3‰+10 000 000×0.3‰+5 000 000×0.5‰

=5 800（元）

借：税金及附加　　　　5 800

　贷：银行存款　　　　　5 800

第九节　契税的会计核算

一、契税的基本内容

在中华人民共和国境内转移土地、房屋权属，承受的单位和个人为契税的纳税人，应当依法纳税。转移土地、房屋权属，是指下列行为：（1）土地使用权出让；（2）土地使用权转让，包括出售、赠与、互换；（3）房屋买卖、赠与、互换。以作价投资（入股）、偿还债务、划转、奖励等方式转移土地、房屋权属的，应当依法征收契税。就房屋买卖而言，谁买房谁纳税。

（一）契税的征税范围

1.土地使用权出让

土地使用权出让是指土地使用者向国家交付土地使用权出让费用，国家将国有土地使用权在一定年限内让与土地使用者的行为。

2.土地使用权的转让

土地使用权的转让是指土地使用者以出售、赠与、互换等方式将土地使用权转移给其他单位和个人的行为。土地使用权的转让，不包括农村集体土地承包经营权的转移。

3.房屋买卖

房屋买卖是指房屋所有者将其房屋出售，由承受者交付货币、实物、无形资产或者其他经济利益的行为。

4.房屋赠与

房屋赠与是指房屋所有者将其房屋无偿转让给受赠者的行为。

5.房屋互换

房屋互换是指房屋所有者之间互相交换房屋的行为。

有些以特殊方式转移土地、房屋产权的，也视同土地使用权转让、房屋买卖或者房屋赠与：①以土地、房屋权属作价投资、入股；②以土地、房屋权属抵债；③以获奖方式承受土地、房屋权属；④以预购方式或者预付集资建房款方式承受土地、房屋权属。

（二）契税的纳税义务人

在我国境内转移土地、房屋权属，承受的单位和个人为契税的纳税人。土地、房屋权属是指土地使用权和房屋所有权。所谓单位，是指企业单位、事业单位、国家机关、军事单位和社会团体以及其他组织；所谓个人，是指个体经营者和其他个人，包括中国公民和外籍人员。

（三）纳税义务发生时间

契税的纳税义务发生时间，为纳税人签订土地、房屋权属转移合同的当日，或者纳税人取得其他具有土地、房屋权属转移合同性质凭证的当日。纳税人应当在依法办理土地、房屋权属登记手续前申报缴纳契税。纳税人办理纳税事宜后，税务机关应当开具契税完税凭证。纳税人办理土地、房屋权属登记，不动产登记机构应当查验契税完税、减免税凭证或者有关信息。未按照规定缴纳契税的，不动产登记机构不予办理土地、房屋权属登记。

（四）契税的税目税率

契税的税目税率表见表11-8。

表11-8　**契税的税目税率表**

征税对象	纳税人	税率
土地使用权出让	承受方	3%~5% 由省、自治区、直辖市人民政府按本地区实际情况确定
土地使用权转让	买方	
房屋买卖	买方	
房屋赠与	受赠方	
房屋互交换	付出差价方	

注：自2008年11月1日起对个人首次购买90平方米及以下普通住房的，契税税率暂统一下调到1%。首次购房证明由住房所在地县（区）住房建设主管部门出具。

（五）契税的减免

（1）国家机关、事业单位、社会团体、军事单位承受土地、房屋权属用于办公、教学、医疗、科研、军事设施；

（2）非营利性的学校、医疗机构、社会福利机构承受土地、房屋权属用于办公、教学、医疗、科研、养老、救助；

（3）承受荒山、荒地、荒滩土地使用权用于农、林、牧、渔业生产；

（4）婚姻关系存续期间夫妻之间变更土地、房屋权属；

（5）法定继承人通过继承承受土地、房屋权属；

（6）依照法律规定应当予以免税的外国驻华使馆、领事馆和国际组织驻华代表机构承受土地、房屋权属。

根据国民经济和社会发展的需要，国务院对居民住房需求保障、企业改制重组、灾后重建等情形可以规定免征或者减征契税，报全国人民代表大会常务委员会备案。

省、自治区、直辖市可以决定对下列情形免征或者减征契税：

（1）因土地、房屋被县级以上人民政府征收、征用，重新承受土地、房屋权属；

（2）因不可抗力灭失住房，重新承受住房权属。

前款规定的免征或者减征契税的具体办法，由省、自治区、直辖市人民政府提出，报同级人民代表大会常务委员会决定，并报全国人民代表大会常务委员会和国务院备案。

纳税人改变有关土地、房屋的用途，或者有其他不再属于《中华人民共和国契税法》第六条规定的免征、减征契税情形的，应当缴纳已经免征、减征的税款。

二、契税的计算

其计算公式为：

应纳税额=计税价格（或成交价、市场价、差价）×适用税率

其中计税价格是指：（1）土地、房屋权属转移合同确定的成交价格，包括承受者应交付的货币、实物、其他经济利益对应的价款。（2）土地使用权、房屋互换时，交换价格相等时，免征契税；交换价格不等时，由多交付货币、实物、其他经济利益对应的价款的一方缴纳契税。（3）土地使用权赠与、房屋赠与以及其他没有价格的转移土地、房屋权属行为，为税务机关参照土地使用权出售、房屋买卖的市场价格依法核定的价格。

纳税人申报的成交价格、互换价格差额明显偏低且无正当理由的，由税务机关依照《中华人民共和国税收征收管理法》的规定核定。

2009年10月27日国家税务总局规定：出让国有土地使用权，契税计税价格为承受人为取得该土地使用权而支付的全部经济利益。对通过“招、拍、挂”程序（招标、拍卖和挂牌出让）承受国有土地使用权的，应按照土地成交总价款计征契税，其中的土地前期开发成本不得扣除。

三、契税的核算

计算时：

借：固定资产（在建工程）

贷：应交税费——应交契税

实际缴纳时：

借：应交税费——应交契税

贷：银行存款

纳税人对契税进行纳税申报时，应当填报“契税税源明细表”“财产和行为税减免税明细申报附表”“财产和行为税纳税申报表”。契税相关纳税申报表及附表从略。

第十节　烟叶税的会计核算

一、烟叶税的内容

（一）烟叶税的征税范围

自2018年7月1日起施行《中华人民共和国烟叶税法》，在我国境内收购烟叶的单位为烟叶税的纳税人。这里所称的烟叶，是指晾晒烟叶、烤烟叶。

（二）烟叶税税目税率表（见表11-9）

表11-9　烟叶税税目税率表

纳税人	纳税目	应纳税额	税率
境内收购烟叶的单位	晾晒烟叶、烤烟叶	实际支付的价款总额×税率	20%

二、烟叶税的计算

烟叶税实行比例税率，税率为20%。对收购烟叶（包括晾晒烟叶和烤烟叶）的单位，按照收购烟叶实际支付的价款总额征税。价外补贴统一按收购烟叶实际支付的价款总额的10%计算。

应纳税额的计算公式为：

应纳税额=（烟叶收购金额+价外补贴）×税率

（1）纳税人应当向烟叶收购地的主管税务机关申报缴纳烟叶税。

（2）烟叶税的纳税义务发生时间为纳税人收购烟叶的当日。

（3）烟叶税按月计征，纳税人应当于纳税义务发生月终了之日起十五日内申报并缴纳税款。

三、烟叶税的核算

计算时：

借：在途物资（材料采购、原材料）

贷：应交税费——应交烟叶税

第十一节 社会保险费的会计核算

一、社会保险费的基本内容

2018年12月29日，第十三届全国人民代表大会常务委员会第七次会议修正了《中华人民共和国社会保险法》。1999年1月22日，国务院发布《社会保险费用征缴暂行条例》。从2019年1月1日起，将基本养老保险费、基本医疗保险费、失业保险费、工伤保险费等各项社会保险费交由税务部门统一征收。

我国的社会保险体系如图11-1所示：

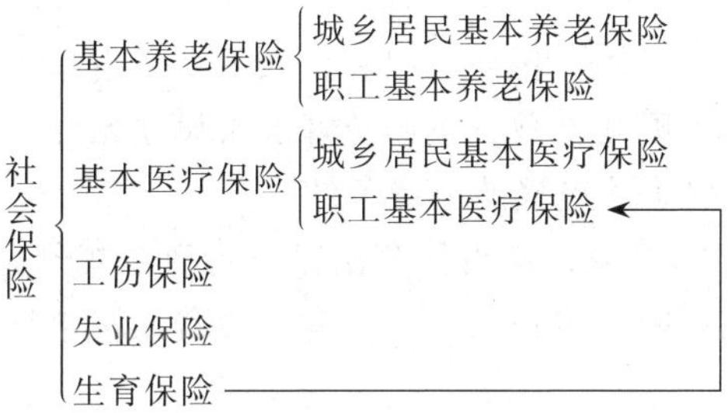

图11-1 我国的社会保险体系

（一）缴费单位应参保的主要险种

（1）机关、事业单位（全额）主要参加基本养老保险、基本医疗、生育和大病救助保险。

（2）机关和事业单位（全额）的合同制职工及临时工、企业、事业单位（自收自支）、事业单位（差额）、事业单位（企业化管理）的所有职工主要参加基本养老、基本医疗、失业、工伤、生育和大病救助保险。

（3）个体工商户、自由职业者主要参加基本养老、基本医疗、大病救助保险。

（4）退休人员主要参加基本医疗和大病救助保险。

（二）社会保险登记

1.用人单位和个人的社会保险登记

（1）用人单位的社会保险登记

①企业在办理登记注册时，同步办理社会保险登记。②企业以外的缴费单位应当自成立之日起30日内，向当地社会保险经办机构申请办理社会保险登记。

（2）个人的社会保险登记

①用人单位应当自用工之日起30日内为其职工向社会保险经办机构申请办理社会保险登记。②自愿参加社会保险的无雇工的个体工商户、未在用人单位参加社会保险的非全日制从业人员以及其他灵活就业人员，应当向社会保险经办机构申请办理社会保险登记。

2.社会保险费用的缴纳

（1）用人单位应当自行申报、按时足额缴纳社会保险费，非因不可抗力等法定事由不得缓缴、减免。职工应当缴纳的社会保险费由用人单位代扣代缴。

【注意点】

职工具有社会保险费用缴纳的知情权，用人单位应当每年向本单位职工公布本单位全年社会保险费缴纳情况，接受职工监督。

（2）无雇工的个体工商户、未在用人单位参加社会保险的非全日制从业人员以及其他灵活就业人员，可以直接向社会保险费征收机构缴纳社会保险费。

3.社会保险基金的管理

（1）分别建账、分账核算。除基本医疗保险基金与生育保险基金合并建账及核算外，其他各项社会保险基金按照社会保险险种分别建账、分账核算，执行国家统一的会计制度。

（2）社会保险基金专款专用，任何组织和个人不得侵占或者挪用。

（3）社会保险基金存入财政专户，按照统筹层次设立预算，通过预算实现收支平衡。

4.用人单位社会保险费确认申报的申请条件

参加社会保险费的用人单位，应当依照法律、行政法规规定或者税务机关依照法律、行政法规规定确定的申报期限、申报内容，在完成缴费工资申报的基础上，确认当期应申报数据。

用人单位社会保险费确认申报需提供的材料（见表11-10）。

表11-10　**用人单位社会保险费确认申报需提供的材料**

序号	材料名称	数量	备注
1	《社会保险费缴费申报表（适用于单位缴费人）》	2份	
2	《社会保险费缴费明细申报表（适用于职工个人）》	2份	
3	法院文书、劳动仲裁书复印件	1份	法院判决或劳动仲裁机构裁决中需要申报缴纳社保费的缴费人报送

（三）社会保险费缴费比例

不同的城市，单位社保缴费比例是不一样的，具体可以咨询当地社保局。从每年6月1日起，各参保单位根据本单位缴费基数申报数据向主管税务机关缴纳社保费款项。

表11-11将2024年上海市社保缴费比例、基数表作列示，以说明社会保险费的缴费比例。

表11-11　**2024年度上海市社保缴费标准**

（适用时间：2023年7月1日—2024年6月30日）

项目 / 对象	缴费基数（元）	养老保险		医疗保险		失业保险		工伤保险
		单位	个人	单位	个人	单位	个人	单位
机关/事业/企业等单位	7 310—36 549（注1）	16%	8%	9%	2%	0.5%	0.5%	0.16%~1.52%

续表

项目 对象	缴费基数（元）	养老保险		医疗保险		失业保险		工伤保险
		单位	个人	单位	个人	单位	个人	单位
有雇工的个体工商户	7 310—36 549	个体业主缴付16%	个人（包括业主）缴付8%	个体业主缴付9%	个人（包括业主）缴付2%	个体业主缴付0.5%	个人（包括业主）缴付0.5%	个体业主缴付0.16%~1.52%
灵活就业人员（含非全日制从业人员）	7 310—36 549	20%（自2024年3月1日起）		10%				（注2）

注：2024年上海社保缴费基数上下限标准公布，社保缴费基数下限为7 310元/月，缴费基数上限为36 549元/月。1.单位缴费基数按单位内职工个人月缴费基数之和确定；2.按照上海市工伤保险实施办法的规定，非全日制从业人员由用人单位缴纳工伤保险费并享受相应的工伤保险待遇。

二、社会保险费的核算

财政部对《企业会计准则第9号——职工薪酬》进行了修订，自2014年7月1日起在所有执行企业会计准则的企业范围内施行，鼓励在境外上市的企业提前执行。

社会保险中，个人承担部分应记入“其他应付款——社会保险费（养老保险、医疗保险、失业保险）”科目，单位承担部分应记入“应付职工薪酬——社会保险费”科目。

（1）计提养老保险、医疗保险、失业保险中单位承担部分时：

借：管理费用等

　贷：应付职工薪酬——养老保险（单位承担部分）

　　　　　　　　——医疗保险（单位承担部分）

　　　　　　　　——失业保险（单位承担部分）

（2）计提工资时：

借：管理费用等

　贷：应付职工薪酬——工资

（3）发放工资时，代扣养老保险、医疗保险、失业保险中个人承担部分：

借：应付职工薪酬——工资

　贷：其他应付款——养老保险（个人承担部分）

　　　　　　　——医疗保险（个人承担部分）

　　　　　　　——失业保险（个人承担部分）

　　应交税费——应交个人所得税

（4）缴纳社保时：

借：应付职工薪酬——养老保险（单位承担部分）

　　　　　　　——医疗保险（单位承担部分）

　　　　　　　——失业保险（单位承担部分）

其他应付款——养老保险（个人承担部分）

——医疗保险（个人承担部分）

——失业保险（个人承担部分）

贷：银行存款

三、社会保险费的登记和申报

2015年12月31日，国家税务总局制定了“社会保险费及其他基金规费文书式样”，颁布了登记类、申报类、检查类和执法类4类文书共34张表的式样以及填写说明，自公布之日起施行。表格从略。

第十二节　环境保护税的会计核算

一、环境保护税的基本内容

2016年12月25日，第十二届全国人大常委会第二十五次会议通过了《中华人民共和国环境保护税法》，于2018年1月1日开始实施，环境保护税由此成为我国的第十八个税种。

我国排污费征收制度已实施多年。针对影响环境的重点污染源情况，我国选择对大气、水、固体、噪声等四类污染物征收排污费。征收环境保护税，可以倒逼高污染、高能耗的企业转型升级，推动经济结构调整和发展方式转变。

【注意点】

自2018年1月1日起，在全国范围内统一停征排污费和海洋工程污水排污费。

（一）纳税人

在中华人民共和国领域和中华人民共和国管辖的其他海域，直接向环境排放应税污染物的企业事业单位和其他生产经营者为环境保护税的纳税人，应当依法缴纳环境保护税。

（二）征税范围

依法设立的城乡污水集中处理、生活垃圾集中处理场所超过国家和地方规定的排放标准向环境排放应税污染物的，应当缴纳环境保护税。

（1）城乡污水集中处理场所，是指为社会公众提供生活污水处理服务的场所，不包括为工业园区、开发区等工业聚集区域内的企业事业单位和其他生产经营者提供污水处理服务的场所，以及企业事业单位和其他生产经营者自建自用的污水处理场所。

（2）达到省级人民政府确定的规模标准并且有污染物排放口的畜禽养殖场，应当依法缴纳环境保护税；依法对畜禽养殖废弃物进行综合利用和无害化处理的，不属于直接向环境排放污染物，不缴纳环境保护税。

（三）纳税义务发生时间和纳税地点

（1）纳税义务发生时间为纳税人排放应税污染物的当日。环境保护税按月计算，按季申报缴纳。不能按固定期限计算缴纳的，可以按次申报缴纳。

（2）纳税人应当向应税污染物排放地的税务机关申报缴纳环境保护税。

二、税务机关和环境保护主管部门共同管理环境保护税

国务院税务、环境保护主管部门制定涉税信息共享平台技术标准以及数据采集、存储、传输、查询和使用规范。

（一）税务机关提供的环境保护税的信息

税务机关应当通过涉税信息共享平台向环境保护主管部门交送下列环境保护税涉税信息：

（1）纳税人基本信息；

（2）纳税申报信息；

（3）税款入库、减免税额、欠缴税款以及风险疑点等信息；

（4）纳税人涉税违法和受行政处罚情况；

（5）纳税人的纳税申报数据资料异常或者纳税人未按照规定期限办理纳税申报的信息；

（6）与环境保护主管部门商定交送的其他信息。

（二）环境保护主管部门提供的环境保护税的信息

环境保护主管部门应当通过涉税信息共享平台向税务机关交送在环境保护监督管理中获取的下列信息：

（1）排污单位的名称、统一社会信用代码以及污染物排放口、排放污染物种类等基本信息；

（2）排污单位的污染物排放数据（包括污染物排放量以及大气污染物、水污染物的浓度值等数据）；

（3）排污单位环境违法和受行政处罚情况；

（4）对税务机关提请复核的纳税人的纳税申报数据资料异常或者纳税人未按照规定期限办理纳税申报的复核意见；

（5）与税务机关商定交送的其他信息。

三、环境保护税的应纳税额

环境保护税的应纳税额按照下列方法计算：

（1）应税大气污染物的应纳税额=污染当量数×具体适用税额；

（2）应税水污染物的应纳税额=污染当量数×具体适用税额；

（3）应税固体废物的应纳税额=固体废物排放量×具体适用税额；

（4）应税噪声的应纳税额为超过国家规定标准的分贝数对应的具体适用税额。

其中，应税污染物的计税依据，按照下列方法确定：

应税固体废物的计税依据，按照固体废物的排放量确定。固体废物的排放量为当期应税固体废物的产生量减去当期应税固体废物的贮存量、处置量、综合利用量的余额。

四、环境保护税的税收减免

下列情形，暂予免征环境保护税：

（1）农业生产（不包括规模化养殖）排放应税污染物的；

（2）机动车、铁路机车、非道路移动机械、船舶和航空器等流动污染源排放应税污染物的；

（3）依法设立的城乡污水集中处理、生活垃圾集中处理场所排放相应应税污染物，不超过国家和地方规定的排放标准的；

（4）纳税人综合利用的固体废物，符合国家和地方环境保护标准的；

（5）国务院批准免税的其他情形。

【注意点】

纳税人排放应税大气污染物或者水污染物的浓度值低于国家和地方规定的污染物排放标准30%的，减按75%征收环境保护税。纳税人排放应税大气污染物或者水污染物的浓度值低于国家和地方规定的污染物排放标准50%的，减按50%征收环境保护税。

五、环境保护税的核算

计算环境保护税时：

借：税金及附加

　贷：应交税费——应交环境保护税

实际缴纳税款时：

借：应交税费——应交环境保护税

　贷：银行存款

附录　分章练习题

第一章　税务会计概述

一、单项选择题

1.下列说法正确的是（　　）。

A.只要有税法存在就必须有税务会计

B.税务会计与财务会计是同时产生的

C.税务会计是融税收法规和会计核算为一体的边缘学科

D.税务会计的目标是向税务机关提供纳税信息

2.当会计准则与税法不一致时，纳税会计应以（　　）为准来调整财务会计的核算结果。

A.会计法

B.会计法和会计准则

C.会计准则

D.税法

3.对税务会计的产生和发展影响最大的是（　　）。

A.营业税

B.企业所得税

C.增值税

D.个人所得税

4.税务会计最显著的特征是（　　）。

A.税务筹划性

B.税法导向性

C.协调性

D.广泛性

5.税务会计的核算基础是（　　）。

A.权责发生制

B.收付实现制

C.权责发生制与收付实现制的结合

D.纳税人任选一种

6.下列各项中，属于纳税人享有的权利是（　　）。

A.委托代征权

B.税收立法权

C.税收监督权

D.税务管理权

7.下列不属于税务会计原则的是（　　）。

A.谨慎性原则

B.税法导向原则

C.历史成本计价原则

D.划分营业收益与资本收益原则

8.税收行政法由（　　）制定。

A.全国人民代表大会及其常务委员会

B.地方人民代表大会及其常务委员会

C.财政部和国家税务总局

D.国务院

9.下列各项中，不属于税款征收方式的是（　　）。

A.查账征收

B.查验征收

C.代收代缴

D.邮寄申报

10.税务会计作为一项实质性工作并不是独立存在的，而是企业会计的一个特殊领域，是以（　　）为基础的。

A.企业会计

B.财务会计

C.管理会计

D.税收会计

11.税收最基本的职能是（　　）。

A.收入分配职能

B.经济管理职能

C.社会监督职能

D.公平职能

12.税务会计既要保证依法计税，又要尽可能地争取纳税人的最大税收利益，是指（　　）。

A.合理性原则

B.税款支付能力原则

C.历史（实际）成本计价原则

D.筹划性原则

13.在税收理论中被称为税基的是（　　）。

A.应税收入

B.计税依据

C.税率

D.允许扣除的费用

14.区分不同税种的主要标志是（　　）。

A.纳税义务人

B.课税对象

C.税率

D.税目

15.我国税务会计的类型为（　　）。

A.以所得税会计为主体的税务会计

B.以流转税会计为主体的税务会计

C.流转税与所得税并重的税务会计

D.以财产税为主体的税务会计

二、多项选择题

1.税收的特征集中表现在（　　）。

A.强制性

B.无偿性

C.稳定性

D.固定性

2.我国现行税率主要有（　　）。

A.比例税率

B.超额累进税率

C.定额税率

D.超率累进税率

3.现代企业会计分为（　　）。

A.财务会计

B.税务会计

C.管理会计

D.预算会计

4.下列说法中正确的有（　　）。

A.征税对象是区分不同税种的主要标志

B.税目是征税对象的具体化

C.个人所得税采用超率累进税率

D.纳税义务人即纳税主体

5.下列相关法律属于税收实体法的有（　　）。

A.《中华人民共和国企业所得税法》

B.《中华人民共和国个人所得税法》

C.《中华人民共和国税收征收管理法》

D.《中华人民共和国增值税法》

6.以下叙述正确的有（　　）。

A.同种税的实际税率可能低于其名义税率

B.定额税率适用于从量计征的税种或税目

C.我国工资、薪金所得的个人所得税采用的是超额累进税率

D.我国现行的土地增值税采用的是超额累进税率

7.在我国现行的下列税种中，属于行为税类的有（　　）。

A.房产税

B.印花税

C.车船税

D.消费税

8.关于税收与税法的规定，下列说法正确的有（　　）。

A.税法的本质是调整纳税人之间的权利义务关系

B.税收是凭借政治权力，强制地、无偿地取得财政收入的一种形式

C.税收的本质是社会产品分配关系

D.税法是税收制度的法律表现形式

9.关于税务会计基本前提以下叙述正确的有（　　）。

A.纳税会计主体必然是法律主体

B.持续经营这一前提为使用纳税影响

会计法进行所得税跨期摊配提供了理论依据

C.货币时间价值基本前提为税务筹划提供了一定空间

D.纳税会计期间等同于纳税期限

10.纳税人的下列行为中，属于偷税的有（　　）。

A.采取转移或隐匿财产的手段，妨碍税务机关追缴欠缴税款

B.伪造账簿，不缴应纳税款

C.进行虚假纳税申报，少缴应纳税款

D.按照规定应设置账簿而未设置的

11.以下各项中，可能影响纳税人税负的因素有（　　）。

A.税基

B.税率

C.税收减免

D.税收加征

12.税务会计与财务会计的区别主要表现在（　　）。

A.目标不同

B.对象不同

C.核算基础、处理依据不同

D.计算损益的程序不同

13.税务会计的对象主要包括（　　）。

A.计税基础和计税依据

B.税款的计算与核算

C.税款的缴纳、退补与减免

D.税收滞纳金与罚款、罚金

14.纳税人、扣缴义务人的权利包括（　　）。

A.对税务机关所作出的决定，享有陈述权、申辩权

B.依法享有申请行政复议、提起行政诉讼、请求国家赔偿等权利

C.有权控告和检举税务机关、税务人员的违法违纪行为

D.纳税人、扣缴义务人和其他有关单位应当接受税务机关依法进行的税务检查

15.关于税收以下叙述正确的有（　　）。

A.两权分离是税收产生的必要条件之一

B.国家的产生和存在是税收产生的必要条件之一

C.税收具有强制性的特征

D.税收是我国财政收入的主要来源

三、判断题

（　　）1.财务会计核算会影响纳税会计；纳税会计核算以财务会计为基础，所以纳税会计不会影响财务会计。

（　　）2.企业在会计核算时，应当按照会计制度及相关准则的规定对各项会计要素进行确认、计量、记录和报告；会计制度及相关准则规定的确认、计量标准与税法不一致的，期末调整会计账簿记录和会计报表相关项目的金额。

（　　）3.税务会计的每一个处理程序都必须以税法为准。

（　　）4.税收具有强制性、无偿性、义务性、综合性的特征。

（　　）5.欠缴税款的纳税人出境前未结算清应纳税款，又不提供担保的，税务机关可以通知出境管理机关阻止其出境。

（　　）6.税收保全措施和税收强制执行措施都可以在纳税期限之前及之后使用。

（　　）7.税目是纳税对象的具体化，每个税种都设有税目。

（　　）8.纳税申报分为按月申报、按季申报和按年申报。

（　　）9.进口货物应向其机构所在地主管税务机关申报纳税。

（　　）10.经税务机关批准可以延期办理纳税申报、报送事项的，应当在纳税期内按照上期实际缴纳的税额或者税务机

关核定的税额预缴税款，并在批准的延期内办理税款结算。

（　　）11.新税法代替旧税法是最常见的税法失效宣布方式。

（　　）12.纳税人享受减免税待遇的，在减免税期间应当按照规定办理纳税申报。

（　　）13.减免税是对某些纳税人的鼓励或照顾措施，通过直接降低税率的方式实现减税、免税的形式是税率式减免。

（　　）14.纳税人采取在账簿上多列支出或者不列、少列收入的手段，不缴或少缴应纳税款的行为属于逃税。

（　　）15.税务会计处理程序包括确认、计量、记录、报告。

第二章　办理纳税人涉税事项操作指南

一、单项选择题

1.纳税人超过应纳税额多缴纳的税款，自结算税款之日起（　　）年内发现的，可以向税务机关要求退还多缴的税款，并加算银行同期存款利息。

A.1　　B.2　　C.3　　D.4

2.纳税信用A级的纳税人取得异常增值税扣税凭证，下列做法正确的是（　　）。

A.纳税信用A级纳税人取得异常凭证且已经申报抵扣增值税、办理出口退税或抵扣消费税的，可以自接到税务机关通知之日起10个工作日内，向主管税务机关提出核实申请

B.已经申报抵扣增值税进项税额的，除另有规定外，一律作进项税额转出处理

C.尚未申报抵扣增值税进项税额的，暂不允许抵扣

D.消费税纳税人以外购或委托加工收回的已税消费品为原料连续生产应税消费品，尚未申报扣除原料已纳消费税税款的，暂不允许抵扣

3.下列主管税务机关对欠税的纳税人作出的行为中，不符合《税收征收管理法》及有关政策规定的是（　　）。

A.通知出入境管理机关阻止其办税人员出境

B.欠缴税款的纳税人因怠于行使到期债权，给国家税收造成损害的，税务机关依法行使代位权

C.应抵押贷款银行要求向银行提供其有关的欠税情况

D.向人民法院申请以税务机关名义代其行使债权抵缴税款

4.纳税信用A级的纳税人取得异常凭证且已经申报抵扣增值税的，可以自接到税务机关通知之日起（　　）内，向主管税务机关提出核实申请。

A.15个工作日

B.10个工作日

C.15日

D.10日

5.下列各项中，属于纳税义务人享有的权利是（　　）。

A.申请延期纳税

B.办理税务登记

C.进行纳税申报

D.依法缴纳税款

6.从价计征的税收，以（　　）为计征依据。

A.重量

B.体积

C.计税金额

D.数量

7.不记入“税金及附加”账户的税金是（　　）。

A.增值税

B.土地增值税

C.消费税

D.资源税

8.税款征收方式中的查验征收方式一般适用于（　　）。

A.账册不健全但是能够控制原材料或进销货的纳税单位

B.经营品种比较单一，经营地点、时间和商品来源不固定的纳税单位

C.无完整考核依据的小型纳税单位

D.小额、零散税源的征收

9.从事生产经营的纳税人应当按照国家有关规定，持税务登记证件，在银行或者其他金融机构开立基本存款账户和其他存款账户，自开立账户之日起（　　）日内向主管税务机关书面报告其全部账号。

A.5

B.10

C.30

D.15

10.当需要采取税收保全措施时，下列被执行人的财产不能纳入税收保全措施范围的是（　　）。

A.唯一的一辆机动车

B.新购入的价值4 000元的家具

C.别墅

D.金银首饰

11.下列各项中，税务机关有权采取"核定征收"方式征税的是（　　）。

A.曾因偷税被税务机关给予二次行政处罚再犯的

B.依照法律、行政法规的规定可以不设置账簿的

C.外商投资企业的账簿、凭证和报表不使用中文的

D.未按期进行纳税申报的

12.下列关于税收征收管理的说法不正确的是（　　）。

A.税收征收管理是国家税务机关依照税收政策、法令、制度对税收分配全过程所进行的计划、组织、协调和监督控制的一种管理活动

B.税务机关可以自行作出税收停征的决定

C.税收征收管理是保证税收收入及时、足额入库，实现税收分配目标的重要手段

D.税务机关有以下职权：税务管理权、税收征收权、税收检查权、税务违法处理权、税收行政立法权、代位权和撤销权

13.适用于小额、零散税源的税款征收方式是（　　）。

A.查定征收

B.查验征收

C.委托代征

D.定期定额征收

14.按征税对象不同进行的税收分类中，城镇土地使用税属于（　　）。

A.从量税

B.资源税

C.价内税

D.货物劳务税

15.对同一课税对象，无论其数额大小，都按照相同比例征税的税率是（　　）。

A.比例税率

B.累进税率

C.定额税率

D.幅度税率

二、多项选择题

1.在同一税种的同一税目中，采用从量定额与从价定率相结合实行税款复合征收办法的税种有（　　）。

A.消费税

B.企业所得税

C.关税

D.印花税

2.纳税人在税收征管中享有的权利有（　　）。

A.委托税务代理

B.依法进行税务登记

C.申请延期缴纳税款

D.按时缴纳税款

3.下列税种属于流转税类的有（　　）。

A.增值税

B.消费税

C.关税

D.房产税

4.记入“税金及附加”账户的税金有（　　）。

A.房产税

B.印花税

C.车船税

D.城镇土地使用税

5.纳税人或扣缴义务人的权利有（　　）。

A.知情权

B.要求保密权

C.税收监督权

D.申请延期申报权

6.税款征收（缴纳）的方式有（　　）。

A.自核自交税款

B.查账征收

C.查定征收

D.定期定额征收

7.下列关于税务登记和账簿、凭证管理时间规定的说法中正确的有（　　）。

A.纳税人被市场监督管理机关吊销营业执照的，应自营业执照被吊销之日起15日内，向主管税务机关申报办理注销税务登记

B.纳税人遗失税务登记证件的，应当在15日内书面报告主管税务机关，并登报声明作废

C.从事生产、经营的纳税人应自领取营业执照之日起15日内按照国务院财政、主管税务部门的规定设置账簿

D.从事生产经营的纳税人基本存款账户发生变化的，应自变化之日起15日内，向主管税务机关书面报告

8.我国税法明确规定的纳税人权利包括（　　）。

A.申请延期纳税

B.要求纳税机关承担赔偿责任

C.只缴纳合理税金

D.请求纳税机关进行“事前裁定”

9.构成税制的三个最基本的要素是（　　）。

A.纳税人

B.课税对象

C.税率

D.纳税环节

10.纳税人、扣缴义务人下列行为中，应由税务机关责令限期改正，处2 000元以下罚款，情节严重的处2 000元以上1万元以下罚款的有（　　）。

A.纳税人未按规定期限办理纳税申报

B.纳税人未按规定安装使用税控装置

C.扣缴义务人未按规定设置、保管代扣代缴账簿

D.纳税人未按规定将全部银行账号上报

11.下列属于我国税务行政处罚种类的有（　　）。

A.罚款

B.判处有期徒刑

C.停止出口退税权

D.罚金

12.税收公平原则包括（　　）。

A.普遍征收

B.平等课税

C.量能课税

D.保持税本

13.关于纳税人欠税的处理，下列说法

正确的有（　　）。

A.税务机关应对纳税人的欠税情况保密

B.纳税人欠缴同时又被行政机关处以罚款的，税款优先于罚款

C.欠税金额在5万元以上的纳税人在处分其不动产以前，应当向税务机关报告

D.税收优先的原则要求在清理税额时，税款优先各类债权执行

14.在我国税收法律关系中，权利主体的一方是代表国家行使征税职责的国家税务机关，它包括（　　）。

A.国家各级农业主管部门

B.国家各级财政机关

C.国家各级税务机关

D.海关

三、判断题

（　　）1.扣缴义务人应当自税收法律、行政法规规定的扣缴义务发生之日起15日内，按照所代扣、代收的税种，分别设置代扣代缴、代收代缴税款账簿。

（　　）2.扣缴义务人与纳税人在实质上是等同的。

（　　）3.不论什么性质的税收，不论什么样的税种，都具有组织收入这一性质。

（　　）4.纳税会计是独立于财务会计之外，与财务会计并列的一门专业会计。

（　　）5.在税法规定的范围内，任何单位和个人都必须依法纳税，否则将受到法律制裁。

（　　）6.具有法人资格的企业才能成为居民纳税企业。

（　　）7.直接税是由纳税人直接负担、不易转嫁的税种，如所得税、财产税、消费税等。

（　　）8.土地增值税的纳税人是指转让国有土地使用权、地上建筑物及其附着物并取得收入的单位和个人。

（　　）9.免征额就是征税对象达到一定数额就开始全额征税。

（　　）10.根据《中华人民共和国资源税暂行条例》的规定，资源税的征税范围包括森林资源、海洋资源和水资源。

（　　）11.从事生产、经营的纳税人应当自领取营业执照或者有关部门批准设立之日起30日内，或者自纳税义务发生之日起30日内，到税务机关领取税务登记表，填写完整后提交税务机关，办理税务登记。

（　　）12.对已经税务机关批准注销的纳税人由于恢复生产经营，或非正常注销的纳税人又重新纳入管理，或跨区迁移纳税人迁入时，不需要重新对其进行税务登记。

（　　）13.纳税人已在市场监督管理机关或其他机关办理变更登记的，应当自办理工商变更登记之日起45日内向原税务登记机关申报办理变更登记。

（　　）14.纳税会计可以帮助企业管理者对企业的税务活动进行科学的预测和决策。

（　　）15.税收强制性是指税收以国家的财产权利为依据参与社会物品的分配，这种权利和生产资料占有有着内在的本质联系。

第三章　经济合同和增值税发票的涉税事项

一、单项选择题

1.发票是指在购销商品、提供或者接受服务以及从事其他经营活动中开具、收取的（　　）。

A.收款凭证

B.付款凭证

C.电子凭证

D.收付款凭证

2.下列可以开具增值税专用发票的情形是（　　）。

A.向消费者销售应税项目

B.将货物用于集体福利或个人消费

C.销售免税项目

D.向一般纳税人销售应税项目

3.以下说法中关于增值税电子专用发票说法正确的是（　　）。

A.电子专票不属于电子会计原始凭证

B.电子专票的纸质打印件能单独作为报销入账归档依据使用

C.电子发票与纸质发票不具有同等法律效力

D.实行专票电子化的新办纳税人，在税务机关核定增值税专用发票最高开票限额和领用数量后，可以根据生产经营需要申请增版增量

4.下列行为中不得开具增值税专用发票的是（　　）。

A.向个人销售锅炉

B.某国有粮食购销企业销售粮食给一般纳税人企业

C.将外购货物用于对外捐赠

D.军工厂销售军用产品给某商业企业

5.增值税纳税人提供应税服务并收讫销售款项或取得索取销售款项凭据的当天，先开具发票的，为开具发票的当天。这里所称的收讫销售款项，是指纳税人（　　）。

A.提供服务过程中收到款项

B.提供服务完成后收到款项

C.提供服务过程中或者完成后收到款项

D.以上都不对

6.增值税专用发票最高开票限额的审批机关是（　　）。

A.国家税务总局

B.省级税务机关

C.地市级税务机关

D.区县级税务机关

7.一般纳税人的下列销售行为中，应开具增值税专用发票的是（　　）。

A.向消费者个人销售应税货物

B.向小规模纳税人转让专利权

C.向一般纳税人销售免税货物

D.向一般纳税人销售应税货物

8.根据增值税法律制度的规定，下列关于增值税专用发票记账联用途的表述中正确的是（　　）。

A.作为销售方核算销售收入和增值税销项税额的记账凭证

B.作为购买方核算采购成本的记账凭证

C.作为购买方报送税务机关认证和留存备查的扣税凭证

D.作为购买方核算增值税进项税额的记账凭证

9.下列关于发票的说法，错误的是（　　）。

A.在全国范围内统一式样的发票，由国家税务总局确定

B.增值税普通发票不能作为抵扣增值税的凭证

C.增值税电子普通发票的开票方和受票方需要纸质发票的，可以自行打印增值税电子普通发票的版式文件

D.省、自治区、直辖市范围内统一式样的发票，由省税务机关确定

10.下列关于增值税专用发票的表述中错误的是（　　）。

A.一般纳税人销售货物或者提供应税劳务可汇总开具专用发票

B.增值税专用发票实行最高开票限额管理

C.会计核算不健全的一般纳税人不得领购开具专用发票

D.采取简易办法计算征收增值税的一般纳税人，不得领购并自行开具增

值税发票

11.增值税专用发票由（　　）统一授权印制。

A.国务院

B.财政部

C.国家税务总局

D.省级税务机关

12.下列行为不得开具增值税专用发票的是（　　）。

A.商贸公司向一般纳税人销售办公用品

B.百货公司向一般纳税人销售红酒

C.房地产开发企业向消费者个人销售房屋

D.会计师事务所向一般纳税人提供咨询服务

13.关于增值税专用发票最高开票限额许可制度，下列说法中错误的是（　　）。

A.最高开票限额是指单份专用发票开具的销售额合计数可以达到的上限额度

B.最高开票限额许可是依申请的行政许可行为

C.纳税人申请最高开票限额时，需填报“最高开票限额申请表”

D.税务机关审批最高开票限额实行书面核查

14.增值税专用发票基本联次中，属于主管税务机关认证和留存备查的凭证是（　　）。

A.抵扣联

B.发票联

C.记账联

D.存根联

15.下列关于增值税电子专用发票的说法不正确的是（　　）。

A.2020年12月，国家税务总局决定在前期宁波、石家庄和杭州等3个地区试点的基础上，在全国新办纳税人中实行增值税专用发票电子化

B.电子专票由国家税务总局监制，采用电子签名代替发票专用章，属于增值税专用发票

C.纳税人开具增值税专用发票时，既可以开具电子专票，也可以开具纸质专票，受票方索取纸质专票的，开票方应当开具纸质专票

D.单位和个人可以通过全国增值税发票查验平台对电子专票信息进行查验

二、多项选择题

1.发票领购保证人必须是在中国境内具有担保能力的（　　）。

A.公民

B.法人

C.其他经济组织

D.国家机关

2.增值税专用发票的基本联次包括（　　）。

A.存根联

B.发票联

C.记账联

D.抵扣联

3.下列项目中可以抵扣进项税额的增值税专用发票有（　　）。

A.增值税专用发票

B.农产品销售发票

C.农产品收购凭证

D.机动车销售统一发票

4.开具增值税发票时应注意（　　）。

A.字迹清楚，不得压线、错格

B.项目齐全，与实际交易相符

C.发票联和抵扣联加盖发票专业章

D.可不按照增值税纳税义务的发生时间开具

5.尚未纳入增值税发票管理新系统的发票主要有（　　）。

A.门票

B.定额发票

C.客运发票

D.增值税电子普通发票

6.经认证，有（　　）情形的，不得作为增值税进项税额的抵扣凭证。

A.无法认证

B.购买方纳税人识别号认证有误

C.专用发票代码、号码认证不符

D.重复认证

7.防伪税控系统，是指经国务院同意推行的，使用专用设备和通用设备、运用数字密码和电子存储技术管理专用发票的计算机管理系统。专用设备是指（　　）。

A.金税卡

B.IC卡

C.读卡器和其他设备

D.扫描器具和其他设备

8.增值税一般纳税人发生下列业务，可以开具增值税专用发票的有（　　）。

A.销售2018年建造的房屋

B.销售使用了2年的机动车

C.销售存货

D.金融商品转让

9.根据发票管理法律制度的规定，下列关于发票开具和保管的表述中，符合法律规定的有（　　）。

A.不得为他人开具与实际经营业务不符的发票

B.已经开具的发票存根联和发票登记簿应当保存3年

C.取得发票时，不得要求变更品名和金额

D.开具发票的单位和个人应当建立发票使用登记制度，设置发票登记簿

10.下列关于发票领购的表述中，不正确的有（　　）。

A.领购发票需要持工商营业执照

B.我国禁止任何形式的代开发票行为

C.从事临时性经营活动的单位和个人领购发票的，需要交纳不超过2万元的保证金

D.单位和个人领购发票时，应当按照税务机关的规定报告发票使用情况，税务机关应当按照规定进行查验

11.关于发票的说法，正确的有（　　）。

A.单位办理注销税务登记前，应当办理发票的缴销手续

B.增值税一般纳税人在不能开具专票的情况下，也可使用增值税普通发票

C.发票应当使用中文印刷，民族自治地方的发票，可以加印当地一种通用的民族文字

D.小规模纳税人只能开具增值税普通发票

12.增值税一般纳税人有下列（　　）情形，不得领用开具增值税专用发票。

A.会计核算不健全，不能向税务机关准确提供增值税销项税额、进项税额、应纳税额数据及其他有关增值税税务资料的

B.有《税收征管法》规定的税收违法行为，拒不接受税务机关处理的

C.虚开增值税专用发票，经税务机关责令限期改正而仍未改正的

D.借用他人增值税专用发票，经税务机关责令限期改正已经改正的

13.下列应由付款方向收款方开具发票的情形包括有（　　）。

A.个人向企业出租资产时

B.企业提供营改增应税服务时

C.收购单位支付个人款项时

D.扣缴义务人支付个人款项时

14.税务部门在核发“专用发票领购簿”时，应严格按照有关规定并根据增值

税一般纳税人的（　　）等核定其购票方式、购票数量和购票种类等内容。

A.经营规模

B.业务状况

C.专用发票用量

D.最高开票限额

15.任何单位和个人都应当按照发票管理的规定使用发票，不得有（　　）行为。

A.转借、转让、介绍他人转让发票、发票监制章和发票防伪专用品

B.知道或者应当知道是私自印制的发票而受让、开具、存放、携带、邮寄、运输

C.扩大发票使用范围

D.以其他凭证代替发票使用

三、判断题

（　　）1.按固定期限纳税的小规模纳税人可以选择以1个月或1个季度为纳税期限，一经选择，一个会计年度内不得变更。

（　　）2.我国专门采用“金税工程”，加强对增值税专用发票的管理。

（　　）3.为了加强专用发票印制和领购的计划性、制度性，各级税务部门向上一级税务部门领购专用发票时，必须做到手续齐全，派遣专人领购，并配备护送人员，确保专用发票安全。

（　　）4.外贸企业从小规模纳税人购进并持普通发票的货物出口不得免退税。

（　　）5.一般情况下，一般纳税人不得再转为小规模纳税人。

（　　）6.采用分期收款方式销售货物，应以货物发出当天作为增值税专用发票的开具时限。

（　　）7.增值税一般纳税人认证通过的防伪税控系统开具的增值税专用发票，应在认证通过的当月按照增值税有关规定核算当期进项税额并申报抵扣，否则不予抵扣进项税额。

（　　）8.开具专用发票，购销双方单位名称可以详细填写，也可以简写。

（　　）9.在未收回专用发票抵扣联及发票联，或虽已收回专用发票抵扣联及发票联但购货方已将专用发票抵扣联报送税务机关认证的情况下，销货方一律不得作废已开具的专用发票。

（　　）10.年应税销售额超过小规模纳税人标准的个人、非企业性单位，不属于增值税一般纳税人。

第四章　增值税的会计核算

一、单项选择题

1.下列项目中属于增值税视同销售行为的是（　　）。

A.将委托加工的货物用于集体福利或个人消费

B.将自产货物用于增值税应税项目

C.设在同一县市实行统一核算的两个机构，将货物从一个机构移送另一个机构用于销售

D.将外购的货物用于非增值税应税项目

2.下列业务中不征收增值税的是（　　）。

A.某企业委托某酒厂加工白酒，收回后直接对外销售

B.被保险人获得的保险赔付

C.某企业变卖厂房一栋

D.某眼镜店为顾客修理眼镜

3.增值税纳税人的销售额中的价外费用不包括（　　）。

A.收取的手续费

B.收取的包装物租金

C.收取的销项税额

D.收取的违约金

4.纳税人采取托收承付和委托银行收款方式销售货物的，增值税纳税义务的发

生时间为（　　）。

A.货物发出的当天

B.合同约定的收款日期的当天

C.开具发票的当天

D.发出货物并办妥托收手续的当天

5.下列各项中，属于交通运输服务的是（　　）。

A.运输工具舱位互换业务

B.水路运输的光租业务

C.航空运输的干租业务

D.货物运输代理服务

6.对于增值税一般纳税人取得合法扣税凭证，下列业务不可以抵扣进项税额的是（　　）。

A.广告公司购进的餐饮服务

B.化工厂接受运输企业提供的交通运输服务

C.皮具厂接受其他纳税人提供的鉴证咨询服务

D.律师事务所购买自用的应征消费税的小汽车

7.A企业从事陆路运输服务，为小规模纳税人。2022年5月提供货物运输服务取得收入103万元，该企业当月应纳增值税为（　　）万元。

A.4

B.2

C.4.9

D.3

8.甲企业为增值税一般纳税人，2022年4月向乙企业销售货物，由于乙企业购买量大，甲给予其8折优惠，开具的增值税专用发票上的金额栏分别注明价款40 000元、折扣额8 000元。本月购进原材料取得的增值税专用发票上注明增值税税额合计2 000元。甲企业当期应缴纳增值税（　　）元。

A.5 200

B.3 200

C.2 160

D.3 980

9.下列业务不属于增值税视同销售的是（　　）。

A.单位无偿向其他企业提供建筑服务

B.单位无偿为关联企业提供建筑服务

C.单位无偿为公益事业提供建筑服务

D.单位无偿为被投资企业赠送自产货物

10.某公司收到投资者A企业的材料一批作为追加投资，增值税专用发票上注明的价、税款分别为280 000元、36 400元，货物已验收入库，则会计分录为（　　）。

A.借：原材料　　280 000
　　应交税费——应交增值税（进项税额）　　36 400
　贷：实收资本　　316 400

B.借：原材料　　316 400
　贷：资本公积　　316 400

C.借：原材料　　280 000
　贷：资本公积　　280 000

D.借：原材料　　280 000
　　应交税费——应交增值税（进项税额）　　36 400
　贷：主营业务收入　　316 400

11.某商店（小规模纳税人）购进库存商品15 000元，支付水电费800元，当月销售取得收入113 300元。该商店应纳增值税（　　）元。

A.269.23

B.680.41

C.880

D.3 300

12.根据增值税现行政策的规定，下列业务属于在境内销售服务、无形资产或不动产的是（　　）。

A.境外单位向境内单位提供运输服务

B.境外单位向境内单位销售在境外的

不动产

C.境外单位向境内单位出租境外的厂房

D.境外单位为境内单位提供境外矿山勘探服务

13.增值税一般纳税人应开具增值税专用发票的是（ ）业务。

A.提供修理修配劳务

B.销售报关出口货物

C.销售房地产

D.向消费者销售应税产品

14.某企业为增值税小规模纳税人，本月购入甲材料2 060千克，每千克单价（含增值税）50元，另外支付运杂费3 500元，运输途中发生合理损耗60千克，入库前发生挑选整理费用620元。该批材料入库的实际单位成本为每千克（ ）元。

A.50

B.51.81

C.52

D.53.56

15.某企业为增值税一般纳税人，购入材料一批，增值税专用发票上标明的价款为25万元，增值税税额为3.25万元，另支付材料的保险费2万元、包装物押金2万元。该批材料的采购成本为（ ）万元。

A.27

B.29

C.29.25

D.31.25

16.甲公司为增值税一般纳税人，本月将一批新研制的产品赠送给老顾客使用。甲公司并无同类产品销售价格，其他公司也无同类货物。已知该批产品的生产成本为10万元，甲公司的成本利润率为10%，则甲公司本月视同销售的增值税销项税额为（ ）元。

A.17 000

B.18 500

C.14 300

D.18 888

17.甲公司为增值税一般纳税人，本月采用以旧换新的方式销售冰箱50台，每台售价2 000元，同时收到旧冰箱50台，每台折价200元，实际收到销售款9万元。已知甲公司适用的增值税税率为13%，则甲公司本月销售冰箱的增值税销项税额为（ ）元。

A.13 077

B.11 504.42

C.15 300

D.17 000

18.甲公司为增值税一般纳税人，某年5月从国外进口一批音响，海关核定的关税完税价格为113万元，缴纳关税11.3万元。已知增值税税率为13%，甲公司该笔业务应交增值税的下列计算中，正确的是（ ）。

A.113×13%=14.69（万元）

B.（113+11.3）×13%=16.159（万元）

C.113÷（1+13%）×13%=13（万元）

D.（113+11.3）÷（1+13%）×13%=14.3（万元）

19.某啤酒厂为增值税一般纳税人，2021年8月销售啤酒取得销售额400万元，已开具增值税专用发票，收取包装物押金34.8万元，本月逾期未退还包装物押金46.4万元。2021年8月该啤酒厂增值税销项税额为（ ）万元。

A.46.24

B.66

C.75.95

D.57.34

20.下列关于纳税人减免税的说法中，不正确的是（ ）。

A.纳税人发生应税行为同时适用免税和零税率的，优先适用零税率政策

B.纳税人兼营减税、免税项目未分别核算销售额的，不得减税、免税

C.纳税人可以放弃免税，放弃免税权后，36个月内不得再申请免税

D.纳税人不得根据不同的销售对象，选择部分货物或劳务放弃免税

二、多项选择题

1.以下属于增值税特点的有（　　）。

A.不重复征税

B.既普遍征收又多环节征收

C.同种产品最终售价相同，税负就相同

D.采用税款抵扣制

2.下列项目中，一般纳税人适用9%增值税税率的有（　　）。

A.提供交通运输业服务

B.提供基础电信服务

C.销售不动产

D.转让土地使用权

3.下列各项中属于视同销售行为应当计算销项税额的有（　　）。

A.将自产的货物用于非应税项目

B.将购买的货物投入生产

C.将购买的货物无偿赠送他人

D.将购买的货物用于集体福利

4.下列各项中，既征收消费税，又征收增值税的有（　　）。

A.生产销售金银首饰

B.零售小汽车

C.批发卷烟

D.生产销售高档化妆品

5.一般纳税人购进的下列服务中，不得抵扣进项税额的有（　　）。

A.住宿服务

B.国内旅客运输服务

C.贷款服务

D.餐饮服务

6.下列关于包装物的增值税处理中，正确的有（　　）。

A.随同货物销售而出租包装物的租金一律在收取时作为价外费用并入销售额计征增值税

B.一般货物包装物押金一律在收取时作为价外费用并入销售额计征增值税

C.白酒包装物押金一律在收取时作为价外费用并入销售额计征增值税

D.啤酒包装物押金一律在收取时作为价外费用并入销售额计征增值税

7.下列各项业务的处理方法中，不正确的有（　　）。

A.纳税人销售货物或提供应税劳务，采用价税合并定价并合并收取的，以不含增值税的销售额为计税销售额

B.纳税人以价格折扣方式销售货物，不论折扣额是否在同一张发票上注明，均以扣除折扣额以后的销售额为计税销售额

C.纳税人采取以旧换新方式销售货物，以扣除旧货物折价款以后的销售额为计税销售额

D.纳税人采取以物易物方式销售货物，购销双方均应作购销处理，以各自发出的货物核算计税销售额并计算销项税额，以各自收到的货物核算购货额并计算进项税额

8.下列出口货物、劳务适用免税并退税政策的有（　　）。

A.生产企业委托出口货物

B.出口企业对外援助的出口货物

C.出口企业销售给特殊区域内的生活消费用品

D.出口企业销售给特殊区域内生产企业生产耗用且不向海关报关而输入特殊区域的水（包括蒸汽）、电力、燃气

9.下列项目中免征增值税的有（　　）。

A.个体工商户销售自己使用过的废旧物品

B.古旧图书

C.外国政府、国际组织有偿援助的进口物资和设备

D.对污水处理的劳务

10.下列各项中，应计入增值税的应税销售额的有（　　）。

A.向购买者收取的销项税额

B.向购买者收取的包装物租金

C.受托加工应征消费税的消费品所代收代缴的消费税

D.因销售货物向购买者收取的手续费

11.根据现行增值税的规定，下列属于混合销售行为的有（　　）。

A.汽车销售公司销售汽车并为其他客户提供装饰服务

B.移动公司销售移动电话并为客户提供电信增值服务

C.饭店为客户提供餐饮服务同时销售烟酒饮料

D.建材城销售货物并送货上门

12.以下免征增值税的项目有（　　）。

A.用于科学实验的进口仪器

B.国际组织无偿援助的进口物资

C.外国企业无偿援助的进口设备

D.个人销售自己使用过的家具

13.营改增以后，下列纳税人，其年应税销售额超过增值税一般纳税人登记标准，可以不登记为一般纳税人的有（　　）。

A.不经常发生应税行为的个体工商户

B.销售增值税免税产品的企业

C.不经常发生应税行为的事业单位

D.不经常发生应税行为的企业

14.下列关于增值税相关服务的表述，正确的有（　　）。

A.运输工具舱位互换业务，按照“交通运输服务”缴纳增值税

B.纳税人在游览场所经营索道、摆渡车、电瓶车、游船等取得的收入，按照“旅游服务”缴纳增值税

C.宾馆、旅馆、旅社、度假村和其他经营性住宿场所提供会议场地及配套服务的活动，按照“会议展览服务”缴纳增值税

D.纳税人对安装运行后的电梯提供的维修保养服务，按照“其他现代服务”缴纳增值税

15.下列选项中，适用增值税征税政策的有（　　）。

A.经主管税务机关审核不予免税核销的出口卷烟

B.出口企业提供虚假备案单证的货物

C.出口企业增值税退（免）税凭证有伪造或内容不实的货物

D.出口企业因骗取出口退税被税务机关停止办理增值税退（免）税期间出口的货物

16.根据现行增值税有关规定，下列表述不正确的有（　　）。

A.纳税人以1个季度为1个纳税期的，自期满之日起10日内申报纳税

B.固定业户到外县（市）销售货物的，向其机构所在地主管税务机关报告外出经营事项，应当向其销售地或劳务发生地申报纳税

C.纳税人进口货物，应当自海关填发海关进口增值税专用缴款书之日起15日内缴纳税款

D.进口货物应当由进口人或其代理人向报关地海关申报纳税

17.根据“营改增”的相关规定，下列情形中属于视同提供应税服务的有（　　）。

A.某运输企业为地震灾区无偿提供公路运输服务

B.某咨询公司为个人无偿提供技术咨询服务

C.某运输公司为其他单位无偿提供交通运输服务

D.某单位为希望小学无偿提供电影放映服务

18.下列选项中征收增值税的有（　　）。

A.提供运输劳务

B.有形动产租赁

C.会员费收入

D.银行销售金银

19.甲企业（增值税一般纳税人）从乙企业购买货物并取得增值税专用发票，发现发票上注明的销售方名称不符，则下列说法正确的有（　　）。

A.甲企业是善意取得增值税专用发票，若甲企业申请抵扣进项税额，不以偷税论处

B.如果甲企业申请抵扣进项税额，则按偷税处理

C.可以抵扣进项税额

D.不得抵扣进项税额

20.下列各项出版物，在出版环节执行增值税100%先征后退政策的有（　　）。

A.在报纸上连载3年以上的长篇小说

B.中小学生课本

C.少数民族文字出版物

D.盲文图书

三、判断题

（　　）1.纳税人进口增值税应税货物，按照组成计税价格和增值税暂行条例规定的税率计算增值税应纳税额，不得抵扣任何税额。其组成计税价格的计算公式为：组成计税价格=（关税完税价格+关税）÷（1-消费税税率）。

（　　）2.个体工商户年应税销售额超过小规模纳税人标准的，不能申请登记为一般纳税人。

（　　）3.除国家税务总局另有规定外，纳税人登记为一般纳税人后，不得转为小规模纳税人。

（　　）4.期末结转后“应交税费——应交增值税”账户的余额若在借方，反映尚未抵扣的进项税额。

（　　）5.纳税人将购买的货物用于分配给股东，因该货物购买时已缴增值税，因此，用于分配给股东时可不再计入销售额征税。

（　　）6.未逾期的白酒包装物押金，不计算增值税。

（　　）7.纳税人偶然发生的销售无形资产、转让不动产的销售额，应计入应税行为年应税销售额。

（　　）8.计算增值税应纳税额时准予计算进项税额抵扣的货物运费金额是指在运输单位为货主开具的发票上注明的运费和建设基金。

（　　）9.已抵扣进项税额的购进货物，如果因自然灾害而造成损失，应将损失货物的进项税额从当期发生的进项税额中扣减。

（　　）10.纳税人提供不动产租赁服务采取预收款方式的，纳税义务发生时间为出租不动产的当天。

（　　）11.增值税纳税人将货物从一个机构移送到另一个机构用于销售的，应视同销售货物缴纳增值税。

（　　）12.增值税一般纳税人某月销售额未达到增值税起征点，该月不缴纳增值税。

（　　）13.销售自产货物并同时提供建筑业劳务的纳税人，其混合销售行为视为销售货物，应当全额缴纳增值税。

（　　）14.纳税人新建、改建、扩建、修缮、装饰不动产，均属于不动产在建工程，不属于增值税征税范围。

（　　）15.一般纳税人购进的贷款服务，其进项税额不得从销项税额中抵扣。

（　　）16.非企业性单位、不经常发生应税行为的企业不可选择按小规模纳税人纳税。

（　　）17.增值税一般纳税人购进用于对外捐赠的货物，取得法定扣税凭证的，可以抵扣增值税进项税额。

（　　）18.某咨询公司为个人无偿提供技术咨询服务，其纳税义务发生时间为应税服务完成的当天。

（　　）19.纳税人为销售货物出租出借包装物而收取的押金，应作为价外费用计算缴纳增值税。

（　　）20.增值税起征点幅度中的销售额是指纳税人销售货物或提供应税劳务收取的全部价款，不包括收取的价外费用。

四、计算题

1.某软件企业为增值税一般纳税人（享受软件业税收优惠），某年5月发生如下业务：

（1）销售自行开发的软件产品，取得不含税销售额260万元，提供软件技术服务，取得不含税服务费35万元。

（2）购进用于软件产品开发及软件技术服务的材料，取得增值税专用发票，注明金额30万元，税额3.9万元。

（3）员工国内出差，报销时提供标有员工身份信息的航空运输电子客票行程单，注明票价2.18万元，民航发展基金0.12万元。

（4）转让2010年度购入的一栋写字楼，取得含税收入8 700万元，该企业无法提供写字楼发票，提供的契税完税凭证上注明的计税金额为2 200万元。该企业转让写字楼选择按照简易计税方法计税。

根据上述资料，回答下列问题：

（1）计算业务（1）的增值税销项税额。

（2）计算该公司当期可抵扣的进项税额。

（3）计算业务（4）应缴纳的增值税。

（4）计算该企业当年5月实际缴纳的增值税。

2.某制药厂（一般纳税人）生产各类应税和免税药品，当年8月发生如下经济业务：

（1）8月销售应税药品，取得含税销售额113 000元。

（2）8月销售其他应税药品，收到含税货款22 600元；销售免税药品50 000元。

（3）8月购入生产用原材料一批，取得的经税务机关认证的防伪税控系统增值税专用发票上注明税款52 000元，用于生产应税与免税药品，但无法划分耗料情况。支付运费1 200元（有运输发票），其中建设基金100元，装卸费200元，运费900元。

要求：计算该药厂8月的增值税税额。

3.赵先生是英国在我国北京驻外使领馆工作人员，近年来个人从事大量的房地产投资、租赁业务，其2020年相关业务如下：

（1）1月份赵先生把其位于朝阳区的一处住房对外出租，租赁合同注明租赁期限为2020年1月1日至2020年12月31日，全年不含税租金为12万元并于签订合同时一次性支付。

（2）2月份赵先生销售位于海淀区的一处别墅，销售价格为1 250万元，该别墅购置于2014年，购置价格为960万元，以上价格均含税。

（3）3月份赵先生把其使用过的小汽车销售给李某，不含税售价为11万元，该辆汽车购置于2012年，购置时取得的普通发票上注明金额为28万元。

（4）4月份赵先生从国外进口一辆小汽车自用，关税完税价格为120万元。已知：小汽车关税税率为20%，消费税税率5%，增值税税率13%。

根据上述资料，回答下列问题：

（1）计算1月份赵先生出租住房应缴纳的增值税。

（2）计算2月份赵先生销售别墅应缴纳的增值税。

（3）计算3月份赵先生销售自己使用过的小汽车应缴纳的增值税。

（4）计算4月份赵先生进口小汽车应缴纳的进口环节增值税。

4.某公司专门从事认证服务，被认定为增值税一般纳税人，当年10月发生如下业务：10月16日，取得某项认证服务收入106万元，开具防伪税控增值税专用发票，价税合计为106万元；10月18日，购进一台经营用设备，取得防伪税控增值税专用发票，注明金额20万元，税额2.6万元；10月20日，接受本市其他单位设计服务，取得防伪税控增值税专用发票，注明金额5万元，税额0.3万元；已知增值税税率为6%。

要求：计算该公司当月应纳增值税税额。

5.某配件厂为增值税一般纳税人，2021年9月采用分期收款方式销售配件，合同约定不含税销售额150万元，当月应收取60%的货款。由于购货方资金紧张，本月实际收到货款50万元，配件厂按照实际收款额开具了增值税专用发票。当月还采取预收款方式销售配件，收到款项50万元，货物于下月发出。当月职工食堂装修，购进中央空调，取得增值税专用发票，注明价款10万元。已知：增值税税率为13%。

要求：计算当月该配件厂应纳增值税税额。

6.某一般纳税人6月取得交通运输含税收入109万元，当月外购汽油10万元，购入运输车辆20万元（不含税金额，取得增值税专用发票），发生的联运支出为40万元（不含税金额，试点地区纳税人提供，取得专用发票）。

要求：计算该纳税人本月应纳增值税。

7.某航空公司为增值税一般纳税人并具有国际运输经营资质，2022年3月，开具增值税普通发票取得的含税收入包括国内运输收入1 387.5万元、国际运输收入288.6万元、飞机清洗消毒收入127.2万元。

要求：计算该公司3月应确认的销项税额。

8.甲商店为增值税一般纳税人，主要从事副食品批发、零售业务。当年6月销售烟酒商品取得含增值税价款3 955 000元，另收取食品袋价款2 260元。已知增值税税率为13%。

要求：计算甲商店销售烟酒商品应交的增值税销项税额。

9.甲商店为增值税一般纳税人，当年4月，以经营租赁方式出租设备取得不含税租金收入50 000元，支付设备维护费3 000元，维修人员报酬5 000元。已知增值税税率为13%。

要求：计算甲商店出租设备的增值税销项税额。

10.某卷烟厂2022年5月收购烟叶生产卷烟，收购凭证上注明价款100万元，并向烟叶生产者支付了价外补贴。

要求：计算该卷烟厂5月收购烟叶可抵扣的进项税额。

五、综合题

1.甲公司为增值税一般纳税人，主要从事汽车贸易及维修业务，某年12月有关经营情况如下：

（1）进口一批小汽车，海关审定的关

税完税价格为360万元，缴纳关税90万元，支付通关、商检费用2.5万元，向海关缴纳了增值税、消费税，取得了相应的专用缴款书。

（2）购进维修用原材料及零配件，取得的增值税专用发票上注明的税额为78万元；为购进上述维修用原材料及零配件支付运输费，取得的增值税专用发票上注明的税额为0.9万元；上述原材料及零配件在运输途中因保管不善发生了10%的毁损。

（3）销售进口小汽车取得含增值税价款339万元、另收取提车价款13.56万元。

（4）销售小汽车内部装饰品、取得含税销售额180.8万元。

（5）销售小汽车零配件取得含税销售额16.95万元。

（6）维修汽车取得含增值税维修费20.34万元，其中工时费9.04万元、材料费11.3万元。

已知：小汽车的消费税税率为25%，汽车贸易及维修业务的增值税税率为13%，取得的增值税专用发票和专用缴款书均通过认证。

要求：

（1）计算甲公司进口小汽车应向海关缴纳的增值税。

（2）计算甲公司购进维修用原材料及零配件可以抵扣的进项税额。

（3）计算甲公司提供汽车维修服务的销项税额。

（4）计算甲公司销售小汽车内部装饰品的销项税额。

（5）计算甲公司销售小汽车零配件的销项税额。

（6）计算甲公司销售进口小汽车的销项税额。

2.某公司系增值税一般纳税人，适用的增值税税率为13%，按月缴纳增值税。该公司8月份发生有关销售资料如下：

（1）6日，收到长虹公司退回A产品80台，每台成本300元，不含税对外售价500元，已收到对方转来的增值税专用发票联和抵扣联。

（2）7日，对外加工完毕，开出的增值税专用发票上注明加工费8 000元，增值税税额1 040元。款项已收到。

（3）8日，采用分期收款方式向飞达企业销售C产品400箱，每箱不含税售价500元，单位成本每箱300元。按合同的规定，货款分6期支付，第一期支付货款的50%，其余各期各支付货款的10%。当天为第一期货款支付日。但由于对方资金紧张，只收到款项5万元。

（4）9日，销售给长城公司B产品5万千克，开出普通发票。发票上注明的金额为90.4万元，用转账支票结算，该产品的单位成本为12元/千克，

（5）10日，向长虹公司销售A产品300台，每台不含税售价500元，单位成本每台300元。规定商业折扣条件为5%，规定现金折扣条件为“2/10，N/30”。企业在发票上注明了5%的折扣额。8天后收到货款。

（6）11日，将C产品2 000箱用于分配股利。该产品每箱单位成本为300元，不含税对外售价每箱500元。

（7）12日，向长虹公司销售带包装物的D产品1 000件，每件单位成本500元，不含税售价每件600元。包装物单独计价，不含税售价18 000元，成本14 000元。已开具增值税专用发票，款项尚未收到。

（8）15日，将购买的原材料B用于对外投资，其实际成本为30万元，双方协议确认价值为40万元，并开具增值税专用发票。

要求：根据上述资料，编制相应的会计分录。

3.甲市某公司为增值税一般纳税人，主要从事旅居业务。2021年3月主要经营业务如下：

（1）整体出售一幢位于乙市的酒店式公寓，总含税价款为16 350万元。该公寓楼总建筑面积5 000平方米，本月无其他经营收入。

（2）该公司转让时无法取得该酒店式公寓评估价格，扣除项目金额按照发票所载金额确定（暂不考虑印花税）。

（3）该公寓楼于2017年5月购进用于经营，取得的增值税专用发票上注明金额11 000万元，税额990万元，价税合计11 990万元；在办理产权过户时，缴纳契税330万元，取得契税完税凭证；转让前累计发生贷款利息支出1 058.75万元、装修支出1 000万元。

（4）本月租入甲市一幢楼房，按合同约定支付本月含税租金合计10万元，取得增值税专用发票，出租方按一般计税方法计算增值税。该租入楼房50%用于企业经营，50%用于职工宿舍。

（5）本月月初增值税留抵税额为1 100万元。地方教育附加允许计算扣除。

根据上述资料，回答下列问题：

（1）计算该公司转让酒店式公寓应在乙市预缴的增值税。

（2）计算2021年3月该公司在甲市实际缴纳的增值税。

（3）该公司在计算土地增值税时，准予扣除的“与转让房地产有关的税金”是多少。

（4）计算该公司转让酒店式公寓应缴纳的土地增值税。

4.甲公司为增值税一般纳税人，主要提供餐饮、住宿服务。2021年6月有关经营情况如下：

（1）提供餐饮、住宿服务取得含增值税收入1 590万元。

（2）出租餐饮设备取得含增值税收入22.6万元，出租房屋取得含增值税收入5.45万元。

（3）提供车辆停放服务取得含增值税收入10.9万元。

（4）支付餐饮技术咨询服务费，取得增值税专用发票，注明税额1.3万元。

（5）购进卫生用具一批，取得增值税专用发票，注明税额1.7万元。

（6）从农业合作社购进蔬菜，取得农产品销售发票，注明买价100万元。

已知：有形动产租赁服务增值税税率为13%，不动产租赁服务增值税税率为9%，生活服务、现代服务（除有形动产租赁服务和不动产租赁服务外）增值税税率为6%，交通运输服务业增值税税率为9%。农产品扣除率为9%，取得的扣税凭证均已通过税务机关认证。

根据上述资料，回答下列问题：

（1）计算各项收入的增值税销项税额。

（2）计算甲公司当月准予抵扣的增值税进项税额。

5.某企业为增值税一般纳税人，购进、销售货物的税率均为13%。某年1月发生如下业务：

（1）1日，购进原材料一批，取得增值税专用发票，注明价款20万元，税额2.6万元。

（2）3日，企业接受另一单位捐赠转入原材料一批，价值1万元，取得增值税专用发票，注明的税额为0.13万元。

（3）4日，企业销售产品一批，取得不含税销售额5万元。

（4）10日，企业采取分期收款方式销售货物300件，每件不含税价0.2万元。合同规定购货方1月、2月、3月每月付款20万元，货已发出，企业全额开具增值税专用发票，注明价款60万元，1月份收到货款及税款22.6万元，

（5）17日，因仓库管理不善，部分原材料和产成品被盗。其中，原材料2万元，产成品3万元。生产成本中已抵扣的外购项目金额占生产成本的比例为70%。

（6）25日，企业将设备出租，收取租金并开具增值税专用发票，注明的价款为5万元。

要求：计算该企业1月份应纳的增值税税额。

6.某企业发生下列业务：

（1）以经营租赁方式租入一辆货车，支付租赁费2 260元，取得了对方开具的增值税专用发票，当月进行认证抵扣。

（2）购进材料取得货运企业开具的增值税专用发票，金额10万元、税额0.9万元。

（3）修缮办公楼取得建筑企业开具的增值税专用发票，金额20万元、税额1.8万元。

（4）取得商业银行开具的资金管理费增值税专用发票，金额10万元、税额0.6万元。

（5）向某个体工商户租赁住房作为办公用地，支付租金共计5.25万元。取得个体工商户由税务机关代开的增值税专用发票。

（6）2018年6月1日，纳税人买了一座办公楼，价款2 000万元，进项税额180万元，取得对方开具的增值税专用发票。

要求：进行相关的会计处理。

7.甲电子设备生产企业（甲企业）与乙商贸公司（乙公司）均为增值税一般纳税人，2021年6月有关经营业务如下：

（1）甲企业3月委托技术公司研发一个项目，支付不含税研发费53万元，本月取得增值税专用发票。

（2）乙公司从甲企业购进电脑600台，每台不含税单价为0.45万元，取得甲企业开具的增值税专用发票，注明货款270万元、增值税35.1万元。

（3）乙公司从农民手中购进免税农产品，收购发票上注明支付收购货款50万元，支付丁运输公司的不含税运输费15万元，取得丁公司开具的货运增值税专用发票。入库后，将收购的农产品30%作为职工福利消费，70%零售给消费者并取得含税收入32.7万元，开具普通发票。

（4）乙公司销售电脑和其他物品取得含税销售额226万元，开具普通发票。

（5）甲企业从乙公司购进生产用原材料和零部件，取得乙公司开具的增值税专用发票，注明货款180万元、增值税23.4万元，货物已验收入库，货款和税款未付。

（6）甲企业为乙公司制作大型电子显示屏，开具了普通发票，取得含税销售额9.04万元、调试费收入2.26万元。制作过程中委托丙公司进行专业加工，支付加工费2万元、增值税0.26万元，取得丙公司增值税专用发票。

根据上述资料，回答下列问题：

（1）计算甲企业6月应缴纳的增值税。

（2）计算乙公司6月应缴纳的增值税。

8.甲公司为增值税一般纳税人。某年1月1日，甲公司与乙公司签订销售协议，约定甲公司向乙公司销售一批产品，售价1 200万元，成本800万元，双方协商乙公司分3年于每年年末平均支付，甲公司于每次收到款项时分别开具增值税专用发票。当日，甲公司发出商品，该批产品的现销价格为1 050万元。假定实际利率为7%。已知甲公司适用的增值税税率为13%。

要求：进行甲公司当年的相关会计

处理。

9.A公司系增值税一般纳税人，提供客运场站服务，2018年5月取得含税收入106万元，当月支付承运方运费21.2万元，取得增值税发票。

要求：进行相关的会计处理。

10.小规模纳税人提供劳务派遣服务选择差额征税，含税销售额为12万元，支付给劳务派遣员工的工资、福利和为其办理社保及住房公积金的费用为6万元。

要求：进行相关的会计处理。

第五章　出口退税的会计核算

一、单项选择题

1.生产企业出口货物必须以（　　）为计税依据计算“免、抵、退”税额。

A.成本加运费价

B.到岸价

C.离岸价

D.合同成交价

2.出口企业在办理对外贸易经营者备案登记或签订首份委托出口协议之日起（　　）日内，提供有关资料到税务机关办理出口退（免）税资格认定。

A.60

B.45

C.30

D.15

3.某生产企业（一般纳税人）自营出口自产货物，某年8月计算应纳税额为-9万元，当期计算免抵退税额为20万元，则当期免抵税额为（　　）万元。

A.0

B.10

C.20

D.11

4.在计算增值税留抵退税中的进项构成比例时，下列金额不能组成进项构成比例分子的是（　　）。

A.解缴税款完税凭证上注明的税额

B.税控机动车销售统一发票上注明的税额

C.海关进口增值税专用缴款书上注明的税额

D.购进国内旅客运输服务取得的增值税电子普通发票上注明的税额

5.对于天然牛黄、麝香、铜及铜基合金、白金等货物，运用的出口退免税政策是（　　）。

A.既免税，又退税

B.免税，但不退税

C.既不免税，又不退税

D.先征后退

6.有出口经营权的生产型企业自营出口或生产企业委托外贸企业代理出口自产的应税消费品，采取（　　）的办法。

A.先征后退

B.退税

C.先抵后退

D.免税

7.自2019年1月1日起，跨境电子商务零售进口商品的单次交易限值为人民币（　　）元，个人年度交易限值为人民币（　　）元。

A.2 000；20 000

B.2 000；26 000

C.5 000；20 000

D.5 000；26 000

8.实行“免、抵、退”税方法的企业是（　　）。

A.外贸企业

B.商业企业

C.具有实际生产能力的生产企业和企业集团

D.以上均不正确

9.某具有出口经营权的电器生产企业（增值税一般纳税人）自营出口自产货物，10月末未退税前计算的期末留抵税款为19万元，当期免抵退税额为15万元，则当期免抵税额为（　　）万元。

A.0

B.6

C.9

D.15

10.下列出口货物劳务，适用出口货物免税政策的有（　　）。

A.增值税小规模纳税人出口货物

B.外贸企业出口货物

C.融资租赁出口货物

D.进料加工出口货物

11.出口企业应在办理对外贸易经营者备案登记或签订首份委托出口协议之日起（　　）日内如实填写“出口货物退（免）税资格认定申请表”。

A.30

B.60

C.90

D.180

12.企业申报出口货物退（免）税的地点一般在（　　）。

A.出口地税务机关

B.购货地税务机关

C.企业所在地税务机关

D.就近的税务机关

13.在增值税出口退税业务中，企业确认应退税额应借记（　　）。

A.应交税费——应交增值税（出口抵减内销产品应纳税额）

B.应交税费——应交增值税（出口退税）

C.应收出口退税款

D.银行存款

14.增值税小规模纳税人出口自产货物继续实行（　　）增值税办法。

A.免征

B.即征即退

C.先征后退

D.不退

15.甲外贸企业是增值税一般纳税人，2021年6月从生产企业购进纺织品，取得的增值税专用发票上注明价款4万元，增值税税额0.52万元；当月将纺织品出口取得销售收入6万元人民币。已知纺织品的增值税退税率为9%，甲外贸企业出口纺织品应退的增值税为（　　）万元。

A.0.36

B.0.52

C.0.54

D.0.78

二、多项选择题

1.依据出口退（免）税政策，一般情况下，应按“免、抵、退”税办法计算退税的有（　　）。

A.生产企业自营出口货物

B.生产企业委托出口货物

C.生产型外商投资企业自营出口货物

D.外贸企业出口收购货物

2.我国出口货物退（免）税的企业主要有（　　）。

A.外贸企业

B.外商投资企业

C.有进出口经营权的内资生产企业

D.委托外贸企业代理出口的无进出口经营权的内资生产企业

3.外贸企业根据退税申报时间和程序先后可分为（　　）。

A.预申报

B.正式申报

C.一般申报

D.特殊申报

4.下列情形中，适用增值税免税不退

税政策的有（　　）。

A.非出口企业委托出口的货物

B.非列名生产企业出口的非视同自产货物

C.农业生产者出口自产农产品

D.来料加工复出口的货物

5.下面几种价格中，不属于生产企业计算出口退税依据的是（　　）。

A.离岸价

B.成本加运费

C.到岸价

D.合同成交价

6.某企业当月增值税纳税申报期末留抵税额为10万元，当月税务机关审批"免、抵、退"税额8万元，则下列说法中正确的是（　　）。

A.该企业当月应退税额为10万元

B.该企业当月应退税额为8万元

C.该企业当月免抵税额为0

D.该企业当月免抵税额为2万元

7.生产企业出口货物适用的征税率与退税率之差涉及的会计科目有（　　）。

A.产品销售成本

B.应交税费——应交增值税（进项税额转出）

C.产品销售费用

D.应交税费——应交增值税（出口退税）

8.下列选项中，适用出口免征增值税政策的有（　　）。

A.已使用过的设备（购进时未取得增值税专用发票）

B.非出口企业委托出口的货物

C.农业生产者自产农产品

D.以旅游购物贸易方式报关出口的货物

9.根据现行税制的规定，我国出口货物退（免）税的税种是（　　）。

A.增值税

B.消费税

C.资源税

D.所得税

10.出口企业办理免抵退税进行会计处理时，涉及的会计科目有（　　）。

A.产品销售成本

B.营业外支出

C.应交税费——应交增值税（出口抵减内销产品应纳税额）

D.应交税费——应交增值税（出口退税）

三、判断题

（　　）1.外贸企业出口应税消费品，应退消费税税款=外贸企业购进应税消费品支付的全部款额×退税率。

（　　）2.出口企业办理增值税出口退税时，必须提供购进出口货物的增值税专用发票（税款抵扣联），如果企业在购进货物时只取得了普通发票而未取得增值税专用发票，当该购进货物出口时，税务机关不予办理出口退税。

（　　）3.根据出口企业的不同形式和出口货物的不同种类，我国的出口货物税收政策中还可以采取出口退税不免税政策。

（　　）4.对出口货物增值税实行零税率，就是对出口货物免征增值税，即本环节应纳税额为零。

（　　）5.外贸企业委托生产企业加工收回后报关出口的货物，在国内购进的原辅材料、支付的加工费，按增值税专用发票上注明的税金数额，全部退税。

（　　）6.生产企业委托外贸企业代理出口货物，其增值税的退税环节和方法是：对外贸企业实行退税，采取"先征后退"方法。

（　　）7.出口退（免）税的对象包括

货物、劳务和服务等三大类。

(　　) 8.我国的出口退（免）税仅限于直接税中的增值税和消费税。

(　　) 9.一般贸易方式下生产企业自营和委托出口货物的免抵退税计税依据为出口货物离岸价格。

(　　) 10.依照税法，除另有规定外，对出口商品退还增值税的，不退还已缴纳的城市维护建设税。

(　　) 11.生产企业出口货物必须以成本加运费价（C&F）为计税依据计算“免、抵、退”税额。

(　　) 12.对出口企业申报的符合规定的退（免）税，主管国税机关应在30个工作日内（从受理退（免）税申报之日起，至将“税收收入退还书”传递至国库）办结相关退（免）税手续。

(　　) 13.出口企业以自营名义出口，其出口的同一批货物既签订购货合同又签订代理出口合同（或协议）的，可以申报退税。

(　　) 14.对外贸易经营者如发生撤并、变更情况，应于备案登记撤并、变更之日起30日内向所在地主管出口退税业务的税务机关办理注销或变更退税认定手续。

(　　) 15.小规模纳税人在按规定办理出口货物免税认定以前出口的货物时，凡在免税核销申报期限内申报免税核销的，税务机关可按规定审批免税。

四、综合题

1.某具有进出口经营权的生产企业对自产货物经营出口销售及国内销售。该企业当年1月份购进所需原材料，允许抵扣的增值税进项税额为65万元，内销产品取得不含税销售收入400万元，出口货物离岸价折合人民币2 400万元。假设上期留抵税款5万元，增值税税率为13%，退税率为12%。

要求：进行相关账务处理。

2.某自营出口生产企业是增值税一般纳税人，出口货物的征税率为13%，退税率为10%。当年3月购进原材料一批，取得的增值税专用发票注明的价款为200万元，增值税为26万元，货已入库。上期期末留抵税额3万元。当月内销货物的销售额为100万元，销项税额为13万元。本月出口货物的销售额折合人民币200万元。

要求：计算应退税额并编制相关会计分录。

3.位于市区的甲生产企业是增值税一般纳税人（具有进出口经营权），出口货物适用的征税率为13%，退税率为9%。2024年7月购进原材料，取得的增值税专用发票上注明增值税税额68万元；当月进料加工保税进口料件的组成计税价格是150万元；本月内销货物取得含税销售收入226万元；本月出口货物离岸价折合人民币300万元；已知进料加工保税进口料件的计划分配率为75%，6月末无留抵税额；8月内销产品，取得不含税销售收入200万元，购进生产用原材料，取得的增值税专用发票上注明的增值税税额为1.3万元。

要求：进行甲企业7月和8月增值税的相关税务处理。

4.某外贸公司3月从生产企业购进供出口的商品一批，取得的增值税专用发票上注明的价款为20万元，税额为2.6万元；当月出口商品FOB为2万美元，当日外汇牌价为USD1=CNY8。该公司适用的增值税税率为13%，出口商品退税率为12%。

要求：根据上述资料，做商品购进、入库、出口及应退增值税的会计处理。

5.某生产企业为增值税一般纳税人，2020年6月外购原材料取得防伪税控系统开具的进项税额专用发票，注明进项税额137.7万元，并通过主管税务机关认证。当月内销货物取得不含税销售额150万元，外销货物取得销售收入115万美元（美元与人民币的比价为1：6.5），该企业适用的增值税税率为13%，出口退税率为9%。

要求：计算该企业6月免抵退税额。

第六章 消费税的会计核算

一、单项选择题

1.从价计税的应税消费品的销售额应为（ ）。

A.成本+利润

B.成本+利润+增值税

C.成本+利润+增值税+消费税

D.成本+利润+消费税

2.根据消费税法律制度的规定，下列各项中，不属于消费税纳税义务人的是（ ）。

A.高档化妆品进口商

B.鞭炮批发商

C.钻石零售商

D.卷烟生产商

3.委托加工应税消费品，受托方于（ ）时代收代缴消费税。

A.接受委托

B.加工开始

C.收取加工费

D.委托方销售

4.下列各项业务中，应承担消费税纳税义务的有（ ）。

A.在中国境内零售化妆品

B.在中国境内委托加工化妆品

C.出口国内生产的化妆品

D.将委托加工收回的化妆品在国内销售

5.现行消费税的计税依据是指（ ）。

A.含消费税而不含增值税的销售额

B.含消费税和增值税的销售额

C.不含消费税而含增值税的销售额

D.不含消费税也不含增值税的销售额

6.下列应视同销售缴纳消费税的情况有（ ）。

A.将外购已税消费品继续加工成应税消费品

B.将委托加工收回的应税消费品继续加工成应税消费品

C.自制应税消费品继续加工成应税消费品

D.自制应税消费品用于向外单位投资

7.关于消费税的特点，下列说法错误的是（ ）。

A.税负不具有转嫁性

B.征税项目具有选择性

C.征收方法具有多样性

D.税收调节具有特殊性

8.根据现行消费税的有关规定，下列各项中，应当征收消费税的是（ ）。

A.影视演员用的上妆油

B.变压器油

C.电动汽车

D.未经涂饰的素板

9.下列业务中，不征收消费税的是（ ）。

A.高档化妆品厂将自产的高档香水用于换取生产资料

B.高尔夫球具厂将自产的高尔夫球杆的杆头用于连续生产高尔夫球杆

C.鞭炮厂将自产的鞭炮用于抵偿债务

D.4S店销售不含税价格在135万元以上的超豪华小汽车

10.卷烟批发企业甲2021年6月批发销售卷烟500箱，其中批发给另一卷烟批发企业300箱、零售专卖店150箱、个体烟摊50箱。每箱不含税批发价为13 000元。卷烟批发环节的消费税税率为11%，甲企业应缴纳的消费税为（ ）元。

A.336 000

B.325 000

C.32 500

D.195 000

11.受托加工应税消费品受托方收取代扣代缴消费税的会计分录为（　　）。

A.借：银行存款

　　贷：应交税费——应交消费税

B.借：应交税费——应交消费税

　　贷：银行存款

C.借：银行存款

　　贷：代扣税金——代扣消费税

D.借：代扣税金——代扣消费税

　　贷：银行存款

12.一般纳税人销售应税消费品时，如果开具的是普通发票，在计算消费税时，销售额应按下列（　　）公式换算。

A.含增值税销售额÷（1+13%）

B.含增值税销售额÷（1−13%）

C.含增值税销售额÷（1−消费税税率）

D.含增值税销售额÷（1+消费税税率）

13.进口的应税消费品，适用从价定率办法计税的，其计税依据为（　　）。

A.关税完税价格

B.组成计税价格

C.市场销售价格

D.同类商品价格

14.根据消费税暂行条例的规定，委托加工的特点是（　　）。

A.委托方提供原料或主要材料，受托方代垫部分辅助材料并收取加工费

B.委托方支付加工费，受托方提供原料或主要材料

C.委托方支付加工费，受托方以委托方的名义购买原料或主要材料

D.委托方支付加工费，受托方购买原料或主要材料卖给委托方再接受加工

15.甲化妆品公司为增值税一般纳税人，2021年9月销售高档化妆品套装400套，每套含增值税售价678元，将同款套装30套用于对外赞助。已知增值税税率为13%，消费税税率为15%，计算甲化妆品公司当月该套装应缴纳消费税为（　　）元。

A.36 000

B.38 700

C.37 900

D.40 680

二、多项选择题

1.下列几种情况中，属于自制应税消费品的有（　　）。

A.由受托方提供原材料生产的应税消费品

B.受托方先将原材料卖给委托方，然后再接受加工的应税消费品

C.由委托方提供原材料和主要材料，受托方只收取加工费和代垫部分辅助材料加工的应税消费品

D.由受托方以委托方名义购进原材料生产的应税消费品

2.企业将自产应税消费品用于在建工程、职工福利的会计处理，当企业将应税消费品移送自用时，按其成本转账，借记（　　）等账户。

A.“在建工程”

B.“营业外支出”

C.“应付职工薪酬”

D.“销售费用”

3.下列各项中，符合消费税纳税地点规定的有（　　）。

A.进口应税消费品的，由进口人或其代理人向报关地海关申报纳税

B.纳税人总机构与分支机构不在同一县的，分支机构应回总机构申报纳税

C.委托加工应税消费品的，由委托方向受托方所在地主管税务机关申报

纳税

D.纳税人到外县销售自产应税消费品的，应向纳税人机构所在地或居住地主管税务机关申报纳税

4.消费税是对我国境内从事生产、委托加工应税消费品的单位和个人，就其（　　）在特定环节征收的一种税。

A.销售额

B.所得额

C.生产额

D.销售数量

5.下列关于消费税税率设计的主要原则说法正确的有（　　）。

A.体现国家消费政策和产业政策

B.增加我国财政收入

C.适当考虑消费品的原有税收负担水平

D.正确引导消费方向，抑制超前消费，调节供求关系

6.消费税不同应税产品的纳税环节包括（　　）。

A.批发环节

B.进口环节

C.零售环节

D.生产销售环节

7.下列应税消费品中，采用复合计税方法计算消费税的有（　　）。

A.烟丝

B.酒精

C.白酒

D.卷烟

8.准予将当期领用的已税消费品已纳税款从当期应纳消费税税款中扣除的情况是（　　）。

A.自产自用应税消费品用于其他方面

B.委托加工收回已税消费品用于连续生产应税消费品

C.进口应税消费品用于投资

D.外购已税消费品连续生产应税消费品

9.从价定率计征消费税时，销售额中应包括（　　）。

A.价款

B.价外费用

C.消费税

D.增值税

10.下列经营业务中，应征收消费税的是（　　）。

A.大型超市零售的卷烟

B.日化厂将自产化妆品用于广告样品

C.汽车厂将自产小客车用于投资

D.日化厂将护肤护发品用于促销赠送

11.卷烟回购企业从联营企业回购卷烟后再直接销售，不论是否加价，不再征收消费税的条件是（　　）。

A.回购企业在委托联营企业加工时应提供卷烟牌号

B.提供税务机关已公示的消费税计税价格

C.提供原材料并支付加工费

D.回购后，其销售收入和自产卷烟的销售收入应分开核算

12.下列单位中属于消费税纳税人的有（　　）。

A.小汽车生产企业

B.委托加工烟丝的卷烟厂

C.进口红酒的外贸公司

D.受托加工白酒的加工厂

13.某木材公司将一批自产实木地板用于本公司宾馆，其成本为8万元，消费税税率和成本利润率均为5%，则（　　）。

A.消费税组价为8.84万元

B.消费税组价为9.26万元

C.增值税组价为7.18万元

D.增值税组价为8.84万元

14.下列各项中，不符合消费税纳税义务发生时间规定的有（　　）。

A.进口的应税消费品，为取得进口货物的当天

B.自产自用的应税消费品，为移送使用的当天

C.委托加工的应税消费品，为支付加工费的当天

D.采取预收货款结算方式的，为收到预收货款的当天

15.根据消费税法律制度的规定，下列各项中，纳税人应当以同类应税消费品的最高销售价格作为计税依据的有（　　）。

A.自产应税消费品用于对外捐赠

B.自产应税消费品用于投资入股

C.自产应税消费品用于换取生产资料

D.自产应税消费品用于换取消费资料

三、判断题

（　　）1.某纳税人用外购已税汽车轮胎生产摩托车。销售摩托车计征消费税时允许扣除当期生产领用的已税汽车轮胎的已纳税金。

（　　）2.纳税人兼营不同税率的应税消费品，应当分别核算不同税率应税消费品的销售额、销售量，未分别核算的，或将不同税率的应税消费品组成成套消费品销售的，按平均税率计税。

（　　）3.纳税人委托加工的应税消费品收回后直接出售的，不再征收消费税。

（　　）4.消费税是价内税，因此应记入“税金及附加”科目的借方。

（　　）5.纳税人销售应税消费品，如果销售额为含税销售额，在计征消费税时应作不含税处理，其计算公式为：不含税销售额=含税销售额÷（1-增值税税率或征收率）。

（　　）6.委托加工应税消费品是指委托方提供原料和主要材料，受托方只收取加工费和代垫部分辅助材料加工的应税消费品。

（　　）7.征收消费税的环节是从生产到流通的各个环节。

（　　）8.竹制一次性筷子不属于消费税目。

（　　）9.用外购已税的珠宝玉石生产的珠宝玉石销售计税时，允许扣除全部外购的珠宝玉石的已纳税金。

（　　）10.纳税人用于换取产品和抵偿债务的应税消费品，不征收消费税。

（　　）11.计征消费税和增值税的价格，均为含消费税金不含增值税金的价格。

（　　）12.进口的所有应税消费品，计算进口消费税的组成计税价格，也就是计算进口增值税的组成计税价格。

（　　）13.委托加工收回的应税消费品，由于受托方未代收代缴消费税，委托方应补缴委托加工环节应缴的消费税。

（　　）14.纳税人将生产的应税消费品换取生产资料、消费资料、投资入股、偿还债务不需要缴纳消费税。

（　　）15.应税消费品一般在生产、委托加工和进口环节缴纳消费税，在以后的批发、零售等环节中，由于价款中已包含消费税，因此不必再缴纳消费税。

四、计算题

1.某烟草公司为增值税一般纳税人，2021年10月进口卷烟400标准箱，海关核定的关税完税价格为300万元，关税税率为50%。

要求：计算该烟草公司当月进口环节应缴纳的消费税。

2.2021年5月国内某手表生产企业进口手表机芯20 000只，海关审定的关税完税价格为0.6万元/只，关税税率30%，企业完税后海关放行；当月生产销售手表16 000只，每只不含税售价为3万元。已知高档手表适用的消费税税率为20%。

要求：计算2021年5月该手表生产企

业应缴纳的消费税。

3.甲企业为增值税一般纳税人，主要从事小汽车的制造和销售业务。2020年7月有关业务如下：

（1）销售1辆定制小汽车取得含增值税价款226 000元，另收取手续费33 900元。

（2）将20辆小汽车对外投资，小汽车生产成本10万元/辆，甲企业同类小汽车不含增值税最高销售价格16万元/辆、平均销售价格15万元/辆、最低销售价格为14万元/辆。

（3）采取预收款方式销售给4S店一批小汽车，当月5日签订合同，当月10日收到预收款，当月15日发出小汽车，当月20日开具发票。

（4）生产中轻型商用客车500辆，其中480辆用于销售、10辆用于广告、8辆用于企业管理部门、2辆用于赞助。

已知：小汽车增值税税率为13%，消费税税率为5%。

要求：根据上述资料，不考虑其他因素，分析回答下列问题。

（1）甲企业销售定制小汽车应缴纳的消费税。

（2）甲企业用小汽车投资应缴纳的消费税。

4.甲企业主要从事高档化妆品的生产和销售业务，2020年9月有关经营情况如下：

（1）销售自产W型高档化妆品一批，取得不含增值税销售额203万元，另收取包装费1.13万元。

（2）当月赠送自产的Y型高档化妆品一批，该批化妆品成本8.5万元，甲企业同类化妆品的平均销售价格确定的不含增值税金额为17万元。

（3）当月将闲置房产出租，合同约定每月含增值税租金3.15万元，本月一次性收取一年的租金37.8万元。

（4）购进生产用设备一台，取得的增值税专用发票注明税额为13万元；购进健身器材一批，用于职工福利，取得的增值税专用发票注明税额为0.26万元；支付企业招待客户餐饮费用，取得的增值税普通发票注明税额为0.3万元；支付员工出差住宿费用，取得的增值税专用发票注明税额为0.6万元。

已知：增值税税率为13%，消费税税率为15%；出租不动产选择简易计税方法，增值税征收率为5%。

要求：根据上述资料，不考虑其他因素，分析回答下列问题。

（1）计算甲企业当月销售自产W型高档化妆品应缴纳的消费税。

（2）计算甲企业当月赠送自产Y型高档化妆品的增值税销项税额。

（3）计算甲企业当月出租闲置房产应缴纳的增值税。

五、综合题

1.某汽车制造厂为赞助一次汽车拉力赛无偿赠送给主办单位小汽车5辆，每辆车生产成本18万元，不含税售价25万元，适用的消费税税率为5%。

要求：计算其应纳增值税和消费税税额，并作相应的会计处理。

2.某礼花厂某年1月发生以下业务：

（1）月初库存外购已税鞭炮的金额为12 000元，当月购进已税鞭炮300箱，增值税专用发票上注明的每箱购进金额为300元。月末库存外购已税鞭炮的金额为8 000元。其余为当月生产领用。

（2）当月生产甲鞭炮120箱，销售给A商贸公司100箱，每箱不含税（下同）销售价格为800元；其余20箱通过该企业自设非独立核算门市部销售，每箱不含税销售价格为850元。

（3）当月生产乙鞭炮500箱，销售给B商贸公司250箱，每箱销售价格为1 100元；将200箱换取火药厂的火药，双方按易货价格开具了增值税专用发票；剩余的50箱作为福利发放给职工。

（其他相关资料：上述增值税专用发票的抵扣联均已经过认证；鞭炮的消费税税率为15%）

要求：根据上述资料，按照顺序计算回答问题，每问需计算出合计数。

（1）计算礼花厂销售给A商贸公司鞭炮应缴纳的消费税；

（2）计算礼花厂销售给B商贸公司鞭炮应缴纳的消费税；

（3）计算礼花厂门市部销售鞭炮应缴纳的消费税；

（4）计算礼花厂用鞭炮换取原材料应缴纳的消费税；

（5）计算礼花厂将鞭炮作为福利发放应缴纳的消费税；

（6）计算礼花厂当月允许扣除的已纳消费税；

（7）计算礼花厂当月实际缴纳的消费税。

3.甲企业为增值税一般纳税人，主要生产销售高尔夫球及球具。某年11月份发生以下业务：

（1）购进一批PU材料，取得的增值税专用发票上注明价款10万元、增值税税款1.3万元。委托乙企业将其加工成100个高尔夫球包，支付加工费2万元、增值税税款0.26万元。乙企业当月销售同类球包不含税销售价格为0.25万元/个。

（2）将委托加工收回的球包批发给代理商，收到不含税价款28万元。

（3）购进一批碳素材料、钛合金，增值税专用发票注明价款150万元、增值税税款19.5万元。委托丙企业将其加工成高尔夫球杆，支付加工费用30万元、增值税税款3.9万元。

（4）委托加工收回的高尔夫球杆的80%当月已经销售，收到不含税价款300万元，尚有20%留存仓库。

已知高尔夫球及球具的消费税税率为10%，甲企业适用的增值税税率为13%。

要求：根据以上资料，计算并回答下列问题：

（1）乙企业应代收代缴的消费税是多少？

（2）甲企业批发球包应缴纳的消费税是多少？

（3）甲企业销售高尔夫球杆应缴纳的消费税是多少？

（4）甲企业留存仓库的高尔夫球杆应缴纳的消费税是多少？

4.某市甲银行下属金店（增值税一般纳税人），主要经营金银首饰零售业务，兼营金银首饰的来料加工、翻新改制、以旧换新、清洗、修理业务。2021年8月主要发生下列业务：

（1）向消费者个人销售纯金首饰取得销售收入50万元，销售纯金首饰同时收取的包装盒价款0.25万元。

（2）接受消费者委托加工金项链2条，收到委托方提供的黄金价值1万元，本月将已加工完毕的金项链移交给委托人，收取不含税加工费500元，代垫辅助料件不含税价款300元，受托方无同类金项链销售价格。

（3）向消费者个人销售镀金首饰，取得销售收入2.32万元；向消费者个人销售铂金首饰，取得销售收入3.5万元。

（4）将金银首饰与装饰手表和高级钢笔组成礼品盒销售给消费者个人，取得销售收入共计3.48万元，其中金银首饰价款2.9万元，装饰手表和高级钢笔价款0.58

万元。

（5）采取以旧换新方式向消费者个人销售纯金项链，新金项链售价为1.8万元，旧金项链作价1.2万元，取得新旧项链差价款0.6万元。

（6）外购珠宝玉石一批，取得的增值税专用发票上注明价款20万元，税率13%；当月将其中的50%用于加工金银镶嵌首饰。

（7）当月取得金银首饰修理业务含税收入1.13万元。

其他相关资料：本月取得的相关凭证符合规定，并在本月认证抵扣；金银首饰消费税税率5%。

根据上述资料，回答下列问题：

（1）业务（2）应缴纳的消费税税额。

（2）业务（4）应缴纳的消费税税额。

（3）业务（5）应缴纳的消费税税额。

（4）该金店当月应缴纳的消费税合计。

5.位于市区的A卷烟厂为增值税一般纳税人，主要生产甲类卷烟和雪茄烟，2021年5月生产经营业务如下：

（1）从烟农手中购进烟叶，支付收购价款40 000元，并且按照规定支付了10%价外补贴，同时按照收购价款20%缴纳了烟叶税。将其运往位于县城的B企业委托加工成烟丝，支付运输企业（增值税一般纳税人）不含税运费5 000元，取得增值税专用发票，向B企业支付加工费，取得增值税专用发票注明加工费10 000元，增值税1 300元，该批烟丝已经验收入库，但本月尚未领用生产，B企业无同类烟丝的销售价格。

（2）从C企业（增值税小规模纳税人）购进已税烟丝，取得税务机关代开的增值税专用发票，注明价款20 000元。

（3）进口一批烟丝，海关审定的关税完税价格为40 000元，缴纳进口环节相关税金后，海关放行，并取得海关进口增值税专用缴款书，该批烟丝已经验收入库，但本月尚未领用生产。

（4）领用从C企业购进烟丝的60%用于继续生产甲类卷烟，销售甲类卷烟5箱，取得不含税销售收入150 000元；领用从C企业购进烟丝的10%用于继续生产雪茄烟，销售雪茄烟取得不含税销售收入80 000元。

（5）本月因管理不善导致上月从增值税一般纳税人处购进的烟丝（已抵扣进项税额）霉烂变质，成本8 500元（其中运费成本500元）。

其他相关资料：烟丝的消费税税率为30%；甲类卷烟生产环节消费税税率为56%加0.003元/支；雪茄烟的消费税税率36%，烟丝的关税税率为40%；上述相关票据均已经过比对认证。不考虑地方教育附加。

根据上述资料，回答下列问题：

（1）B企业应代收代缴的消费税。

（2）A企业当期应缴纳的进口环节消费税和增值税。

（3）A企业应向主管税务机关缴纳的增值税。

（4）A企业应向主管税务机关缴纳的消费税。

第七章　企业所得税的会计核算

一、单项选择题

1.根据企业所得税的相关规定，企业外购资产用于下列情形的，应当视同销售确认收入的是（　　）。

A.作为原材料投入生产

B.作为门市房对外出租

C.移送至境外分公司用于继续加工

D.移送至境内分公司用于连续加工

2.下列各项中，属于企业所得税不征税收入的是（　　）。

A.股权转让收入

B.国债利息收入

C.确实无法偿付的应付款项

D.财政拨款

3.下列关于企业所得税收入确认的表述，不符合规定的是（　　）。

A.销售商品采用支付手续费方式委托代销的，在收到代销清单时确认收入

B.为特定客户开发软件的收费，应根据开发的完工进度确认收入

C.属于提供初始及后续服务的特许权费，在提供服务时确认收入

D.申请入会收取的会员费，均在取得该会员费时确认收入

4.下列各项中，不属于企业所得税纳税人的企业是（　　）。

A.在外国成立但实际管理机构在中国境内的企业

B.在中国境内成立的外商独资企业

C.在中国境内成立的个人独资企业

D.在中国境内未设立机构、场所，但有来源于中国境内所得的企业

5.根据企业所得税法的规定，依法在中国境内成立，或者依照外国（地区）法律成立但实际管理机构在中国境内的企业，是（　　）。

A.本国企业

B.外国企业

C.居民企业

D.非居民企业

6.某商场采用买一赠一的方式销售商品，规定以1 500元（不含增值税，下同）购买手机的客户可获赠一个价值200元的电饭锅；2024年该商场一共销售了100部手机，取得收入150 000元。则该商场在计算2024年企业所得税时，应确认手机的销售收入为（　　）元。

A.132 352.94

B.150 000

C.170 000

D.17 647.06

7.某经认定的技术先进型服务企业2020年实际发生合理的工资、薪金支出1 100万元，“三费”支出合计230万元，分别为：职工福利费160万元，职工教育经费40万元，工会经费30万元。2020年该企业计算企业所得税应纳税所得额时准予扣除的“三费”为（　　）万元。

A.200

B.205

C.216

D.270

8.下列各项中，不得在企业所得税前扣除的是（　　）。

A.企业职工因公出差乘坐交通工具发生的人身意外保险费支出

B.企业通过市政府捐赠用于应对疫情的现金

C.企业直接向承担疫情防控任务的医院捐赠用于应对疫情的物品

D.企业直接向承担疫情防控任务的医院捐赠用于应对疫情的现金

9.企业发生的下列保险费中，不得在税前扣除的是（　　）。

A.企业参加雇主责任险按照规定缴纳的保险费

B.企业参加公众责任险按照规定缴纳的保险费

C.企业参加财产保险按照规定缴纳的保险费

D.企业为高管人员按规定缴纳的商业保险费

10.企业来源于境外所得，已在境外实际缴纳所得税税款，在汇总纳税并按规定

计算扣除限额时，如果境外实际缴纳的税款超过扣除限额，对超过的部分处理的方法是（　　）。

A.列为当年费用支出

B.从本年度的应纳所得税额中扣除

C.用以后年度税额扣除的余额补扣，补扣期限最长不得超过5年

D.从以后年度境外所得中扣除

11.根据《企业所得税法》的规定，下列对企业所得税征收管理的说法正确的是（　）。

A.按月预缴所得税的，应当自月份终了之日起10日内，向税务机关报送预缴企业所得税纳税申报表，预缴税款

B.企业应当在办理注销登记后，就其清算所得向税务机关申报并依法缴纳企业所得税

C.企业纳税年度亏损，可以不向税务机关报送年度企业所得税纳税申报表

D.依照企业所得税法缴纳的企业所得税，以人民币以外的货币计算的，应当折合成人民币计算并缴纳税款

12.计征企业所得税时，超过规定标准列支的招待费，应计入（　　）。

A.营业外收入

B.成本

C.费用

D.应纳税所得额

13.根据《企业所得税法》的相关规定，下列各项应计入应纳税所得额的是（　　）。

A.国债利息收入

B.某营利企业接受其他企业捐赠机器设备的收入

C.符合条件的居民企业之间的股息、红利等权益性投资收益

D.符合条件的非营利性组织的收入

14.某公司某年度取得境内应纳税所得额120万元，取得境外投资的税后收益59.9万元。境外企业所得税税率为20%，但该企业享受税收优惠，实际税率为15%。我国与该境外企业所在国之间签署了税收协定，在境外减免的税款应视同已缴税额在中国的应纳税额中抵免。该公司该年度在我国实际应缴纳企业所得税（　　）万元。

A.34.38

B.33.5

C.33.72

D.37

15.企业纳税年度发生的亏损准予向以后年度结转，用以后年度的所得弥补，但结转年限最长不得超过（　　）年。

A.5

B.6

C.8

D.10

16.某日本企业（实际管理机构不在中国境内）在中国境内设立分支机构，2020年该机构在中国境内取得咨询收入500万元，在中国境内培训技术人员，取得日方支付的培训收入200万元，在中国香港取得与该分支机构无实际联系的所得80万元，2020年度该境内机构企业所得税的应纳税收入总额为（　　）万元。

A.500

B.580

C.700

D.780

17.根据企业所得税法的规定，下列说法中正确的是（　　）。

A.企业接受捐赠收入，按合同约定日期确认收入

B.利息收入，按照合同约定的债务人

应付利息的日期确认收入的实现

C.租赁合同规定的租赁期限跨年度的，且租金提前一次性支付的，出租人要一次性确认收入

D.被投资企业将股权（票）溢价所形成的资本公积转为股本的，作为投资方企业的股息、红利收入

18.按照《企业所得税法》的有关规定，在计算企业所得税应纳税所得额时，下列项目准予从收入总额中扣除的是（　　）。

A.固定资产减值准备

B.被没收财物的损失

C.遭到龙卷风袭击的存货毁损

D.非广告性质的赞助支出

19.企业固定资产投入使用后，由于工程款项尚未结清未取得全额发票的，可暂按（　　）计入固定资产计税基础计提折旧，待发票取得后进行调整，但该项调整应在固定资产投入使用后12个月内进行。

A.合同规定的金额

B.已结清的部分金额

C.合同规定金额的一半

D.已结清金额的一半

20.2024年8月，一家新开业的小型微利商业企业，为了拓展市场，从开业之日起至12月31日销售商品一律实行买一赠一活动，开业5个月销售商品共计取得不含税销售收入225万元，赠送商品的不含税市场价格为15万元，全部销售商品和赠送商品的成本为180万元，应扣除的销售税金和全部费用共计42万元。该商业企业2024年度应缴纳企业所得税（　　）万元。

A.0.3

B.0.38

C.0.6

D.1.8

二、多项选择题

1.根据企业所得税的相关规定，下列属于居民企业的有（　　）。

A.依法在上海成立的个体工商户

B.依法在深圳成立的外商投资企业

C.境外企业在北京设立的办事机构

D.依照美国法律成立，实际管理机构在我国境内的企业

2.根据《企业所得税法》的规定，下列收入属于征税收入的是（　　）。

A.特许权使用费收入

B.财产转让收入

C.劳务收入

D.国债利息收入

3.根据企业所得税法律制度的规定，下列各项中，在计算企业所得税应纳税所得额时不得扣除的有（　　）。

A.向投资者支付的红利

B.企业内部营业机构之间支付的租金

C.企业内部营业机构之间支付的特许权使用费

D.未经核定的准备金支出

4.根据企业所得税法的规定，企业的下列所得可以免征企业所得税的有（　　）。

A.农作物新品种的选育

B.林产品的采集

C.海水养殖

D.牲畜、家禽的饲养

5.下列各项收入中，不应计入企业所得税应纳税所得额的是（　　）。

A.企业在建工程发生的试运行收入

B.未逾期的包装物押金收入

C.企业取得符合条件的技术转让所得300万元

D.依法收取并纳入财政管理的行政事业性收费、政府性基金

6.按照《企业所得税法》的有关规定，下列表述正确的有（　　）。

A.纳税人销售货物给购货方的回扣，其支出可以在税前扣除

B.纳税人的存货跌价准备金在规定的范围内可以在税前扣除

C.企业已出售给职工个人的住房，不得在所得税前扣除折旧费和维修管理费

D.长期投资减值准备金、风险准备金不得在税前扣除

7.下列关于企业所得税收入确认时间的表述，正确的有（　　）。

A.转让股权，应于取得股权转让收入时确认收入的实现

B.采取产品分成方式取得收入的，按照企业分得产品的日期确认收入的实现

C.股息、红利等权益性投资收益，按照被投资方实际分配利润的日期确认收入的实现

D.以分期收款方式销售货物的，按照合同约定的收款日期确认收入的实现

8.下列项目中，不可以从应纳税所得额中扣除的有（　　）。

A.企业支付的违约金

B.企业之间支付的管理费

C.企业内营业机构之间支付的租金

D.非银行金融企业内营业机构之间支付的利息

9.下列居民企业中，不得核定征收企业所得税的有（　　）。

A.小额贷款公司

B.上市公司

C.担保公司

D.进出口代理公司

10.甲公司是境内一家上市公司，属于居民企业，乙公司是非居民企业，但在境内有机构、场所，下列收入中不属于免税收入的是（　　）。

A.甲公司购买境内某上市公司股票，5个月后收到分配的股息所得

B.乙公司购买甲公司股票，5个月后取得的股息所得

C.甲公司收到投资时间长达4年的境外某公司分配的股息所得

D.甲公司取得的国债利息收入

11.根据企业所得税法的相关规定，下列各项税金，在发生当期计入相关资产的成本，在以后各期分摊扣除的有（　　）。

A.占用耕地缴纳的耕地占用税

B.购置车辆缴纳的车辆购置税

C.印花税

D.转让房地产缴纳的土地增值税

12.根据《企业所得税法》的规定，下列收入的确认正确的是（　　）。

A.权益性投资收益，按照投资方取得投资收益的日期确认收入的实现

B.利息收入，按照合同约定的债务人应付利息的日期确认收入的实现

C.租金收入，按照实际收取租金的日期确认收入的实现

D.特许权使用费收入，按照合同约定的特许权使用人应付特许权使用费的日期确认收入的实现

13.企业所得税税前扣除凭证在管理中遵循的原则有（　　）。

A.真实性

B.合法性

C.关联性

D.重要性

14.某公司自行研究开发的A专利技术于7月5日达到预定可使用状态，并作为无形资产入账。A专利技术的成本为4 000万元，预计使用10年，预计净残值为0，采用直线法摊销。根据税法的规定，A专利技术的计税基础为其成本的200%。假定A专利技术的摊销方法、摊销年限和净残值符合税法的规定。该公司当年实现的利润

总额为10 000万元，适用的所得税税率为25%。假定不考虑其他因素。该公司下列会计处理中正确的有（　　）。

A.公司年末无形资产的计税基础为5 700万元

B.该无形资产产生的可抵扣暂时性差异不确认为递延所得税资产

C.公司年末应交所得税为2 475万元

D.公司年末所得税费用为2 000万元

15.根据企业所得税法的规定，下列关于企业所得税扣除项目的说法中正确的有（　　）。

A.企业按规定为自有小汽车缴纳的保险费，准予扣除

B.企业扩大经营，以经营租赁方式租入机器设备的租赁费，按照租赁期限均匀扣除

C.企业发生的公益性捐赠支出，不超过销售（营业）收入总额12%的部分，准予扣除

D.企业转让固定资产发生的费用，允许扣除

三、判断题

（　　）1.由于个人独资企业不适用企业所得税法，所以一人有限公司也不适用企业所得税法。

（　　）2.境外的个人独资企业和合伙企业可能会成为企业所得税法规定的我国非居民企业纳税人，也可能会成为企业所得税法规定的我国居民企业纳税人。

（　　）3.企业以货币形式和非货币形式从各种来源取得的收入，在计算企业所得税应纳税所得额时，均应计入收入总额。

（　　）4.我国企业所得税法对居民企业的判定标准采取的是登记注册地标准和实际管理控制地标准相结合的原则，依照这一标准在境外登记注册的企业属于非居民企业。

（　　）5.非居民企业偶尔委托个人在中国境内从事生产经营活动的，则该个人不视为非居民企业在中国境内设立的机构、场所。

（　　）6.企业以融资租赁方式租入固定资产而发生的租赁费可直接从收入总额中扣除。

（　　）7.非营利组织从事营利性活动取得的收入，免征企业所得税。

（　　）8.企业收入总额中的利息收入，是指企业购买各种债券等有价证券取得的利息，不包括外单位欠款付给的利息。

（　　）9.联营企业的生产、经营所得，一律就地缴纳所得税，然后再进行分配；联营企业发生亏损，由联营企业就地依法进行弥补。

（　　）10.企业为在本企业任职或者受雇的全体员工支付的补充养老保险费、补充医疗保险费，不得在企业所得税税前扣除。

（　　）11.小型微利企业的从业人数不包含企业接受的劳务派遣用工人数。

（　　）12.企业发生亏损，可在今后五年内弥补亏损，是指以五个盈利年度的利润弥补亏损。

（　　）13.企业发生的公益救济性捐赠支出在年度会计利润总额12%以内的部分，准予在计算应纳税所得额时扣除。

（　　）14.对于由于技术进步，产品更新换代较快的固定资产，以及常年处于强震动、高腐蚀状态的固定资产，可以采取缩短折旧年限或者加速折旧方法。

（　　）15.企业来源于中国境外的所得，已在境外缴纳的所得税税款，准予在汇总纳税时，从其应纳税额中扣除，但扣除额不得超过其境外所得依中国税法规定计算的应纳税额。

四、计算题

1.某年度某企业会计报表上的利润总额为100万元，已累计预缴企业所得税25万元。该企业该年度其他有关情况如下：

（1）发生的公益性捐赠支出为18万元；

（2）开发新技术的研究开发费用为20万元（未形成资产）；

（3）直接向某足球队捐款35万元；

（4）支付诉讼费2.3万元；

（5）支付违反交通法规罚款0.8万元。

要求：

（1）计算该企业公益性捐赠支出所得税前纳税调整额；

（2）计算该企业研究开发费用所得税前扣除数额；

（3）计算该企业该年度应纳税所得额；

（4）计算该企业该年度应纳所得税额；

（5）计算该企业该年度应汇算清缴的所得税额。

（答案中的金额单位用万元表示）

2.甲公司2019年8月设立，位于A市城区，主营建材制造，2020年7月登记为增值税一般纳税人。2024年6月购入一台设备，入账价值3 390 000元，当月投入使用。甲公司当年对该设备计提折旧180 000元。

要求：

（1）甲公司是否可将该设备一次性税前扣除；

（2）如果可以，应如何进行纳税调整。

3.位于市区的某制药公司由外商持股75%且为增值税一般纳税人，该公司2017年主营业务收入5 500万元，其他业务收入400万元，营业外收入300万元，主营业务成本2 800万元，其他业务成本300万元，营业外支出210万元，税金及附加420万元，管理费用550万元，销售费用900万元，财务费用180万元，投资收益120万元。其中：营业外支出包括对外捐赠货币资金140万元（通过县级政府向贫困地区捐赠120万元，直接向某学校捐赠20万元）。

要求：计算上述业务应调整的应纳税所得额。

4.地处某县城的某生产企业（一般纳税人），2020年实现营业收入5 600万元。经事务所审计发现，2020年2月将一批自产货物分配给股东，该货物的成本为200万元，市场不含税的销售价格为350万元，企业未进行任何账务处理。采用预收款方式销售货物，该货物的成本800万元，市场不含税的销售价格为1 000万元，合同约定的发货时间为2021年1月，截至2020年12月31日未发货。甲企业收到预收款确认销售收入并结转成本，未开具增值税发票，未缴纳增值税。发生的广告费和业务宣传费为1 200万元、业务招待费为100万元。

要求：对该企业超过准予列支标准的项目，在计算应纳税所得额时分项进行调整。

5.某上市公司自2013年起被认定为高新技术企业，2024年度取得主营业务收入48 000万元、其他业务收入2 000万元、营业外收入1 000万元、投资收益500万元，发生主营业务成本25 000万元、其他业务成本1 000万元、营业外支出1 500万元、税金及附加4 000万元、管理费用3 000万元、销售费用10 000万元，实现年度利润总额6 000万元，当年发生的相关具体业务如下：

（1）广告费支出8 000万元。

（2）业务招待费支出350万元。

（3）实发工资4 000万元，拨缴职工工会经费150万元，发生职工教育经费160万元，发生职工福利费900万元。

（4）计提资产减值损失准备金1 500万元，该资产减值损失准备金未经税务机关核定。

（5）公司取得的投资收益中包括国债利息收入200万元。

其他相关资料：各扣除项目均已取得有效凭证，相关优惠已办理必要手续。

要求：根据上述资料，回答以下问题，如有计算，需计算出合计数。

（1）计算业务（1）应调整的应纳税所得额。

（2）计算业务（2）应调整的应纳税所得额。

（3）计算业务（3）应调整的应纳税所得额。

（4）计算业务（4）应调整的应纳税所得额。

（5）计算业务（5）应调整的应纳税所得额。

（6）计算该企业2024年应纳企业所得税税额。

五、综合题

1.某税务师事务所受托对某服装生产企业2024年度企业所得税汇算清缴鉴证。该企业系全部由自然人出资的有限责任公司，主营各式服装的生产和销售；经营地址为某市城区。2024年12月编制的年度利润表如下：

利润表

2024年12月

单位：元

项　目	本期金额	上期金额
一、营业收入	58 000 000	
减：营业成本	45 000 000	
税金及附加	320 000	
销售费用	4 000 000	
管理费用	2 350 000	
财务费用	750 000	
加：公允价值变动收益（亏损以“-”号填列）	0	
投资收益（亏损以“-”号填列）	860 000	
二、营业利润（亏损以“-”号填列）	6 440 000	
加：营业外收入	80 000	
减：营业外支出	1 570 000	
三、利润总额（亏损总额以“-”号填列）	4 950 000	
减：所得税费用	1 237 500	
四、净利润（净亏损以“-”号填列）	3 712 500	

注册税务师对该企业2024年有关账户明细记录及相关资料进行审核，发现如下情况：

（1）“销售费用”中有广告费和宣传费2 500 000元；市内销售分公司2024年度房租费200 000元；样品费600 000元；其余

为销售部门人员工资、奖金及办公费用。其中，样品为领用的本公司生产的各种款式的服装（注：增值税不视同销售），经审核其生产成本合计为600 000元，同类不含税销售价格为800 000元，会计分录为：

借：销售费用　　　600 000

　贷：库存商品　　　　600 000

（2）“管理费用”中有业务招待费1 200 000元；允许扣除的劳动保护费为150 000元；缴纳印花税、房产税和城镇土地使用税等税金共计180 000元；其余为管理人员工资、日常办公费用和缴纳职工养老保险等。其中，劳动保护费中有一部分是给车间生产工人发放的自产工作服，经审核的生产成本为120 000元，同类不含税销售价格为160 000元，会计分录为：

借：管理费用　　　120 000

　贷：库存商品　　　　120 000

（3）“财务费用”全部为向银行贷款发生的利息支出和有关结算费用。经审核部分贷款资金用于新生产车间的建造，其相应的利息为160 000元。新生产车间已于12月份投入使用。

（4）“投资收益”由两部分组成：一是被投资的甲公司董事会决定分配的利润360 000元；二是将原持有乙联营厂的股权转让，增值500 000元。经审核，甲公司的投资分利款当年并未收到；原对乙联营厂以货币资金投资700 000元，拥有30%股份，2024年6月以1 200 000元转让，转让时乙联营厂财务报表显示未分配利润和盈余公积合计1 000 000元。

（5）“营业外收入”为生产过程中的边角布料销售，未开发票收取现金的收入，会计分录为：

借：库存现金　　　80 000

　贷：营业外收入　　　80 000

（6）“营业外支出”由四部分内容构成：一是通过当地“希望工程”办公室捐建希望小学1 000 000元；二是因违反劳动法有关规定，被劳务部门罚款180 000元；三是订购的一批布料因国外订单取消而不再购进，预付的定金140 000元抵付供货方索取的违约金；四是计提固定资产减值准备250 000元。

（7）“应付职工薪酬”账户各明细栏目反映，支付给职工的工资总额合计2 000 000元（人均月工资2 500元）；发生职工福利费合计400 000元；发生职工教育经费80 000元；拨缴工会经费24 000元已取得相关工会拨缴款收据，同时又另行列支工会活动费40 000元。经审核，企业雇用12名残疾人员，支付其工资总额合计190 000元。

（8）“其他应收款”除备用金等短期借款外，其中有一笔发生在2024年4月的股东张某借款250 000元尚未归还，经审核董事会会议记录，为张某因购置住房资金不够而向公司借的款。

假定企业其他的业务处理正确，且与纳税无关。

要求：

（1）根据纳税人的资料和注册税务师审核发现的问题，指出影响企业所得税的事项及应如何作纳税调整。

（2）计算该企业当年的应纳税所得额、应纳企业所得税额及应补（退）的企业所得税额。

（3）计算审核发现的其他应补（退）税额。

2.某电器生产企业，2024年销售电器取得不含税收入15 000万元，应扣除的相关成本10 000万元；转让技术所有权取得不含税收入2 000万元，应扣除的相关成本、费用等600万元；从居民企业分回股息200万元；发生期间费用4 000万元，上缴的税金及附加为300万元；企业自行计算的利润总额为2 300万元。经聘请的税务师对其2024年度企业所得税进行审核，发现有关情况如下：

（1）投入研发支出1 000万元研发新产品和新工艺，其中600万元形成了无形资产，2024年4月1日取得专利证书并正式投入使用，该无形资产摊销期限为10年，当年未摊销费用；未形成无形资产的研发支出400万元已计入费用中扣除；

（2）期间费用包含发生的广告费2 600万元，营业外支出包含通过市政府向目标脱贫地区扶贫捐款20万元；

（3）外购商誉支出100万元，并在成本费用扣除了摊销费10万元；

（4）6月1日至6月30日对经营性租入固定资产进行改建，发生改建支出为432万元，一次性计入了当期费用中。该固定资产改建后从7月1日投入使用，租期三年。

依据以上资料，回答下列问题：

（1）投入使用的研发无形资产当年应扣除的摊销费用是多少万元？

（2）广告费和扶贫捐款应调增应纳税所得额多少万元？

（3）外购商誉和经营性租入固定资产发生的费用，应调增应纳税所得额多少万元？

（4）该企业2024年企业所得税的应纳税所得额是多少万元？

3.甲公司为增值税一般纳税人，适用的增值税税率为13%，所得税税率为25%，假定销售商品、原材料和提供劳务均符合收入确认条件，其成本在确认收入时逐笔结转，商品、原材料售价中不含增值税。2018年甲公司发生如下交易或事项：

（1）3月2日，向乙公司销售商品一批，按商品标价计算的金额为200万元。该批商品的实际成本为150万元。由于是成批销售，甲公司给予乙公司10%的商业折扣并开具了增值税专用发票，同时在销售合同中规定现金折扣条件为“2/10，1/20，N/30”，甲公司已于当日发出商品，乙公司于3月15日付款。假定计算现金折扣时不考虑增值税。

（2）5月5日，甲公司由于产品质量原因对上年出售给丙公司的一批商品按售价给予10%的销售折让。该批商品售价为30万元，增值税税额为3.9万元。货款已结清。经认定，同意给予折让并以银行存款退还折让款，同时开具红字增值税专用发票。

（3）9月20日，销售一批材料，增值税专用发票上注明的售价为15万元，增值税税额为1.95万元。款项已由银行收妥。该批材料的实际成本为10万元。

（4）10月5日，承接一项设备安装劳务，合同期为6个月，合同总收入为120万元，已经预收80万元。余额在设备安装完成时收回。采用完工百分比法确认劳务收入。完工率按照已发生成本占估计总成本的比例确定，至2018年12月31日，已发生的成本为50万元，预计完成劳务还将发生成本30万元。

（5）11月10日，向本公司行政管理人员发放自产产品作为福利。该批产品的实际成本为8万元，市场售价为10万元。

（6）12月20日，收到国债利息收入59万元。以银行存款支付销售费用5.5万元，支付税收滞纳金2万元。

要求：根据上述资料，不考虑其他因素，分析回答下列第（1）至（6）小题（会计分录单位为万元）。

（1）根据资料（1），下列各项中，会计处理正确的是（　　）。

A.3月2日，甲公司应确认销售商品收

入180万元

B.3月2日，甲公司应确认销售商品收入176万元

C.3月15日，甲公司应确认财务费用2万元

D.3月15日，甲公司应确认财务费用1.8万元

（2）根据资料（2）至（5），下列各项中，会计处理正确的是（　　）。

A.5月5日，甲公司发生销售折让时的会计分录：

借：主营业务收入　30

　　应交税费——应交增值税（销项税额）　3.9

　贷：银行存款　33.9

B.9月20日，甲公司销售材料时的会计分录：

借：银行存款　16.95

　贷：其他业务收入　15

　　　应交税费——应交增值税（销项税额）　1.95

借：其他业务成本　10

　贷：原材料　10

C.11月10日，甲公司向本公司行政管理人员发放自产产品时的会计分录：

借：管理费用　11.3

　贷：应付职工薪酬　11.3

借：应付职工薪酬　11.3

　贷：主营业务收入　10

　　　应交税费——应交增值税（销项税额）　1.3

借：主营业务成本　8

　贷：库存商品　8

D.12月31日，甲公司确认劳务收入、结转劳务成本的会计分录：

借：预收账款　75

　贷：主营业务收入　75

借：主营业务成本　50

　贷：劳务成本　50

（3）根据资料（1）至（5），甲公司2018年度利润表中“营业收入”的金额是（　　）万元。

A.225

B.235

C.250

D.280

（4）根据资料（1）至（5），甲公司2018年度利润表中“营业成本”的金额是（　　）万元。

A.168

B.200

C.208

D.218

（5）根据资料（1）至（6），下列各项中，关于甲公司2018年期间费用和营业利润计算结果正确的是（　　）。

A.期间费用为7.3万元

B.期间费用为18.6万元

C.营业利润为13万元

D.营业利润为72.4万元

（6）根据资料（1）至（6），下列各项中，关于甲公司2018年度利润表中“所得税费用”和“净利润”的计算结果正确的是（　　）。

A.所得税费用3.35万元

B.净利润67.05万元

C.所得税费用17.5万元

D.净利润52.5万元

4.某工业企业为增值税一般纳税人，职工80人，总资产1 000万元，2021年度相关经营情况如下：

（1）产品销售收入6 600万元，出租闲置设备取得租金收入400万元，取得国债利息收入100万元，直接向另一居民企业投资取得股息200万元；销售产品成本5 100万元；税务机关核定的增值税为

650万元，准予税前扣除的税金及附加为80万元。

（2）发生销售费用850万元，其中广告费600万元。

（3）发生管理费用450万元，其中业务招待费80万元，新产品研究开发费用340万元。

（4）发生财务费用120万元，其中从金融机构借款发生利息支出70万元，银行贷款年利率为7%，向本企业职工集资发生年利息支出20万元，集资款总额为200万元；另发生汇兑损失20万元。

（5）计入成本、费用的实发工资总额为300万元，拨缴职工工会经费5万元，支出职工福利费45万元、职工教育经费15万元。

（6）发生营业外支出200万元，其中向供货商支付违约金20万元，支付税收滞纳金2万元，违反市场监管规定被处罚款6万元，通过公益性社会团体向贫困地区的捐款150万元。

（7）转让技术取得收入600万元，转让支出为80万元。

要求：计算该企业2021年应缴纳的企业所得税。

5.某制造企业为增值税一般纳税人，自2017年起被认定为高新技术企业。其2024年度的生产经营情况如下：

（1）当年销售货物实现销售收入8 000万元，对应的成本为5 100万元。

（2）12月购入新设备，取得的增值税普通发票上注明的金额为600万元，当月投入使用并按规定计提折旧。

（3）通过其他业务收入核算转让5年以上非独占许可使用权收入700万元，与之相应的成本税费为100万元。

（4）当年发生管理费用800万元，其中含新产品研究开发费用300万元（已独立核算管理）、业务招待费80万元。

（5）当年发生销售费用1 800万元，其中含广告费1 500万元。

（6）当年发生财务费用200万元。

（7）取得国债利息收入150万元，企业债券利息收入180万元。

（8）全年计入成本费用的实发合理工资总额为400万元（含残疾职工工资50万元），实际发生职工福利费120万元、职工教育经费33万元，拨缴工会经费18万元。

（9）当年发生营业外支出共计130万元，其中违约金5万元、税收滞纳金7万元，补缴高管个人所得税15万元。

（10）当年“税金及附加”账户共列支200万元。

其他相关资料：各扣除项目均已取得有效凭证，相关优惠已办理必要手续。

要求：根据上述资料，按下列序号计算回答问题：

（1）判断12月购进新设备的成本能否一次性税前列支并说明理由。

（2）计算当年的会计利润。

（3）计算业务（3）中转让非独占许可使用权应纳税所得额调整金额。

（4）计算业务（4）中研究开发费及业务招待费应纳税所得额调整金额。

（5）计算业务（5）中广告费应纳税所得额调整金额。

（6）计算业务（7）涉及的应纳税所得额调整金额。

（7）计算业务（8）中工资、职工福利费、工会经费、职工教育经费应纳税所得额调整金额。

（8）计算业务（9）涉及的应纳税所得额调整金额。

（9）计算当年该企业的企业所得税应纳税所得额。

（10）计算当年该企业应缴纳的企业所

得税。

第八章　个人所得税的会计核算

一、单项选择题

1.根据个人所得税法律制度的规定，下列个人所得中，应缴纳个人所得税的是（　　）。

A.财产租赁所得

B.退休工资

C.保险赔款

D.国债利息

2.下列所得中，按“工资、薪金所得”缴纳个人所得税的有（　　）。

A.从事个体出租车运营的出租车驾驶员取得的收入

B.在校学生勤工俭学取得的收入

C.公司职工取得的用于购买企业国有股权的劳动分红

D.个人担任公司董事、监事，且不在公司任职、受雇取得的收入

3.根据个人所得税法律制度的规定，员工因拥有股权而参加企业税后利润分配取得的所得，应按（　　）税目征收个人所得税。

A.利息、股息、红利所得

B.财产转让所得

C.经营所得

D.综合所得

4.根据个人所得税法律制度的规定，个人担任其所任职公司的董事，取得的董事费收入属于工资、薪金所得，应计入（　　）缴纳个人所得税。

A.综合所得

B.财产转让所得

C.经营所得

D.偶然所得

5.中国居民陈某是某高校的一名教授，同时担任一股份有限公司的独立董事，2024年2月取得董事费收入100 000元。根据个人所得税的相关规定，陈某2月份取得董事费收入被预扣预缴的个人所得税为（　　）元。

A.16 000

B.20 000

C.22 000

D.25 000

6.税法规定，偶然所得应缴纳的个人所得税税款应由（　　）缴纳。

A.偶然所得的支付单位

B.取得偶然所得的机构、组织或个人

C.取得偶然所得的个人所在单位

D.指定机关

7.按照个人所得税法的有关规定，下列表述不正确的是（　　）。

A.若个人发表一篇作品，出版单位分三次支付稿酬，则这三次稿酬应合并为一次征税

B.若个人在两处出版同一作品而分别取得稿酬，则应分别单独纳税

C.个人同一作品连载之后又出书取得稿酬的，视同再版稿酬分别征税

D.若因作品加印而获得稿酬，应就此次稿酬单独纳税

8.下列各项中，属于劳务报酬所得的是（　　）。

A.发表论文取得的报酬

B.员工宫某为老板的哥哥代理报税取得报酬

C.提供著作的版权取得的报酬

D.退休人员再任职取得的收入

9.股份公司向个人支付股票股利时，应作以下分录（　　）。

A.借：利润分配

　贷：银行存款

B.借：管理费用

　贷：股本

C.借：利润分配

贷：股本

D.借：利润分配

贷：应交税费——代扣个人所得税

10.中国公民王某为国内某企业员工，2024年1月获得工资9 600元，需要缴纳各项社会保险金900元，则王某2024年1月应预扣预缴的个人所得税为（　　）元。

A.160

B.90

C.0

D.370

11.房地产开发企业与商店购买者个人签订协议，以优惠价格出售其开发的商店给购买者个人，购买者个人在一定期限内必须将购买的商店无偿提供给房地产开发企业对外出租使用。根据个人所得税法的有关规定，对购买者个人少支出的购房价款，下列表述正确的是（　　）。

A.不需要缴纳个人所得税

B.按照“偶然所得”项目缴纳个人所得税

C.按照“财产转让所得”项目缴纳个人所得税

D.按照“财产租赁所得”项目缴纳个人所得税

12.在中国境内两处或两处以上取得的工资、薪金所得，其纳税地点选择是（　　）。

A.收入来源地

B.税务局指定地点

C.纳税人户籍所在地

D.纳税人选择一地申报纳税

13.居民个人取得综合所得需要办理汇算清缴的，应当在取得所得的次年（　　）内办理汇算清缴。

A.3月1日至5月31日

B.5月1日至6月30日

C.6月30日至12月31日

D.3月1日至6月30日

14.下列各项中，符合个人所得税有关规定的是（　　）。

A.个人出售自有住房取得的所得可按照“财产租赁所得”项目征收个人所得税

B.对个人转让已自用1年并且是家庭唯一生活用房取得的所得免征个人所得税

C.个人转租房产而取得的转租收入，属于“劳务报酬所得”的征税范围，由财产转租人缴纳个人所得税

D.房屋产权所有人将房屋产权无偿赠与对其承担直接抚养或者赡养义务的抚养人或者赡养人的，对当事双方不征收个人所得税

15.非居民纳税人的下列收入中，应在中国按规定计算缴纳个人所得税的是（　　）。

A.在中国境内任职取得的工资收入

B.出租境外房屋取得的收入

C.从我国境外的外商投资企业取得的红利收入

D.因履行合约而在中国境外提供各种劳务取得的报酬

16.在下列各项中，属于个人所得税中非居民纳税人的是（　　）。

A.在中国境内无住所但一个纳税年度内在中国境内居住满183天的个人

B.在中国境内无住所但一个纳税年度内在中国境内居住累计60天的个人

C.在中国境内有住所的个人

D.在中国境内无住所并在境内居住满3年的个人

17.个人取得的下列所得中，免征个人所得税的是（　　）。

A.转让国债取得的所得

B.保险赔偿款

C.转让自用达3年的家庭唯一生活用房取得的所得

D.个人与原单位解除劳动合同后再次任职取得的工资、薪金所得

18.根据个人所得税的有关规定，税务机关应根据扣缴义务人按照规定扣缴的税款，按年付给（ ）的手续费，扣缴义务人领取的扣缴手续费可用于提升办税能力、奖励办税人员。

A.1%

B.2%

C.5%

D.10%

19.李某2024年1月在一次抽奖活动中获得奖金20 000元，李某对获得的奖金所得应缴纳个人所得税（ ）元。

A.1 500

B.1 800

C.2 500

D.4 000

20.下列所得中，应按“偶然所得”征收个人所得税的是（ ）。

A.个人因参加企业的有奖销售活动而取得的奖品所得

B.个人处置打包债权取得的收入

C.个人兼职取得的收入

D.退休人员再任职取得的收入

二、多项选择题

1.将个人所得税的纳税义务人区分为居民纳税义务人和非居民纳税义务人，依据的标准有（ ）。

A.境内有无住所

B.境内工作时间

C.取得收入的工作地

D.境内居住时间

2.根据个人所得税法律制度的规定，在下列各项中，应计入综合所得征收个人所得税的有（ ）。

A.张某出租一套住房所取得的收入

B.乙中学教师李某自行举办培训讲座取得的培训收入

C.丙高校教授张某受出版社委托审稿取得的审稿收入

D.丁公司翻译人员刘某利用休息时间为国外游客提供翻译劳务取得的收入

3.根据个人所得税法律制度的规定，个人发生的下列公益性捐赠支出中，准予税前全额扣除的有（ ）。

A.通过非营利社会团体向公益性青少年活动场所的捐赠

B.通过国家机关向贫困地区的捐赠

C.通过非营利社会团体向农村义务教育的捐赠

D.通过国家机关向红十字会事业的捐赠

4.下列说法符合劳务报酬所得和稿酬所得的相关规定的有（ ）。

A.甲某单纯地为出版社提供翻译所取得的所得，应当按照劳务报酬所得纳税

B.乙某提供翻译，并且在出版作品上署名取得的所得，应当按照劳务报酬所得纳税

C.翻译作品取得的所得，不论是否署名，均属于劳务报酬所得

D.劳务报酬所得主要是指接受别人的委托所从事的劳务所得

5.以下免缴个人所得税的有（ ）。

A.企事业单位按照国家或省（自治区、直辖市）人民政府规定的缴费比例或办法实际缴付的基本养老保险费

B.企事业单位按照国家或省（自治区、直辖市）人民政府规定的缴费比例

或办法实际缴付的基本医疗保险费

C.企事业单位按照国家或省（自治区、直辖市）人民政府规定的缴费比例或办法实际缴付的失业保险费

D.企事业单位和个人超过规定的比例和标准缴付的基本养老保险费、基本医疗保险费和失业保险费

6.下列各项中，应当按照“工资、薪金所得”项目征收个人所得税的有（　　）。

A.劳动分红

B.独生子女补贴

C.差旅费津贴

D.年终加薪

7.在下列应税项目中，按年计算征收个人所得税的有（　　）。

A.综合所得

B.个体工商户生产经营所得

C.财产转让所得

D.利息、股息、红利所得

8.非居民纳税义务人取得的下列（　　），应依法缴纳个人所得税。

A.受雇于中国境内的公司而取得工资、薪金所得

B.境内工作期间境外出版、发表作品取得的稿酬所得

C.购买中国债券、股票而取得的所得

D.转让中国境内的房屋而取得的财产转让所得

9.在下列所得中，应当作为“综合所得”缴纳个人所得税的有（　　）。

A.小赵在业余时间的兼职所得2万元

B.小王出租商铺的租金所得3万元

C.小李在国企任职的工资所得6万元

D.小钱出版专著的稿酬所得3万元

10.根据个人所得税的有关规定，下列各项中，应按照“经营所得”项目计算缴纳个人所得税的有（　　）。

A.个人专营种植业、养殖业、饲养业取得的收入

B.从事个体出租车运营的出租车驾驶员取得的收入

C.个体工商户对外投资取得的股息所得

D.出租车属于个人所有，但挂靠出租汽车经营单位或企事业单位，驾驶员向挂靠单位缴纳管理费的，出租车驾驶员从事客货运营取得的收入

11.根据《个人所得税法》的规定，在下列情形中，纳税人应当依法办理纳税申报缴纳个人所得税的有（　　）。

A.取得综合所得需要办理汇算清缴

B.取得应税所得没有扣缴义务人

C.取得应税所得，扣缴义务人未扣缴税款

D.从中国境外取得所得

12.下列各项个人所得免征个人所得税的有（　　）。

A.职工取得的退休工资

B.会计人员代办代扣代缴税款归企业所有的手续费

C.个人举报协查犯罪分子取得奖金

D.购买福利彩票中奖

13.在下列应税项目中，按次计算征收个人所得税的有（　　）。

A.利息、股息、红利所得

B.财产转让所得

C.特许权使用费所得

D.偶然所得

14.张某在足球世界杯期间参加下列活动所获得收益中，应当缴纳个人所得税的有（　　）。

A.参加某电商推出的秒杀活动，以100元购得原价2 000元的足球鞋一双

B.为赴巴西看球，开通手机全球漫游

套餐，获赠价值1 500元的手机一部

C.参加某电台组织的世界杯竞猜活动，获得价值6 000元的赴巴西机票一张

D.作为某航空公司金卡会员被邀请参加世界杯抽奖活动，抽得市价2 500元球衣一套

15.在下列各项计征个人所得税的方法中，正确的有（　　）。

A.居民个人取得工资、薪金所得，劳务报酬所得，稿酬所得和特许权使用费所得为综合所得，按纳税年度合并计算个人所得税

B.在两处或两处以上出版、发表或再版同一作品取得的稿酬，应合并为一次征收所得税

C.个人的同一作品在报刊上连载，应合并其因连载而取得的所得为一次征税；连载以后又出书的，应视同再版稿酬征税

D.对企事业单位的承包、承租经营所得计税时，允许扣除的必要费用是指生产、经营过程中的成本、费用

16.以下选项是我国居民纳税人的有（　　）。

A.在我国有住所，因学习需要在法国居住半年的张某

B.在我国工作3年的外籍专家

C.在我国工作2个月的外籍高管

D.2023年1月1日来华工作，次年12月31日回国的外籍人员

17.李某2024年取得的下列所得，应征收个人所得税的有（　　）。

A.获得省政府颁发的文学奖20 000元

B.体育彩票中奖20 000元

C.连载刊登小说的稿酬所得5 000元

D.转让持有的某合伙企业股份所得20 000元

18.根据个人所得税的有关规定，下列所得，不论支付地点是否在中国境内，均为来源于中国境内的所得的有（　　）。

A.外籍个人在中国境内任职、受雇而取得的工资、薪金所得

B.中国公民转让位于境外的土地使用权取得的所得

C.外籍个人将小汽车出租给承租人在中国境内使用而取得的所得

D.外籍个人转让在中国境内使用的专利权所得

19.下列居民个人取得的所得中，在个人所得税汇算清缴时，可以采用3%~45%的七级超额累进税率的有（　　）。

A.工资、薪金所得

B.经营所得

C.劳务报酬所得

D.稿酬所得

20.下列各项，对于个人所得税相关规定表述正确的有（　　）。

A.纳税人取得应税所得没有扣缴义务人的，应当在取得所得的次月十五日内向税务机关报送纳税申报表，并缴纳税款

B.扣缴义务人每月所扣的税款，应当在次月十五日内缴入国库，并向税务机关报送纳税申报表

C.居民个人取得综合所得按年计算个人所得税；有扣缴义务人的，由扣缴义务人按月或者按次预扣预缴税款，居民个人年度终了后需要补税或者退税的，按照规定办理汇算清缴

D.非居民个人取得综合所得，有扣缴义务人的，由扣缴义务人按月或者按次扣缴税款，不办理汇算清缴

三、判断题

（　　）1.个人所获得的保险赔款应免征个人所得税。

（　　）2.同一作品先在报刊上连载，

然后再出版，两次稿酬所得视为一次合并申报缴纳个人所得税。

（　　）3.个体工商户实际支付给从业人员的、合理的工资薪金支出，准予扣除，个体工商户业主的工资薪金也可税前扣除。

（　　）4.偶然所得应缴纳的个人所得税税款，一律由发放单位或机构代扣代缴。

（　　）5.在校学生因参与勤工俭学活动而取得的所得，免征个人所得税。

（　　）6.合伙企业计提的各种准备金均可在税前扣除。

（　　）7.劳务报酬所得、稿酬所得、特许权使用费所得以收入减除百分之二十的费用后的余额为收入额。稿酬所得的收入额减按百分之七十计算。

（　　）8.纳税义务人从中国境外取得的所得，已在境外缴纳个人所得税的，只要有正式凭据，无论多少，均可在其应纳税额中扣除。

（　　）9.个人向社会公益事业及遭受自然灾害地区、贫困地区捐赠，捐赠额未超过纳税人申报的应纳税所得额3%的部分，可从其应纳税所得额中扣除。

（　　）10.同一作品在报刊连载取得收入的，以连载一个月内取得的收入为一次。

（　　）11.目前，国家对个人独资企业及合伙企业停征企业所得税，只对其投资者的经营所得征收个人所得税。

（　　）12.个人因购买和处置债权取得的所得，按“财产转让所得”税目缴纳个人所得税。

（　　）13.个人转让自用达5年以上家庭唯一生活用房取得的所得，暂免征收个人所得税。

（　　）14.股份制企业在分配股息、红利时，以股票形式向股东个人支付应得的股息、红利，应以派发红股的股票票面金额为收入额，计征个人所得税。

（　　）15.企业对累计消费达到一定额度的顾客，给予额外抽奖机会，个人的获奖所得，按照“偶然所得”项目征收个人所得税。

（　　）16.居民个人取得综合所得以每一纳税年度收入额减除费用60 000元以及专项扣除、专项附加扣除和依法确定的其他扣除后的余额为年应纳税所得额，此处的60 000元就是综合所得的起征点。

（　　）17.个人取得的综合所得按月征收个人所得税。

（　　）18.在中国境内有住所，或者无住所而一个纳税年度内在中国境内居住累计满一百八十三天的个人，为居民个人。

（　　）19.纳税人因移居境外注销中国户籍的，无需办理税款清算。

（　　）20.在纳税人工资薪金累计收入不超过6万元的月份，暂不预扣预缴个人所得税。

四、计算题

1.中国公民李某是高校教授，2024年取得以下各项收入：

（1）每月取得工资6 200元，6月份取得上半年学期奖金6 000元，12月份取得下半年学期奖金8 000元，12月份学校为其家庭财产购买商业保险4 000元。李某通过学校申报的专项附加扣除为1 000元/月。

（2）2月份以10万元购买A企业股权，并于10月份以25万元将股权转让给B，不考虑相关的税费。

（3）5月份出版一本专著，取得稿酬40 000元。

（4）6月份为B公司进行营销筹划，取得报酬收入35 000元。

要求：根据所给资料，回答下列问题：

（1）李某取得的稿酬所得应预扣预缴

的个人所得税。

（2）李某股权转让行为应缴纳的个人所得税。

（3）李某营销策划取得的所得应预扣预缴的个人所得税。

2.某民营科技公司工程师张某2024年除每月应税工资6 000元之外，还有以下收入：

（1）12月份取得2024年全年一次性奖金收入22 800元，年终奖选择单独计税。

（2）3月份公司实施雇员持股激励机制，实行股票期权计划。3月8日，该公司授予张某股票期权30 000股，授予价2.5元/股；该期权无公开市场价格，并约定2024年11月8日可以行权，行权前不得转让。

（3）11月1日公司股票在境外上市，11月8日张某以授予价购买股票30 000股，当日该股票的每股公开市场价格为4元。

（4）12月25日，张某又将持有的境外上市股票中的10 000股出售，每股公开市场价格为10元。

根据上述资料，回答下列问题：

（1）张某12月份取得全年一次性奖金应缴纳的个人所得税。

（2）张某3月份接受股票期权计划应缴纳的个人所得税。

（3）张某11月份行使股票期权计划应缴纳的个人所得税。

（4）张某12月份出售股票应缴纳的个人所得税。

3.张先生任职于国内A公司，系我国居民纳税人，2024年取得收入如下：

（1）每月工资收入6 000元，按所在省人民政府规定比例提取并缴付“五险一金”960元；

（2）业余时间在B公司兼职，每月取得兼职收入3 000元；

（3）1月份出租自有商铺一间，每月收取租金2 000元；

（4）12月在商场购物时中奖1 500元。

已知：在上述各项所得中，张先生均未向税务机关申报纳税，有关单位也未履行代扣代缴税款义务。

要求：根据以上资料，计算张先生2024年应缴纳的个人所得税。

4.中国公民王某于2024年5月与单位解除劳动关系成为自由职业者，2024年收入情况如下：

（1）5月，根据合同规定，从单位取得一次性补偿金150 000元，当地上年职工平均工资是28 000元。

（2）6月30日将闲置的一处居民用住房按市场价格对外出租，合同约定租期半年，从7月起王某每月收取不含税租金6 000元，发生准予抵扣的税费251元；此外，7月份对房屋进行简单修缮，发生修缮费2 100元。

（3）从10月份开始，每月到境外为境外某单位进行员工技能培训，取得劳务收入28 000元，境外取得的劳务报酬收入在境外已缴纳个人所得税3 900元/月，年底回国。（前5月每月取得工资薪金所得6 000元，不考虑除个人所得税外的其他税费）

（4）12月，将持有的境外A公司的股票转让，取得转让收入550 000元，该股票买价为220 000元，买卖过程中缴纳相关税费共计2 500元；王某将股票转让所得中的80 000元通过国家机关捐赠给贫困地区，并选择在本项所得中扣除。

根据上述资料，回答下列问题：

（1）王某取得的一次性补偿收入应缴纳个人所得税。

（2）2024年王某出租房屋应缴纳个人所得税。

（3）王某2024年在境外取得劳务报酬所得在境内应补缴的个人所得税。

（4）王某转让股票应缴纳个人所得税。

5.约翰为在华工作的外籍人士，在中国境内无住所，2024年约翰在中国境内居住满183天且全年无离境记录，取得收入如下：

（1）当年将闲置的一套住房对外出租，取得全年不含税租金收入192 000元，租赁期未发生修缮费用（仅考虑房产税，不考虑其他税费）。

（2）每月以实报实销方式取得伙食补贴1 200元。

（3）通过拍卖行将一幅珍藏多年的名人字画拍卖，取得收入80 000元，不能提供财产原值凭证。

（4）10月份从境内非任职的某公司取得董事费收入30 000元。

根据上述资料，回答下列问题：

（1）计算约翰取得的董事费收入应预扣预缴的个人所得税。

（2）计算约翰转让名人字画应缴纳的个人所得税。

（3）计算约翰财产租赁所得应缴纳的个人所得税。

五、综合题

1.张某为企业高管人员，2024年取得以下收入：

（1）为改善住房条件，6月1日将自购已居住6年的唯一普通住房对外转让，原价100 000元，合同标明转让价120 000元；

（2）1月份购入某种债券1 000份，每份买入价15元，支付相关税费共计200元。6月份将买入的债券一次性卖出，每份卖出价18元，支付卖出债券的税费共计150元；

（3）取得有奖发票2张，中奖金额分别为500元和1 000元；

（4）11月份有两篇论文在相关专业期刊上发表，分别取得稿酬3 200元和4 500元；

（5）从A国取得股息所得（税前）折合人民币10 000元，已在A国缴纳个人所得税500元；从B国取得全年财产租赁所得（税前）人民币60 000元，已在B国缴纳个人所得税18 000元（不考虑相关税费）；

（6）张某每月在企业取得工资薪金8 200元，全年取得工资薪金98 400元。

要求：根据上述资料，按下列序号计算回答问题，每问需计算出合计数：

（1）计算张某转让住房应缴纳的增值税和个人所得税；

（2）计算转让债券应缴纳的个人所得税；

（3）计算发票中奖应缴纳的个人所得税；

（4）计算全年综合所得应缴纳的个人所得税；

（5）计算从A国、B国取得的所得分别应当补缴的个人所得税。

2.某上市公司项目经理赵先生，2024年度取得个人收入如下：

（1）扣除按国家规定缴纳的社保和公积金后的每月工资8 000元，赵先生可以享受赡养老人专项附加扣除（赵先生为独生子女）。

（2）从1月1日起出租自有住房一套，扣除已缴纳的相关税费后每月租金所得6 000元，6月份因房屋修缮支付维修费4 000元，取得正式发票。

（3）3月因持有2022年2月10日购买的某A股上市公司股票35 000股，取得该公司2023年度分红所得8 000元；6月将该上市公司股票在公开市场上全部出售，取得股票转让所得167 000元。8月在公开市场上转让另一上市公司股票亏损

107 000元。

（4）10月26日通过拍卖市场拍卖3年前以12 000元购入的字画一幅，拍卖收入为33 000元，支付拍卖费2 000元。

（5）11月取得国债利息收入450元，因车辆丢失获得保险公司赔款70 000元，领取原提存的住房公积金35 000元，取得某上市公司企业债券利息收入430元。

要求：根据上述资料，按下列序号计算回答问题：

（1）计算赵先生出租自有住房收入在6月份应缴纳的个人所得税。

（2）计算赵先生取得的股票红利所得和股票转让所得应缴纳的个人所得税。

（3）计算拍卖收入应缴纳的个人所得税。

（4）计算取得国债利息收入、保险赔款收入、提取公积金和企业债券利息收入应缴纳的个人所得税。

第九章　关税的会计核算

一、单项选择题

1.下列各项中，（　　）不属于关税的纳税义务人。

A.进口货物的收货人

B.出口货物的发货人

C.进境物品的所有人

D.进口货物的发货人

2.在进口货物正常成交价格外，以下哪项费用可以加入成交价格（　　）。

A.付给卖方的佣金

B.卖方付的回扣

C.运输费

D.劳务费

3.根据关税法律制度的规定，下列关于出口货物关税完税价格的计算公式中，正确的是（　　）。

A.关税完税价格=离岸价格÷（1-出口税率）

B.关税完税价格=离岸价格÷（1+出口税率）

C.关税完税价格=离岸价格×（1-出口税率）

D.关税完税价格=离岸价格×（1+出口税率）

4.下列关于关税特点的说法，不正确的是（　　）。

A.征收的对象是进出境的货物和物品

B.关税是单一环节的价外税

C.有较强的涉外性

D.关税税则的制定、税率的高低，不影响国际贸易的开展

5.根据关税的有关规定，下列各项中，表述不正确的是（　　）。

A.关税的征税主体是国家

B.关税只对有形的货品征收，对无形的货品不征收

C.关税是一种商品税

D.任何情况下，一国的关境和国境都是一致的

6.纳税人多交关税申请退还的期限、海关补征的期限、海关追征的期限分别是缴纳税款之日起（　　）。

A.一年内、一年内、三年内

B.一年内、三年内、三年内

C.一年内、一年内、一年内

D.一年内、三年内、一年内

7.进口货物完税价格是指货物的（　　）。

A.组成计税价格

B.以到岸价格为基础的完税价格

C.以成交价格为基础的完税价格

D.实际支付金额

8.某企业2024年6月进口一台设备，设备的成交价格折合人民币60万元，支付购货佣金1万元，支付设备进口后发生的

装配费用2万元，该货物运抵我国境内输入地点起卸前发生运费3万元，保险费无法确定。已知设备的关税税率为20%。则该企业进口设备应缴纳的关税为（　　）万元。

A.6.6

B.12.6

C.12.64

D.13.24

9.征收报复性关税的货物、适用国别、税率、期限和征收办法，由（　　）决定并公布。

A.国务院关税税则委员会

B.海关总署

C.国家税务总局

D.出入境管理局

10.某企业为增值税一般纳税人，某年9月从国外进口一批材料，货价80万元，买方支付购货佣金2万元，运抵我国境内输入地点起卸前发生运费及保险费5万元；从国外进口一台设备，货价10万元，境外运费和保险费2万元，与设备有关的软件特许权使用费3万元；企业缴纳进口环节相关税金后海关放行。已知材料的关税税率为20%，设备的关税税率为10%，该企业适用的增值税税率为13%。当年9月该企业应缴纳进口环节税金（　　）元。

A.357 640

B.385 200

C.388 790

D.339 050

11.甲公司将购买的一批原材料运往国外加工电子设备，出境时已向海关报明并在海关规定的期限内复运进境。该批原材料价值100万元，海关审定的境外加工费20万元、料件费15万元，复运进境支付的运费及相关费用、保险费合计15万元，进口时关税税率为10%。甲公司应缴纳关税（　　）万元。

A.15

B.3.5

C.5

D.13.5

12.海关估价时，如果有多个相同或者类似货物的成交价格，应当以（　　）为基础，估定进口货物的完税价格。

A.最高成交价格

B.最低成交价格

C.平均成交价格

D.加权平均价格

13.关税纳税义务人因不可抗力或者在国家税收政策调整的情形下，不能按期缴纳关税税款的，经海关总署批准，可以延期缴纳税款，但最长不得超过（　　）。

A.30日

B.60日

C.3个月

D.6个月

14.关税纳税义务人自海关填发缴款书之日起（　　）仍未缴纳税款，经海关关长批准，海关可以采取强制扣缴、变价抵缴等强制措施。

A.15日

B.3个月

C.6个月

D.1年

15.根据我国关税法律制度的规定，进出口货物的收发货人或其他代理人应当在一定时间内（星期日和法定节假日除外），向指定银行缴纳税款。该时间为（　　）。

A.自海关签发税款缴款凭证次日起15日内

B.自海关签发税款缴款凭证次日起7日内

C.自海关签发税款缴款凭证当日起15日内

D.自海关签发税款缴款凭证当日起7日内

二、多项选择题

1.下列关于关税税率的表述中，正确

的有（　　）。

A.适用最惠国税率的进口货物有暂定税率的，应当适用最惠国税率

B.适用最惠国税率的进口货物有暂定税率的，应当适用暂定税率

C.适用协定税率的进口货物有暂定税率的，应当从低适用税率

D.适用特惠税率的进口货物有暂定税率的，应当从高适用税率

2.我国特别关税包括（　　）。

A.报复性关税

B.财政性关税

C.反补贴关税

D.保障性关税

3.下列各项中，应当计入进口货物关税完税价格的有（　　）。

A.卖方付给进口人的正常回扣

B.进口人向境外采购代理人支付的买方佣金

C.货物运抵我国关境内输入地点起卸前的包装费

D.进口人在成交价格外另支付给卖方的佣金

4.进口关税计税方法有（　　）。

A.从量定额计税

B.从价定率计税

C.核定税额计税

D.从量定额和从价定率同时采用的复合计税

5.出口货物的离岸价格可扣除（　　），作为出口关税的完税价格。

A.出口关税

B.包含在成交价格中的支付给境外的佣金

C.售价中包含的离境口岸到境外口岸之间的运费

D.出口货物国内段运输、装卸等费用

6.根据我国关税法律制度的规定，关税主要以进出口货物的完税价格为计税依据。下列关于关税完税价格的表述，正确的有（　　）。

A.一般贸易项下进口的货物，以海关审定的成交价格为基础的离岸价格作为完税价格

B.对于国内单位留购的进口货样、展览品和广告陈列品，以留购价格作为完税价格

C.出口货物应当以海关审定的货物售予境外的离岸价格，扣除出口关税后作为完税价格

D.租借、租赁方式进境的货物，以海关审查确定的货物租金作为完税价格

7.根据关税的有关规定，下列说法中，正确的有（　　）。

A.进口货物的成交价格，因有不同的成交条件而有不同的价格形式，常用的价格条款，有FOB、CFR、CIF三种

B.进口货物成交价格“FOB”是含义为“船上交货”的价格术语简称，又称“离岸价格”

C.进口货物成交价格“CFR”是含义为“货物成本”的价格术语简称

D.进口货物成交价格“CIF”是含义为“成本加运费”的价格术语简称

8.下列各项中，属于我国《海关法》规定，可以自缴纳税款之日起一年内申请退税的有（　　）。

A.进口后因不可抗力遭受损失或损坏的

B.因海关误征多纳税款的

C.已征出口关税的货物，因故未装运出口，申报退关，经海关查验属实的

D.海关核准免验进口的货物，在完税后，发现有短卸情况，经海关审查认可的

9.下列有关关税税率的表述中，正确的有（　　）。

A.进口货物适用何种税率以进口货物的原产地作为标准

B.我国进口税率和出口税率实行统一标准

C.进出口货物，一般应当按照收发货人或者他们的代理人申报进口或者出口之日实施的税率征税

D.进口货物到达前，经海关核准先行申报的，应当按照装载此货物的运输工具“申报进境之日”实施的税率征税

10.进境物品的纳税义务人是指（　　）。

A.携带物品进境的入境人员

B.进境邮递物品的收件人

C.以其他方式进口物品的收件人

D.进境物品的邮寄人

11.根据关税法律制度的规定，下列进口货物中，实行复合计征关税的有（　　）。

A.原油

B.广播用摄像机

C.啤酒

D.广播用放像机

12.根据关税的有关规定，特许权使用费应计入完税价格的有（　　）。

A.特许权使用费用于支付该进口货物的专利技术

B.特许权使用费用于支付该进口货物的商标权

C.支付的特许权使用费与该货物无关

D.支付的特许权使用费用于进口软件的著作权

13.关于关税的减免税规定，下列表述中正确的有（　　）。

A.无商业价值的广告样品进口征收关税

B.在起卸后海关放行前，因不可抗力遭受损坏或损失的，可酌情减免关税

C.因故退还的中国出口货物，可以免征进口关税，同时已征收的出口关税可以退还

D.关税税额在人民币50元以下的一票货物免征关税

14.下列进口货物中，海关可以酌情减免关税的有（　　）。

A.在境外运输途中或者在起卸时，遭受损坏或者损失的货物

B.起卸后海关放行前，因不可抗力遭受损坏或者损失的货物

C.海关查验时已经破漏、损坏或者腐烂，经证明为保管不慎造成的货物

D.因不可抗力，不能按期缴纳税款的

15.下列各项中，属于法定免纳关税的进口货物有（　　）。

A.进口科教用品

B.保税区进口货物

C.无商业价值的广告品和货样

D.无代价抵偿物

三、判断题

（　　）1.进口货物适用的关税税率是以进口货物的原产地为标准的。

（　　）2.复合关税是指对一种进口货物同时订出从价、从量两种形式，分别计算出税额，以两个税额之和作为该货物的应征税额的一种征收关税标准。

（　　）3.我国进口关税一律采用比例税率。

（　　）4.对原产于与我国签订含有关税优惠条款的“区域性贸易协定”的国家或地区的进口货物，按优惠税率征收关税。

（　　）5.我国对一切出口货物都征出口关税。

（　　）6.纳税义务人因不可抗力或者

在国家税收政策调整的情形下，不能按期缴纳税款的，经海关总署批准，可以延期缴纳税款，但是最长不得超过6个月。

（　　）7.关税是在货物实际进出境时，即在纳税人按进出口货物通关规定向海关申报后、海关放行前一次性缴纳。

（　　）8.海关查验时已经破漏、损坏或者腐烂，经证明不是保管不慎造成的，海关可以酌情减免税。

（　　）9.如因收发货人或其代理人违反规定而造成少征或者漏征税款的，海关在2年内可以追缴。

（　　）10.因故退还的中国出口货物，可以免征进口关税，但已征收的出口关税，不予退还。

（　　）11.因故退还的境外进口货物，可以免征出口关税，但已征收的进口关税不予退还。

（　　）12.依据关税的有关规定，由买方负担的购货佣金不得计入完税价格。

（　　）13.外国政府、国际组织无偿赠送的物资免征关税。

（　　）14.出口货物的成交价格，是指该货物出口时卖方为出口该货物应当向买方直接收取和间接收取的价款总额。出口关税应计入完税价格。

（　　）15.进出口货物，应当适用海关接受该货物申报进口或者出口之日实施的税率。

四、计算题

1.某外贸公司3月1日进口一批应税消费品，该批货物的价值为人民币350万元，支付途中运输费40万元、保险费10万元，关税税率10%，消费税税率30%，增值税税率13%。3月1日海关填了税款缴款书，但该公司3月30日才一次性缴清关税（增值税、消费税已在规定日期缴清）。

要求：请分别计算应纳关税、消费税、增值税和关税滞纳金。

2.某公司从国外引进一台设备，进口申报价格为CIF天津USD500 000，关税税率为10%，当日外汇牌价为USD100=CNY670。

要求：

（1）计算应纳关税税额、增值税税额，并作相应的会计处理。

（2）如为进口原材料，其他条件不变，作相应的会计处理。

3.某外贸公司从美国进口10台电视台使用的录像机，每台CIF价格USD 8 400，进口关税税率为3%。该公司同期出口5 000吨铝矿，每吨FOB价格USD 260，出口关税税率为10%，该公司适用的增值税税率为13%。当日的外汇牌价为USD100=CNY620。

要求：计算进口录像机应纳关税和进口增值税、出口铝矿应纳关税，并作相应的会计处理。

4.某进出口公司代理某工厂出口一批商品。我国口岸FOB价折合人民币为360 000元，出口关税税率为20%，劳务费为10 800元。

要求：计算应交出口关税，并作相应的会计处理。

5.上海某公司从美国进口货物一批，货物以国外离岸价格成交，成交价格折合人民币1 510万元，其中包括向境外采购代理人支付的买方佣金10万元；公司另向卖方支付佣金15万元，因使用该货物需要向境外支付软件费40万元，支付货物运抵我国上海港的运费、保险费等40万元。假设该批货物适用的关税税率为20%，增值税税率为13%，消费税税率为10%。

要求：请分别计算该公司应缴纳的关税、消费税和增值税额。

第十章　资源税的会计核算

一、单项选择题

1.下列油类产品中，应征资源税的为（　　）。

A.人造石油

B.天然原油

C.汽油

D.煤炭制品

2.资源税纳税人开采或生产应税产品销售的，课税数量为（　　）。

A.开采数量

B.销售数量

C.生产数量

D.实际产量

3.下列单位出售的矿产品中，不缴纳资源税的是（　　）。

A.煤矿出售开采的天然气

B.油田出售自行开采的天然气

C.盐场销售生产的固体盐

D.开采单位销售自行开采的煤矿

4.下列应税矿产品中，不属于能源矿产的是（　　）。

A.油页岩

B.铁矿

C.地热

D.原油

5.原油的资源税征税范围是（　　）。

A.原油，是指开采的天然原油，不包括人造石油

B.包括人造石油

C.油页岩

D.所有的石油产品

6.某煤矿开采企业为增值税一般纳税人，12月销售原煤30万吨，开具的增值税专用发票上注明的金额为9 000万元，另领用原煤5万吨用于企业冬季取暖，该企业同类原煤最高售价为400元/吨（不含增值税），平均售价为310元/吨（不含增值税）。当地规定煤炭资源税税率为10%。该企业当月应纳资源税（　　）万元。

A.1 050

B.900

C.1 100

D.1 055

7.某纳税人本期以自产液体盐60 000吨和外购液体盐10 000吨（每吨已缴纳资源税2元）加工固体盐12 000吨对外销售，取得销售收入600万元。已知固体盐税额为每吨10元。该纳税人本期应缴纳资源税（　　）万元。

A.10

B.12

C.16

D.20

8.根据资源税法的规定，扣缴义务人代扣代缴资源税的纳税地点是（　　）。

A.资源收购地

B.资源加工地

C.资源开采地

D.扣缴义务人所在地

9.下列关于资源税纳税地点的说法中，正确的是（　　）。

A.纳税人跨省开采资源税应税产品的，一律向总机构所在地税务机关纳税

B.纳税人应纳的资源税，应当向纳税人机构所在地主管税务机关缴纳

C.纳税人在本省范围内开采应税资源，其纳税地点需要调整的，由省级税务机关决定

D.扣缴义务人代扣代缴的资源税，应当向扣缴义务人所在地主管税务机关缴纳

10.某煤矿某年8月销售自产原煤取得不含税销售额100万元；另将自产未税原

煤移送加工成洗选煤20万吨，当月对外销售洗选煤15万吨，每吨不含税售价800元。已知，煤炭资源税税率为8%，洗选煤折算率为80%。则该煤矿当年8月应缴纳的资源税为（　　）万元。

A.8

B.960

C.776

D.968

11.某煤矿某年2月销售自采原煤500万元（不含增值税，下同）；用自采未税原煤连续加工成洗选煤1 000吨，销售600吨，每吨售价0.1万元，将洗选煤100吨无偿换取某保洁公司的保洁服务。已知计算资源税时洗选煤折算率为90%，该省煤炭资源税税率为8%。该煤矿当月应纳资源税为（　　）万元。

A.47.20

B.44.32

C.45.04

D.45.60

12.某矿山某年6月开采铜矿石，将部分原矿用于加工成铜精矿，全部对外销售，向购买方收取的含增值税价款为150万元，将铜精矿从洗选厂运送到买方指定仓库的运输费为10万元。已知铜精矿适用的资源税税率为8%，则该矿山该年6月应缴纳的资源税为（　　）万元。（已知铜矿按照精矿作为征税对象）

A.11.42

B.11.33

C.10.62

D.9.91

13.下列各项中，既是增值税纳税人又是资源税纳税人的企业是（　　）。

A.在境内销售有色金属矿产品的贸易公司

B.进口有色金属矿产品的企业

C.在境内开采有色金属矿原矿销售的企业

D.在境外开采有色金属矿原矿销售的企业

14.下列关于资源税纳税义务发生时间的表述中，不正确的说法是（　　）。

A.分期收款销售方式，纳税义务发生时间为收到货款的当天

B.自产自用的应税产品，纳税义务发生时间为移送使用的当天

C.代扣代缴资源税，纳税义务发生时间为支付首笔货款的当天

D.预收货款销售方式，纳税义务发生时间为发出应税产品的当天

二、多项选择题

1.不属于资源税征税范围的有（　　）。

A.原煤

B.与原油同时开采的天然气

C.煤炭制品

D.以油母页岩等炼制的原油

2.关于资源税计税依据的下列说法中，正确的有（　　）。

A.纳税人自产自用的天然气，以自用数量为计税依据

B.纳税人对外销售的原煤，以销售数量为计税依据

C.纳税人以自产的原盐加工精制后销售的，以销售数量为计税依据

D.纳税人自产自用的铁矿石，以实际移送使用数量为计税依据

3.某煤矿销售的下列矿产品，不缴纳资源税的有（　　）。

A.生产的天然气

B.原煤

C.未税原煤加工的选煤

D.用于加工洗煤的原煤

4.资源税法对于应税天然气的限定范围是（　　）。

A.煤厂用煤炭生产的天然气

B.采煤过程中伴采的天然气

C.专门开采的天然气

D.与原油同时开采的天然气

5.下列各项中，符合资源税纳税义务发生时间规定的有（　　）。

A.采取分期收款结算方式的为实际收到款项的当天

B.采取预收货款结算方式的为发出应税产品的当天

C.自产自用应税产品的为移送使用应税产品的当天

D.采取其他结算方式的为收讫销售款或取得索取销售款凭据的当天

6.根据资源税的有关规定，纳税人不能准确提供应税产品销售数量的，以（　　）为计征资源税的销售数量。

A.应税产品的实际产量

B.当期计划产量

C.上年同期产量

D.主管税务机关确定的折算比换算成的数量

7.下列有关资源税税收优惠的表述中，正确的有（　　）。

A.对衰竭期煤矿开采的煤炭，资源税减征30%

B.对充填开采置换出来的煤炭，资源税减征30%

C.对深水油气田资源税减征30%

D.对油田范围内运输稠油过程中用于加热的原油、天然气免征资源税

8.下列资源税纳税地点表述正确的是（　　）。

A.资源税纳税人应向开采地或生产所在地主管税务机关纳税

B.跨省开采的，在开采地纳税

C.扣缴义务人应向收购地税务机关纳税

D.省内开采的，向机构所在地主管税务机关纳税

9.下列各项中，符合资源税法有关课税数量规定的有（　　）。

A.纳税人开采应税产品销售的，以开采数量为课税数量

B.纳税人生产应税产品销售的，以生产数量为课税数量

C.纳税人开采或者生产应税产品销售的，以销售数量为课税数量

D.纳税人开采或者生产应税产品自用的，以自用数量为课税数量

10.下列各项中，应征收资源税的有（　　）。

A.进口原油

B.生产销售固体盐

C.销售以未税原煤加工的洗选煤

D.开采销售有色金属矿原矿

11.下列自产应税产品中，应当视同销售征收资源税的有（　　）。

A.用于非生产项目

B.用于生产应税产品

C.用于生产非应税产品

D.用于出口销售

12.下列关于资源税减征、免征规定的叙述中，正确的有（　　）。

A.纳税人开采的应税产品，自用于连续生产非应税产品的，需要缴纳资源税

B.纳税人开采应税产品过程中，因意外事故遭受重大损失的，一律免税

C.开采原油过程中用于加热、修井的原油，免税

D.纳税人的减税、免税项目，不能准确提供销售额或者销售数量的，由税务机关核定减、免税的销售额或销售数量

13.某煤矿开采销售原煤，应缴纳的税

金有（　　）。

A.资源税

B.增值税

C.消费税

D.城市维护建设税

14.下列关于资源税计税依据的表述中，不正确的有（　　）。

A.纳税人开采销售原油时的原油销售数量

B.纳税人销售铁矿石时向对方收取的价外费用

C.纳税人加工固体盐时使用的自产液体盐的数量

D.纳税人销售天然气时向购买方收取的销售额及其储备费

15.下列关于资源税扣缴规定的说法中，正确的有（　　）。

A.扣缴义务人代扣资源税时计税依据是收购量

B.扣缴义务人代扣资源税时适用开采地的税额

C.代扣代缴税款纳税义务发生时间为收到货款的当天

D.扣缴义务人代扣的资源税应向收购地税务机关缴纳

三、判断题

（　　）1.资源税需对应税资源在每一流转环节计算征收。

（　　）2.我国资源税的征税范围只包括矿产品。

（　　）3.企业计算销售应税产品应缴纳的资源税时，借记“税金及附加”科目。

（　　）4.对进口的应税矿产品，不需缴纳进口环节资源税，但仍需缴纳进口环节的关税和增值税。

（　　）5.甲盐厂将自产的液体盐移送加工固体盐，移送时不必征收资源税；乙盐厂将自产的液体盐移送加工袋装榨菜，移送时应当征收资源税。

（　　）6.资源税纳税人销售应税产品采取分期收款结算方式的，其纳税义务发生时间为发出应税产品的当天。

（　　）7.外商投资企业开采或者生产资源税应税产品，其自用的部分，暂不征收资源税。

（　　）8.纳税人以外购的已税液体盐加工固体盐，其加工固体盐所耗用液体盐的已纳税额准予抵扣。

（　　）9.对符合条件的衰竭期矿山开采的矿产资源，资源税减征30%。

（　　）10.纳税人用已纳资源税的应税产品进一步加工应税产品销售的，需再缴纳资源税。

（　　）11.对在2016年7月1日前已按原矿销量缴纳过资源税的尾矿、废渣、废水、废石、废气等实行再利用，从中提取的矿产品，不再缴纳资源税。

（　　）12.以自采原矿加工精矿产品的，在原矿移送使用时不缴纳资源税，在精矿销售或自用时缴纳资源税。

（　　）13.纳税人的减税、免税项目，应当单独核算销售额或者销售数量；未单独核算或者不能准确提供销售额或者销售数量的，不予减税或者免税。

（　　）14.对符合条件的采用充填开采方式采出的矿产资源和衰竭期矿山开采的矿产资源，资源税减征30%。

（　　）15.资源税纳税人未分别核算或者不能准确提供不同税目应税产品课税数量的，分别从高或从低适用税率。

四、计算题

1.某铜矿7月份销售精矿3 120吨，单价2 800元/吨，适用税率为5%。计算应交资源税并进行相应的会计处理。

2.某油田6月份缴纳资源税99万元，7月份对外销售原油销售额2 000万元，假定适用税率为6%。税务机关核定该企业纳税期限为10天，按上月税款的1/3预缴，月终结算。要求：进行相应的会计处理。

第十一章　其他税金的会计核算

一、单项选择题

1.根据房产税法律制度的规定，下列表述中，正确的是（　　）。

A.房屋产权属于国家所有的，不缴纳房产税

B.房屋产权属于集体和个人所有的，集体单位和个人为房产税纳税人

C.房屋产权出典的，出典人为房产税纳税人

D.房屋产权未确定的，不缴纳房产税

2.甲公司委托乙施工企业建造一幢办公楼，工程于2017年1月31日完工，2017年3月31日办妥竣工验收手续，2017年9月30日该办公楼投入使用。根据房产税法律制度的规定，该办公楼应当自（　　）起征收房产税。

A.2017年2月1日

B.2017年4月1日

C.2017年9月30日

D.2017年10月1日

3.某企业本月实际缴纳增值税50万元、消费税10万元、契税6万元、房产税8万元。已知该企业适用的城市维护建设税税率为7%，该企业本月应当缴纳城市维护建设税（　　）万元。

A.（50+10+6）×7%=4.62

B.（50+10+6+8）×7%=5.18

C.（50+10）×7%=4.2

D.（50+10+8）×7%=4.76

4.企业补缴印花税罚款时，所做的分录为（　　）。

A.借记“管理费用”，贷记“银行存款”

B.借记“销售费用”，贷记“银行存款”

C.借记“税金及附加”，贷记“银行存款”

D.借记“营业外支出”，贷记“银行存款”

5.依据车辆购置税的有关规定，下列说法中正确的是（　　）。

A.车辆购置税实行统一比例税率

B.车辆购置税的纳税地点是纳税人所在地

C.车辆购置税是对所有新购置车辆的使用行为征税

D.车辆购置税的征税环节为车辆的出厂环节

6.纳税人新购置车辆使用的，其车船税的纳税义务发生时间为（　　）。

A.自购置使用的当月起

B.自购置使用的次月起

C.自购置使用的当年起

D.自购置使用的次年起

7.下列关于环境保护税特点的表述，不正确的是（　　）。

A.征税项目为四类重点污染物

B.纳税人主要是企事业单位和其他经营者

C.税额为统一定额税和浮动定额税结合

D.税收收入全部归中央

8.根据车船税法律制度的规定，下列各项中，属于货车计税单位的是（　　）。

A.每辆

B.整备质量每吨

C.净吨位每吨

D.长度每米

9.以下不属于城镇土地使用税免税项目的是（　　）。

A.国家机关、人民团体、军队的办公

用地和公务用地

B.名胜古迹内附设的茶楼用地

C.直接用于农、林、牧、渔业的生产用地

D.市政街道、广场、绿化地带等公用土地

10.2017年，农村居民刘某经批准在本村按批准范围占用耕地150平方米新建住宅，另占用耕地20平方米用于修建大型鱼塘增氧泵。已知当地适用的耕地占用税税额为每平方米45元，下列耕地占用税计算正确的是（　　）。

A.150×45

B.150×45×50%

C.（150+20）×45

D.（150+20）×45×50%

11.根据车船税法律制度的规定，下列各项中，免征车船税的是（　　）。

A.家庭自用的纯电动乘用车

B.国有企业的公用汽油动力乘用车

C.外国驻华使领馆自用的商务车

D.个体工商户自用的摩托车

12.下列各项属于烟叶税的征税对象的有（　　）。

A.生烟叶

B.烟丝

C.晾晒烟叶

D.卷烟

13.张某有两处住房，本月将其中一套出售给王某，房屋的成交价格为590 000元，将另一处价值620 000元的三室两厅的住房与李某的两处住房交换，王某支付交换房屋差价款125 000元。已知当地政府规定的契税税率为3%，张某上述行为应缴纳契税（　　）元。

A.3 750

B.17 500

C.20 820

D.21 720

14.土地增值税的税率形式是（　　）。

A.全额累进税率

B.超额累进税率

C.超倍累进税率

D.超率累进税率

15.下列各项中，属于契税纳税义务人的有（　　）。

A.以房屋产权抵债的抵债房

B.房屋产权赠与中的受赠方

C.房屋产权交换中少付价款的一方

D.以房屋产权投资的投资方

16.甲商贸企业与乙运输公司签订一份货物运输合同，合同注明：货物价款为130万元，运费为24万元，装卸费为3万元。货物运输合同适用的印花税税率为0.3‰，针对该项业务，乙运输公司应缴纳印花税（　　）元。

A.72

B.125

C.140

D.158

17.根据车船税的相关规定，车辆的具体适用税额由（　　）依照规定的税额幅度和国务院的规定确定。

A.省、自治区、直辖市人民政府

B.省、自治区、直辖市税务机关

C.国务院

D.国家税务总局

18.某卷烟厂8月向烟叶生产者收购烟叶，卷烟厂支付给销售者的烟叶收购价款为40 000元，向烟农开出专用收购发票。则卷烟厂应缴纳的烟叶税为（　　）元。

A.8 800

B.8 000

C.4 400

D.4 000

19.根据《土地增值税法》的相关规

定，下列说法中正确的是（　　）。

A.政府出让国有土地使用权属于土地增值税的征税范围

B.土地增值税的征税范围不包括转移地下的各种附属设施

C.土地增值税针对以出售或者其他方式有偿转让房地产的行为征收，不包括以无偿赠与方式转让房地产的行为

D.土地增值税的征收对象包括地上的建筑物的转让增值额，地上的建筑物包括地上地下的各种附属设施

二、多项选择题

1.环境保护税的征税对象包括（　　）。

A.大气污染物

B.水污染物

C.固体废物

D.噪声

2.下列各项中，不属于城镇土地使用税暂行条例规定的免税项目的有（　　）。

A.个人所有的居住房屋及院落用地

B.宗教寺庙自用的土地

C.民政部门举办的安置残疾人占一定比例的福利工厂用地

D.个人办的医院、托儿所和幼儿园用地

3.下列各项中，应缴纳城镇土地使用税的有（　　）。

A.用于水产养殖业的生产用地

B.名胜古迹园区内附设的照相馆用地

C.公园中管理单位的办公用地

D.学校食堂对外营业的餐馆用地

4.下列各项中，免征车辆购置税的有（　　）。

A.外国驻华使馆进口并自用的车辆

B.中国人民解放军列入军队武器装备订货计划的车辆

C.设有固定装置的运输车辆

D.财政部门购置并自用的车辆

5.根据车船税法律制度的规定，下列车船（汽油动力）中，免征车船税的有（　　）。

A.警用车船

B.养殖车船

C.物流公司营运用货车

D.汽车租赁公司出租车用乘用车

6.下列各项中，免征耕地占用税的有（　　）。

A.军事设备占用耕地

B.临时占用耕地

C.医院职工住房占用耕地

D.学校教学楼占用耕地

7.印花税依税额大小、应税项目纳税次数多少及税源控制的需要，可采用的纳税方法有（　　）。

A.自行贴花

B.汇贴或汇缴

C.代扣代缴

D.委托代征

8.下列选项中，符合税法对应税污染物的计税依据作出的规定的是（　　）。

A.应税大气污染物按照污染物排放量折合的污染当量数确定

B.应税水污染物按照污染物排放量折合的污染当量数确定

C.应税固体废物按照固体废物的排放量确定

D.应税噪声按照超过国家规定标准的分贝数确定

9.下列凭证免纳印花税的有（　　）。

A.无息、贴息贷款

B.建筑安装工程承包合同

C.营业执照

D.外国政府向我国政府提供优惠贷款所立的合同

10.发生下列活动的单位和个人中，应缴纳契税的有（　　）。

A.销售不动产的房地产公司

B.以房屋权属作价投资的某企业集团

C.房产交换中的支付补价方

D.购买商品房的外籍人员

11.下列各项中，应当缴纳城镇土地使用税的有（　　）。

A.港口的码头用地

B.公园内附设的影剧院用地

C.水电站的发电厂房用地

D.火电厂厂区围墙内的用地

12.下列各项中，属于应税固体废物的有（　　）。

A.燃烧产生废气中的颗粒物

B.尾矿

C.煤矸石

D.粉煤灰

13.有关我国烟叶税的特点，下列说法中正确的有（　　）。

A.烟叶税实行比例税率

B.烟叶税在烟叶收购环节征收

C.纳税人应当自烟叶验收入库之日起30日内申报缴纳烟叶税

D.烟叶税由地方税务机关征收

14.有关我国房产税的特征，下列表述中正确的有（　　）。

A.对位于中华人民共和国境内的房产普遍征收

B.实行有地区差别的定额税率

C.房产税的计税依据为房产余值或者租金收入

D.房产税应当在房产所在地缴纳

15.下列各项中，属于土地增值税纳税人的是（　　）。

A.房地产开发企业以其建造的商品房进行投资和联营的

B.合作建房后出售房产的合作企业

C.转让国有土地使用权的企业

D.代建房屋的房地产开发企业

16.下列各项中，属于土地增值税免税或不征税的有（　　）。

A.国家依法征用、收回的房地产

B.房地产开发企业将开发产品转为自用，且产权未发生转移

C.房地产开发企业将开发产品对外投资

D.合作建房建成后分房自用的

17.下列占用农村土地的行为，需要计算缴纳耕地占用税的有（　　）。

A.占用菜地开发果园

B.占用花圃开发茶园

C.占用鱼塘建设公路

D.占用苗圃建设住房

18.有关出租、出典房屋的房产税、契税处理，下列说法中不正确的有（　　）。

A.以房屋出典的，出典人为房产税纳税义务人

B.以房屋出租的，出租人为房产税纳税义务人

C.以房屋出典的，出典人为契税的纳税义务人

D.以房屋出租的，出租人为契税的纳税义务人

19.根据车船税法律制度的规定，下列有关车船税计税依据的表述中，正确的有（　　）。

A.商用客车以辆数为计税依据

B.机动船舶以整备质量吨位数为计税依据

C.游艇以艇身长度为计税依据

D.商用货车以净吨位数为计税依据

20.根据《车辆购置税暂行条例》的规定，下列人员中属于车辆购置税纳税义务人的有（　　）。

A.应税车辆的馈赠人

B.应税车辆的购买使用者

C.应税车辆的进口使用者

D.应税车辆的受赠使用者

三、判断题

（　　）1.土地使用权、房屋交换，以交换土地使用权、房屋的价格差额为计税依据。交换价格不相等的，由多交付货币、实物、无形资产或其他经济利益的一方缴纳契税；交换价格相等的，免征契税。

（　　）2.印花税是对经济活动和交往中书立领受的一切凭证征收的一种税。

（　　）3.纳税人临时占用耕地无须缴纳耕地占用税。

（　　）4.如果一份合同由两方或两方以上当事人共同签订，签订合同的各方都是印花税的纳税义务人。

（　　）5.纳税人建造普通标准住宅出售，增值额未超过扣除项目金额20%的，予以免税；超过20%的，应按全部增值额缴纳土地增值税。

（　　）6.对进口货物，海关在代征增值税、消费税的同时，要代征城市维护建设税。

（　　）7.对出口产品退还增值税、消费税的，应同时退还已缴纳的城市维护建设税。

（　　）8.免税单位与纳税单位合并办公，所有车辆能划分清楚的，可分别办理征免手续；划分不清的，不用缴纳车船税。

（　　）9.经济落后地区，城镇土地使用税的适用税额标准可适当降低，但降低额不得超过规定税额的最低限额的30%。

（　　）10.载有两个或两个以上应适用不同税目税率的经济事项的同一凭证，分别记载金额的，应分别计算应纳税额，相加后按合计税额贴花；如未分别记载金额的，按税率高的计算贴花。

（　　）11.车船税对内资企业、涉外企业、中国公民、外籍人员均征收。

（　　）12.由国家财政部门拨付事业经费的单位，其经费来源实行自收自支后，可以免征房产税。

（　　）13.融资租赁的房屋，以该房产的余值计算征收房产税。

（　　）14.纳税人排放应税大气污染物或者水污染物的浓度值低于国家和地方规定的污染物排放标准30%的，减按50%征收环境保护税。

（　　）15.拥有土地使用权的纳税人不在土地所在地的，由土地代管人或实际使用人缴纳城镇土地使用税。

四、计算题

1.赵某拥有3处房产，其中一处原值60万元的房产供自己和家人居住；另一处原值20万元的房产于2024年7月1日出租给王某居住，按市场价每月取得租金收入1 200元；原值150万元的房产自2024年1月1日起用于经营超市（已知该省政府规定房产税扣除比例为20%）。

要求：计算赵某2024年应缴纳的房产税。

2.某企业某年度共计拥有土地65 000平方米，其中子弟学校占地3 000平方米、幼儿园占地1 200平方米、企业内部绿化占地2 000平方米。当年上半年企业共有房产原值4 000万元，自7月1日起企业将原值200万元、占地面积400平方米的一座仓库出租给某商场存放货物，租期1年，每月租金1.5万元。8月10日对委托施工单位建设的生产车间办理验收手续，由在建工程转入固定资产的原值为500万元。城镇土地使用税单位税额为4元/平方米；房产税计算余值的扣除比例为20%。

要求：

（1）计算该企业当年应缴纳的城镇土地使用税。

（2）计算该企业当年应缴纳的房产税。

3.某外资运输公司2024年拥有车船情况如下：

（1）8吨载重货车10辆，4.3吨载重货车5辆，2.5吨客货两用汽车5辆；拖拉机10辆，所挂拖车的自重吨位数均为4.5吨，其中6辆用于从事运输经营业务，4辆专门用于农业生产（已经在农业部门进行登记）。

（2）大轿车9辆，中型面包车4辆，乘人小轿车2辆；2月新购进大轿车5辆，当月已经办理车船登记手续。当地车船税的年税额如下：载货汽车每吨60元，大轿车每辆250元，中型面包车每辆200元，小轿车每辆150元。

要求：

（1）计算该公司当年应缴纳的车船税。

（2）作出相应的会计处理。

4.2024年5月，A企业和B企业签订一份买卖合同，合同注明A向B销售货物一批，货物价值为400 000元，当月已按规定贴花。2024年7月A企业实际向B企业发出600 000元的货物，经双方协商，按实际发出货物金额将合同中金额进行了修改。已知买卖合同印花税税率为0.3‰。

要求：计算A企业2024年7月针对该合同应补缴的印花税。

5.市区内某卷烟厂，当月实际已缴增值税10万元、消费税12万元，计算应纳的城市维护建设税，并作出相应的会计分录。

五、综合题

（1）龙泉公司2024年3月出租一间房屋给甲公司，每月租金10万元，租期10年；当月还出租一个车间给乙公司，月租金8万元，每年年底收取本年租金，同时商定是否续租。则甲公司当月应纳印花税为（　　）元。

A.1 205

B.400

C.12 600

D.12 005

（2）龙泉公司有厂房一栋原值200万元，2024年年初对该厂房进行扩建，2024年8月底完工并办理验收手续，增加了房产原值45万元，另外对厂房安装了价值15万元的排水设备并单独作为固定资产核算。已知当地政府规定计算房产余值的扣除比例为20%。2024年度该企业应缴纳房产税（　　）元。

A.20 640

B.21 000

C.21 120

D.21 600

（3）龙泉公司与乙企业共同使用面积为10 000平方米的土地，龙泉公司使用其中的60%，乙企业使用其中的40%。除此之外，经有关部门批准，乙企业在2024年1月新征用耕地6 000平方米。两家企业共同使用土地所处地段的年城镇土地使用税额为4元/平方米，乙企业新征用土地所处地段的年城镇土地使用税额为2元/平方米。2024年两家企业各自应缴纳城镇土地使用税为（　　）。

A.龙泉公司纳税24 000元，乙企业纳税28 000元

B.龙泉公司纳税24 000元，乙企业纳税16 000元

C.龙泉公司纳税48 000元，乙企业纳税16 000元

D.龙泉公司纳税48 000元，乙企业纳税28 000元

（4）龙泉公司2024年发生两笔互换房产业务，并已经办理了相关手续。第一笔业务换出的房产价值500万元，换进的房产价值800万元，并支付300万元的差价款；第二笔业务换出的房产价值600万元，换进的房产价值300万元，并取得300万元的差价款。已知当地省政府规定的契税税

率为3%，该公司应缴纳契税（　　）万元。

A.0

B.18

C.33

D.9

分章练习题参考答案